AF547675

GRöLS
Verlage

„BÜCHER SIND WIE FALLSCHIRME. SIE NÜTZEN UNS NICHTS, WENN WIR SIE NICHT ÖFFNEN."

Gröls Verlag

Redaktionelle Hinweise und Impressum

Das vorliegende Werk wurde zugunsten der Authentizität sehr zurückhaltend bearbeitet. So wurden etwa ursprüngliche Rechtschreibfehler *nicht* systematisch behoben, denn kleine Unvollkommenheiten machen das Buch – wie im Übrigen den Menschen – erst authentisch. Mitunter wurden jedoch zum Beispiel Absätze behutsam neu getrennt, um den Lesefluss zu erleichtern.

Um die Texte zu rekonstruieren, werden antiquarische Bücher von Lesegeräten gescannt und dann durch eine Software lesbar gemacht. Der so entstandene Text wird von Menschen gegengelesen und korrigiert – hierbei treten auch Fehler auf. Wenn Sie ebenfalls antiquarische Texte einreichen möchten, finden Sie weitere Informationen auf www.groels.de

Viel Freude bei der Lektüre wünscht Ihnen das Team des Gröls-Verlags.

Adressen

Verleger: Sophia Gröls, Im Borngrund 26, 61440 Oberursel

Externer Dienstleister für Distribution & Herstellung: BoD, In de Tarpen 42, 22848 Norderstedt

Unsere „Edition | Werke der Weltliteratur" hat den Anspruch, eine der größten und vollständigsten Sammlungen klassischer Literatur in deutscher Sprache zu sein. Nach und nach versammeln wir hier nicht nur die „üblichen Verdächtigen" von Goethe bis Schiller, sondern auch Kleinode der vergangenen Jahrhunderte, die – zu Unrecht – drohen, in Vergessenheit zu geraten. Wir kultivieren und kuratieren damit einen der wertvollsten Bereiche der abendländischen Kultur. Kleine Auswahl:

Francis Bacon • Neues Organon • **Balzac** • Glanz und Elend der Kurtisanen • **Joachim H. Campe** • Robinson der Jüngere • **Dante Alighieri** • Die Göttliche Komödie • **Daniel Defoe** • Robinson Crusoe • **Charles Dickens** • Oliver Twist • **Denis Diderot** • Jacques der Fatalist • **Fjodor Dostojewski** • Schuld und Sühne • **Arthur Conan Doyle** • Der Hund von Baskerville • **Marie von Ebner-Eschenbach** • Das Gemeindekind • **Elisabeth von Österreich** • Das Poetische Tagebuch • **Friedrich Engels** • Die Lage der arbeitenden Klasse • **Ludwig Feuerbach** • Das Wesen des Christentums • **Johann G. Fichte** • Reden an die deutsche Nation • **Fitzgerald** • Zärtlich ist die Nacht • **Flaubert** • Madame Bovary • **Gorch Fock** • Seefahrt ist not! • **Theodor Fontane** • Effi Briest • **Robert Musil** • Über die Dummheit • **Edgar Wallace** • Der Frosch mit der Maske • **Jakob Wassermann** • Der Fall Maurizius • **Oscar Wilde** • Das Bildnis des Dorian Grey • **Émile Zola** • Germinal • **Stefan Zweig** • Schachnovelle • **Hugo von Hofmannsthal** • Der Tor und der Tod • **Anton Tschechow** • Ein Heiratsantrag • **Arthur Schnitzler** • Reigen • **Friedrich Schiller** • Kabale und Liebe • **Nicolo Machiavelli** • Der Fürst • **Gotthold E. Lessing** • Nathan der Weise • **Augustinus** • Die Bekenntnisse des heiligen Augustinus • **Marcus Aurelius** • Selbstbetrachtungen • **Charles Baudelaire** • Die Blumen des Bösen • **Harriett Stowe** • Onkel Toms Hütte • **Walter Benjamin** • Deutsche Menschen • **Hugo Bettauer** • Die Stadt ohne Juden • **Lewis Caroll** • *und viele mehr....*

Heinrich Seidel

Dreißig Märchen

1905

Inhalt

Ein Märchen als Einleitung

Meine lieben Kinder und sehr verehrten großen Leute, ich will euch zu Beginn dieses Märchenbuches auch ein Märchen erzählen, aber ein ganz besonderes, das vollkommen wahr ist und sich erst vor kurzem zugetragen hat. Und nun paßt auf, wie es geht:

Es war einmal ein König von Papierland, der hatte viele Millionen Soldaten, die waren alle aus Blei und gingen auf den Köpfen. Man schmierte ihnen diese mit schwarzer Farbe ein, und dann marschierten sie Tag und Nacht über endloses Papier hin und hinterließen gar seltsame Spuren. Kluge Leute, die lesen gelernt hatten, konnten daraus vieles erfahren; wie es mit Krieg und Frieden und Handel und Wandel stand, und wie die Welt von ihren Königen mit Hilfe der Blauen, der Gelben, der Schwarzen, der Roten und der Goldenen gar weise regiert wurde. Schöne Geschichten gab es dort zu lesen, in denen die Tugend belohnt und das Laster bestraft wurde, und wunderschöne Gedichte, die sich hinten und vorn und in der Mitte ganz anmutig reimten, und wenn einer wissen wollte, was sich in der ganzen Welt von Honolulu bis Nimmersatt oder von Sydney in Australien bis Winsen an der Aller ereignet hatte, so stand es da schwarz auf weiß. Hatte jemand das Bedürfnis zu erfahren, wo es die längsten Giraffen, die dicksten Kartoffeln, die elegantesten Bartbinden, die süßesten Pfefferkuchenherzen gibt, so wurde auch diesem geholfen. Und dann die Bilder! Wo in der Welt auch nur etwas geschah, gleich waren die großen Guckmaschinen mit den Glasaugen dahinterher, und – schnapp! – gab es ein Bild, so daß der Vesuv bei seinem neuesten Ausbruch noch nicht ausgespieen hatte, als er schon vor aller Welt auf dem Papier stand. Als nun aber der König eines Tages die Arbeiten seiner fleißigen Bleisoldaten und der großen Guckmaschinen musterte, da vermißte er etwas. Das, was heute neu und morgen schon wieder alt ist, war in Fülle vorhanden; aber an dem, was sich nie und nimmer begeben hat und darum auch nicht veralten kann, mangelte es. Das sollte anders werden; er drückte auf einen Knopf, und nach einer kurzen Weile steckte sein erster Minister den Kopf in die Tür. „Märchen!“ sagte der König. „Sehr wohl!“ antwortete der Minister und verschwand.

Nun ging also ein großes Schreiben aus in alle Welt an alle Schriftgelehrten und Märchenmacher und es wurden für das beste Märchen drei Beutel, für das zweitbeste zwei Beutel und für das drittbeste ein Beutel mit Goldstücken ausgesetzt. Die dreißig besten aber sollten abgedruckt werden in einem Buche mit schönen Bildern – gleichsam wie in einem Ehrensaal.

Ha! Da bekam die Post zu tun, und alle Tage brachte sie Märchen und Märchen und wieder Märchen. Manche Leute hatten schon welche fertig, die waren natürlich die ersten auf dem Plan, und die anderen saßen und schrieben und packten ein und schickten weg; niemals wohl, seit die Welt steht, sind so viele Märchen auf Reisen gegangen wie in dieser Zeit. Zentnerweise kamen sie denn alle, alt und jung, hoch und niedrig, reich und arm, waren dabei; der Türmer auf dem Turm und der Schuster in seinem Keller, von Fürsten bis herunter zum Arbeiter, von der vornehmen Dame bis zum Mädchen für alles. Alle vier Fakultäten waren an der Arbeit, und selbst die Blüte der Nation, die Herren Leutnants und die Herren Referendare, schätzten es nicht zu gering. Und manche, die sonst nie dergleichen empfunden hatten, fühlten, daß plötzlich eine Märchenader in ihnen aufsprang und geheimnisvoll zu rieseln begann. So ging das Schicksal seinen Lauf, und als die Zeit erfüllet war, da zählte man 4025 Märchen.

Ihr lieben Kinder und ihr sehr verehrten großen Leute, wißt ihr auch, was das bedeutet 4025 Märchen? Seht, in diesem schönen Buche, das nun vor euch liegt, sind nur dreißig davon abgedruckt, und es ist doch schon ein stattlicher Band. Wollte man nun alle 4025 eingesandten Märchen abdrucken, so wären dazu 134 solcher Bände wie dieser hier notwendig. Wißt ihr aber auch, was man in solche 134 Bände mit der selben Schrift wie diese, alles hineindrucken könnte? Ich glaube ihr ahnt es nicht; denn ich bilde mir ein, daß ich zur Zeit der einzige bin, der das weiß. Diese 134 Bände würden aufnehmen können: zweimal Goethes sämtliche Werke – und der hat doch am Ende nicht wenig geschrieben; damit aber wären sie noch lange nicht bis zur Hälfte gefüllt. Wieland war auch sehr fleißig und hat ebensoviel geschrieben wie Goethe; aber auch seine sämtlichen Werke würden noch immer nicht genügen, und man müßte noch Jean Pauls, E. T. H. Hoffmanns und Fritz Reuters sämtliche Schriften zu Hilfe nehmen, um diesen Schlund zu stopfen. Aber auch dann bliebe noch immer ein Loch offen, und erst Schillers sämtliche Werke würden das Gefäß zum Überlaufen bringen. Ist das nicht märchenhaft? Darum ist der Heldenmut, die Tatkraft und der Feuereifer, mit denen sich die tapferen Männer der Vorprüfung, die sich mit rauchenden Köpfen durch diese tausende von Prinzessinnen mit goldenen Haaren, diese Scharen von Königen und Königinnen, diese Heere von Riesen, Zwergen, Gnomen, Elfen und Wassernixen durchgearbeitet haben, nicht genug zu preisen. Am meisten aber ist es zu bewundern, daß sie nicht in den Zauberwäldern stecken geblieben sind, denn in diesen Märchen kamen so viele greuliche, furchtbare und der menschlichen Gesundheit unzuträgliche Zauberwälder vor, daß man das ganze Festland unseres Erdballs hätte damit bedecken können. Aber diese heldischen Männer haben es geschafft und sind, wie ich hoffe, auch jetzt noch alle am Leben. Sie konnten schließlich den sieben Preisrichtern hundert ausgewählte Märchen zur Schlußprüfung übergeben.

Fast in jedem richtigen Märchen kommt nun auch eine Königin vor, und also fehlt sie auch in diesem wahren Märchen nicht; denn unter den Preisrichtern saß sie, eine ganz wirkliche Königin. Aber noch viel märchenhafter war es, was nun geschah; unter all den klugen und gelehrten Herren und vornehmen und gebildeten Damen, die ihre duftenden oder prunkenden Märchensträuße zur Schau trugen, kam mit schweren Schritt ein einfacher Arbeiter daher, der trug in seiner schwieligen Faust einen Busch aus blühendem Heidekraut, auf dem mit Perlenschimmer und Diamantenglanz der Tau funkelte. Und siehe da – es war keine Frage: ihm gebührte der Preis!

Und so geschah es, daß das Märchen vom Aschenbrödel, vom Allerleirauh oder vom dummen Hans hier wieder lebendig wurde und der Arme, Unscheinbare und Übersehene glänzend den Sieg gewann. Die alten guten Märchen bleiben ewig neu.

Heinrich Seidel

Ein Schelmenmärchen

Von

Eugen Bergmann

Vor Zeiten lebte einmal ein junger, derber Bauer, der keinen größeren Herzenswunsch hatte, als ein Kavalier zu werden und eine Prinzessin zur Frau zu bekommen. Wenn er seine Schweine zum Verkauf in die Stadt trieb und dabei in Samt und Seide gekleidete Herren sah, wie sie hoch zu Roß oder in prächtigen Fuhrwerken stolz an ihm vorüberritten und vorüberfuhren, fraß ihm der Neid fast das Herz ab, und er dachte hin und her, auf welche Weise er es ihnen wohl gleichtun könne. Aber er war arm, hatte nur ein kleines Häuschen mit wenig Ackerland, und zur Ausführung seiner törichten Wünsche war nicht die geringste Aussicht vorhanden. Bis in seine Träume hinein verfolgte ihn dieses Verlangen, und oft sah er sich selber mit Federhut und Spitzenkragen am Hofe des Königs einherstolzieren, und da gab es morgens ein übles Erwachen, wenn solch schöne Bilder in eitel Nebel und Dunst zerflossen. Dann ging er tagsüber einher wie einer, dem der Hagel sein Weizenfeld zerschlagen, schnauzte jeden an, der ihm in den Weg kam, und zermarterte sein armes Hirn mit Gedanken, wie er wohl zu dem nötigen Gelde kommen könne. War dies doch das einzige, was ihm, seiner Ansicht nach, dazu fehlte, der feinsten Kavaliere einer zu werden. Seine Nachbarn, denen er manchmal sein Herz auszuschütten pflegte, wollten sich tot lachen über sein närrisches Sehnen, spotteten über ihn, wo sie konnten, und sagten mit Lachen: „Wenn der Esel die Laute schlägt, ist er noch lange kein Künstler."

Aber das half alles nichts.

Als er nun eines Tages wieder mürrisch und verdrossen hinter seinem Pfluge einherging und der schönen Gotteswelt auch nicht den geringsten Blick schenkte, hörte er plötzlich, wie die Pflugschar mit Klirren an einen Gegenstand stieß, und da er sich fluchend bückte, um den vermaledeiten Stein aus dem Wege zu räumen, gewahrte er einen angerosteten, großen, eisernen Topf im Erdreich. Der war so schwer, daß er ihn kaum heben konnte; und als er den Deckel lüftete, da – wer beschreibt seinen freudigen Schreck! – fiel ihm die Pfeife aus dem Munde, und die Beine begannen ihm zu zittern: bis an den Rand war der Topf mit Dukaten gefüllt, die so neu und blank aussahen, als kämen sie eben aus des Kaisers Schatzkammer.

Bald jedoch erholte sich das Bäuerlein, daß sich so unvermutet vor das Ziel seiner Herzenswünsche gestellt sah, schlug einen Purzelbaum vor Vergnügen und brachte dann seinen Schatz in sicheren Gewahrsam.

Anderen Tages füllte er sich die Taschen mit den blinkenden Goldfüchsen und ging in die Stadt, wo er sich gleich den vornehmsten Laden aussuchte.

„Hallo, Herr Kaufmann," schrie er, „nun rückt mal heraus mit dem Feinsten, was Ihr habt und was zum Anzug eines vornehmen Kavaliers gehört! Nichts soll mir zu teuer sein, und das Beste werde ich gerade gut genug finden." Dabei warf er eine Handvoll Dukaten auf den Tisch, damit der Kaufmann gleich wisse, woran er sei, und nicht am Ende denke, es mit einem Aufschneider und Hungerleider zu tun zu haben.

Und nun ward herbeigeschleppt, was es nur Kostbares gab: Seidenzeug aus Lyon, Spitzen aus Brabant, Samtgewebe aus Persien und tausenderlei andere Dinge, wie sie sich nur ein vollendeter Galan wünschen kann. Der Kaufmann, der sich auf seine Leute verstand, merkte bald, was die Glocke geschlagen hatte, war mit seinem Rat hilfreich zur Hand, und bald waren Anzüge ausgewählt, deren sich kein König zu schämen brauchte. Wie sich unser Bauer nun in dem großen Pfeilerspiegel neu ausstaffiert betrachtete, wollte er kaum glauben, es blicke ihm aus dem Glase der selbe Mensch entgegen, der gestern noch hinter dem Pfluge hergegangen war: so stattlich präsentierte er sich in dem violetten Samtwams mit den Goldstickereien und dem Hut mit dem wallenden Federbusch.

„Bei allen Heiligen," sagte der schlaue Kaufmann voll erheuchelter Bewunderung, „wenn ihr nicht einem Prinzen von Geblüt gleich seht, will ich mich hängen lassen. Eine Fürstin muß zumindesten Eure Frau werden."

Der Bauer blinzelte ihn wohlgelaunt von der Seite an und entgegnete mit überlegenen Lächeln: „Ein bißchen höher hinauf, guter Freund, würde mir besser zu Gesicht stehen."

„Freilich, freilich," beeilte sich der Handelsmann zu antworten, „unsere Königstochter wäre Euer gerade würdig. Aber" –

„Aber? Was soll's mit dem Aber?" forschte der neugebackene Kavalier mißtrauisch. „Einen feineren und reicheren Gemahl findet sie eben nicht. Habt Ihr mir nicht selbst vor wenigen Minuten versichert, ein solch kostbarer Zobel, wie er meinen Mantel ziert, sei nicht einmal im Besitz des Königs?"

„Das stimmt schon werter Herr, und doch" – hier kraulte sich der Kaufmann vor Verlegenheit hinter den Ohren – „ich weiß nicht, wie ich's gleich sagen soll ... seht ... nun, Ihr wißt doch: mit den Kavalieren ist's wie mit den Blumen, je kostbarer, je seltener einer ist, desto feiner ist der Duft der ihn umgibt. Nun hat unsere Prinzessin eine so feine Nase, daß sie es sofort herausriecht, mit wem sie es zu tun hat, und einem Herzog von einem Grafen auf zehn Schritt unterscheidet. Der Bauerngeruch aber sei ihr ganz besonders zuwider, erzählt man, sie wittere ihn schon aus der Ferne und sei hochmütig wie eine echte Prinzessin."

„Was Ihr sagt!" hub das Bäuerlein etwas kleinlaut an. „Läßt sich dagegen nichts tun? Gibt es kein Mittel, keine Arzenei, sich von diesem bösen Duft zu befreien?"

„O gewiß," und der Kaufmann lächelte geheimnisvoll, „man braucht nur Doktor Artabatus in der Stadt Mellesund aufzusuchen. Der repariert's!"

Da verließ ihn mit einem Dank für die gütige Auskunft der Bauer, kaufte sich einen starkknochigen Gaul, füllte sich abermals alle Taschen mit Dukaten, erfragte sich die Lage der Stadt Mellesund und machte sich auf den Weg zu Doktor Artabatus.

Nachdem er drei Tage und drei Nächte geritten war, erreichte er die gesuchte Stadt, deren Türme und Zinnen ihm schon von weitem in der aufgehenden Sonne entgegenfunkelten. Er lies sich von einem Knaben bis an das Haus des Doktors Artabatus führen, denn des Name war bekannt bei alt und jung, und bat um Einlaß.

Vor einem Herdfeuer stehend, auf dem soeben ein neues Lebenselexier brodelte, empfing ihn der berühmte Mann. Mit seinen düsteren Augen sah er ihn eine Weile forschend an, als wollte er bis auf den Grund seiner Seele lesen, und da das Bäuerlein sein Anliegen in schön klingenden Redensarten vorzubringen suchte, unterbrach er ihn barsch und sagte ohne Federlesen:

„Spar deine Worte. Nur ein Stümper hört die Leidensgeschichte seines Patienten. Ich weiß was dir fehlt. Du möchtest aus einem Bauern ein Kavalier werden. Versteh's auch, denn so taugst du freilich noch nicht dazu. Gemacht kann's werden, aber die Sache kostet Geld."

Der Bauer schüttete, ohne ein Wort zu sagen, den Inhalt seiner Taschen auf den Tisch, und als der gelahrte Herr das gleißende Häuflein vor sich sah, nickte er befriedigt, strich es ein und sprach:

„Das langt, und merke nun auf, was ich Dir sage. Ihr Bauern habt ein dickflüssig, ungesund Blut, das träge seines Weges rollt und deshalb zu allen feinen Gedanken, zierlichen Redensarten, liebenswürdigen Manieren, wie sie in Schlössern und auf Edelhöfen zu Hause sind, gänzlich ungeeignet ist. Auch fehlt die Würze, die Süße, der Duft. Du mußt deshalb in einer süßen Tunke umgekocht werden; die wohl zubereitete Flüssigkeit muß durch die Poren deiner Haut dringen und eine völlige Änderung deiner Säfte herbeiführen. Die Kur ist, von der Hand eines Meisters geleitet, ohne Gefahr. Halte dich bereit, ich rüste dir sogleich das Nötige."

Er rief nach seinen Handlangern, ließ einen riesengroßen Kessel über den Kochherd seiner Studierstube stellen, und wohlgesiegelte Flaschen, Töpfe,

Kruken mit Inschriften in chinesischen Lettern sowie seltsam verschnürte Packen, von denen einzelne mit einem Totenkopf beklebt waren, wurden hereingebracht.

Dann entließ er seine Heilgehilfen und ging an die Zubereitung des wunderkräftigen Wassers.

„Dies hier ist Honig vom Berge Hymettos in Griechenland", sagte er und schüttete den Inhalt eines großen Topfes in den Kessel. „Das gibt die Süße und ist das Fundament, auf dem sich alles gründet und aufbaut. Dies hier sind Lakritzstengelein; dies Süßholz, geraspelt, so der Zunge eine liebliche Gelenkigkeit zu anmutiger Rede verleihen; hier Fenchel, Anis und Ambra, die dem Geist Kraft und Zartheit mitteilen; hier Gewürznägel, Zimt und Rohrzucker, die den Gelenken zierliche Bewegungen geben, und die Büchse dort, gestempelt mit dem Siegel des Kaisers von China, enthält das Köstlichste, die Krone des Ganzen: Zibet, Moschus und Lavendel. Das, in der richtigen Mischung, erteilt dir den Duft des Kavaliers und vertreibt jeglichen Bauerngeruch auf ewige Zeiten."

Dem Bäuerlein wirbelte bei all den fremden Namen der Kopf, und staunend schaute er den Hantierungen des Weisen zu, während ein bläulicher Dampf dem Kessel entstieg und das Gemach mit allen Wohlgerüchen Arabiens erfüllte.

Endlich war alles bereitet, wie sich's gehörte, und Doktor Artabatus befahl dem Bauern, die Gewänder abzulegen und in den Kessel zu steigen. Ins Feuer aber warf er noch ein paar mächtige Scheite, daß die Funken wie kleine Sterne in die Höhe stoben.

„So," sagte er, „jetzt bleibst du so lange darin sitzen, bis du es merkst, wie dich die Süße langsam durchdringt, wie sie die Blutbahn hinaufsteigt, und solange du die Hitze vertragen kannst. Merk auf: je länger, je besser; denn bleibt auch nur etwas der alten, bösen Bauernsäfte zurück, so gerät die Süße in Gärung, wird herb und ranzig, und die Kur bleibt ohne gewünschten Erfolg."

Pustend und schwitzend saß der angehende Kavalier in der Flüssigkeit, die mit jeder Sekunde heißer und heißer wurde; er japste nach Luft, wenn ihn die Dämpfe umqualmten, ihm beißend in Auge und Nase fuhren, ihm den Atem raubten, und wähnte nicht anders, als daß sein letztes Stündlein geschlagen habe.

„Halte aus," tröstete der Arzt, „halte aus. Es kämpfen jetzt die Geister der Heilskräfte mit den unreinen Geistern, so dir im Geblüt sitzen; es kämpft die Süße mit dem Sauren; jetzt rückt Zibet vor, jetzt schwingt Ambra das Schwert, und dort naht Lavendel und bringt uns den Sieg." ...

Endlich, da es dem Bauern schien, er habe seinen letzten Atemzug getan, winkte Artabatus mit feierlicher Miene: „Es ist genug."

Und halbtot entstieg er der süßen Wundertunke und schwur bei sich, diese Kur zum zweiten Male nie mehr über sich ergehen zulassen. Doch schon in Bälde erholte er sich, die Kräfte kehrten schnell zurück, und schmunzelnd schaute der Meister auf sein gelungenes Werk.

„Kehre heim, mein Sohn. Artabatus hat sich ein neues Lorbeerreis in seinen Ehrenkranz geflochten; seit langem ist kein vollendeterer Kavalier aus seiner Werkstatt hervorgegangen!"

Fröhlich verließ der Bauer das Haus, erstand sich gleich ein edles arabisches Roß, rüstete es stattlich aus mit purpurnen Schabracken und goldenen Steigbügeln und ritt aus den Toren der Stadt Mellesund den kürzesten Weg in raschem Trabe der Königsburg zu.

Als er nun vor dem Portale des herrlichen Schlosses hielt, eilten ihm geschäftige Diener entgegen. Der eine hielt ihm die Bügel, der zweite breitete kostbare Teppiche vor seine Füße, und der dritte führte ihn die Treppe hinauf in den Thronsaal, wo soeben der König und seine Tochter Hof hielten; denn man glaubte nicht anders, als das zu den vielen Prinzen und Königssöhnen, die sich um die Hand der Prinzessin Murmula bewarben, ein neuer hinzugekommen sei.

Da saß nun unter rotsamtenen Baldachin auf seinem Thron der König mit Zepter und Reichsapfel in den Händen und neben ihm die Prinzessin Murmula. Ach, war die schön! In ihren schwarzen Haaren glänzten Diamanten und Perlen, und ihr Gewand war mit silbernen Sternlein bestickt, die funkelten wie die Sterne am blauen Nachthimmel. Weil sie aber so gar hochmütig war und das Näschen immer steil in die Luft trug, mußte Tag und Nacht ein Mohr einen Schirm über sie halten, damit es ihr nicht in die Nase regne. Nur ein ganz klein wenig zog sie den Schnabel und schnupperte nach rechts und nach links, als der fremde Kavalier vor sie hintrat – doch roch sie nichts, weil Meister Artabatus seine Sache verstanden hatte.

In zierlichen, wohlgesetzten Worten – denn die Lakritzstengel und das geraspelte Süßholz taten ihre Wirkung – trug nun der Bauer sein Anliegen vor: wie er weit her sei, wie er von der Schönheit der Prinzessin gehört und nur noch den einen Wunsch habe, sie als sein ehelich Gemahl in die Arme zu schließen.

Nicht ungern begann die Schöne seiner Rede zu lauschen, denn er sah gar stattlich aus, hatte Saft und Kraft in sich und überragte manch blasses Prinzlein um Haupteslänge. Ja, aber nun geschah etwas Unvorhergesehenes; ein Jucken kam dem Bauernsohn an, und ehe er sich dessen versah, kratzte er sich, kräftig und tüchtig, wie er es daheim gewohnt war.

Da schnellte das Näschen der Prinzessin Murmula wieder blitzschnell in die Luft.

„Päh," sagte sie, „Bauer bleibt Bauer!" und hochmütiger denn je schaute sie zur Seite und hatte auch nicht einen Blick mehr für den Erkannten. Dem aber war zumut, als hätte man einen Kübel eiskalten Wassers über ihm ausgeschüttet; denn ihm wäre nie auch im Traum nur der Einfall gekommen, man kratze sich an Königshöfen nicht, wenn man irgendwo ein Jucken oder Stechen verspüre.

Kleinlaut schlich er aus dem Saal, von hundert spöttischen und schadenfrohen Augen begleitet, und still ritt er davon, seinem Pferde dem Weg überlassend, Verzweiflung im Herzen. Wohl tausend Male verwünschte er im Geiste den Doktor Artabatus und wußte nicht aus noch ein; denn das stand fest in ihm, daß er sterben müsse, wenn er Prinzessin Murmula nicht erwerben könne.

Er ritt und ritt fünf Tage und fünf Nächte und kam endlich in die Stadt Berrefast.

Wie er nun so in Gedanken die Hauptstraße hinabtrabte, weder auf die Paläste zur Rechten und Linken, noch auf die Menschen, die die Bürgersteige füllten, ein Auge warf, sah er plötzlich ein Gefährt, mit sechs schneeweißen, rotgezäumten Mauleseln bespannt, ihm entgegenkommen. In dem Wagen saß ein Mann mit langem, weißen Bart, und sein schwarzer Talar war mit seltsam geheimnisvollen Zeichen besetzt. Da die Menge ihn gewahrte, entstand ein großer Auflauf, Mützen flogen in die Höh', Tücher wurden geschwenkt, und aus tausend Kehlen erscholl der begeisterte Ruf: „Heil dem Magister Perpendiculus, dem Stolz von Berrefast!" Unser Betrübter erwachte aus seinem Geträume und fragte den ersten besten: „Sagt an, guter Freund, was hat es mit diesem Magister Perpendiculus auf sich?" „Ei," entgegnete der und maß ihn ein wenig verächtlich, „Ihr seid wohl vom Monde gefallen, daß Ihr nichts vom dem wißt, was der ganzen Welt bekannt ist? Meister Perpendiculus ist der weiseste Arzt der Erde, und Berrefast ist stolz darauf, ihn zu besitzen. Es ist keine Krankheit des Leibes und der Seele, die seiner Kunst widerstände. Man erzählt, daß Geister ihm gehorchen, daß er Tote erwecke und schon manchen Strohkopf mit Weisheit gefüllt habe. Seht jenes Haus dort mit den sechs erzenen Säulen und dem Tor aus schwarzem Onyx: das ist der Wohnsitz des Magisters Perpendiculus, und habt Ihr was, so Euch das Herz bedrückt, vertraut's ihm an, er schafft Rat."

Eine kleine Weile nachher klopfte das Bäuerlein an die Onyxpforte, die einen dumpfen Klang gab, und begehrte von dem Mohren, der ihm öffnete, zu dem Magister geführt zu werden. – In einem fremdartig ausstaffierten Gemach, durch dessen bunte Scheiben das Tageslicht nur spärlich und gedämpft hereinquoll, saß der weise Meister vor einem Pergamentband, auf dessen roten Blättern in Goldschrift Mittel gegen jegliches Gebrechen geschrieben standen, und blickte erst auf, als der, so seines Rates und seiner Hilfe bedurfte, vor ihm stand.

Niedergeschlagen berichtete der verunglückte Kavalier, wie sich alles zugetragen, wie trotz der süßen Abkochung des Doktors Artabatus die Prinzessin den Bauerngeruch gespürt, und wie er sich ein Leid antun müsse, wenn Magister Perpendiculus keinen Ausweg ersinne.

Als der den Namen „Artabatus" gehört, war ein verächtliches Lächeln über sein Gesicht gegangen, und nun hob er an: „Eure Sache steht so schlimm nicht, zumal Euch Euer guter Stern vor die richtige Schmiede geführt hat. Fern sei es von mir, auch nur ein nachteiliges Wort über die Kunst meines Kollegen zu sagen; denn das ist unter uns Ärzten nicht Brauch; allein das eine kann ich nicht verhehlen: seine Methode ist gänzlich veraltet. Wer heutzutage noch sein Vertrauen auf die Mischung verschiedener Stoffe setzt, ist ein Esel. Seit den Zeiten meines Lehrers, des großen Paracelsus, hat man für die Heilweise des Hippokratus, der Artabatus blind ergeben ist, nur noch ein mitleidiges Lachen. Sauer müßt Ihr gekocht werden, sauer, lieber Freund! Eine wohltuende Säure muß Eurem übergesunden Bauernblut zugeführt werden ohne jeglichen Zusatz, ohne jegliches Gewürz. Seht: Fürsten, Königen, Kaisern hat diese meine Hand zur Ader gelassen, und es ist mir noch kein Tröpfchen Kavaliersblut vorgekommen, das nicht säuerlich gedunstet hätte. Freilich – die rechte Säure muß es sein, daran liegt's, darin besteht das Geheimnis. Und ein erklecklich Sümmchen werdet Ihr hergeben müssen, aber – für was ist was!"

Der Bauer schüttete ohne weiteres den Inhalt sämtlicher Taschen in ein Mäßchen, das ihm der Magister vorhielt und in dem er sein Honorar einzuheimsen pflegte. Perpendiculus rüttelte es ordentlich fest, und da es bis an den Rand gefüllt war, sprach er: „Es fehlt wohl noch um eines Strohhalms Breite an dem Üblichen. Ich will's aber auch dafür tun, da mein Herz nicht am Gewinn hängt."

Dann führte er seinen Patienten in ein kellerartiges Gelaß, wo unter einem geräumigen, silbernen Kessel eine blaue Flamme kochte, hieß ihn sich in das darin befindliche Wasser setzen, und zog aus dem faltigen Gewande ein Kristallgläslein, in dem eine helle Flüssigkeit blinkte, und goß nur wenige Tropfen in den Kessel. Alsbald fing das Wasser an sich zu kräuseln und Blasen zu werfen, und ein saurer Dunst stieg aus ihm auf, während der Magister mit einem Blasebalg das Feuer zu hellerem Glühen anzutreiben begann. „Auf der höchsten Spitze des Himalaja wächst in einer Felsenspalte das Kraut," sagte er, „mit dem der Vogel Phönix sein Nest auszufüttern pflegt. Aus diesem Kraut wird vermöge kunstreicher Destillation diese Säure, so Euch not tut, gewonnen."

Der arme Schelm im Wasser aber fing an, ganz entsetzliche Gesichter zu schneiden, denn prickelnd und ätzend fühlte er die Säure in die Adern dringen, der Atem ward ihm fast genommen, und das Wasser erhitzte sich blitzschnell und schäumte fast über den Rand des Behälters.

Je ärger er aber stöhnte und litt, desto vergnüglicher wurde der große Meister.

„Fürtrefflich, fürtrefflich!" jubelte er und schlug sich mit der Hand an die Seite. „Die Kur schlägt an! Spürt Ihr's, wie all das böse Gewürz, die lächerliche Süßigkeit meines Genossen Euch in blauen Wolken verläßt und wirbelnd zum Schornstein hinausfährt? Merkt Ihr's, wie die Krallen der Säure sich in die Zibetkatze schlagen und wie sie die letzte Spur des Ambra vernichten?"

„Laßt es genug sein, Perle der Wissenschaft!" jammerte der im silbernen Kessel. „Ich glaube, es genügt ... Ein bös Brausen hab ich in den Ohren, Feuerfunken tanzen mir vor den Augen, und alle Gedanken mischen sich mir zu wirrem Knäuel ... ich überstehe die Kur nicht, einen Entseelten fischt Ihr aus Eurer Brühe!"

Doch der Magister drückte ihn mit dem goldenen Schaumlöffel, der ihm wie ein Schwert zur Seite hing, noch tiefer in die Flüssigkeit, häufte ihm den weißen Schaum übers Haupt, also daß er kein Glied rühren konnte und seine Seele den Heiligen befahl. Dann hob er ihn mit einem Ruck aus der Säure, und es dauerte nicht lange, da kehrten die Lebensgeister des Armen in doppelter Frische wieder; neue Kraft durchglühte ihn, und als Magister Perpendiculus ihm nun einen Silberspiegel vorhielt, mußte er zugeben, die Kur habe angeschlagen, das Mittel seinen Zweck erreicht: so vornehm sah er aus, als reichte er mit seinen Ahnen bis in die graueste Zeit zurück!

Da sich das Onyxtor wieder hinter ihm schloß, ritt er spornstreichs heim, füllte sich alle Taschen abermals mit blanken Goldstücken, warb ein stattliches Gefolge, das ihn an den Königshof begleiten sollte, und machte sich von neuem auf, um die Hand der Prinzessin Murmula zu werben.

Und es war wieder wie das erstemal. Als er vor dem Portal des Schlosses hielt, eilten ihm die Diener entgegen: der erste hielt ihm den Bügel, der zweite breitete Teppiche unter seine Füße, und der dritte geleitete ihn die marmornen Treppen hinauf. Untereinander aber flüsterten sie: „Das ist sicher der erwartete Prinz aus Mauretanien, dem die sieben goldenen Schlösser gehören und dessen Schatzkammern bis an die Decke mit Kostbarkeiten gefüllt sind."

Im Thronsaal warteten schon viele Prinzen und Königssöhne aus nah und fern auf das Erscheinen der Prinzessin; die standen zu beiden Seiten des Thrones, auf daß die Königstochter sich den Schönsten erwähle, und zu den stattlichsten gehörte auch der Bauer. Endlich ertönten Fanfaren und Trompeten, die Doppelvorhänge einer Tür wurden zurückgeschlagen, und in glanzvollem Zuge nahte der König und neben ihm die Prinzessin. Die aber war heute noch tausendmal schöner als das erstemal. In ihren schwarzen Haaren trug sie eine funkelnde Krone, und ihr weißes Kleid war mit Rosen bestickt, aus deren Kelchen die herrlichsten Diamanten blitzten. Nur das Näschen trug sie so hoch wie immer, doch sie schnupperte nicht einmal; denn Magister Perpendiculus hatte selbst das letzte Stäubchen jenes Geruchs, der ihr so zuwider war, in seiner Säure getötet. Der Bauer aber dachte bei sich: „Wenn ich dich heute nicht gewinne, du holdseligste der Sterblichen, so wäre es mir besser, nicht auf der Welt zu sein." Vor der Prinzessin hüpfte in munteren Sprüngen ihr Windspiel, lief von einem zum anderen, ließ sich von diesem glätten und jenem, und setzte sich endlich dicht vor den Bauer. Wie der aber den Hund sah, fiel ihm seine Jugend ein. Da war es sein liebstes Vergnügen gewesen, den Katzen in den Schwanz zu kneifen, und wenn sie dann miauend und fauchend davongefahren waren, hatte er sich den Magen gehalten vor Lachen; an keinem Hunde aber war er vorübergegangen, ohne ihm auf den Schwanz zu treten, und hatte immer seine helle Freude daran gehabt, wenn sie heulend das Weite suchten. Und wie er so darüber sann und sann, vergaß er Königskind und Hofburg, Glanz und Umgebung, hob langsam den Fuß und trat dem königlichen Hunde nachdrücklich auf den Schwanz. Das Hündchen, so böser Handlung ungewohnt, hub ein Gequiek an, als hätte sich's auf heißes Eisen gesetzt, kniff den Schwanz ein und raste davon wie vor dem Leibhaftigen, fuhr dem Oberhofmeister zwischen die Beine, daß er schier zu Fall kam, und erfüllte den ganzen Saal mit seinem Geheul.

Da richtete sich das Näschen der Prinzessin Murmula fast kerzengerade in die Höhe, und sie sprach, daß es durch den ganzen Raum klang:

„Pä ... Bauer bleibt Bauer –
Koch ihn süß oder sauer!“

Sie winkte einem Königsohn und reichte ihm die Hand hin, zum Zeichen, daß sie ihn zum Gemahl erwähle.

Wie ein Donnerschlag jedoch traf ihre Rede den zum zweitenmal Erkannten. Ehe noch jemand recht zur Besinnung kam, hatte er den Saal verlassen, riß sein Pferd aus dem Stall, und der Hufschlag seines Rosses klang laut und dröhnend, da er über die Zugbrücke in wildem Rasen fortjagte. Viele Tage ritt er kreuz und quer durch die Welt, ohne selbst zu wissen, wohin. Sein edles Roß, solcher Anstrengung ungewohnt, ward lahm und steif, und endlich, da es nicht weiter konnte, stieg er ab, überließ es auf einer fetten, grünen Wiese seinem Schicksal und ging nun zu Fuß weiter, Bitternis, Groll und Verzweiflung im Herzen. Manchen Tag noch wanderte er auf staubigen Straßen dahin, bis ihn der Zufall in seine eigene Heimat führte. Als er in einen Forst kam, hinter dem nur eine Tagereise entfernt seine Hütte lag, lagerte er sich neben einem Quell, um Gesicht und Hände mit dem kühlenden Naß zu netzen.

Lange Zeit saß er da in trüben Gedenken seines beklagenswerten Geschicks, als ein runzeliges Mütterlein des Weges kam, das im Wald nach Pilzen gesucht hatte.

„Gott zum Gruß schmucker Knabe,“ redete sie ihn an, „was schaust du so darein, als stünde keine Sonne am Himmel, als sänge kein Vöglein im Walde? Solch sauertöpfisch Wesen kleidet kein Geschöpf Gottes.“ Und das Mütterchen setzte sich zu ihm. Da faßte er sich ein Herz, weil ihm so sterbensübel zumute war und er keine Seele hatte, der er sein unselig Geschick berichten konnte, und er erzählte der Alten haarklein, was sich alles mit ihm zugetragen hatte. Da er geendet, lächelte das Mütterchen und sprach: „Ein Einfaltspinsel bist du, durch deine dicke Schwarte sei all das Süße und Saure gegangen, was dir die klugen Doktors vorgefabelt? Nichts kann aus dem Menschen kommen, so es nicht in ihm ist. Ein freundliches Herz, dazu unmerkliche Leitung, zarte und feine Zurechtweisung in Kindertagen, wie sie eine liebende Mutter dem eigenen Blut zukommen läßt – das verleiht einem jene schöne Farbe herkömmlicher guter Sitte, die den Menschen zum Kavalier macht. Ein Tölpel bleibt ein Tölpel in jedem Stande!“ Damit erhob sie sich, nickte ihm zu und humpelte von dannen. Dem Bäuerlein war zumute, als hätte der Himmel selber ihn getröstet; eilends schritt er fürbaß, und froh klopfte ihm das Herz, als er sein heimatlich Dach bei sinkender Sonne erreichte.

Auf dem Boden seines eisernen Kessels fand sich noch gerade eine Handvoll Dukaten, die dazu ausreichten, ein neues Leben zu beginnen. Das geschah, und zufrieden sitzt er noch heutigentags dort, wo er saß, als wir diese Geschichte begannen.

Die Prinzessin mit den Entenfüßen

Von

Anna Bethe-Kuhn

Der alte König war gestorben. Die Kammerherren streiften schwarzen Flor über ihre buntseidenen Ärmelpuffen, und die Damen drückten die Spitzentüchlein an die Augen, vor Kummer darüber, daß nun der Hofball nicht stattfinden konnte, der zum kommenden Tag angesagt worden war.

Im Krönungssaal stand der Thronsessel; er war schneeweiß und hatte vergoldete Füße, und über seine Rückenlehne herab hing der Purpurmantel mit dem Hermelinfutter; den sollte der junge Prinz umgelegt bekommen. Der Hofmarschall hielt die Krone zwischen den gespreizten Fingern und fuchtelte mit dem Zepter durch die Luft. Das war ja ein netter Regierungsantritt! Läufer liefen unablässig die Marmortreppen des Schlosses hinauf und herunter; aber der junge Prinz war nirgends zu finden.

Durch den Schloßhof schritt pfeifend der Hüterjunge. „Hier könnt ihr lange suchen“, lachte er. „Drüben hinterm Walde bei den Moorwiesen liegt der Prinz im Grase und sieht die weißen Wölklein fliegen.“

Ja, nun wußten sie es. Am meisten ärgerten sich die Läufer darüber, den jetzt mußten sie in ihren spitzen Schnabelschuhen über den lehmigen Waldboden zu den Moorwiesen laufen. Schon von weitem sahen sie den Prinzen im Schilfgras liegen. Als der die drei Läufer erblickte, stand er auf, klopfte sich die Schilfhalme vom Wams und ging ihnen entgegen. „Ich weiß bereits alles", sagte er. „Das Klügste wird sein, ich füge mich in das Unvermeidliche. Aber das dürft ihr mir schon glauben: ich hätte lieber mein Lebtag an den Moorwiesen Schweine gehütet, als nach meines Vaters Tod den Thron bestiegen." Wahrhaftig, das sagte er.

Drinnen im Schlosse bekam der junge Prinz vom Hofmarschall die Krone aufgesetzt. „Das Ding wird mir den Verstand zerquetschen", sprach er und schüttelte seinen Kopf, daß die Locken flogen. Aber der Hofmarschall ließ keine Einwendungen gelten; er hing dem Prinzen den Purpurmantel um die Schultern und drückte ihm das Zepter in die Hand. Hiermit war die Krönung vollbracht. Der junge König beugte das Haupt unter der Last seiner Krone und ließ den Arm sinken. „Jetzt verstehe ich erst, wie schwer das Regieren ist!" meinte er und seufzte tief.

Allabendlich, wenn die Sonne sich rot im Moorteich spiegelte, warf der junge König Purpurmantel und Zepter beiseite und wanderte einsam durch den grünen Wald zu den Moorwiesen hinaus. Dort legte er sich ins Schilfgras und starrte zum Abendhimmel empor, bis die Sterne glitzerten.

Das ging so eine gute Weile, bis man im Schloß über die sonderbare Gewohnheit des jungen Königs zu reden begann und allerhand schlechtes und unrechtes dahinter vermutete.

Eines schönen Tages zog der Hofmarschall den jungen König beiseite. „Majestät verzeihen," flüsterte er ihm ins Ohr, „aber so darf es nicht weitergehen. Das Volk murrt; die Regierungsgeschäfte kriechen einen Krebsgang; in unserer Schatzkammer vermag bald ein Blinder die Dukaten zu zählen. Kurz und gut, ich sehe nur einen Ausweg, wie dem abzuhelfen sei: Majestät müssen heiraten!"

Der junge König runzelte die Brauen. Doch so leicht ließ sich der Hofmarschall nicht aus dem Konzept bringen. „Wenn ich mir einen Vorschlag erlauben dürfte," fuhr er fort, „so käme da in erster Linie Prinzessin Lilienblatt in Betracht" –

Jetzt wurde es dem jungen König aber zu bunt. „Bleibt mir mit Euren künstlichen Prinzessinnen vom Leibe!“ schrie er und stampfte mit dem Fuß auf. „Wenn ich heirate, will ich mir meine Frau selber aussuchen.“

„Wahrhaftig, das fehlte mir gerade noch, zu heiraten!“ sagte der junge König als er abends bei den Moorwiesen im Schilfgrase lag. „Lieber spränge ich in den Moorteich, dort, wo er am tiefsten ist. Da weiß man wenigstens, was einem bevorsteht.“

„Hoho, das ist auch eine Ansicht!“ quakte es plötzlich neben ihm. Der junge König hob erstaunt den Kopf und sah einen dicken, grünen Frosch im Schilfe sitzen, der ihn mit runden Augen anglotzte und vergnüglich mit dem Kopfe wackelte. „Ihr scheint schlechte Erfahrungen gemacht zu haben, guter Freund“, sagte der Frosch, und dann lachte er, daß er ordentlich Wasser prustete.

„Ich habe gar keine Erfahrungen gemacht,“ erwiderte der junge König, „aber ich verspüre keine Lust, mit einem jener Reifrockgestelle, die ich auf den Hofbällen herumschwenken mußte, eine Ehe einzugehen. Das kann niemand verwundern, der Prinzessinnen kennt.“

„Ich kenne sie zwar nicht,“ sagte der Frosch, „aber ich kann mir vorstellen, das sie alt und vertrocknet sind. Sie müßten einmal in frisches Wasser gesetzt und ordentlich untergetunkt werden.“

„Das ist ein vortrefflicher Gedanke“, meinte der junge König und lachte.

„Ich habe immer vortreffliche Gedanken,“ antwortete der Frosch und blies sich auf, „aber meines Äußeren wegen werden sie nicht beachtet; und zwar nur aus dem Grunde, weil ich so grasgrün bin. Das Grün ist doch nun einmal meine Leibfarbe.“

„Wenn du so vortreffliche Gedanken hast,“ sagte der junge König, „so kannst du mir gewiß zu einer Frau verhelfen. Es soll aber keine Froschkönigin sein, sondern ein schönes, warmblütiges Menschenkind. Diese Bedingung stelle ich.“

„Nichts leichter als das“, sagte der Frosch. „Komm heute nacht, wenn der Vollmond scheint an den Moorteich, da kannst du das holdeste Mädchen der Welt die Enten hüten sehen. Sie ist so hübsch, daß ich eine zeitlang selber daran dachte, sie zu heiraten. Aber sie vermag sich nicht ordentlich aufzublasen und hat eine melodische Stimme. Mit diesen Mängeln könnte sie nie bei uns zu Hof erscheinen, und darauf sehe ich.“

„Das wäre für mich kein Hinderungsgrund“, sprach der junge König. „Gefällt mir die schöne Entenhüterin ebenso gut wie dir, so soll nichts auf Erden mich daran hindern, sie zur Frau zu nehmen.“

Sobald der Vollmond hinterm Waldrand aufzusteigen begann, zog sich der junge König in seine Gemächer zurück, warf einen schwarzen Mantel um, stülpte die Kapuze über den Kopf und schlich unerkannt durch eine Hinterpforte zum Schloß hinaus. Schon von fern sah er die Moorwiesen im Mondschein glänzen. Irrlichter liefen vor seinen Füßen hin und her und wiesen ihm den Weg.

Da war auch sein Freund, der Frosch. Breitspurig saß er mitten auf der Landstraße und erwartete ihn. „Da bist du ja!“ quakte er. „Potz Moorschlamm und Fliegenbein, du scheinst es eilig zu haben!“ Und er lachte, bis er sich verschluckte.

„Spare jetzt deine Scherze,“ sagte der junge König, dem doch ein wenig ängstlich ums Herz war, „zeige mir lieber diejenige, derentwillen ich durch Nacht und Nebel hierhergekommen bin.“

„Hättest du Augen im Kopfe, hätt'st du sie längst erblickt“, versetzte der Frosch. „Drüben am Teichrand sitzt sie und läßt die Füße ins Wasser hängen. Aber euch Menschenkindern muß man die Nase auf alles stoßen, sonst merkt ihr es nicht.“

Der junge König blickte zum Teichrand hinüber. Da saß ein Mädchen, das hatte ein Gesicht weißer als die Mondstrahlen, Augen dunkelblauer als der Nachthimmel und Haare goldgelber und weicher als der zarteste Entenflaum.

„Sie ist wirklich wunderschön“, sagte der junge König, der keinen Blick von dem Mädchen wenden konnte. „Ich gäbe mein Königreich darum, wenn sie meine Frau werden wollte.“

„Das Königreich kannst du ruhig behalten,“ sagte der Frosch, das wird sie nicht genieren. Aber zu ihr hinüberhüpfen laß uns, eh' es zu spät wird; denn Glockenschlag Eins muß die schöne Entenhüterin wieder nach Hause.“

Sie gingen nun zusammen um den Moorteich herum zu dem Platze, wo das Mädchen saß. Das stieß beim Anblick der beiden einen leisen Schrei aus und zog sein aufgeschürztes Gewand so tief hinab, das der Saum das Wasser berührte.

„Schönen guten Abend mein Fräulein“, quakte der Frosch. „Hier bringe ich Euch einen Freund, der ein waschechter Prinz und König ist und Euch zur Frau haben möchte.“

Das schöne Mädchen betrachtete den jungen König und senkte verwirrt die nachthimmelblauen Augen zu Boden. „Das kann Euer Ernst nicht sein“, sprach es zum Frosch. „Wer sollte künftig bei Vollmond meine Enten hüten?“

„Ausflüchte – Ausflüchte –“ quakte der Frosch.

Aber das Mädchen schüttelte traurig den Kopf. „So leid es mir tut, ich kann Euch nicht heiraten“, sagte es zu dem jungen König. Der wollte gerade zu einer Liebeserklärung den Mund öffnen, als ihm der nasse Frosch auf die Hand sprang und ihm einen gelinden Schauer über den Rücken jagte.

„Immer kalt Blut,“ beschwichtigte der Frosch den jungen König, „sie wird schon ihre Gründe haben, weshalb sie dich nicht heiraten will.“ Und er drängte zum Aufbruch. Schweren Herzens nahm der junge König von der Schönen Abschied. „Grün ist die Hoffnung“, sprach er seufzend zum Frosch, als sie zusammen um den Moorteich herumgingen. „Grün ist meine Leibfarbe“, quakte der Frosch und lachte, daß es gluckste. Plantsch! da sprang er mit einem Satz in den Moorteich hinein und ließ den armen jungen König am Ufer stehen. Ja, nun wußte er soviel wie vorher.

Von dieser Stunde an wurde es mit seiner Traurigkeit noch schlimmer. Zwar wanderte er nicht mehr allabendlich zu den Moorwiesen hinaus, allein in jeder Vollmondnacht erhob er sich von seinem Lager, kleidete sich an und schlich heimlich zum Moorteich. Der Moorteich aber lag schwarz und reglos, und der Platz auf dem die Schöne ihre Enten gehütet hatte, war leer. Nicht einmal der Frosch ließ sich mehr sehen. Nur manchmal wollte es dem jungen König scheinen, als höre er aus der schwärzlichen Tiefe heraus ein schadenfrohes Quaken. Doch das konnte auch eine Täuschung sein. Und bleich und verhärmt kehrte er ins Schloß zurück.

Eines Tages zog der Hofmarschall den jungen König wieder beiseite. „Majestät,“ sprach er, „Majestät ertragen die Einsamkeit nicht. Ich erlaube mir nochmals zu wiederholen: Majestät sollten heiraten!“

Diesmal stampfte der junge König nicht mit dem Fuß auf; müde und gleichgültig betrachtete er seine Fingerspitzen. „Wenn es sein muß, warum nicht?“ sagte er und zuckte die Achseln. Mochten sie mit ihm anfangen, was sie wollten; ihm war alles einerlei.

Der Hofmarschall rieb sich freudestrahlend die Hände. Und schon am nächsten Tag begann in dem stillen Schlosse ein Leben und Treiben, daß es eine

Lust war. Droben in den Gemächern häuften sich Samte und Brokate, Gold- und Silberborten, Pelze und wallende Straußenfedern. Und auf den Stühlen ringsherum saßen hundert Schneider, die stichelten mit den Nadeln und klapperten mit den Scheren und nahmen dem jungen König Maß für seine Hochzeitskleider. Das war eine Arbeit!

Endlich hingen Mäntel, Wämse, Hosen und Barette fix und fertig im Schrank. Der Hofmarschall ließ die Hofkutsche bespannen, setzte den jungen König hinein und sich an seine Seite, und fort ratterten sie ins Land hinaus.

Natürlich wurden sie überall mit Freuden und den gebührenden Ehren empfangen. Sämtliche Prinzessinnen der Welt waren mit Vergnügen bereit, die Frau des hübschen jungen Königs zu werden. Aber was den jungen König betraf, so konnte er zu keiner von ihnen ein Herz fassen. Unwillkürlich verglich er die Blonden und Schwarzen, Großen und Kleinen, Dicken und Dünnen, Klugen und Dummen mit seiner schönen Entenhüterin. Und den Vergleich konnten sie alle nicht aushalten.

Schließlich hatten die beiden alle Königsschlösser der Welt besucht bis auf eins. Das lag auf einem verrufenen Erlenhügel und gehörte einem mächtigen alten König, von dem man sich die seltsamsten Dinge erzählte. Auch der Hofmarschall wußte davon zu berichten. So sollte des alten Königs Mutter böse Künste getrieben haben, und was schlimmer war als das: über die Herkunft der frühverstorbenen Königin gingen allerhand dunkle Gerüchte um. Ja manche Leute behaupteten steif und fest, das sie nichts weiter gewesen wäre als eine ganz gewöhnliche Gänsemagd! Der Hofmarschall schauderte bei dem bloßen Gedanken, daß der junge König dieses Schloß besuchen könnte.

Der aber rieb sich schadenfroh die Hände. „Nun gerade!“ sagte er. Und dann klopfte er an das Kutschenfenster und befahl dem Kutscher, schnurstracks zu diesem Schlosse hinzufahren. Das machte ihm einmal ganz besonderen Spaß.

Der alte König empfing ihn in höchsteigener Person auf der Treppe. „Große Ehre!“ sagte er und tätschelte dem jungen König die glatten Wangen. Auf Etikette gab er nicht viel.

Er geleitete seine beiden Gäste in den Thronsaal und bat sie, Platz zu nehmen; sodann schickte er einen kleinen Pagen, der gerade mit Abbürsten des Thronsessels beschäftigt war, hinauf, seine Tochter zu holen.

„Ich glaube wohl, daß sie Euch gefallen wird", sagte der alte König zum jungen. Da ging auch schon die Tür auf, und herein trat niemand anders als – die schöne Entenhüterin selber! Ihr Gesicht war weißer als die Mondstrahlen, ihre Augen dunkelblauer als der Nachthimmel und ihre Haare goldgelber und weicher als der zarteste Entenflaum. Sie trug ein hellfarben Schleppgewand und schritt leicht wiegenden Ganges auf den alten König zu. „Ihr habt befohlen, Vater"; sprach sie und küßte des Alten Hand.

Der alte König strich ihr wohlgefällig über das goldgelbe Haar. „Hier ist einer, der dich zur Frau haben möchte", sagte er und wies auf den jungen König, der vor Freude und Schreck abwechselnd rot und blaß wurde.

Das Mädchen blickte den jungen König an, verfärbte sich und barg sein Antlitz in den Händen.

„Seid ohne Sorge," sagte der alte König zum jungen, „sie ist noch etwas schüchtern." Da senkte die schöne Entenhüterin den Kopf und ging langsam wieder zur Tür hinaus; und ihr hellfarben Gewand schleppte rauschend hinterdrein.

„Ich sehe, Ihr liebt sie," sprach der alte König zum jungen, „und da Ihr ein angenehmer junger Mann seid, gegen den nichts einzuwenden ist, will ich sie Euch zur Frau geben."

Nun wurde der Hofküchenmeister herbeigerufen und ihm befohlen, das Verlobungsmahl herzurichten. In weniger als einer Viertelstunde war die Tafel bereit, und die leckersten Bratengerüche erfüllten die Luft. Und siehe! Kaum hatte man den letzten Stuhl an den Tisch gerückt, als sich auch schon die Türen öffneten und Kavaliere und Damen erschienen. Sie machten dem alten König ihre Reverenz, gratulierten und nahmen in feierlichem Zuge ihre Plätze an der Tafel ein.

Und wiederum tat sich die Tür auf, und die schöne Königstochter trat in den Saal. Sie war ganz in weiße Seide gekleidet, aber ihr Angesicht war tausendmal weißer als die Seide, und in ihren Augen standen Tränen. Sie setzte sich an des jungen Königs Seite und sprach kein Wort. Der arme junge König wußte zuletzt gar nicht mehr, was er denken sollte.

Als das Mahl zu Ende ging, erhob sich die schöne Königstochter und verschwand. Der alte König schlug seinen Gästen zum Nachtisch ein Würfelspiel vor. Aber der junge König dankte. Er wolle lieber im Garten spazieren gehen, meinte er. Ihm war nicht nach Würfelspielen zumute.

Er schritt die Marmorstufen zum Garten hinunter und wanderte zwischen den Buchsbaumhecken auf und nieder. Rechts und links vom Weg saßen bunte Papageien auf silbernen Stangen, die hackten mit den Schnäbeln nach ihm und lachten ihn aus. Der junge König drehte den boshaften Vögeln den Rücken, verließ den Garten und wanderte in den nahen Wald.

Da war es kühl und still. Die Tannen rauschten über seinem Haupt, und murmelnde Wässerlein sickerten zwischen Buschwerk und Farnen dahin. Der junge König legte sich ins Moos, stützte den Kopf in die Hände und träumte. Weil er aber traurig und müde war, dauerte es nicht lange, da war er eingeschlafen.

Als er wieder aufwachte, stand der Vollmond am Himmel und leuchtete ihm ins Gesicht. Da erschrak er, denn er merkte, daß er eine gute Weile hier gelegen haben mußte und daß sie ihn im Schloß wohl vermißt haben mochten. Er stand eilig auf, schüttelte Zweiglein und Moos von seinen Kleidern und trat den Rückweg an. Weil er aber noch nie zuvor in dieser Gegend gewesen war, konnte er den Weg nicht wiederfinden, sondern geriet immer tiefer in den Wald hinein. Endlich sah er durch die Bäume eine Lichtung schimmern; er wand sich zwischen Hecken und Gestrüpp hindurch und gelangte zu einem Weiher, der inmitten des Waldes lag und im Mondschein wie Silber glänzte.

Wie er nun so am Ufer stand, hörte er plötzlich Flügel über sich rauschen. Er hob den Kopf und sah eine Schar wilder Enten, die flog geradewegs über ihn hin und mitten in den Weiher hinein. Und siehe! Es dauerte nicht lange, da trat aus dem Baumdickicht die schöne Entenhüterin hervor, setzte sich auf einen Stein an des Weihers Rand und ließ die Füße ins Wasser hängen.

„Schnatter – Schnatter“, sagten die wilden Enten, schwammen auf die Prinzessin zu und rieben die Schnäbel an ihrem Gewand.

Die Prinzessin streichelte mit ihren weißen Händen der wilden Vögel Gefieder. „Ach meine lieben Enten,“ sprach sie, „ich bin sehr unglücklich!“ Und sie seufzte.

Die Enten drängten sich dicht an sie heran. „Was hast du – was hast du?“ fragten sie und steckten die Köpfe zusammen.

„Mein Vater will, daß ich die Frau des jungen Königs werde“; klagte die Prinzessin. „Aber wie kann ich die Frau des schönen jungen Königs werden, da ich doch Entenfüße habe?“ Und bei diesen Worten fing die Prinzessin an bitterlich zu weinen.

Die Enten schlugen mit den Flügeln. „Das ist gerade das Allerhübscheste an dir“, schnatterten sie und sträubten die Federn. Aber die Prinzessin schüttelte trübselig den Kopf. „Ja, das findet ihr“, sagte sie, „aber wüßte der junge König um mein Gebrechen, er würde mich auf der Stelle verstoßen.“ Bei diesen Worten erhob sich die Prinzessin von ihrem Sitz und watschelte mit richtigen gelben Entenfüßen ein Stück Wegs am Ufer lang und gerade auf den Baum zu, hinter welchem der junge König stand.

Der jedoch sprang geschwinde aus seinem Versteck hervor und warf sich der erschrockenen Jungfrau zu Füßen. „Ich habe alles gehört,“ sprach er, „und wenn's weiter nichts ist, so könnt ihr ruhig meine Frau werden. Denn ich liebe Euch noch ebenso wie vorher.“

Da fiel die schöne Prinzessin dem jungen König um den Hals und küßte ihn mitten auf den Mund. „Ich danke dir“, sagte sie und war sehr glücklich. Und dann gingen sie zusammen zu dem alten König.

Der alte König schmunzelte, als er die beiden so glückstrahlend miteinander daherkommen sah. „Ich dachte mir wohl, daß sie nicht reinen Mund halten könnte,“ sprach er. „Aber weil ihr es nun doch einmal wißt, daß sie Entenfüße hat, so will ich Euch auch erzählen, wie sie dazu gekommen ist.

Die hat sie niemand anders zu verdanken als ihrer leibhaftigen Großmutter. Und das ging nämlich folgendermaßen zu: Als vor Zeiten mein alter Vater starb und die Reihe an mich kam, mir eine Königin zu nehmen, da wählte ich zum Zorn meiner Mutter ein Mädchen, das zwar schön wie der Tag war, aber auf meines Vaters Meierei die Enten hütete. Meine Mutter, die das arme Mädchen um seines niederen Standes willen haßte, gab uns die Verwünschung in die Ehe mit, daß unsere Kinder dereinst mit Entenfüßen zur Welt kommen und darauf herumwatscheln sollten.

Die junge Königin starb vor Gram, als sie beim Anblick ihres ersten Kindleins gewahrte, daß der böse Wunsch in Erfüllung gegangen war. Das Kindlein jedoch wuchs heran, ward eine schöne Prinzessin und trug von klein auf Schleppkleider, damit die boshaften Menschen nicht sehen sollten, was darunter steckte. Das ist die ganze Geschichte. Auf daß Ihr mir jedoch keinen Haß gegen die verstorbene Urschwieger hegt, will ich Euch morgen zu Eurem Hochzeitsfest ein Geschenk aus deren Nachlaß machen. So unscheinbar es aussieht, hat es doch seinen Wert und wird Euch und Eurem Volke von großem Nutzen sein."

Alsbald wurden die Einladungen verschickt. „Vergeßt auch nicht den Frosch vom Moorteich zu bitten," mahnte der junge König seine Braut, „denn, wäre er nicht gewesen, wer weiß, ob ich je Eure Bekanntschaft gemacht hätte!"

„Seid unbesorgt," antwortete sie, „er soll nicht nur eingeladen werden, sondern auch den Ehrenplatz an meiner rechten Seite erhalten."

Und richtig fuhr den anderen Tag die königliche Prunkkarosse zuallererst beim Moorteich vor, um den Frosch abzuholen. „Eigentlich hüpfte ich rascher zu Fuß hinüber," quakte der Frosch, „aber der schönen Entenhüterin zuliebe will ich meinetwegen in der Staatskutsche Platz nehmen, wenngleich ich ungern auf dem Trocknen sitze." Und platsch! sprang er quatschnaß, wie er war, auf die samtenen Wagenpolster.

„Meinen besten Glückwunsch!" quakte der Frosch, als der junge König ihn am Wagen empfing. „Du bekommst eine Prinzessin, die hübsch ist, das Wasser nicht scheut und schwimmen kann; du hast allen Grund zufrieden zusein.."

Ja, den hatte er auch.

Wie nun alle an der Hochzeitstafel versammelt saßen, reichte der alte König dem Bräutigam ein elfenbeinernes Kästchen über den Tisch hinüber. Der Junge König öffnete es und fand darin zu seinem Erstaunen nichts anderes als eine ganz gewöhnliche Hornbrille. Neugierig zog er sie heraus und setzte sie auf die Nase.

Himmel, welche Sonderbarkeiten mußte er da erblicken! Die ganze Hochzeitsgesellschaft war mit einem Schlage verändert, und zwar durchaus nicht zu ihrem Vorteile! Drüben bei seinem Hofmarschall fing es an. Dem baumelte ein Fuchsschwanz hinten zum Rockschoß heraus, und in seinen Taschen steckten sämtliche Kronschätze des Reiches. Des Marschalls Nachbarin zur Linken hatte Krallen an den zierlichen Fingern, und der zur rechten züngelte eine Schlange aus dem Munde. Viele von den Kavalieren trugen Strohköpfe, andere wieder statt des Menschenherzens ein Hasenherz, einen Mühlstein oder ein Stück Torfmoor unter der Weste.

Nur des jungen Königs Braut war unverändert geblieben, und wenn auch ihre gelben Entenfüße durch das Atlaskleid hindurch schimmerten, ihr Herz in der Brust war weiß wie Schnee und klar wie Bergkristall.

Da schloß der junge König die Prinzessin in seine Arme und freute sich sehr, daß sie weiter nichts hatte als Entenfüße. Seinem Hofmarschall aber ließ er sogleich die Taschen leeren und jagte ihn aus dem Königreich hinaus. Bloß den Fuchsschwanz mußte er ihm lassen, denn der war festgewachsen.

Der Frosch mit dem Edelstein im Kopf

Von

Gräfin Valeska Bethusy-Huc

Mitten im Walde lag eine Wiese, und inmitten der Wiese war ein Sumpf mit braunen Wasserlachen und alten Weidenknorren am Rande. Das war das Reich des Froschkönigs. In den Maiennächten, wenn der Mond wie eine rote Kugel über dem Walde aufstieg, hatten die Frösche großes Konzert. Der Jägerlehrling, der vorüberging, sagte: „Das ist ja ein schreckliches Gequake!“ Er verstand es eben nicht besser. Der Froschkönig wußte, daß seine Untertanen sehr gute Sänger waren, und daß er sogar einige Künstler ersten Ranges darunter hatte.

Darum saß er auch jeden Abend mit der Königin und dem Kronprinzen auf dem größten Weidenknorren und hörte den Gesängen der Frösche zu. Und dabei sahen er und die Königin immer abwechselnd den Kronprinzen an; denn sie warteten darauf, daß er etwas sagen und seine Meinung äußern würde. Ein paar mal machte er auch sein großes Maul, das seine Mutter wunderschön fand, weit auf – aber er sagte nicht einmal: „Quak!“ – er gähnte ganz einfach. Und plötzlich machte er einen Satz und sprang ins Wasser.

„Er ist so originell,“ sagte die Froschkönigin, „er ist anders als alle anderen Frösche, er ist durch und durch bedeutend.“

„Ja,“ erwiderte der Froschkönig, „und ich denke auch daran, ihn noch bei meinen Lebzeiten zu meinem Nachfolger zu machen; denn ich bin alt, und das Regieren macht mir keinen Spaß mehr.“

„Das ist ein guter Gedanke!“ rief die Königin. „Alle Frösche auf der Welt werden dich dafür preisen; denn je jünger ein so bedeutender Frosch, wie unser Sohn, zur Regierung kommt, um so besser wird es für unser Reich und darum auch für die ganze Welt sein; einen König, der einen Edelstein im Kopf hat, den hat es noch nicht gegeben.“

Der alte Froschkönig seufzte.

„Ja, ich habe keinen Edelstein im Kopf; denn es passiert nur alle 500 Jahre einmal, daß ein Frosch einen Edelstein im Kopf trägt – und da mein Sohn ihn hat, konnte ich ihn nicht haben. Das ist klar!"

Eigentlich hätte er seine Frau gern gefragt, woher sie es denn wisse, daß der Prinz den Edelstein hatte, aber es kam ihm immer vor, als ob er sich mit dieser Frage etwas vergeben würde und deshalb unterließ er sie. Schon als der Froschprinz noch eine Kaulquappe war, hatte seine Mutter gesagt, daß er den Edelstein hätte, denn es waren gerade 500 Jahre her, daß der letzte Frosch mit einem Edelstein im Kopf gelebt hatte. Und dann hatten es die Ministerfrauen erfahren, die Minister waren zur feierlichen Gratulationscour gekommen, und der König hatte ein Volksfest gegeben, beim dem es allen Fröschen im ganzen Reich verkündet wurde: „Der Kronprinz hat einen Edelstein im Kopfe!" Und nun wußten es alle, und als der Prinz aufhörte, eine Kaulquappe zu sein, erfuhr er es auch. Er trug den Kopf so hoch, wie ein Frosch den Kopf nur tragen kann; es ist auch keine Kleinigkeit, wenn man das Bewußtsein hat, etwas zu besitzen, daß nur alle 500 Jahre einmal verliehen wird. Aber trotzdem langweilte der Prinz sich oft ganz abscheulich, und dagegen kannte er nur ein Mittel; er besuchte den kleinen grünen Frosch, der auf der anderen Seite des Sumpfes wohnte und der sein Jugendgespiele war. Als er so unversehens in das Wasser gesprungen war, hatte er gerade wieder Sehnsucht nach dem kleinen grünen Frosch bekommen, und da er sich niemals irgend einen Zwang antat, so war er zu ihm geschwommen. Der grüne Frosch war aber nicht zu Hause, der Prinz mußte warten, und seine Laune wurde dadurch noch schlechter, als sie ohnedem war.

Endlich kam der grüne Frosch.

„Wo treibst du dich herum?" schrie der Prinz ihn an, „ich komme beinahe um vor Langeweile und du hüpfst spazieren!"

„Wenn du dich langweilst, solltest du einmal mit mir ein Stückchen in die weite Welt hinaus wandern"; sagte der grüne Frosch. „Da gibt es allerlei zu sehen und zu hören – – –"

„Unsinn," quakte der Prinz, „die weite Welt ist nur der Rahmen für unseren Sumpf, und ich kann meine Zeit nicht damit verlieren, daß ich mich mit etwas so Nebensächlichem wie deine „weite Welt" befasse."

„O," meinte der grüne Frosch, „ich habe schon manchmal gedacht, daß unsere Gefährten sich irren. Vielleicht ist unser Sumpf gar nicht der Mittelpunkt der Welt und alles andere nur „Rahmen" dafür."

Gewöhnlich unterhielt es den Prinzen, wenn der grüne Frosch solche Absonderlichkeiten redete, aber heute stand ihm die Laune nicht danach.

„Schweig still," schrie er, „du redest puren Hochverrat, und ich müßte dich eigentlich wegen gemeingefährlicher Gedanken anzeigen. Aber ich will dir noch einmal gnädig verzeihen, wenn du versprichst, solche verbotenen Gedanken nie wieder zu haben. Wir und unser Sumpf, wir sind der Mittelpunkt der Welt – punktum! Und dann habe ich noch einen anderen Grund zur Unzufriedenheit: dir leuchten die Augen so, daß es gräßlich anzusehen ist. Das mußt du dir abgewöhnen."

Der grüne Frosch verneigte sich höflich, um anzudeuten, daß er sein Möglichstes tun würde, und der Prinz fuhr unzufrieden fort: „Ja, du mußt dir das entschieden abgewöhnen, denn neulich hat die jüngste Ministerfrau gesagt, deine Augen seien so merkwürdig, daß man glauben könnte, du hättest auch einen Edelstein im Kopf, der durch deine Augen hervorleuchtete. Das muß ich mir aber sehr ernstlich verbitten, denn den Edelstein habe ich, wie du weißt, und er kommt nur einmal alle 500 Jahre vor!"

„Es tut mir leid, daß ich deine Unzufriedenheit erregt habe," sagte der grüne Frosch, „aber die jüngste Ministerfrau spricht manchmal mehr, als sie verantworten kann. Wenn meine Augen heut zu glänzend waren, so kommt es wohl daher, daß ich eine große Freude gehabt habe!"

„Was?" quakte der Prinz, „und das sagst du mir erst jetzt? Ich langweile mich zum Sterben, und du erlebst eine Freude und erzählst sie mir nicht einmal?"

„Du wolltest von der weiten Welt nichts hören, und die Freude hatte ich doch da draußen!"

„Nun erzähle endlich, was hast du erlebt?"

Und der grüne Frosch erzählte:

„Auf der anderen Seite des Waldes stehen Büsche von wilden Rosen mit vielen lichten rosa Blüten. Dort wohnt eine Prinzessin, die ist nicht viel größer als wir und trägt ein einfaches, braunes Kleid. Aber sie hat Flügel, sie fliegt von einem Rosenbusch zum anderen und hoch hinauf, wohl bald bis in den Himmel. Das schönste aber an ihr ist, daß sie singen kann" –

„Das kann ich auch, wenn ich will“, rief der Froschprinz, aber der grüne Frosch erzählte weiter:

„Sie singt so wundersam, wie ich es nie vorher gehört habe. Das Herz wird einem weit und froh dabei. Und als sie aufhörte, da habe ich sie gebeten: „Singe noch einmal!“ Da hat sie mir zugenickt und hat weiter gesungen. Ja, das hat sie getan, und das hat mich glücklich gemacht, denn das zweitemal hat sie nur für mich gesungen!“

Dem Prinzen tat es nun eigentlich leid, daß er gesagt hatte, er wolle nicht in die weite Welt hinaus; da es nun einmal geschehen war, sagte er:

„Du bist ein Schwärmer, und das Singen wird wohl nicht schöner gewesen sein, als wir es hier alle Tage hören können. Was aber das Fliegen der Prinzessin betrifft, so lege ich darauf gar keinen Wert. Was nützen einem Flügel? Ein paar ordentliche Schwimmhäute sind mir da schon lieber. Und nun will ich zurück zu meinen Eltern, das Unken-Solo hat schon angefangen, da ist das Konzert bald zu Ende, und mein Vater hat gesagt, daß er mich noch in einer wichtigen Angelegenheit sprechen wollte, ja, unser einer hat immer irgend etwas Wichtiges vor!“

Damit sprang der Froschprinz wieder ins Wasser, denn er fand, daß der grüne Frosch heut nicht so amüsant war wie sonst, und daß der ganze Besuch sich nicht verlohnt hatte.

Als er bei seinen Eltern ankam, war das Konzert gerade zu Ende, und König und Königin zogen sich in ihr Privatsumpfloch zurück.

„Du kannst uns begleiten,“ sagte der König zu seinem Sohne, „ich habe noch mit dir zu sprechen.“

Und da sagte er ihm, daß der Prinz fortan König sein und regieren solle, während das alte Königspaar in ein Auszugs-Sumpfloch, das schon lange für diesen Zweck hergerichtet worden war, übersiedeln wollte.

„Ich hab einen Edelstein im Kopf, folglich ist es auch ganz natürlich und selbstverständlich, daß ich schon bei Lebzeiten meines Vaters König werde, ja, eigentlich ist mein Vater auch geradezu verpflichtet, mir die Regierung zu übergeben.“ So dachte der Prinz, und darum bedankte er sich auch nicht erst lange, sondern sagte: „Ja, es ist gut“ – und damit war es gut.

„Er macht eben alles anders als andere Frösche, er ist sehr bedeutend und sehr originell“, bemerkte seine Mutter, und der alte König sagte gar nichts und kroch in sein Sumpfloch.

Der Prinz aber stieg auf die äußerste Spitze des Weidenknorrens, unter dem er wohnte, sah über den Sumpf hin und dachte:

„Jetzt ist das mein Reich, der Himmel mit den Sternen und der Wald mit den Bäumen, das ist alles nur meine Umgebung. Ja, jetzt bin ich der Mittelpunkt der Welt, und jetzt muß ich etwas sehr Bedeutendes tun.“

Aber so große Lust er auch dazu hatte – es wollte ihm nichts einfallen.

Plötzlich dachte er daran, daß ein König doch zuallererst eine Königin haben müßte. Der Gedanke gefiel ihm so gut, daß er einen Sprung von dem Weidenknorren bis in das Wasser machte. Da die Frösche aber ohnehin kaltes Blut haben, kühlte ihn das gar nicht ab, und ebenso aufgeregt, wie er von dem Weidenknorren hinabgesprungen war, kroch er wieder hinauf.

„Ja, eine Königin muß ich haben, eine Königin muß ich ganz gewiß haben“, sagte er sich immer wieder.

Er dachte an alle Froschfräulein, die er kannte, ja er dachte sogar an die Ministerfrauen, denn für einen König gab es keine Hindernisse. Aber sie kamen ihm alle so alltäglich vor, es war so gar nichts Besonderes dabei, wenn er eine von ihnen heiratete. Und er war doch etwas Besonderes – er hatte einen Edelstein im Kopfe und hätte von Rechts wegen von seiner künftigen Frau etwas Ähnliches verlangen können. Und da es unter den Fröschen so etwas nicht gab, fiel ihm plötzlich die fliegende Prinzessin ein, die so schön singen sollte. Am Ende hatte die gar einen Edelstein in der Kehle. Das Herz schlug dem Prinzen so stark, daß man es durch seinen braunen Leib hätte sehen können, wenn einer dagewesen wäre, um das zu beobachten. Er war aber ganz allein da, und auf das Herz legte er keinen Wert, er dachte nur:

„Nein, wie bin ich klug, und was habe ich für großartige Gedanken! Auf so etwas wäre kein anderer verfallen als ich, und nun weiß ich auch, daß das ganz gewiß das richtige für mich ist – ich muß die Prinzessin mit den Flügeln haben.“

Er schwamm gleich hinüber zu seinem Freunde, dem grünen Frosch, um es ihm zu sagen. Aber der war wieder nicht zu Hause. Da ärgerte der Prinz sich so sehr, daß er ganz müde davon wurde und einschlief. Beim ersten Morgengrauen weckte ihn der grüne Frosch.

„Was sehe ich, mein Prinz," rief er, „du bist hier zu dieser Stunde und wartest auf mich?"

Der Prinz ermunterte sich schnell.

„Du hoffnungsloser Herumtreiber," schrie er, „ich werde dich anbinden lassen, damit du nicht immer davonläufst, denn von heut ab übernehme ich die Regierung und kann tun, was ich will!"

„Verzeihe nur," bat der grüne Frosch, „ich war wieder bei den Rosenbüschen und habe der Prinzessin zugehört, denn des Nachts singt sie am schönsten."

Als der Prinz das hörte, vergaß er seinen Zorn.

„Wegen der Prinzessin bin ich eben zu dir gekommen," sagte er, „du mußt mich zu ihr führen, so schnell wie möglich." „Das geht jetzt nicht, denn jetzt schläft sie," sagte der grüne Frosch, „aber nach Sonnenaufgang" –

„Nach Sonnenaufgang habe ich keine Zeit, da will der König mir seine Krone aufsetzen – ja, du kannst mich von nun an schon Majestät nennen und hast dich genau nach meinen Befehlen zu richten, denn was ein König befiehlt, daß muß unter allen Umständen geschehen."

Der grüne Frosch verneigte sich wieder sehr tief und sagte:

„Ich will der erste sein, der Eurer Majestät huldigt, aber den Schlaf der Prinzessin dürfen wir doch nicht stören."

In diesem Augenblick tönte Unkenruf über den Sumpf hin, und ein rotgoldener Schein flammte über dem Walde auf.

„Na, da haben wir's," rief der Prinz, „die Unken läuten schon zur Krönung, nun habe ich keine Zeit mehr für meine Privatangelegenheiten, aber ich werde das gründlich nachholen!"

Damit ruderte er davon, dem Weidenknorren zu, der als Königsschloß eingerichtet war, und auf dem schon das alte Königspaar saß, daß heut zum letzten Male Kronen auf den Köpfen trug, und zu dem die Frösche nun von allen Seiten herbeieilten, während die Unken sich so anstrengten, daß es wie feierliches Glockenläuten über den Sumpf hin tönte.

Mit großer Pracht und Feierlichkeit wurde der Prinz nun von dem Könige gekrönt, und die Königin war die erste, die laut rief:

„Hoch lebe König Beckerax der Erste!"

Da schrien alle Frösche, was sie konnten, und der junge König verneigte sich huldvoll nach allen Seiten hin und sagte:

„Meine lieben Untertanen, ich ergreife die Zügel der Regierung mit großem Vergnügen, denn ich habe, wie ihr ja wißt, einen Edelstein im Kopfe, und alles andere wird sich finden!"

Da schrien alle Frösche wieder: „Hoch, hoch, hoch", und die schönsten Froschfräulein bekränzten den Thron mit gelben Ringelblumen und blauen Vergißmeinnicht. Das alte Königspaar weinte einige Tränen und umarmte den Sohn, und dann führte der junge König seine Mutter zur Krönungstafel, und der alte König setzte sich auf seine andere Seite und ließ es sich schmecken. Die Pagen servierten Fliegenbraten à la Montmorency, Mückenpasteten à la reine, und die Unken läuteten wieder, was sie konnten.

Der ganze Tag verging mit Essen, Redenhalten, Tanzen und wieder Essen, und erst am Abend konnte der junge König den grünen Frosch zu sich rufen lassen.

„Ich ernenne dich zu meinem Kammerherrn," sagte der König zu ihm, „und nun wollen wir uns gleich auf die Reise machen und die Prinzessin besehen. Aber wir reisen ganz inkognito, und ich verpflichte dich zu größter Verschwiegenheit."

Der grüne Frosch bedankte sich für den Kammerherrn und versprach die Verschwiegenheit, aber es war ihm dabei nicht gut zumute, denn er betrachtete die Prinzessin wie eine Art Heilige, und es kam ihm wie eine Entweihung vor, daß er seinen alten Spielkameraden zu ihr bringen sollte, der zwar nun sein König geworden war, den er aber doch seiner angebeteten Prinzessin nicht ebenbürtig fand. Doch er hütete sich wohl, das zu sagen, und der König ließ auch nichts von seinen weiteren Plänen verlauten. Und so machten sie sich zusammen auf den Weg in die weite Welt.

„Ich habe nicht geglaubt, daß die Welt so groß und der Wald so lang ist", sagte der König, als sie ein Stück gewandert waren.

„Ja, man muß Geduld haben, wenn man in die weite Welt zieht", meinte der grüne Frosch.

„Ich weiß aber nicht, wozu mein Königreich so eine breite Einfassung braucht," sagte der König, „halb so breit wäre auch genug."

„Ja, man wird recht bescheiden, wenn man in die weite Welt zieht", erwiderte der grüne Frosch; „denn man merkt bald, daß man so vieles nicht weiß –

natürlich spreche ich bloß von meinen eigenen Erfahrungen, Eure Majestät mag das ganz anders erscheinen."

„Ach, laß die Majestät jetzt weg," rief der König, der sich in dem fremden Walde fürchtete, „wir reisen doch hier als Kameraden."

Je weiter aber der Weg war, um so freundlicher wurde der König, denn um so mehr fürchtete er sich. Plötzlich blieb der grüne Frosch stehen. „Horch," rief er, „horch!"

Da hörte der König einen süßen, seltsamen Klang, wie er ähnliches nie vernommen hatte. Und das klang nicht von unten herauf wie der Gesang der Frösche, sondern es kam von oben herab, als fielen die Töne vom Himmel.

„Das ist sie", flüsterte der grüne Frosch.

Vor ihnen lichtete sich der Wald. Es schimmerte weiß und hell zwischen den Bäumen.

„Was ist das?" fragte der König. „Ist dort die Welt zu Ende?"

„Nein dort stehen große Bäume, die sind ganz voll weißer Blüten, und der Mond scheint darauf, da ist's, als leuchteten sie."

Der König machte seine Augen noch runder, als sie ohnehin waren; sie sprangen ihm förmlich aus dem Kopf heraus vor Bewunderung über die seltsamen Dinge, die er da zu hören und zu sehen bekam.

„Dort sind die Rosenbüsche, und darin wohnt die Prinzessin!" sagte der grüne Frosch.

Da verstummte der Gesang, und ein liebliches Stimmchen rief aus den Zweigen herab: „Bist du da, kleiner Grüner? Heut will ich dir etwas besonders Schönes vorsingen."

„Du mußt mich ihr vorstellen," flüsterte der König, der wußte was sich schickte, „sage aber zunächst bloß, daß du einen Freund mitgebracht hast."

Das tat der grüne Frosch, und da kam die Prinzessin Nachtigall ganz dicht herangeflogen, setzte sich auf einen blühenden Rosenzweig über den beiden Fröschen und sah sie mit klaren Augen an.

„Dein Freund ist aber nicht grün wie du, der ist ja fast so braun wie ich", zwitscherte sie.

„Ja," rief nun der König, der diese Bemerkung für eine besondere Liebenswürdigkeit hielt, „ich bin so braun wie Sie, und wir haben wahrscheinlich noch andere Ähnlichkeiten! Ich habe nämlich einen Edelstein im Kopf, und nachdem ich Sie singen gehört habe, bin ich überzeugt, Sie haben einen in der Kehle."

Da lachte die Nachtigall, daß der Rosenzweig schwankte.

„Nein, nein, wenn ich etwas in der Kehle hätte, da könnte ich überhaupt nicht singen. Ich singe nur, weil mein Herz voll Freude ist und voll Liebe."

„Ja," schrie der König, „gerade so geht es mir auch, und ich bin König Beckerax vom Froschsumpf und bin nur bis an das Ende der Welt gekommen, um Sie zu hören und zu sehen. Denn wir beide gehören zusammen, und ich will Sie zu meiner Königin machen!"

Der grüne Frosch war so erschrocken über die unerhörte Kühnheit des Königs, daß er ganz platt am Boden lag und dachte, das Herz müßte ihm stillstehen. Aber die Prinzessin Nachtigall flog schnell auf einen höheren Ast hinauf und sang:

„Ich lebe frei in Flur und Hain,
Muß frei in Lüften schweben –
Und sollte ich auch Kön'gin sein –
Im Sumpf kann ich nicht leben!"

„Nein, im Sumpf kann sie nicht leben", wiederholte der grüne Frosch, der sich von seinem Schrecken etwas erholt hatte; aber der König wurde sehr böse.

„Was ist denn das für ein zimperliches Gehabe!" schrie er. „Warum soll sie denn nicht im Sumpfe leben können? Es ist sehr schön bei uns im Sumpfe, Fräulein Prinzessin, mir gefällt es sehr gut, und einen Mann mit einem Edelstein im Kopfe kriegen sie gewiß nicht wieder. Darum überlegen sie sich nur die Sache!"

Aber die Nachtigall war weit in die blühenden Kirschen hinein geflogen und sang dort ihr Lied ganz unbekümmert um den zornigen Froschkönig. Der sagte, daß er sich nun erst recht in den Kopf gesetzt habe, die Prinzessin zur Frau zu bekommen, und als der Grüne ihm Vorstellungen machen wollte, wurde er so böse, wie er es sich nur irgend leisten konnte, da der große Wald doch noch vor ihm lag, durch den er hindurch mußte, um nach Hause zu kommen. Denn nach

Hause mußte er zunächst, da er sich von der Prinzessin nicht auslachen lassen wollte und da er ihr doch nicht nachfliegen konnte. So sagte er also: Fürs erste sei es nun genug; er habe die Erfahrung gemacht, daß Reisen wirklich außerordentlich bilde, und das sei doch immer etwas. Während des ganzen Heimweges aber spann er Pläne, wie er seine Werbung um die Prinzessin fortsetzen könnte.

„Du mußt wieder hin und ihr Vorstellungen machen", sagte er endlich zu dem Grünen; aber der wollte davon nichts wissen. Da drohte der König, ihn ins Gefängnis setzten zu lassen, wenn er seinen Willen nicht erfüllte, und nun mußte der grüne Frosch doch noch einmal zur Prinzessin zurück, nachdem er den König glücklich bis zur Wiese, die den Sumpf umschloß, gebracht hatte.

Diesmal blieb er sehr lange weg; denn erst wollte die Prinzessin ihn nicht anhören; nie und nimmer würde sie seine Frau, sagte sie; dann fing sie an, über den Froschkönig zu lachen, und endlich sang sie dem kleinen Grünen vor, so schön wie noch nie, so daß er ganz überglücklich und doch auch ganz tieftraurig dabei wurde.

„Ach, wenn ich doch niemals in den Sumpf zurück müßte", seufzte er. Da er aber einmal ein Frosch war, so gehörte er in den Sumpf und mußte am Ende doch auch wieder dahin zurück.

Wie er sich seiner Heimat näherte, sah er viele Frösche am Waldrande sitzen, und als er sie erreicht hatte, bemerkte er, daß sie Kletterübungen an den Bäumen und Sträuchern machten.

„Was tut ihr denn da?" fragte er erstaunt. Da sagten sie ihm, der König habe diese Übungen befohlen und habe Preise für die besten Kletterer ausgesetzt.

„Wenn wir noch acht Tage so weiter üben, sind wir perfekte Kletterer und können die Vögel in ihren Nestern besuchen", sagte der Froschmajor.

Da erschrak der kleine Grüne, denn er ahnte, daß es sich um einen Anschlag des Königs handelte, die Prinzessin Nachtigall in seine Gewalt zu bekommen. Gerade als er noch mit dem Froschmajor sprach, kam der König, um sich die Übungen seiner Truppen anzusehen.

„Ah, da bist du endlich und führst Privatunterhaltungen, anstatt mir sofort Nachricht zu bringen!" rief er unwillig, als er den kleinen Grünen bemerkte. „Komm auf der Stelle her und sage mir Bescheid!"

„Wenn der Bescheid gut wäre, wäre ich zu dir gekommen“, sagte der grüne Frosch.

Da nahm ihn der König beiseite und ließ sich genau berichten. Der kleine Grüne kleidete die Ablehnung der Prinzessin in die schönsten Worte ein, aber der König wurde doch sehr böse und schrie: „Nun will ich sie erst recht, und ich werde sie schon bekommen! Dir aber, Freund Grüner, dir traue ich nicht mehr, und damit du sie nicht etwa warnst, werde ich dich ins Gefängnis setzen lassen, und du bekommst deine Freiheit erst wieder, wenn ich die Prinzessin habe!“

Auf den Wink des Königs kamen sogleich ein paar Frosch-Gendarmen und sperrten den grünen Frosch ein, und der König setzte eine Schildwache vor das Gefängnis. Der König aber wußte nicht, daß es gerade ein guter Freund von dem kleinen Grünen war, den er ihm vor die Tür gestellt hatte; denn der grüne Frosch hatte sehr viele gute Freunde, weil er jeden gern einen Dienst erwies, wenn sich die Gelegenheit dazu bot, und weil er immer freundlich war. Die Schildwache erzählte dem Grünen, daß die Froschsoldaten bei ihren Kletterübungen die Mäuler voller Wasser halten müßten, und daß unter ihnen das Gerücht umginge, sie sollten Vögel fangen lernen; denn das ist eine bekannte Sache, daß Sumpfwasser für alle Tiere, die nicht darin geboren sind, einen bösen Zauber hat, und ein Vogel, der nur einen Tropfen davon auf die Flügel bekommt, der kann nimmer fliegen. Als der kleine Grüne das hörte, zitterte er; denn nun wußte er, was es mit den Übungen und den Plänen des Königs für eine Bewandtnis hatte. Er bat die Schildwache, ihm immer Nachricht zu geben von dem, was draußen geschähe, und als er nach einiger Zeit erfuhr, daß die Frösche in der nächsten Nacht ausrücken sollten, um mit ihrem Sumpfwasser eine Vogelprinzessin zu fangen, stürzte er sich plötzlich wie ein Wilder auf die Schildwache, überwältigte sie und entfloh.

Da das nun ein ganz unerhörter Vorfall im Froschreiche war, so wurde es sogleich dem König gemeldet, der darauf befahl, daß alle Froschsoldaten ausrücken und den Flüchtling fangen sollten.

„Ich weiß schon, wohin er gegangen ist, und ich werde euch selbst führen. Das Sumpfwasser nehmt aber auch gleich mit, denn da, wo er ist, da ist auch die Prinzessin“, sagte der König.

Und nun ging es fort wie die wilde Jagd. Der König sprang voran, und die Frösche sprangen hinterher, immer einer über den anderen weg, daß es aussah als sei der Erdboden im Walde lebendig geworden und schlage Wellen. Aber so sehr sie sich auch beeilten, sie kamen doch zu spät; denn gerade hatte der kleine Grüne die Prinzessin gewarnt, und als die Frösche ankamen, flog sie hoch in die Luft und verschwand hinter den blühenden Kirschbäumen.

Der kleine Grüne sah ihr nach, ganz glücklich über sein Rettungswerk, und dann fingen sie ihn, und der König hielt Gericht über ihn. Und so viele gute Freunde er auch hatte, jetzt konnten sie ihm doch alle nicht helfen – sein Verrat war zu sehr erwiesen. Er wurde daher „zum Storch" verurteilt – das bedeutet in der Froschsprache soviel wie „zum Tode". Er versuchte auch gar nicht um Gnade zu bitten; er wollte nicht mehr im Sumpfe leben, und fliegen konnte er doch einmal nicht – so war es am besten, wenn er nicht mehr lebte, und da mochte der Storch ihn immerhin holen.

Er ging ganz von selbst auf die Wiese, gerade dorthin, wo der Storch seinen Lieblingsplatz hatte, und der letzte Dienst, den seine vielen Freunde ihm erweisen konnten, war, daß sie ihn nicht mit Binsen festbanden, wie der König befohlen hatte. Er saß ganz still und wartete auf den Storch. Und gerade als der über die Wiese daher kam, kroch auch der junge König aus seinem Loch hervor und versteckte sich hinter einem Weidenknorren, um der Exekution zuzusehen. Er lugt mit großen, runden Augen aus seinem Versteck hervor, und aus dem Sumpf tauchte ein Heer von Froschköpfen auf, die alle „dabei" gewesen sein, aber doch in Sicherheit bleiben wollten. Der kleine Grüne saß ganz still – vielleicht war er schon vor Kummer und Sehnsucht nach der Prinzessin gestorben. Der Storch sah ihn sofort, kam auf ihn zu und rannte ihm seinen roten Schnabel durch den Leib. Aber anstatt ihn zu verspeisen, ließ er ihn fallen, blinzelte ihn von allen Seiten an, und dann klapperte er:

„Was ist denn das für eine neue Mode? Seit wann tragen denn die Frösche Edelsteine in den Köpfen? Sowas verdirbt einem ja den Appetit!"

Ein vielstimmiges, erschrockenes „Quak" erschallte aus dem Sumpf, und der junge König war so entrüstet, daß er seine Froschnatur ganz vergaß und schrie:

„Sie irren sich, Herr Storch, ein Edelstein in einem Froschkopf kommt nur alle 500 Jahre einmal vor, und dieses Mal habe ich ihn!"

„Das wollen wir gleich mal sehen", antwortete der Storch, und mit einem Satz war er bei dem jungen Froschkönig und spießte ihn.

„Keine Spur von einem Edelstein, ein ganz guter Speisefrosch!" klapperte er. Denn nach seiner Ansicht, waren die Frösche dazu da, von den Störchen gefressen zu werden.

Er verspeiste den König also mit gutem Appetit und spazierte dann über die Wiese zurück, als wäre gar nichts geschehen.

Die Frösche aber begruben den kleinen Grünen, den er nicht gemocht hatte, mit großem Geschrei, und den Edelstein setzten sie ihm als Denkmal auf sein Grab.

Nun wußten sie, daß sie 500 Jahre warten mußten, bis wieder einmal einer mit einem Edelstein im Kopf kam! Und sie glaubten, die Frösche in 500 Jahren würden dann klüger sein, als sie es gewesen waren.

Die Wunderbrille

Von

Ludwig Boerne

In einer schönen Stadt im Morgenland lebte einst eine alte Frau, die hieß Mariana. Die Leute aber nannten sie die Brillenmutter, weil sie eine große Brille trug mit zwei dicken, runden Gläsern in einer derben Horneinfassung. Die Alte wohnte nicht da, wo die großen, prächtigen Häuser standen, sondern weit draußen in dem Viertel der armen Leute. Dort war ihr Häuschen eines der unscheinbarsten und kleinsten. Es war für die Alte und ihre schöne Enkelin Fatmene, die bei der Großmutter wohnte, gerade groß genug.

Ihr müßt nun aber nicht glauben, daß Mariana, weil sie so arm war, unzufrieden oder mißmutig gewesen wäre. Im Gegenteil, einen zufriedeneren Menschen konnte man nicht leicht finden. Und wunderbar war, daß sie alles, was sie hatte, immer schön und gut fand. Sie trug dasselbe alte, abgetragene Wollkleid im Winter wie im Sommer. Wenn aber die Leute sie deshalb neckten oder bedauerten, lachte sie die alte Frau aus und sagte: „Was wollt ihr denn? Mein Kleid ist doch schön und fein. Ich würde es nicht mit dem Prachtgewand einer Königin vertauschen." Trank sie morgens ihre dünne Mehlsuppe, so glaubte sie, es sei Schokolade, und wenn sie mittags bei ihren Kartoffeln saß – etwas anderes konnte sie sich nur selten kochen – und es wollte ihr jemand noch ein Stück Fleisch dazu schenken, so wehrte sie ab und meinte, sie habe doch solch köstliches Brathuhn, etwas besseres habe doch selbst der Sultan nicht auf seinem Tisch. Im Winter hatte die Alte so manches mal kein Geld, um sich Brennholz zu kaufen und ihren Ofen zu heizen, und es war bitterkalt in ihrem Stübchen; aber sie fror nicht. Denn wenn sie die Ofentür aufmachte, sah sie darin ein lustiges Feuerchen flackern, und sie fühlte sich warm und behaglich.

Daß die Alte alle Dinge mit solch zufriedenen Blick ansah, das machte ihre Brille. Durch die sah sich alles schön und gut an. Die ganze Welt schien, durch die Brille gesehen, ein wahres Paradies.

Die Leute wußten nicht, daß die Brille diese Zauberkraft hatte, dachten, wenn sie die Mariana so reden hörten, sie habe nicht ihren richtigen Verstand, und lachten sie aus. Andere wieder wollten die Mariana überzeugen, daß sie unrecht habe, daß ihr Kleid alt, ihr Ofen kalt und ihr Essen schlecht sei, und ärgerten sich und zankten mit der alten Frau, die sich gar nicht belehren ließ. Wieder andere wollten der Mariana durch Almosen und Geschenke helfen und fühlten sich gekränkt, wenn sie die milden Gaben zurückwies und meinte: „Ich brauche nichts, ich bin so reich wie der Sultan; ihr guten Leute, behaltet eure Sachen nur, ihr habt ja alles viel nötiger als ich.“ So hatte es oft ohne Marianas Schuld Zank und Verdruß gegeben, und schließlich war es dahin gekommen, daß die Alte mit Fatmenen abseits von den Menschen ganz für sich lebte und kaum mit anderen Leuten zusammen kam. Nur einen Gast hatten sie bei sich, der sie nie verließ, daß war die Zufriedenheit.

Heute aber waren sie doch unter die Menschen gegangen; denn heute war ein Festtag ohne gleichen für die Stadt. Der junge Sultan Abdallah zog nämlich in seine Residenz ein. Vor einigen Monaten war sein Vater hochbetagt und von allem Volk betrauert, gestorben, und sein Sohn war ihm auf dem Thron gefolgt. Zunächst hatte der junge Fürst eine Fahrt nach dem Grabe des Propheten gemacht und dort hundert mal hundert Gebete verrichtet, Gott möge ihm eine glückliche Regierung und seinen Untertanen Segen und Wohlergehen schenken. Dann war er nach seiner Hauptstadt zurückgekehrt, und heute sollte der Einzug sein. Drum war alles Volk in Bewegung. Alle Fenster, Balkone und Dächer waren dicht besetzt. Wer da keinen Platz gefunden hatte, der stand auf der breiten Hauptstraße, durch die der Herrscher nach seinem Palast reiten sollte. Dicht gedrängt stand die Menge zu beiden Seiten der Straße.

Unter den Leuten in der vordersten Reihe war auch Mariana mit ihrer schönen Enkelin und freute sich, den Sultan bald sehen zu können; denn sie war eine treue Seele und liebte den jungen Herrscher, von dem man sich schon viel Schönes und Gutes zu erzählen wußte. Alles um sie herum war festlich gekleidet. Nur die arme Mariana, die kein Festgewand hatte, war in ihrem Alltagskleid gekommen. Drum ärgerten sich viele Leute und meinten, die Alte solle weggehen, sie passe nicht hierhin, sie solle wenigstens zurücktreten, daß der Sultan sie nicht sehe. Doch damit kamen sie bei der Mariana schlecht an. Die antwortete: „Der Sultan wird sich freuen, wenn er mich sieht; denn ich habe doch das allerschönste Kleid, der Sultan selbst trägt gewiß kein besseres." Das ging den Leuten aber doch zu weit. „Was," schrien sie, „was bildet sich die alte Närrin ein? Der Sultan soll kein schöneres Kleid haben als sie, die alte Lumpenliese?" So entstand ein lautes Streiten und Zanken, und es wäre der Alten wohl schlecht ergangen; doch da kam der Sultan angeritten, und bei seinem Anblick war alles andere schnell vergessen.

Man rief begeistert: „Es lebe der Sultan!" Und es war des Tücherwehens und Fahnenschwenkens, der Blumengrüße und Freudenrufe kein Ende. Wie kam aber auch der junge Fürst daher. Schön und edel gebildet, prächtig gekleidet, dankte er von seinem weißen Zelter herab huldvoll und freudig nach allen Seiten für den festlichen Empfang, bis er in den Toren seines Palastes verschwunden war. Doch das Volk hatte sich an seinem Anblick noch nicht satt gesehen. Immer und immer wieder lief es in den nächsten Tagen in hellen Scharen zusammen, sobald der Herrscher sich zeigte. Auch Mariana befand sich immer unter der Menge, obwohl die Leute sie immer wieder wegweisen wollten und ihr sagten, in ihrem alten Kleid dürfe sie sich dem Sultan nicht zeigen. Und da der Streit gar nicht aufhörte, ja sogar immer heftiger wurde, so fiel die alte Frau, auf die alle Welt so bös zu sein schien, schließlich auch dem Sultan auf, und er ließ seinen Großwesir nach dem Grund des Streites fragen. Nachdem Abdallah darüber berichtet war, befahl er, man solle die alte Mariana in Ruhe lassen. Von da ab hatte sie denn auch Ruhe vor den Leuten und konnte nach Herzenslust und ungestört den Sultan bewundern.

Fatmene blieb meistens zu Haus; denn sie war ein gar fleißiges, braves Kind und wollte von ihrer Arbeit nichts versäumen. „Ich bin noch so jung," pflegte sie zu sagen „ich kann noch so viel Schönes sehen; jetzt will ich einmal arbeiten und die Großmutter spazieren gehen lassen, die sich schon so viel hat plagen müssen." Nach ihrer Rückkehr am Abend erzählte dann die Alte dem jungen

Mädchen, was sie alles gesehen und erlebt hatte, wie der Sultan ausgesehen und was für ein Gewand er getragen habe. „Ja," sagte Mariana, „das ist merkwürdig. Jeden Tag denkt man, ein herrlicheres Kleid, als es der Sultan heute trägt, kann es doch gar nicht geben. Aber am nächsten Tag hat er wieder ein noch schöneres und prächtigeres an. Und doch – –"

Die Alte stockte und schien in trübes Nachdenken zu versinken. Ganz verwundert schaute Fatmene die Großmutter an und fragte:

„Was denn? Was meinst du denn, Großmutterchen?"

„Und doch," fuhr Mariana nach kurzem Bedenken fort, „und doch ist der Sultan nicht mehr so herrlich, wie er war. Es kommt mir so vor, als sei er nicht mehr so freudig wie an den ersten Tagen. Und wie die helle Freude ihm aus den Augen geleuchtet hat, das war doch das Allerschönste an ihm."

„Da mußt du dich geirrt haben, Großmutterchen."

„Aber, Kind, du weißt doch, meine Brille täuscht nicht. Was ich durch die sehe, damit hat's seine Richtigkeit."

Das mußte ja Fatmene zugeben, und sie widersprach deshalb nicht länger. Doch den ganzen Abend dachten beide an den jungen Fürsten und sannen, was wohl der Grund seines Kummers sein könne.

Wie erschrak aber Fatmene, als am nächsten Morgen in aller Frühe ein Diener des Sultans erschien und die Mariana im Namen seines Herren aufforderte, mit ihm in den Palast zu kommen. „Ach Allah," jammerte sie, „der Sultan wird doch nicht böse sein und meine Großmutter köpfen lassen." Mariana beruhigte das Kind, wie sie nur irgend konnte, und ging guten Mutes mit. Im Palast sah sie dann all die Herrlichkeiten, die sonst dem Volk verschlossen sind; hohe, weite Säle aus Marmor und Ebenholz, mit Gold, Perlen und Edelstein besetzt und mit den schönsten Gemälden und kostbarsten Teppichen geschmückt. Überall verbreiteten Springbrunnen Kühle und Wohlgerüche. In dem prächtigsten Saal saß auf goldenem Sessel der Sultan. Als die alte Frau eintrat, ließ er alle seine Minister und Offiziere hinausgehen und die Mariana neben seinem Lehnstuhl Platz nehmen. Es schien ihm schwer zu werden, etwas zu sagen. Einige Male wollte er anfangen zu reden, er hielt aber immer wieder inne. Doch schließlich sagte er: „Mariana, kannst du dir denken, warum ich dich habe holen lassen?"

„Nein; ich bin eine alte, einfältige Frau, ich wüßte nicht, was mein Herr und Sultan von mir wollen könnte."

„Man hat mir gesagt," fuhr Abdallah fort, „daß du immer zufrieden bist, daß du alles in deinem Leben schön und gut und wohl eingerichtet findest."

„Das ist wahr," antwortete Mariana, „ich bin ganz zufrieden. Aber wäre es nicht die größte Sünde, wenn ich es nicht wäre?"

„Du bist doch aber ganz arm, Mariana, hast keinen Palast und keine kostbaren Möbel und schönen Gärten, keine Diener, keine edlen Pferde kein gutes Essen und" –

„Das ist nicht wahr," fiel ihm Mariana ins Wort, „gutes Essen habe ich auch, vielleicht besseres als du. Heute morgen habe ich eine Schokolade getrunken, etwas so gutes hast du wahrscheinlich noch nie gehabt. Darüber brauchst du gar nicht zu lachen", fuhr sie etwas ärgerlich fort, da der Sultan lächelte. „Und wenn ich auch keinen Palast und schöne Gärten und das alles nicht habe, was du hast, arm bin ich deshalb doch nicht. Mein Haus ist auch schön."

Darauf fing sie an, dem Sultan zu erzählen, wie hübsch es bei ihr sei und wenn auch klein, so doch wohlig und behaglich. „Besser", sagte sie zum Schluß, „kann es überhaupt kein Mensch haben außer dir, hoher Herr."

„Ja, siehst du, Mariana, ich hab doch nun alles Schöne, was es auf der Welt geben kann. Wenn ich morgens erwache, reicht mir ein Diener köstlichen Mokka, eine Sklavin singt zur Laute leise Lieder, eine andere fächelt mir Kühlung zu. Dann kommen Dichter, mir ihre Verse vorzulesen, Künstler drängen sich heran, mir ihre neuen Werke zu zeigen, und die weisesten und klügsten Männer wetteifern, mich durch tiefsinnige Gespräche zu unterhalten. Ehe ich einen Wunsch ausgesprochen, ja ehe ich ihn noch geahnt habe, ist er schon erfüllt. Und doch bin ich nicht glücklich und zufrieden. Was ich höre und sehe, scheint mir fad und langweilig, nichts macht mir rechte Freude, und die Tage werden mir so lang, daß ich schon am Morgen wünsche: Wenn es doch erst Abend und Zeit zum Schlafengehen wäre!"

Der Sultan hielt inne, als ob er auf ein Wort der alten Frau wartete, aber die sah nachdenklich vor sich hin und sagte nichts.

„Deshalb, Mariana," fuhr darum der Sultan fort, „habe ich dich rufen lassen. Mein Großwesir hat mir erzählt, du seiest immer froh. Nun sollst du mir sagen, wie das kommt. Wenn du mir das Geheimnis verrätst, wie du das anstellst, will ich dich königlich belohnen."

Mariana nahm ihre Brille ab und sagte:

„Versuch es einmal mit dieser Brille, Herr. Dann wird es vielleicht besser. Aber du mußt sie jeden Morgen und jeden Abend eine halbe Stunde lang selber putzen, sonst wird sie trübe. Morgen laß dich in aller Frühe, am besten bei Sonnenaufgang, wecken, und dann mache die erste Probe."

Bei diesen Worten gab die alte Frau dem Sultan ihre Brille und ging weg. Von Dank und Belohnung wollte sie nichts wissen.

Abdallah war voller Begier, die Brille zu erproben, und er konnte es deshalb kaum abwarten, bis der Abend kam. Dann legte er sich zeitig schlafen und befahl seinen Dienern, ihn am nächsten Morgen bei Sonnenaufgang zu wecken. Das geschah denn auch. Und als die Schar der Diener in das Schlafgemach trat, um nach des Sultans Befehlen zu fragen, da wären die Leute vor Erstaunen fast auf den Rücken gefallen. Denn es war etwas ganz Unerhörtes, noch nicht Dagewesenes geschehen. Der Sultan war ganz allein und ohne Hilfe aus dem Bett gesprungen, und jetzt hieß er alle Diener hinausgehen, denn er wolle sich allein ankleiden. Kaum waren die Leute draußen, so setzte er sich im Hemd, wie er war, hin, nahm ein seidenes Tuch und putzte damit ganz gewissenhaft eine halbe Stunde lang die Brille, daß ihm von der ungewohnten Arbeit der Schweiß die Stirn hinunterlief. Darauf kleidete er sich flugs an, und dann ging er mit der Brille auf der Nase in den Garten.

Der Sultan wußte nicht, wie ihm geschah: die Welt schien ihm verwandelt, und er selbst glaubte, ein anderer geworden zu sein. Es war ihm so wohl und freudig zumut, wie ihm lange, ja überhaupt noch nie gewesen war. Wie hell leuchtete die Sonne, wie prangten die frischen Tautropfen auf allen Gräsern und Blüten, und wie würzig und frisch wehte ihm die kühle Morgenluft um die Schläfe. Es zog ihn immer weiter und tiefer in den Garten hinein, und er ging Wege, die er noch nie gegangen war, nicht die kunstvoll angelegten, mit Palmen, Kamelien und Magnolien besetzten, großen Alleen, die zu Grotten und Marmorbildern, zu kleinen Tempeln und Pavillons führten. Nein, es zog ihn seitab, wo Bäume wild wuchsen, hochragende Platanen und knorrige Eichen, und wo Vergißmeinnicht und Veilchen, Männertreu und Hahnenfuß auf grüner Wiese bunt durcheinander standen. Das schien dem Sultan alles so wundervoll, und er dachte, er müsse bisher doch wohl blind gewesen sein, daß er an dem allen achtlos hatte vorübergehen können. Wie schön war jeder Grashalm, die einen groß und stämmig, die anderen schlank und zierlich, von jedem Windhauch bewegt. Die ganze Wiese im Morgentau glich einem silberglänzenden Schleier. Drin zirpten die Grillen, und die Frösche quakten vom nahen Teich her. Dem Sultan klang das lieblicher wie sonst Gesang und Mandolinenspiel. Gar manches Blümchen nahm er auf, hier ein weißes, ein blaues, dort ein rotes oder gelbes. Voll andächtigen Staunens sah er, wie reich der liebe Gott auch das kleinste mit Schönheit und Anmut umgeben hat zur Freude derer, die offenen Auges und freien Sinnes durch seine herrliche Welt gehen. Vor lauter Vergnügen wälzte er sich auf der Wiese herum, und zuletzt schlug er gar im Gras einen Purzelbaum.

Darob erschrak er aber doch ein wenig. „Denn", dachte er, „was werden die Leute sagen, wenn sie sehen, daß ich, der großmächtige Sultan, der Beherrscher von so vielen Millionen, einen Purzelbaum schlage?" Aber zum Glück hatte es niemand gesehen, als ein kleiner, weißer Spitz, der lustig bellend angehopst kam und an dem Sultan emporsprang. Der hätte sonst das kleine Tier nicht beachtet, aber jetzt, in seiner frohen Laune, ließ er sich die Gesellschaft des lustigen Tierchens gern gefallen. Der Hund hüpfte voraus und der Sultan immer mit über Felder und Wiesen, wie lange, daß wußte keiner von beiden. Allmählich wurde jedoch Abdallah gar seltsam und etwas unbehaglich zumut. Er hatte im Magen ein Gefühl, das er nicht kannte, das ihn aber quälte. Saß da drinnen ein böser Wurm, der an ihm nagte? Der Sultan wußte es nicht, und der Spitz konnte ihm keine Auskunft geben. Plötzlich sah er nicht weit, hinter Bäumen versteckt, ein kleines Häuschen. Davor saß ein älterer Mann mit seiner Frau und seinem Sohn. Jeder hatte neben sich Spaten, Rechen und Hacke stehen. Es waren Landleute, die eben noch auf dem Feld gearbeitet hatten und jetzt ihr Frühstück, Milchsuppe und Schwarzbrot, verzehrten. Sie kannten den Sultan nicht. Als er sie aber recht freundlich fragte, ob er nicht mitessen dürfe, luden sie ihn herzlich ein.

Der Sultan aß immer ein Stück Brot nach dem anderen und einen Teller Milchsuppe nach dem anderen, und die guten Leute freuten sich von ganzem Herzen, wie es ihrem Gast schmeckte. Der konnte das Essen gar nicht genug loben und beteuerte immer wieder, so gut habe es ihm in seinem ganzen Leben noch nicht geschmeckt. Daß das Schwarzbrot mit Milchsuppe gewesen sei, wollte er durchaus nicht glauben und meinte, er müsse etwas ganz besonders Feines gegessen haben.

„Ach nein, Herr," sagte der alte Mann, „Ihr habt wohl nur tüchtigen Hunger gehabt; deshalb hat es Euch so gut geschmeckt."

Doch Abdallah meinte: „Hunger kenne ich nicht, den habe ich noch nie und ganz gewiß auch jetzt nicht gehabt“, und er bat die Leute, bald wiederkommen zu dürfen. Das sagten sie ihm gerne zu, nahmen aber den Ring, den der Fremde ihnen schenken wollte, nicht an. „Denn“, meinten sie, „wir haben Euch nicht für Lohn aufgenommen, sondern um Gottes und Eurer frohen und guten Augen willen. Lebt wohl, Herr, und kommt bald wieder.“

Der Sultan ging herzlich dankend mit Spitz, der sich auch an Milchsuppe hatte stärken dürfen, den Weg nach seinem Palast zurück. Dort fand er alle in großer Aufregung. Denn man hatte schon gefürchtet, es möchte ihm ein Unglück zugestoßen sein. Aber sie beruhigten sich schnell, als sie den Sultan sahen, und wunderten sich nur über seine frohe Laune und seine große Brille. Und weil sie glaubten, ihrem Herrn alles nachtun zu müssen, zeigten sie auch alle lustige Gesichter und setzten sich Brillen auf ihre Nasen. Das aber waren gewöhnliche Brillen, keine Zauberbrillen, wie der Sultan eine hatte; die nützten nichts. Nur die Brillenmacher hatten gute Tage, rieben sich vergnügt die Hände und lachten in sich hinein.

So lebte Abdallah mehrere Wochen in großer Zufriedenheit, und wenn er einen Kummer hatte, so war es nur der, daß die alte Mariana gar keine Belohnung annehmen, auch nicht mehr in den Palast kommen wollte. „Ich bin dort jetzt ganz überflüssig“, meinte sie, „und es gefällt mir zu Hause in meiner Ruhe am besten.“ Da geschah es eines Tages, daß der Sultan von dem großmächtigen Kalifen Beniro Baibai Besuch bekam. Schon mit Abdallahs Vater war der Kalif befreundet gewesen, und er kam jetzt, um den jungen Herrscher auf der Fahrt nach dem Grab des Propheten zu begrüßen. Er brachte viele hundert Diener mit, einer immer kostbarer gekleidet als der andere. Alle saßen auf stattlichen Rossen oder schwerfälligen Kamelen, und es dauerte wohl eine halbe Stunde, bis der letzte in die Tore des Palastes eingezogen war. Dann wurde zu Ehren des hohen Gastes ein Fest gefeiert, zu dem alle großen des Landes eingeladen waren. Dabei gab es das beste Essen, und auch dem Wein wurde tapfer zugesprochen; und der machte, wie ihr wißt, zutraulich und redselig. Das wurde auch der Kalif und so fragte er denn gegen Ende der Tafel den Sultan:

„Abdallah, was hast du eigentlich da für eine Brille auf der Nase? Schön ist sie nicht, dein Auge ist gut; warum also trägst du sie?“

Der Sultan lächelte und antwortete:

„Die Brille ist ein gar kostbares Ding, die ist mir mehr wert, als mein halbes Reich; deshalb putze ich sie auch jeden morgen und jeden abend eine halbe Stunde lang selber, damit sie hübsch blank bleibt."

Darüber lachte Beniro aus vollem Halse, so daß der Sultan sogar ein bißchen bös wurde. Er lies sich aber nichts merken, weil der andere sein Gast war, und fragte ihn nur, weshalb er denn so lache.

„Ja," sagte der Kalif, „das ist doch zu spaßig. Mir ist das noch nicht vorgekommen, daß ein Sultan etwas selbst tut. Putzest du dir denn auch deine Stiefel selbst?"

„Nein", erwiderte Abdallah etwas kleinlaut.

„Nun also," meinte Beniro, „wenn du schon die Brille tragen willst, meinetwegen. Aber selbst putzen wirst du sie doch nicht mehr. Das ist ja ein zu putziger Einfall von dir."

Weil der Kalif gar so herzlich lachte, mußte Abdallah schließlich mitlachen, und sie stießen miteinander an, waren wieder die besten Freunde und sprachen bald von etwas anderem. Um Mitternacht bestieg Beniro sein Roß und zog mit seinen Begleitern weiter. Denn der großen Hitze wegen wollte er bei Nacht reiten.

Der Sultan ging in sein Schlafzimmer; er war sehr müde und ermattet. Doch er setzte sich, wie er es seit langem gewohnt war, auf einen Stuhl und nahm die Brille ab, um sie zu putzen. Aber plötzlich fielen ihm des Kalifen spöttische Worte ein, und dann war er so müde. „Ach, heute", dachte der Sultan, „kann mir einmal mein treuer Ibrahim helfen." Er gab drum dem alten Diener die Brille mit dem Befehl, sie eine halbe Stunde lang sorgfältig zu putzen, legte sich nieder und schlief sofort ein.

Am nächsten Morgen lag die Brille wie immer neben des Sultans Bett. Aber nicht so frohgemut wie sonst stand er auf, denn er hatte ein schlechtes Gewissen und war besorgt, die Gläser möchten trüb geworden sein. Drum atmete er erleichtert auf, als er durch die Brille sah und sie noch eben so hell und klar fand wie vorher. Er lobte seinen alten Ibrahim und ließ fortan von ihm jeden Morgen und jeden Abend die Brille putzen. Der Sultan wußte ja, daß er sich auf den braven Menschen verlassen könne.

Aber eines Morgens – oh Schrecken – als der Sultan wieder die Brille aufsetzte, waren die Gläser trüb geworden, und man konnte nichts mehr dadurch sehen.

Er schalt den Ibrahim einen Tagedieb und Faulenzer. Aber der beteuerte: „Ich bin unschuldig, ich habe ganz gewissenhaft geputzt, und wie ich zuletzt die Brille aus der Hand gelegt habe, sind die Gläser auch noch hell und klar und durchsichtig gewesen.“

Der Sultan ließ die Mariana holen und erzählte ihr, was geschehen war. Als die Alte hörte, wie man mit ihrer Brille umgegangen war, wurde sie furchtbar wütend. Die sonst so ruhige und sanftmütige Frau war wie umgewandelt und schrie den Sultan an:

„So wenig hast du mein Geschenk in Ehren gehalten. Ich habe dir das Kostbarste gegeben, was ein Mensch besitzen kann, was mehr wert ist als dein ganzes Reich, und du hast es verliedert und verschlampt.“

Der Sultan wollte sich entschuldigen und der Mariana erklären. Aber die ließ nichts gelten, wurde immer heftiger und rief schließlich dem Sultan zu:

„Ich helfe dir nicht. Du verdienst solch kostbares Geschenk gar nicht, Du Faulenzer!“

Das war Abdallah aber doch zuviel. Ihn, den mächtigen Herrscher, wagte ein armes, altes Weib Faulenzer zu nennen. Voller Wut lies er die Mariana ergreifen und ins Gefängnis führen, die Brille aber ließ er in einen Brunnen werfen, der vor der Stadt auf dem Felde lag und so tief war, daß noch niemand daraus hatte Wasser schöpfen können. Deshalb dachten viele Leute, das sei gar kein richtiger Brunnen, sondern der Eingang zur Hölle. Im Volk hieß darum der Brunnen der Teufelsbrunnen.

Die arme Mariana saß bei Wasser und Brot im Gefängnis und konnte darüber nachdenken, daß es nicht klug ist, den Mächtigen dieser Erde seine Meinung allzu grob und deutlich ins Gesicht zu sagen. Und wenn sie gar an ihr liebes Enkelkind, die schöne Fatmene dachte, war sie zu Tode betrübt und weinte bittere Tränen. Doch das sollte nicht lange so bleiben. Und nun hört einmal, wie das gekommen ist.

Zu jener Zeit zog durch das Morgenland ein Jüngling, der unter dem Volk Günther, der Geigenspieler hieß. Er war von einer fernen Insel gekommen und er sah auch ganz anders aus, als die Menschen in des Sultans Reichen. Er hatte helle, blaue Augen, blonde Locken und ein Gesicht, so rosig und zart wie Pfirsichblüte. Er spielte, wohin er kam, auf der Geige, und wie er spielte! Das klang zuerst wie tiefes Sehnen, dann wie frohes Hoffen und zuletzt wie lauter

Jubel und Freude. Es war kein Mensch, der ihm nicht folgte und nicht von dem Spiel bezaubert und wie umgewandelt war. Böse Menschen unterließen, was sie häßliches gegen andere im Schilde führten, und halfen denen, die sie hatten schädigen wollen. Alter Haß verschwand bei dem Spiel aus den Herzen, eingefressener Groll aus den Seelen und bittere Feindschaft aus den Sinnen. Die Traurigen wurden lustig, die Bedrückten frohgemut, die Besorgten zuversichtlich und die Verzweifelten vertrauensvoll. Tiere und Pflanzen, ja selbst die leblose Natur schien empfänglich für des Jünglings Zauberweisen. Die Tiere horchten auf, die Bäume neigten sich, die Blumen wandten ihre Köpfe seinem Spiel zu, und die Häuser taten ihre Tore, Türen und Fenster weit, weit auf, um die süßen Töne in vollen Strömen hereinklingen zu lassen.

An diesem Abend zog der Jüngling in die Hauptstadt ein. Da es schon dunkel war, wurde er nicht bemerkt, und das war ihm gerade recht. Denn er wollte nach dem Gefängnis gehen, um der alten Mariana zu helfen, von deren traurigen Geschick er gehört hatte. Er setzte sich nahe dem Gefängnis in das Dunkel eines Gemäuers und wartete ab, bis es Mitternacht geworden war und alle Menschen schliefen. Dann fing er zu spielen an, zuerst leise, zitternd und zagend, dann immer voller, heller und froher. Mariana rieb sich den Schlaf aus den Augen und horchte. Sie wußte nicht, wie ihr war. Hatte sie geträumt? Oder hatte sie wirklich ihre Brille wieder? War die Welt wieder so schön wie früher? Lebte sie wieder mit Fatmenen in ihrem gemütlichen Stübchen? Und was war denn das? Da taten sich ja Tür und Fenster ihrer Kerkerstube auf, und es strömten jubelnde Töne herein, die das ganze Haus zu sprengen schienen. Die alte Frau litt es nicht mehr drinnen. Sie eilte fort, dahin, wohin die Töne sie zogen, und niemand hielt sie zurück. Denn alle Wächter des Gefängnisses mit viel anderem Volk umstanden den wunderbaren Jüngling, der, vom Licht des Mondes umflossen, zauberisch und verklärt erschien wie ein Bote des Himmels. Als er die Mariana kommen sah, hörte er zu spielen auf und ließ die Leute in ihre Stuben zurückgehen. Die Alte aber führte er nach ihrem Haus und gebot ihr, dort zu bleiben und sich nicht sehen zu lassen. Er selbst wollte nicht verweilen; denn, meinte er, es gäbe für ihn noch viel in dieser Nacht zu tun. Und eilends ging er weiter zum Palast des Sultans.

Abdallah lag in seinem seidenen Bett. Aber der Schlaf floh ihn; denn er dachte an das Unrecht, das er der Mariana getan hatte, und er hätte gern mit manchen armen Tagelöhner getauscht, dem schwere Arbeit und ein gutes Gewissen tiefen Schlaf schenken. Da tönte es von der Straße herauf wie leises Mahnen, das immer eindringlicher und vernehmlicher wurde. Der Sultan sprang aus dem Bett, er warf ein Gewand über, das erste beste, das ihm zur Hand war, und eilte allein und ungesehen aus dem Palast dem Gefängnis zu. Er wollte die Alte aus dem Kerker herausholen und sie in Ehren in ihr Heim zurückführen; doch er fand sie nicht. Von Angst gejagt, lief er deshalb nach ihrem Häuschen. Mariana erkannte ihn schon von weitem; denn es war mittlerweile hell geworden. Aber sie wollte nicht, daß der Sultan sie fände. Hatte doch auch der schöne Geigenspieler ihr geraten, sich nicht sehen zu lassen. Drum hieß sie die Fatmene hinuntergehen und dem Sultan sagen, ihre Großmutter sei im Gefängnis gestorben. Das Kind tat, wie ihm geheißen wurde. Der Sultan brach darüber in Tränen und laute Klagen aus und nannte sich selbst den Mörder der alten Frau; denn vor Kummer über ihre Einkerkerung müsse sie gestorben sein. Der schönen Fatmene tat der Sultan leid, und sie hätte ihm gern die Wahrheit gesagt; aber sie durfte es nicht, und darum schwieg sie. Abdallah beklagte sie selber auch von Herzen, weil sie doch jetzt ganz verwaist sei; doch wolle er für des Mädchens Wohlergehen sorgen und noch heute hundert Kamele schicken, mit Gold, Perlen und Kostbarkeiten aller Art reich beladen. Fatmene wies alles zurück, aber Abdallah ließ mit seinen Bitten nicht nach und beteuerte: „Ich lasse dich nicht allein, und wenn du kein Geschenk und sonst keine Hilfe von mir annimmst, dann will ich wenigstens in deiner Nähe bleiben, um dich gegen Diebe und böse Menschen beschützen zu können."

So blieb der Sultan in dem Haus der alten Mariana und suchte Fatmene zu trösten, so gut er konnte. Die alte Großmutter aber hielt sich oben in einem kleinen Zimmerchen unter dem Dach und ließ sich nicht blicken. Der Sultan glaubte deshalb nach wie vor, die alte Frau sei im Gefängnis gestorben. Jeden Abend aber kam Fatmene zur Großmutter, erzählte ihr, was am Tag geschehen war, und holte sich Rat bei der klugen alten Frau.

Das ging so eine geraume Zeit. Der Sultan, hilfreich, wo er nur konnte, holte der Fatmene Wasser aus dem Brunnen oder brachte ihr Holz aus dem nahen Wald und lernte, es mit dem Beil klein zu machen. Fatmene sang ihm zum Dank schöne Lieder vor oder erzählte von ihren Erlebnissen und dem Leben anderer Menschen. Dafür berichtete wieder der Sultan aus seiner Jugend und wie es am Hof seines Vaters zugegangen sei und von anderen Fürsten und ihren Schicksalen. Dabei verging beiden die Zeit wie im Flug. Denn für jeden war neu und lehrreich, was der andere zu erzählen wußte. Mit jedem Tag wurden sie froher und vertrauter, und der Sultan konnte sich nicht genug darüber wundern, wie er in dem kleinen Häuschen sich wohlfühlte, und wie gut er in seinem kleinen Kämmerchen schlief.

Eines Tages kam aber des Sultans Großwesir und bat seinen Herrn: „Kehre in den Palast zurück. Es ist eine fremde Gesandtschaft gekommen, die du empfangen mußt, auch viele andere Regierungsgeschäfte sind zu erledigen." Tiefbetrübt, weil sie sich trennen sollten, saßen Abdallah und Fatmene beieinander, und der Sultan fühlte, daß er das Mädchen über alles lieb habe und sie nie und nimmer verlassen könne. Also fragte er kurz entschlossen die Fatmene, ob sie nicht seine Frau werden und mit ihm in seinen Palast kommen wolle.

Das junge Ding war darüber furchtbar erschrocken. Sie, die arme Fatmene, sollte Sultanin werden und aus der bescheidenen, kleinen Hütte in den herrlichen Palast einziehen? Sie wußte nicht, was sie erwidern sollte, und lief statt aller Antwort in ihrer Bestürzung aus dem Zimmer und hinauf zu der Großmutter. Der erzählte sie, was geschehen war. Die alte Frau hatte wohl dergleichen geahnt; denn sie lachte ein bißchen verschmitzt in sich hinein, ließ aber Fatmene, die weinend ihr Gesicht im Schoß der Großmutter verbarg, nichts merken, sondern sagte mit großem Ernst: „Ich will dir meinen Segen zur Heirat geben und dich mit dem Sultan ziehen lassen, wenn mir Abdallah meine Brille wiederschafft."

Fatmene sprang hinunter und sagte dem Sultan: „Ich will dich gern zum Manne nehmen, aber du mußt mir zuvor die Brille der Großmutter zurückgeben."

Der Sultan versprach, das solle sofort geschehen, eilte nach seinem Palast, ließ all seine Soldaten und Offiziere zusammentreten und versprach ihnen die Hälfte seines Schatzes als Belohnung, wenn sie ihm die Brille aus dem Teufelsbrunnen herausholten. Viele machten ein bedenkliches Gesicht dazu und wollten lieber auf alle Schätze der Welt verzichten, als sich in dem Brunnen vom Teufel holen und mit Extrapost nach der Hölle bringen lassen. Doch zehn besonders mutige und tapfere Offiziere taten sich zusammen, versahen sich mit langen Leitern und Stricken und beschlossen, in den Brunnen hinunterzusteigen.

Zunächst ging es auch ganz gut. Sie ließen Leitern und Stricke, die sie oben befestigten, tief in den Brunnen hinab, ohne das sich etwas Besonderes zeigte. kaum aber schickten sie sich an hinunterzusteigen, da kam ihnen ein scheußlicher Kerl entgegen; es wird wohl der Teufel oder einer seiner Gesellen gewesen sein. Er hatte feurige Augen, sein Atem ging wie Pech und Schwefel, seine Hände hatten scharfe Krallen, und aus jedem Finger schoß ein Feuerstrahl heraus. Der Unhold trieb die mutigen Männer zurück und schrie mit dröhnender Stimme: „Veniat ipsissimus, veniat ipsissimus!“ Und sooft die Tapferen den Versuch, in den Schacht hinabzusteigen, erneuerten, bei Tag und bei Nacht – immer wieder kam das Scheusal aus der Tiefe hervor, brüllte sein „Veniat ipsissimus“ und scheuchte die Männer zurück.

So mußten sie schließlich unverrichteter Sache in tiefer Niedergeschlagenheit nach dem Palast zurückgehen. Der Sultan war aber noch viel betrübter als sie; denn Fatmene blieb dabei, sie müsse die Brille wiederhaben, sonst werde sie nicht des Sultans Frau, und Abdallah fühlte von Tag zu Tag mehr, daß er ohne das Mädchen nicht leben könne. Er war der Verzweiflung nahe. Schließlich entschloß er sich auf den Rat seines Großwesirs, zu einem uralten Mönch zu gehen, der schon seit urdenklichen Zeiten als Einsiedler in der Wüste lebte und in dem Ruf besonderer Weisheit stand. Der Sultan stellte dem Greis die Sache vor und bat um Rat.

„Ja,“ sagte der Alte, „du mußt selber gehen.“

„Was, ich soll in den Brunnen steigen, in den schmutzigen, dunklen Brunnen und vielleicht gar mich vom Teufel holen lassen?“

„Das wird wohl nicht anders gehen, Abdallah. Denn die Worte, die der Teufel – oder wer sonst es war – immer wieder geschrien hat, sind lateinisch und heißen: „Er soll selber kommen in höchsteigener Person.“ Ich glaube, damit meinte er dich, Sultan. Denn du warst es doch, der die Brille in den Brunnen hat werfen lassen.“

Der Sultan entfernte sich, und zwar in wenig gnädiger Laune. Denn daß ihm der Alte zugemutet hatte, selbst in den schrecklichen Brunnen zu steigen, daß wollte ihm gar nicht gefallen. Er verbrachte die Nacht schlaflos. Weil er aber keinen Ausweg sah und seine Sehnsucht nach Fatmenen immer größer wurde, so entschloß er sich, am nächsten Morgen in den Brunnen zu steigen und nach der Brille zu suchen.

Es regte sich auch wirklich nichts, als Abdallah in den Schacht hinabstieg. Das feurige Scheusal kam nicht zum Vorschein, und der alte Mönch schien recht gehabt zu haben. Der Sultan aber stieg immer tiefer und tiefer hinab. Die Männer, die oben Wache hielten, konnten ihn schon lange nicht mehr sehen.

Je tiefer es aber abwärts ging, desto dunkler und schauriger wurde es in dem unergründlichen Schacht, so daß dem Sultan ganz bang wurde. Aber er ließ nicht nach. Denn was galt ihm das Leben, wenn er seine geliebte Fatmene nicht gewinnen konnte! Stunden und Stunden war der Sultan wohl schon hinabgestiegen; er war immer verzagter geworden; auch seine Kräfte drohten ihn zu verlassen, da hörte er von unten herauf undeutliche Geräusche, wie Hämmern und Klopfen und Pochen und Schlagen. Je weiter er hinabstieg, desto größer wurde der Lärm, bis er sich zu einem betäubenden Getöse steigerte.

Schließlich – es war plötzlich wieder ganz hell um ihn geworden, stand der Sultan vor einer Glastür, an der in goldenen Schriftzeichen „Labor" stand. Sie führte in einen hellerleuchteten, unermeßlich weiten Saal.

Von drinnen kam das Getöse; denn da war alles in unaufhörlicher Bewegung. In dem ganzen weiten Saal standen riesige Glaskasten, die durch gläserne Röhren miteinander verbunden waren. In die Kasten wurde fortwährend Wasser gepumpt und nach oben in tausend verschiedene Strahlen abgeleitet. Überall bei den sprühenden, schäumenden, brausenden Wassern arbeiteten geschäftig und possierlich winzige Zwerge, die wie kleine Gummimänner aussahen. Ob die Kerlchen wirklich aus Gummi waren, konnte der Sultan nicht erkennen.

Wie er eintrat, kam ihm ein rüstiger, älterer Mann mit den Worten entgegen:

„Gut, daß du kommst, Abdallah. Eben ist deine Brille fertig geworden. Wir hatten schön zu tun, sie wieder blank zu machen. Vier Monate und drei Tage haben wir sie beständig mit Wasser spülen müssen, aber jetzt sind die Gläser wieder hell."

Währenddessen brachte auch schon ein kleiner Gummizwerg die Brille und gab sie auf Geheiß seines Herrn dem Sultan. Abdallah wußte nicht, was er zu all dem sagen sollte. Doch Herr Labor – das war der Mann, der den Sultan empfangen hatte – meinte: „Zum Reden habe ich keine Zeit, in meiner Werkstatt muß ununterbrochen gearbeitet werden. Sonst haben die Quellen, Flüsse und Seen auf der Erde kein Wasser, denn das muß ich von hier unten hinaufschaffen ans Tageslicht. Übrigens mußt auch du dich sputen, Sultan, denn deine Begleiter und Fatmene erwarten schon in Angst und Sorge deine Rückkehr."

So blieb dem Sultan nur übrig, Herrn Labor kurz zu danken und sodann den Rückweg anzutreten.

In seiner überströmenden Freude verspürte er nichts mehr von Müdigkeit. Wie ein Eichhörnchen sprang er von Sprosse zu Sprosse empor, nicht selten auch übersprang er eine oder zwei. Der Abstieg war ihm unendlich lang und mühselig erschienen, der Aufstieg schien ihm Spielerei. Als er jetzt wieder das Tageslicht erblickte, kam es ihm so vor, als sei er in wenigen Minuten hinaufgestiegen. Seine Begleiter riefen ihm zu. Noch ein Sprung, und der Sultan stand wieder auf der Erde. Aber wie sah er aus: über und über mit Staub und Schmutz bedeckt! Doch er fragte nicht danach. Seine Leute wollten ihn zurückhalten, um ihm erst ein anderes Kleid zu bringen, aber er machte sich los und lief, wie er stand, so schnell er konnte, nach dem Haus der Fatmene.

Das Mädchen sah ihn daherkommen, wie er glückstrahlend und atemlos die Brille in der hocherhobenen Hand schwenkte. Es rief die Großmutter. Da die alte ihre Brille sah, und die Freude, die aus des Kindes Augen strahlte, schwand aller Groll aus ihrem Herzen, und sie lief mit Fatmenen dem Sultan entgegen. Abdallah, tief bewegt, als er Mariana wiedersah, sank auf die Knie nieder, dankte Gott und küßte beiden Frauen die Hände. Die alte Großmutter hob ihn freundlich lächelnd auf, legte die Hände des jungen Paares ineinander und segnete die beiden überglücklichen Menschen.

Noch an dem selben Tage wurde Hochzeit gefeiert. Die Großmutter schenkte ihren Kindern die Brille. Sie meinte, sie selbst brauche sie nicht mehr, aber die jungen sollten sie in Ehren halten. Die beiden versprachen das und haben ihr Wort bis an ihr Lebensende gehalten. Und die Brille ist nicht wieder trüb geworden.

Naschkätzchen

Von

Berta Brunetti

Die Mutter hatte sich für ein halbes Stündchen in ihren Sorgenstuhl zur Ruhe gesetzt, und die Köchin Marie war nach dem Trockenboden gegangen. So kam es denn, daß Röschen ganz allein in der Küche war.

Die Küche, das war ihr liebster Aufenthalt; und wenn die Köchin die Hände zusammenschlug und jammerte: „Ach, wie sieht's da heute aus“, da gefiel es ihr just am besten in der Küche. Da war kein Töpfchen, das sie nicht in die Hand nahm, kein Löffelchen, mit dem sie nicht rührte, kein Quirl, mit dem sie nicht quirlte, kein Deckel, mit dem sie nicht zudeckte. Wie prächtig ließ es sich kochen mit den Strünken vom Kohl, mit den Kartoffel- und Äpfelschalen, mit welken Salatblättern und ähnlichem Küchenabfall; das alles wurde von Röschen recht fein geschnitten und in Töpfchen getan und gerührt und gequirlt und zugedeckt.

Heute aber war von all dem in der Küche nichts zu sehen. Es war schon nach Tisch, und Marie hatte die Küche erst blitzblank und sauber gemacht, ehe sie fortging. Stand aber erst alles in Ordnung, dann wußte Röschen recht wohl, daß sie nichts anfassen dürfe; sonst würde Marie so böse, bitterböse.

Da stand denn Röschen in der Küche und langweilte sich ein bißchen. Sie ließ ihre Äuglein ringsum schweifen – nirgends war etwas, womit sie sich hätte die Zeit vertreiben können. Unterm Küchentisch lag wohl Miezchen, aber das drückte die Augen fest zu und stellte sich schlafend; vielleicht schliefs auch wirklich; denn es war ja doch nach Tisch, und da hat ein jeder gern Ruhe. Mit Mieze konnte man also nicht spielen.

Die Äuglein blickten weiter, und nun entdeckte sie etwas ganz besonderes – die Tür zur Speisekammer stand ein klein wenig offen!

Gewöhnlich war der Schlüssel umgedreht, oder Mama trug ihn gar in der Tasche; heute mußte Mama wohl vergessen haben, die Tür abzuschließen. Im nächsten Augenblick stand Röschen schon an der Spalte und guckte zur Kammer hinein. Wie Herrliches gab's da drinnen zu schauen!

Röschen war ja schon oft in der Speisekammer gewesen, doch immer nur dann, wenn Mama oder Marie zugegen waren.

In der Speisekammer war Röschen eigentlich noch viel lieber als in der Küche. Ach, die Tür war ja nicht verschlossen, warum sollte sie da wohl nicht hineindürfen? Sie wollte sich nur einmal alle Schätze da drinnen so ganz in Ruhe und mit Muße ansehen – vom Ansehen kam doch nichts in Unordnung. Weiter wollte sie ja gar nichts tun, da konnte die Mutter wirklich nicht böse werden darüber. –

Einen Augenblick zögerte Röschen, einen Blick noch warf sie auf die Katze, die machte die Augen nicht auf, und – husch – war Röschen auch schon drinnen.

Und als sie nun erst drinnen war, da dachte sie an gar niemand mehr, weder an die Mutter, noch an Marie, noch an das Kätzchen; auch an die Rute, die irgendwo in der Kinderstube versteckt war und jetzt wohl eigentlich nicht mehr hervorgeholt wurde, dachte sie nicht mehr.

Da standen in langen Reihen die Gläser und Flaschen mit eingekochtem Obst; die sahen wunderhübsch aus, und das Obst schmeckte auch gar zu gut, allein – alle waren fest verschlossen. Hier war ein Töpfchen mit Sahne, dort guckten rotbackige Äpfel aus einem Körbchen heraus, und da stand auch der Kuchen von gestern, ein ganz großes Stück! Nur ein bißchen kosten von allem, wer das doch dürfte! Die Augen blickten immer begehrlicher in die Runde – und da war auch schon das Fingerlein ins Sahnetöpfchen gefahren, und ein Äpflein war auch eins, zwei, drei aufgegessen, und ein Stückchen Kuchen war aufgeknabbert. Das Händchen aber langte noch weiter nach der Mandeltüte – da mit einem Male ging die Tür auf – Röschen war so sehr erschrocken, daß sie zur Seite sprang; dabei stieß sie mit dem Ellenbogen an das Sahnetöpfchen, und – pardauz – da lag es in tausend Scherben am Boden mitsamt seinem süßen Inhalte.

Hatte die Mutter die Tür aufgemacht oder Marie? Nein, die Katze war es gewesen. Leise war sie herangeschlichen, sie wollte sich wohl auch einmal in Muße die Speisekammer ansehen. Da fiel das Töpfchen mit lautem Geklirr herab just vor Mieze hin, und die Sahne spritzte ihr auf ihr schwarzes Seidenfell. Die Katze war nicht weniger erschrocken als Röschen; mit einem Satz war sie wieder unter dem Küchentisch und ging hier gleich daran, sich sauber zu machen.

Was aber sollte Röschen beginnen? Zitternd stand sie da und starrte auf den großen, weißen See am Boden. Nun mußte Marie bald zurückkommen, und die erzählte es dann Mama, und Mama wurde dann sehr, sehr böse; und übermorgen war Röschens Geburtstag – ach, da gab's gewiß keinen Gabentisch! Wie schrecklich traurig war das alles! Was sollte sie nur beginnen? Weinen? Das half wohl nichts. – Schreien? Das half wohl noch weniger. Zur Mutter laufen und sie um Vergebung bitten? Aber Mutter schlief ja! – Warten, bis Marie kam? Ach, die ging dann gleich zur Mama, und die wurde sehr böse, und am Geburtstag – So drehten sich die Gedanken wie in einem Kreise in ihrem kleinen Köpfchen herum.

Die Katze saß unter dem Tisch und wusch ihr Fell, sie tat, als wäre nichts gewesen.

Da, mit einem Male kam dem Röschen ein recht, recht böser Gedanke. „Ich will's auch so machen," dachte sie, „als wäre nichts geschehen." Leise, leise schlich sie aus der Kammer hinaus, ging auf den Fußspitzen an Mamas Stubentür vorbei, damit die Schlafende nicht erwache, und schlüpfte ebenso leise in die Kinderstube. Dort setzte sie sich in ihren Puppenwinkel, nahm ihr jüngstes Bübchen auf den Arm und schaukelte es in den Schlaf.

„Eia popei, mein Liebling bist du,
schließe die beiden Guckäuglein zu."

So sang sie dazu. Zuerst zitterte ihr wohl heftig die Stimme dabei; doch das wurde bald besser. Und als sie den Vers zum dritten Male anstimmte, da klang das Stimmlein schon ganz froh und heiter.

Mit einem Male ertönte eine andere Stimme, die klang laut und zornig: „O du abscheuliche Katze!" rief es. „Na warte, das sollst du büßen!" Marie war's, die so schrie. Röschen lauschte mit angehaltenem Atem. Da tönte der Mutter Stimme dazwischen: „Was gibt's denn nur, Marie? Warum so böse?"

„Das garstige Tier," zankte Marie, „in die Speisekammer ist es geschlichen, hat an der Sahne genascht und dabei den Topf herabgeworfen. Das Fell ist noch ganz naß davon."

„O du böse Katze", sagte die Mutter dazwischen. „Aber warte nur," zankte Marie weiter, „so leichten Kaufes kommst du mir diesmal nicht davon! Nun hol ich meinen Besen." Röschen zitterte am ganzen Körper! Nun sollte Mieze Schläge bekommen, und sie allein war schuldig. Schon wollte sie hinauseilen und sagen: „Die Katze ist schuldlos" – aber ach – Röschen blieb sitzen, und die Katze bekam ihre Schläge! Laut miaute und winselte das arme Tier, Röschen hörte es genau; sie preßte die Händchen vors Gesicht und weinte bitterlich.

„Warum weinst du?" hörte sie jetzt fragen, und der Mutter sanfte Hand streichelte ihren Scheitel. „Ach, die Katze, die Katze", jammerte Röschen. „Weine nicht mehr", tröstete die Mutter;" Mieze hat ja die Strafe verdient, weil sie ungehorsam war und naschhaft. Nun wird sie es auch nie wieder tun. Du bist mein gutes mitleidiges Kind."

Aber Röschen weinte noch lange fort; da nahm die Mutter sie auf den Schoß und erzählte ihr Geschichten und versprach ihr zum Geburtstag eine recht große Überraschung.

Den ganzen Tag über blieb Röschen still und traurig. Als sie am Abend im Bettchen lag und ihr Abendgebetlein sprach, da wollten ihr die Worte fast nicht über die Lippen – der liebe Gott konnte ja doch keine Freude daran haben; er mußte doch furchtbar böse auf sie sein. Und traurig schlief Röschen endlich ein.

Kaum war das geschehen, so kamen böse, böse Träume und neckten sie, so daß sie sich unruhig hin und her warf; und mit einem Male wachte sie auf, denn es war ihr gewesen, als ob etwas Weiches Warmes ihre Hand berührte.

Mit erschrockenen Augen blickte sie empor. Es war ganz dunkel im Zimmer, und durch die Dunkelheit sah sie zwei helle Punkte leuchten. Was war das nur?

Die Punkte standen jetzt dich vor ihr, und jetzt erkannte sie's auch; die Augen der Katze waren es! Die Katze stand auf ihrem Bette und schaute sie unverwandt an. Röschen wollte schreien, aber die Katze legte die Pfote vor den Mund zum Zeichen, daß sie schweigen sollte. Dann schlich sie sich noch näher an Röschen heran, neigte sich zu ihrem Ohre und flüsterte ganz deutlich: „Komm mit mir." Und als Röschen angstvoll das Köpfchen schüttelte, da sagte die Katze nochmals: „Komm mit mir", aber in einem so bestimmten Tone, daß Röschen keinen Widerstand mehr wagte, sondern gehorsam aufstand und der Katze nachhuschte, die jetzt die Tür geräuschlos aufmachte und im dunklen Korridor verschwand.

Dann ging es abermals durch eine Tür und wieder durch eine. Dabei war es ganz stockdunkel, und Röschen hätte nimmer weiter gefunden, wenn die Katze nicht fortwährend nach ihr umgeblickt hätte mit ihren leuchtenden Augen, die wie zwei Laternchen den Weg erhellten.

Wohin der Weg führte, konnte Röschen nicht ergründen, und zu fragen wagte sie nicht. Als sie so eine Weile gegangen waren, blieb die Katze plötzlich stehen und pochte dreimal an eine Wand. Da tat sich die Wand auseinander, und ein glänzend erleuchteter Saal ward sichtbar.

„Komm mit", sagte die Katze abermals; denn sie hatte bemerkt, daß Röschen den Versuch machte umzukehren. Dann traten beide in den Saal, während sich die Wand hinter ihnen schloß.

Es war ein seltsames Gemach; Röschen hatte noch nie ähnliches gesehen. Die Wände schillerten in den prächtigsten Farben; und als sie genau hinsah, entdeckte sie, daß sie von oben bis unten mit glänzenden Käfern bedeckt waren.

Von der Decke herab hingen kostbare Kronen; wie staunte aber Röschen, als sie gewahrte, daß viele, viele Tausende von Glühwürmchen da oben saßen und mit ihrem milden Glanze Tageshelle verbreiteten. Bunte Girlanden schmückten die Wände; sie waren jedoch nicht aus Blumen gemacht, sondern bunte Vögelchen flatterten dort nebeneinander, mit ihren farbenprächtigen Federn wie Blumen anzusehen.

Vor Staunen und Bewunderung vergaß Röschen ganz ihre Angst; doch sie kehrte sogleich wieder zurück, als jetzt eine tiefe Stimme sagte: „Tritt näher, Menschenkind!"

Es war ein mächtiger Löwe, der so gesprochen hatte. Da er eine Krone auf dem Haupte trug, mußte er wohl gar ein König sein. Röschen konnte keinen Schritt vorwärts machen, so zitterten ihre Knie. Da schritten auf des Königs Wink zwei Hunde an ihre Seite und zogen sie sanft bis vor den königlichen Thron.

Der Löwe blickte streng auf sie herab.

„Meine treue Untertanin, Mieze genannt," so begann er, „hat Klage wider dich erhoben. In deiner Gegenwart, vor meinem ganzen Hofstaate soll sie nochmals ihre Anklage wiederholen. Sprich, Mieze, was hast du vorzubringen?"

Die Katze stellte sich neben Röschen und begann nun laut, daß es alle hören konnten, zu erzählen, was ihr widerfahren war. Die Erinnerung an die erlittene Unbill war für Mieze so schmerzlich, daß sie ihre Tränen nicht zurückhalten konnte und in ein klägliches Miauen ausbrach.

Die Zuhörer waren ganz erschüttert. Der König aber blickte noch viel ernster drein als früher. „Was hast du zu deiner Entschuldigung zu sagen?" fragte er Röschen.

Da sank diese in die Knie: „O, ich bin ein böses Kind, ich kann nie wieder fröhlich werden!" schluchzte sie.

„Siehst du, und das soll deine Strafe sein," sagte der Löwe; „du sollst nie wieder fröhlich sein! Ist aber etwa einer unter euch," wandte sich der König an die Versammlung, „der etwas zur Verteidigung des Kindes vorbringen kann, dem sei das Wort erteilt."

Da trat ein alter Hund vor; er sah sehr gelehrt aus.

„König," sagte er, „das Kind hat häßlich gehandelt, aber böse ist es nicht. Sein Herzlein ist so voll Reue, daß ich glaube, ein zweitesmal wird es so häßliches nicht mehr tun. Frage doch ringsum alle deine Untertanen, ob noch einer da ist, der Klage gegen sie vorbringen kann."

Der König blickte fragend in die Runde.

„Uns hat sie Futter gestreut, als wir im Winter hungerten," zwitscherten die Sperlinge.

„Uns hat sie Wolle und Federchen hingelegt, als wir unser Nest bauten," sagten die Schwalben. „Als ich mir einen Glassplitter in den Fuß getreten hatte, hat sie mir die Wunde gekühlt und mit einem Läppchen verbunden," erzählte Karo.

Selbst die Fischlein blieben nicht stumm und sagten: „Uns hat sie Krümchen ins Wasser geworfen."

„Was meinst du, o König," ergriff endlich der alte Hund wieder das Wort; „ist dieses Kind böse und verdient es so harte Strafe?"

„Nein," sagte der König; „ich will meinen strengen Spruch zurücknehmen, nachdem ich dies alles gehört habe. Aber ganz schenken kann ich dir die Strafe nicht. So höre denn meine Worte, Röschen. Hier übergebe ich dir ein Fläschchen mit einer Flüssigkeit, so gallenbitter wie es sonst nichts Bitteres gibt auf Erden. Wann immer du etwas Süßes genießt, dann mußt du einen Tropfen aus dem Fläschchen hineingießen, nur einen kleinen Tropfen – die Bitterkeit wird doch durchschmecken, und das soll deine Strafe sein. Ist das Fläschchen einmal leer, dann ist auch deine Schuld gesühnt! Und nun geh, mein Kind."

Und als der König so gesprochen hatte, hoben alle Käfer an den Wänden ihre Flügel und summten um Röschen Haupt, und die Vögel flogen umher, und die Glühwürmchen umkreisten sie, so daß sie nichts mehr sehen konnte als ein Schillern und Glänzen und Leuchten ringsum. Dann mit einem Male war alles verschwunden, und sie stand allein in einem stockfinsteren Raume und wußte nicht vor- noch rückwärts. Da tat sie einen gellen Schrei und riß die Augen weit auf.

Und nun ward's wieder hell um sie, und die Mutter stand vor ihr.

„Röschen, was hast du, du schriest so laut im Traume?" fragte sie ganz ängstlich.

„O, Mutter, Mutter, die Katze hat mich verklagt, und nun muß ich immer die gallenbitteren Tropfen schlucken hier aus diesem Fläschchen," dabei hielt sie ihr Händchen empor – aber es war leer.

„Die Katze?" fragte nun die Mutter. „Warum hat dich denn die Katze verklagt, Röschen?"

Da umfaßte Röschen mit beiden Armen die Mutter, und unter Tränen gestand sie ihr alles, was sie Böses getan. Dann erzählte sie auch, wie sie vor dem Richterstuhle des Löwen gestanden habe.

„Das wird wohl nur ein Traum gewesen sein," sagte die Mutter. „Aber mit den gallbitteren Tropfen wird es schon seine Richtigkeit haben; weißt du, Kind, diese bitteren Tropfen, die dir alles Süße vergällen werden, das ist die Reue, Kind. Und wenn du recht tiefe Reue empfindest, dann wird dein Fläschchen auch bald leer sein, und du kannst wieder so fröhlich sein wie früher. Und nun schlafe weiter, mein Kind, ich und das Kätzchen wollen dir verzeihen!"

Die Geschichte von: „Das – und weiß nicht was"

Von

Joh. Christ

Es war einmal ein junger Jägersmann. Der ging des Morgens früh in den Wald. Das sah er drei wilde Schwäne fliegen, die hatten goldene Krönlein auf ihren Köpfen. Er ging ihrem Fluge nach und kam an einen stillen See. Darin badeten drei schöne Jungfräulein, und ihre weißen Kleider lagen am Ufer. Die erste hatte schwarze Haare und schwarze Augen, die zweite hatte braune Haare und braune Augen, die dritte aber war die jüngste und schönste. Die hatte Augen so blau wie der liebe Himmel und Haare so glänzend wie Gold. Da lief der junge Jäger hinzu. Die Jungfrauen aber eilten aus dem Wasser. Und zwei von ihnen nahmen schnell ihre Kleider und flogen als Schwäne davon; die Jüngste aber kam zu spät. Da hüllte sie sich in ihre langen Haare und bat weinend den Jäger, er möchte ihr doch ihre Kleider wiedergeben, daß sie auch davonfliegen könnte. Der Jäger aber sagte: „Wenn du mir einen Kuß gibst, so sollst du die Kleider haben; sonst aber nicht." Da sagte das Mädchen: „Das kann nicht sein! Wir sind drei Schwestern und haben große Macht. Alle Jahre einmal baden wir in diesem See und bleiben dann immer gleich jung. Wenn wir aber einem Manne einen Kuß geben, verlieren wir unsere Macht und müssen sein wie ein gewöhnlicher Mensch." – Aber der junge Jägersmann bat sie so recht von Herzen, daß sie bei ihm bleiben und seine Braut werden möge; und da gewann sie ihn lieb und gab ihm den Kuß und wurde seine Braut.

Als sie zusammen durch den Wald gingen, kam der König mit seinem Gefolge angeritten. Der sah die schöne Jungfrau, und als er vom Jäger hörte, daß dieser sie im Walde gefunden, sagte er: „Sie ist mein Eigentum; denn der Wald gehört mir, und alles, was darinnen ist, ist mein.“ So sehr der Jäger auch bat, der König nahm ihm die Jungfrau mit Gewalt fort und führte sie auf sein Schloß. Denn er gedachte sie zu seiner Königin zu machen, weil sie so schön war. Aber die Jungfrau war traurig und wollte nur dem Jägersmann angehören, dem sie sich verlobt hatte. Sie sah den König mit keinen Blick an und sprach kein Wort zu ihm, so sehr er sie auch darum bat. –

Da ließ der König den Jäger rufen und sagte: „Ich will dir eine Aufgabe geben. Wenn du die in dreimal sieben Tagen lösen kannst, sollst du deine Braut haben, sonst aber muß sie meine Frau werden.“ – Damit mußte der Jäger zufrieden sein. – Da ließ der König seine Räte zusammenrufen. Die mußten die schwersten Aufgaben ausdenken, die möglich waren – aber dem König waren sie noch immer nicht schwer genug. Zuletzt kam die Mutter des Königs, die war eine sehr listige Frau. Die sagte: „Ich will ihm eine Aufgabe aufgeben, die er nicht lösen kann. Sage ihm, er soll suchen: „Das – und weiß nicht was“.“ Darüber war der König sehr froh. Der Jäger aber nahm traurig Abschied von seiner Braut. Die aber tröstete ihn und gab ihm ein Ringlein und sprach: „Drehst du das Ringlein an deinen Finger dreimal um und sprichst dabei:

„Eins, zwei, drei
Steh mir bei!“

dann wird jedes Tier in Feld und Wald, in der Luft und im Wasser, das du ansprichst, dir beistehen.“ –

Da zog der Jäger von dannen und kam in einen finsteren Wald. Mit einmal hörte er ein Brummen, und ein mächtiger Bär kam auf ihn zu. Zuerst bekam der Jäger einen Schreck, dann aber gedachte er des Ringleins. Er drehte es dreimal und sprach:

„Eins, zwei, drei
Bär steh mir bei!“

Da kam der Bär ganz freundlich heran und fragte, was er wolle. Der Jäger erzählte ihm alles, und der Bär sagte: „Ich will dich zu unserer Königin bringen;

die wird helfen, wenn einer helfen kann." Und er ließ den Jäger sich auf seinen Rücken setzten und lief wie der Wind davon. Endlich kamen sie an einen Berg. Auf dem stand ein prächtiges Schloß, rings umher aber waren allerlei vierfüßige Tiere: Löwen und Wölfe, Hirsche und Füchse, Hunde und noch viele andere Tiere. Die waren zuerst sehr wild und wollten sich auf den Jäger stürzen; als sie aber den Ring an seinem Finger sahen, ließen sie ihn ruhig durch, und der Bär brachte ihn vor einen goldenen Thron mitten im Schlosse. Auf dem Thron saß die Königin der Tiere. Die war sehr schön; sie hatte ganz schwarze Haare und schwarze Augen und eine goldene Krone auf dem Haupte. Da sah der Jägersmann, daß es die älteste der drei Schwestern war, und er erzählte ihr alles. Sie aber sagte: „Weil meine jüngste Schwester dich liebgewonnen hat und deine Braut geworden ist, will ich dir helfen, soweit ich kann." Und sie rief alle ihre Tiere zusammen und sprach zu ihnen:

„Ihr meine Tiere,
Lauft alle aus!
Sucht mir, „Das –
Und weiß nicht was",
Und über sieben Tage
Kommt wieder nach Haus."

Da liefen die Tiere auseinander. Der Jägersmann aber blieb bei der Königin.

Als die sieben Tage um waren, kamen die Tiere wieder, aber keins von ihnen hatte gefunden, was das ist: „Das- und weiß nicht was." – Zuletzt waren sie alle da, nur ein kleines Hündchen fehlte noch. Da, als die Sonne schon unterging, kam es angelaufen. Es war ganz erschöpft und hinkte, und die Zunge hing ihm heraus. Und es sagte zur Königin: „Ich weiß, was das ist: „Das- und weiß nicht was". Ich lief zu dem Schlosse des Königs, und da ich so gute Kunststücke machen konnte, nahm mich die alte Königin und machte mich zu ihrem Schoßhündchen. Und vorgestern kam der König zu seiner Mutter und sagte: „Mutter, wenn der Jäger aber nun doch findet: „Das- und weiß nicht was"!' „Da sagte sie: Sei nur ruhig mein Sohn, das ist ganz unmöglich. Selbst wenn er es wüßte, könnte er es nicht herbeischaffen. Ganz hinten im Norden, am Ende der Welt, liegt ein Land, das heißt Eisland. Da scheint die Sonne nur einen Tag im Jahre, und die Berge sind so hoch und glatt, daß niemand hinauf kann. Mitten im Lande liegt ein See, der ist unendlich tief. Da unten auf dem Grunde liegt ein Zauberspiegel, den ein großer Drache bewacht. Mit dem Spiegel kann man jeden

Menschen in dasjenige Tier verwandeln, dem der Mensch am ähnlichsten ist. Und den Spiegel soll er bringen!" Als ich das gehört hatte," sagte das Hündchen, „bin ich schnell aus dem Fenster gesprungen, das gerade offen war, und bin immerzu gelaufen bis hierher."

Da bedankte sich der Jägersmann bei dem Hündchen; die Königin der Tiere aber sprach: „Weiter kann ich dir nicht helfen; denn ich weiß nicht, wo das Eisland liegt, und meine Tiere können nicht hinaufkommen. Da muß meine Schwester helfen, die ist Königin über alle Vögel."

Und sie befahl dem Bären, daß er den Jägersmann sogleich zu der Königin der Vögel bringen sollte. Da lief der Bär hin so schnell wie der Wind und hatte den Jäger auf dem Rücken. Endlich kam er wieder an einen Berg, auf dem ein schönes Schloß stand, und rings umher waren allerlei Vögel: Falken und Eulen, Krähen und Sperlinge und noch viele andere Vögel. Die machten einen großen Lärm und wollten sich zuerst auf den Jäger stürzen. Als sie aber den Ring an seinem Finger sahen, ließen sie ihn ruhig durch, und der Bär brachte ihn vor einen goldenen Thron mitten im Schlosse. Darauf saß die Königin der Vögel. Die war sehr schön und hatte braune Haare und braune Augen und eine goldene Krone auf dem Haupte. Da sah der Jägersmann, daß es die zweite der Schwestern war, und er erzählte ihr alles und bat, sie sollte ihm sagen, wo das Eisland wäre. Die Königin sagte: „Um meiner jüngsten Schwester willen werde ich dir helfen, soweit ich kann." Und sie rief alle Vögel zusammen und fragte, wer im Eislande gewesen wäre. Aber kein Vogel war dort gewesen, und keiner konnte sagen, wo es läge und wie man hinkäme. Zu allerletzt kam ein alter Adler. Der sprach: „Mein Großvater hat mir erzählt, daß er einmal das Eisland von weitem gesehen hat. Es liegt am Ende der Welt, ganz hinten im Norden, über ein weites Meer hin. Das ganze Jahr hindurch ist dort dunkle Nacht. Nur an einem Tage, wenn die Sonne im Sommer am höchsten steht, ist es dort hell, und man kann hinfliegen. Das ist aber erst in zweimal sieben Tagen." – Das war aber der letzte Tag, an dem der Jäger zum Könige zurückkehren mußte. Deshalb war er sehr besorgt; aber es half ihm nichts, er mußte so lange warten. Als die Zeit um war, nahm er Abschied von der Königin der Vögel und setzte sich, als die Morgenröte anbrach, auf den Rücken des Adlers. Der flog mit ihm über Berg und Tal und über ein weites, weites Meer. Zur Mittagszeit kam er zu dem Eisland und brachte ihn an den See, der mitten darin lag. Da setzte sich der Jäger an das Ufer und war sehr betrübt; denn der See war sehr tief, und die Sonne fing schon an sich zu senken. Mit einem Male sah er einen großen Walfisch auftauchen. Da fiel ihm sein Ringlein ein. Er drehte dreimal und sagte:

„Eins, zwei, drei
Walfisch steh mir bei!"

Da kam der Walfisch herangeschwommen und fragte, was er wolle. Der Jäger sagte: „Unten auf dem Grunde des Sees liegt ein Zauberspiegel, den hütet ein Drache. Den Spiegel sollst du mir heraufbringen." Da schüttelte der Walfisch bedenklich seinen dicken Kopf und sagte: „Das wird Arbeit machen. Denn der Drache dort unten ist ein tüchtiger Bursche, der sich wehren wird. Aber du hast den Ring unserer Königin, die über alle Fische herrscht, und ihr zuliebe will ich es gern tun." Und er tauchte unter. Das Wasser fing an zu wallen und zu brausen und färbte sich blutrot, daß dem Jäger ganz angst und bange ward. Aber nach einer Weile kam der Walfisch und brachte den Spiegel in seinem Rachen. Und der Spiegel war ein Handspiegel, ganz rund und eingefaßt mit purem Golde und lauter Perlen. – Da bedankte sich der Jäger bei dem Walfisch und setzte sich wieder auf den Rücken des Adlers. Der brachte ihn gleich nach Hause zu dem Schlosse des Königs, und als er dort ankam, war die Sonne gerade im Untergehen.

Nun aber war die Zeit abgelaufen, in der der Jägersmann zurückkommen sollte. Darum machte der König ein großes Fest und wollte seine Hochzeit mit der Jungfrau feiern. Er saß an einer langen Tafel im Saal mit seiner Mutter und allen seinen Räten und dem ganzen Hofstaat, Herren und Damen, und neben ihm saß die Jungfrau. Aber ihre Wangen waren ganz blaß und ihre Augen voll Tränen.

Da tat sich die Tür des Saales auf, und herein trat der junge Jägersmann. Da wurde die Jungfrau rosenrot vor Freude. Und der Jäger sagte: „Ich habe die Aufgabe gelöst! Hier ist: „Das- und weiß nicht was"," und dabei zeigte er den Spiegel. Die alte Frau Königin aber log und sagte: „Das war es ja gar nicht, was du bringen solltest!" – Und der König und alle Höflinge schrien gegen den Jägersmann. Da hielt dieser den Spiegel hoch und sprach:

„Eins, zwei, drei, vier, –
Seid verwandelt in ein Tier!"

Da wurde die Königin eine alte, gelbe Katze, der König ein Ziegenbock mit zwei langen Hörnern, sein erster Minister ein Esel, seine Höflinge Affen und Füchse, einige auch Bulldoggen, ein paar sogar Schweine. Die Hofdamen aber wurden Gänse, Hühner und Pfauen, etliche aber auch Puten. Der König meckerte, die Königin miaute, die Höflinge kreischten, bellten und grunzten, die Hofdamen gackerten und gluckten, der erste Minister aber schrie immerzu: „I-a, I-a."

Da sagte der Jäger zum König: „Wenn du mir meine Braut nicht gibst, so mußt du zeitlebens ein Ziegenbock bleiben, und dein ganzer Hofstaat bleibt so, wie er ist. Willst du sie mir nun geben oder nicht?" – Der König sah seinen ersten Minister an, was der dazu meinte.

Der schrie aber immerzu nur, „I-a, I-a!" und da sagte der König auch: „Ja."

Da nahm der Jägersmann seine Braut und zog mit ihr weit weg in einen schönen, grünen Wald. Da lebten sie glücklich und zufrieden, und wenn sie nicht gestorben sind, leben sie heute noch.

Trippstrille

Von

Albert Cusig

In einem Dorfe lebte ein Bauer; der hatte eine Frau und vier Kinder. Zu seinem Besitztum gehörten ein Stück Land, Ställe und Scheunen, Kühe, Pferde, Hunde und eine wunderschöne, weiß- und goldgefleckte Katze. Die hieß: Trippstrille.

Die Kinder hatten die Katze sehr lieb und spielten den ganzen Tag mit ihr. Sie gaben ihr reichlich zu essen und namentlich Fleisch und Kuchen so viel, daß sie sehr fett und dadurch sehr faul wurde. Ans Mäusefangen dachte sie nun schon gar nicht mehr. Sie hatte es ja nicht nötig. Auch hätte sie ein Mäuschen gar nicht mehr fangen können, weil es viel flinker und geschickter war als die dicke Trippstrille, die sich kaum mehr bewegen konnte. So verlernte sie es ganz und gar. Wenn die Kinder in der Schule waren, lag sie hinter dem Küchenofen und schlief. Kamen sie nach Hause, so ließ sie sich von ihnen füttern, umhertragen und im Puppenwagen umherfahren.

Unterdes begann es in Haus, Hof, Stall und Scheune von Mäusen zu wimmeln. Der Bauer klagte, daß sie ihm den ungedroschenen Weizen zernagten, den Kühen das Futter aus der Krippe fräßen und ihm bei hellem Tage im Hofe über die Füße liefen – so frech war dies kleine, graue Gesindel geworden. Dabei war es so klug, daß es in keine Falle ging und nur lustig über sie hinwegturnte. Vergeblich sperrte man Trippstrille über Nacht in den Stall, wo die Mäuslein am meisten hausten. Wenn man am nächsten Morgen hineinkam, lag sie schnarchend im Stroh; ja, der Bauer, der sich einmal heimlich herzugeschlichen, hatte beobachtet, wie ein paar junge, kecke Mäuslein sie am Barte zausten, ohne daß sie erwachte.

Nun aber war seine Geduld zu Ende. Er nahm die Peitsche und schlug die Katze, wovon sie erwachte, und laut schreiend lief sie davon, in die Küche, hinter den mächtigen Kachelofen.

Bei Tische sagte der Bauer zu seinen Kindern: „Heut abend wird die Katze geschlachtet. Einen unnützen Esser dulde ich nicht im Hause. Die Mäuse tanzen mir bald auf der Nase herum, und Trippstrille hockt hinter dem Ofen, bis sie ihr das Fell annagen werden."

Nun fingen die Kinder an schrecklich zu schreien; denn sie hatten Trippstrille sehr lieb.

Aber der Vater blieb fest: „Da sie sich ihr Brot nicht durch Mäusefang verdienen will, muß sie sterben. Und damit basta!"

Das hatte die Katze gehört und einen großen Schreck bekommen. Nun war guter Rat teuer. Sie beschloß zu fliehen. Als der Bauer nachmittags ins Feld gegangen war, stahl sie sich heimlich davon. Am Stall und an der Scheune, dann am Kornfelde schlich sie entlang, bis sie von dem ungewohnten Laufe ganz müde und außer Atem geworden war und sich ausruhen mußte. Sie setze sich auf den Grabenrand und weinte leise vor sich hin. Da kam eine Eule, eine entfernte Muhme von der Katze, und fragte sie, was ihr fehle. Die Katze erzählte, womit der Bauer gedroht habe, und die Eule riet ihr, in den Wald zu fliehen, wo es hohle Bäume gebe, in denen sie wohnen könne, und wo der Bauer sie nicht finden würde.

Trippstrille machte sich auf den Weg nach dem Walde. Als sie an der Grenze angekommen war, brach sie vor Müdigkeit und Verzweiflung zusammen.

Sie konnte sich nur noch auf einen Stein niedersetzen, aber keinen Schritt weiter gehen. Jetzt erst kam es ihr so ganz zum Bewußtsein, wie unglücklich sie geworden war. Wo sollte sie eine Wohnung finden? Die Eule hatte ihr keine näher beschrieben! Wo sollte sie vor allem Nahrung hernehmen – sie, die verlernt hatte, sich ihr Brot allein zu verdienen? Ach, und der Magen begann schon gewaltig zu knurren!

Als sie sich alles so überlegte – da fing sie ganz jämmerlich zu weinen und zu jammern an. Und ihr Schreien und Greinen drang weit hinein in den Wald, so daß die Vöglein und Hasen erschreckt die Köpfe hoben und lauschten.

Da kam des Weges daher Herr Reineke, der Fuchs, angetan mit Jägerhut, Flinte und Jagdtasche. Der blieb vor Trippstrille stehen und sagte: „Was schreist du denn hier so in meinem Revier, daß die Hasen meilenweit davonlaufen?"

Da erzählte ihm die Katze auch ihr ganzes Leid, obgleich sie vor Schluchzen kaum sprechen konnte.

Als sie geendet hatte, überlegte Reineke ein Weilchen, dann sagte er: „Es steht freilich schlimm mit dir, meine Liebe. Aber ich werde dir einen Vorschlag machen und versuchen, dir zu helfen. Meine Frau sucht gerade ein Mädchen für alles. Willst du dich bei uns vermieten, so sollst du Wohnung und Essen haben. Freilich verlangen wir Ordnung, Sauberkeit und Freundlichkeit gegen unsere Kinder, die du auch besorgen mußt."

Die Katze war nur froh, ein Unterkommen gefunden zu haben, und nahm die Stellung bei Herrn und Frau Reineke dankend an. Der Fuchs führte sie nach seiner Wohnung, die tief unter der Erde lag, und wohin die dicke Katze sich kaum durchzwängen konnte, da der Gang sehr eng war. Die Frau Füchsin war eine freundliche Frau, die sich über Trippstrillchens Ankunft sehr freute.

„Hei, nun kann ich mit dir auf die Jagd gehen!" rief sie ihrem Manne zu und hätte einen Freudensprung gemacht, wenn die Decke nicht zu niedrig gewesen wäre.

Sie hatte gerade ihr Jüngstes gebadet, und Trippstrillchen mußte ihr gleich zur Hand gehen, das Kindchen einwiegen, dabei einen Hahn rupfen, den Herr Reineke in seiner Jagdtasche mitgebracht hatte.

Auf dem Herde schmurgelte ein Hase, und sein Geruch drang dem armen, hungrigen Trippstrillchen angenehm in die Nase. Sie freute sich auf das Mittagessen und beeilte sich mit Tischdecken und allerlei kleinen

Verrichtungen, um nur Frau Reinekes Gunst und dadurch ein großes Stück Braten zu erlangen.

Jetzt kamen auch die drei ältesten Füchslein herein, die draußen gespielt hatten. Sie waren voller Übermut, kugelten sich übereinander und sprangen dem Vater auf die Knie und zausten ihn am Bart. Als sie Trippstrillchen erblickten, sagten sie pfiffig: „O, eine neue!"

Und der älteste fragte: „Wirst du mir auch meine Stiefel gut putzen?"

Der zweite: „Wirst du mir mein Jäckchen gut bürsten?"

Und der dritte: „Wirst du mir mein Bettchen gut machen?"

Endlich ging es zu Tisch, und Trippstrillchens Magen jauchzte förmlich vor Wonne. Aber welche Enttäuschung! Der herrliche Hasenbraten duftete nicht für sie. Sie durfte nicht einmal am Familientische Platz nehmen, sondern mußte auf der Ofenbank hocken, wohin ihr Frau Reineke die abgenagten Knochen brachte. An diesen konnte sich das arme, verwöhnte Trippstrillchen die Zähne ausbeißen, als die ganze Familie Reineke sich nach beendeter Mahlzeit zur Mittagsruhe begeben hatte. Ach, wie weinte unser Trippstrillchen vor Hunger und Gram!

Nachdem sie sich noch ein paar Fleischreste an den Knochen zusammengesucht und diese selbst, so gut es ging, zerbissen hatte, mußte sie aufwaschen. Das hatte ihr Frau Reineke in aller Freundlichkeit streng anbefohlen, ehe sie sich zur Ruhe begeben hatte. Und als sie damit fertig war, mußte sie den Kaffee kochen, das Kleinste aus der Wiege nehmen, da es erwacht war, und mit ihm spielen. Gegen Abend erwachten die anderen, tranken Kaffee, worauf sich Herr und Frau Reineke auf die Jagd begaben, nicht ohne vorher Trippstrillchen eine ganze Menge Arbeit aufgetragen zu haben.

Trippstrillchen mußte bis spät in die Nacht arbeiten, um nur fertig zu werden, und dabei noch die wilden Rangen von jungen Füchslein in Ordnung halten. Das war um so schwerer für sie, als sie gar nicht daran gewöhnt war. Die Glieder waren wie zerschlagen, und sie sehnte sich nach Ruhe und Schlaf. Aber erst um Mitternacht, als Herr und Frau Reineke, reich mit Hasen und Kaninchen beladen, nach Hause kamen, konnte sie ihr Lager aufsuchen, das ihr in einer Ecke auf der Diele angewiesen war. So hart es sich dort lag – Trippstrillchen schlief fest und traumlos, als sie sich erst in den Schlaf hineingeweint hatte.

So ging es nun Tag für Tag. Trippstrillchen bekam viele Schläge, da sie die ungewohnte Arbeit nicht immer richtig ausführte. Auch Herr Reineke, der anfangs recht gut war, wurde sehr streng, und als Trippstrillchen eines Tages beim Ausstäuben seinen besten Pfeifenkopf zerbrach, einen, der noch von seinem Ur-Ur-Urgroßvater stammte, da riß er sie am Ohr und sperrte sie ein bei Wasser und Brot.

Am liebsten war es Trippstrillchen, wenn sie mit den Kindern spazieren gehen konnte. Da freute sie sich, einmal aus der niedrigen Wohnung unter der Erde heraus und in den schönen Wald zu kommen, und vergaß ihr Leid, so daß sie mit den kleinen Füchslein munter umhertollte. Denn das konnte sie wieder, da sie vor Hunger und Schlägen ganz schlank geworden war. Eigentlich fühlte sie sich so viel wohler als mit ihrem früheren Fett, und das söhnte sie etwas mit ihrem sonst so traurigen Schicksal aus.

Auch Mäusefangen lernte sie wieder. Herr Reineke brachte seinen Füchslein lebende Mäuse, an denen sie die Anfangsgründe des edlen Weidwerks erproben sollten. Sie mußten sich alle in Reih und Glied stellen, dann ließ er das Mäuslein los, und die Füchslein mußten es haschen. Trippstrillchen hatte immer zugesehen und sich manchen Kniff abgeguckt. Nun glaubte sie es auch zu können. Und eines Tages, als wieder Fangunterricht war, vergaß Trippstrillchen ganz, daß sie nicht mit zu den Schülern gehörte, sprang hinzu, als das Mäuslein lief, und fing es zuerst. Und als sie es zwischen den Zähnen zappeln hatte, konnte sie nicht widerstehen und verschluckte es mit Haut und Haar. Hei, wie das schmeckte! Der erste warme Braten seit langer Zeit! Und es wurde Trippstrillchen ganz mollig zumute.

Aber o weh! Über ihrem Haupte zog sich ein Gewitter zusammen. Herr Reineke war so wütend über ihre Keckheit, seinen Kindern die Maus vor der Nase wegzuschnappen, daß er gar nicht wußte, wie er Trippstrillchen strafen sollte. Da rief er seine Frau zu Hilfe.

„Fee," rief er, denn so hieß Frau Reineke mit Vornamen, „Fee, komm doch mal schnell her!"

Und als Frau Reineke kam, da erzählte er ihr alles.

„Ach, da wollen wir uns doch gar nicht mehr länger ärgern, sondern das Lumpenpack fortjagen", sagte die energische Frau Fee, und Herr Reineke fand den Rat sehr verständig.

„Du hast recht, wir brauchen auch gar keine Magd mehr. Unsere Kinder sind so gut wie erwachsen, die Mädchen gehen dir in der Wirtschaft zur Hand, mir können auf der Jagd die Jungens helfen. Auch kommt der Winter, wo wir uns einschränken müssen und ein unnützer Esser uns eine Last ist."

So wurde Trippstrillchen Knall und Fall entlassen.

Aber sie fühlte sich gar nicht so unglücklich darüber. Ja, als sie außer Hörweite der Familie war, begann sie vor Freude zu hüpfen und zu singen. Ihre Glieder waren leicht und ihr Sinn froh! Sie fühlte, daß sie sich nun ihr Brot ganz gut werde verdienen können, und das machte sie so glücklich.

Als sie nun an der Grenze des Waldes angekommen war, setzte sie sich auf den selben Stein, auf dem sie vor einem halben Jahr so erbärmlich geschrien und der Fuchs sie getroffen hatte. Dort setzte sie sich wieder nieder und überlegte, was nun zu tun sei. Nach einer Weile sprang sie auf, drehte sich im Kreise, klatschte in die Pfötchen und rief: „Ich hab's, ich hab's!"

Dann lief sie spornstreichs auf das Gehöft ihres früheren Bauern zu, und da es Abend war, gelangte sie unbemerkt in den Kuhstall. Hier fing sie sich erst ein köstliches Gericht ganz fetter Mäuslein, und dann legte sie sich in das warme Heu und schlief prachtvoll die ganze Nacht hindurch. Am nächsten Morgen war sie früh auf und lief nach der Scheune. Dort fing sie sich eine Anzahl Mäuse, sieben im ganzen, und legte sich auf die Lauer. Endlich kam der Bauer auf die Tenne und legte sich Weizen zum Dreschen zurecht. Da sprang unser Trippstrillchen vor und legte ihm erst ein Mäuschen zu Füßen, dann das zweite, dritte und so fort bis zu sieben. Dann machte sie einen tiefen Katzenbuckel und strich immerfort schnurrend an den Stiefeln des Bauern hin und her, her und hin.

Der Bauer war wie versteinert; er traute seinen Augen kaum! War dieses magere Kätzchen seine Trippstrille – dieses fleißige Miezchen sein alter Faulpelz, den er hatte schlachten wollen?

„Trippstrille!" rief er, und mit einem Satz sprang ihm die Katze auf die Schulter und rieb ihre Schnauze an seinem Ohr. Daran erkannte er sein wirklich und wahrhaftiges Trippstrillchen; denn das hatte sie immer so gemacht, als sie noch nicht die Fettsucht hatte.

Nun trug er sie im Triumph ins Haus, wo ein ungeheurer Jubel ausbrach. Die Kinder nahmen sie ins Bett und herzten sie und fragten immerfort, wo sie gewesen sei. Jedoch, wie laut auch Trippstrillchen miaute – sie verstanden ihre Sprache nicht. Die Mutter aber traf das Richtige: sie brachte Trippstrillchen eine

Schale Milch, worüber sie sich so freute, daß sie mit einem Satz aus dem Bette sprang und alles aufschleckte. So etwas hatte sie bei Reinekes nie bekommen.

Und dabei blieb es. Trippstrillchen nahm von den Bauersleuten nur noch Milch an; die Braten fing sie sich selbst. Bald war das Gehöft von Mäusen gesäubert. Da ging Trippstrillchen in die Nachbarschaft, wo man ihr mit Freuden Jagdreviere überließ, und sie auch mit süßer Milch bewirtete. Aber ihrem Bauern wurde sie nicht untreu. Sie wohnte in der Küche, spielte mit den Kindern, half der Bäuerin spinnen und stellte den Bauern, ihrem lieben Herrn, immer zufrieden durch ihre großartigen Leistungen in der Mäusejagd.

Schattendorf

Von

Heinrich Federer

Als der guten Frau Martha zu Schattendorf der Gemahl weggestorben war, da legte sie ein schwarzes Gewand an und deckte ihr schönes Gesicht mit einem dunklen Schleier. Nur bei ihrem Büblein Franz streifte sie den Schleier über die Stirne. Denn der Junge war ein lustig Ding und mochte das schwarze Tuch nicht leiden.

Es wohnte noch ein Mädchen im Hause, Berta, halb Magd, halb Tochter. Das hatte ein frisches Wesen an sich, helles Haar, eine laute Stimme, flinke Hände und Füße. Aber am flinksten war seine Zunge. Wenn Berta lachte, so ging es im Mäulchen wie ein Rädchen herum.

Frau Marthas Haus hatte einen hohen, grauen Giebel und sah recht finster aus. Dahinter standen dicke Tannen und warfen einen schweren Schatten in die Stube. Hinter den Bäumen sah man Berge voll Wald und Fels. Auf ihrem Kopfe lag immer eine Nebelmütze. Das ganze Dorf machte sie schattig. Nur am Mittag guckte die Sonne ein, zwei Stunden lang über das Gebirge und rief: „Grüß euch, liebe Schattendörfler!“ – Dann mußte sie schon wieder Ade sagen.

Aber es war dennoch schön in diesem schattigen Tal. Das Dorf lag rechts und links an einem Waldwasser, und es gab hier keine armen Leute. Die Mädchen trugen blonde Zöpfe, und die Buben zeigten beim Lachen ihre blitzblanken Zähne. Gelbe Pflaumen und blaue Zwetschen wuchsen in den Gärten. Das

Schulhaus war zu klein, aber es hatte einen guten, alten Lehrer, der nie den Stecken in die Hand nahm. Er tupfte dem Faulenzer nur ein wenig mit der Kreide auf die Backe und sagte: „Sei brav und wisch das nicht ab, bis es Vater und Mutter gesehen!" Aber auf dem Heimweg rieben Knaben und Mädchen einander den Fleck ab. – Man war zufrieden in diesem Dorfe. Die alten Leute saßen am Fenster, wenn die Sonne kam, und sprachen: „Was ist doch das für ein Glück – so viel Sonne!" – die Männer wirkten fleißig auf der Wiese oder in der Werkstatt, und nur wenn die Sonne kam, legten sie die Schaufel oder den Hobel ein wenig ab und stupften ihren Kameraden: „Schau die Sonne! – wie brav ist das von ihr!" Dann hobelten und schaufelten sie weiter.

Und erst die Frauen daheim! – Potztausend, welche Frauen! – Sie nähten wunderhübsche Kleider und flickten die Hosen der Buben so fein, daß man mit der besten Brille nicht sah, wo das Loch gewesen war. Aber zu Mittag und am Abend ging ein blauer Rauch aus dem Schornstein, und es duftete so gut von Gebratenen und Gebackenen in die Gasse hinaus, daß man hätte meinen sollen, es wäre Kirchweih oder sonst ein großes Fest.

Nachher saßen die Mädchen unter der Tür und sangen mit den Amseln ihre Lieder in den stillen Feierabend. Die Buben hockten gegenüber auf dem Hag und pfiffen dazu oder sprangen einander um den Dorfbrunnen herum nach. Unter dem Fenster aber standen Vater und Mutter, gaben einander eine Prise Schnupftabak, niesten und sagten: „Wohl bekomm's!" Ja es war schön in Schattendorf! – Und wenn der Nachtwächter um elf Uhr durch die Straße ging, hörte er von allen Kammerfenstern her ein leises fröhliches Schnaufen. Alles schlief, alle Lichter waren gelöscht. Nur im hintersten Hause brannte noch eine Lampe. Dort wohnte ganz allein Zachar, der Zauberer. Niemand wußte woher er kam, oder wie alt er war. Bald hüpfte er wie ein Jüngling, bald kroch er dahin wie ein Greis. Einmal hatte er frische, rote Backen, ein andermal Runzeln wie ein Apfel im April. Was er in seinem Hause trieb, wußte niemand. Man nannte ihn nur den Zauberer. Sein Garten und der Garten von Frau Martha stießen zusammen. Daher sahen ihn Franz und Berta oft und fürchteten ihn nicht wie die anderen Kinder. Warf er dem Fränzel doch manchmal saftige Äpfel und gelbe Butterbirnen über den Zaun.

Dennoch war er ein böser Mann. Er hatte es draußen in der Welt so wild und grausam getrieben, daß ihn kein Wein mehr erquickte, kein Tanz mehr erfreute, kein Lied fröhlich machte. So viele Menschen hatte er zum Narren gehalten, daß ihn niemand mehr liebte und man ihn von Stadt zu Stadt jagte. Keine Ruhe fand er mehr. Da ging er in den Wald zum bösen Geist und fragte: „Was muß ich tun, daß ich Ruhe bekomme?“ – „Ruhe kann ich dir nicht geben,“ sagte darauf der Teufel, „aber ich gebe dir so viel Zauber, wie du willst, damit du den anderen Menschen auch die Ruhe nehmen kannst. Sie sollen es nicht besser haben als du.“ – Damit war Zachar zufrieden. Er ging zu den Menschen zurück, und überall, wohin er kam, gab es Zank und blutige Köpfe.

Eines Tages kam er auch in das stille Schattendorf und kaufte das Haus neben Frau Marthas Garten. Ärgerlich sah er zu, wie am Dorfbrunnen zwei Kinder einen Apfel teilten. Sie hatten kein Messer, und da biß zuerst Fränzel, dann wieder Berta einen Mundvoll Apfel, bis nur noch die Kerne übrig blieben. „Wartet nur!“ sagte Zachar, „in einem Jahr werdet ihr euch um den Apfel totprügeln.“

Er ging ins Wirtshaus und zahlte den Leuten Wein, soviel sie trinken wollten, um sie hitzig zu machen. Aber die Schattendorfer standen nach dem dritten Glase auf und sagten: „Es ist genug.“ – Er warf Äpfel und Birnen unter die Schulkinder, und es ist wahr, die Knaben schlugen und die Mädchen kratzten einander. Aber nach einer halben Stunde waren sie wieder wie Bruder und Schwester. Er gab dem Lehrer Bücher zu lesen, worin wildes gefährliches Zeug stand. Aber der Lehrer verstand nicht einmal den ersten Satz und warf die Schriften ungelesen ins Feuer. Es verging ein Jahr, zwei Jahre, drei Jahre, zehn Jahre, und immer noch war es Zachar nicht gelungen, den Unfrieden ins Dorf zu werfen.

Die ganze Nacht studierte er über grauen Büchern, was er morgen für einen neuen Zauber probieren solle. Daher sah der Nachtwächter in jeder Nacht Licht in Zachars Haus. Der Zauberer schenkte den Mädchen schöne Kleider und glaubte, jede wolle das schönere haben. Aber nein! Jedes Mädchen glaubte, es habe das schönste, und jedes war zufrieden. Als man ein neues Schulhaus bauen wollte, sagte er den Leuten links am Bache: „Ihr müßt sorgen, daß das Schulhaus auf eure Seite kommt. Die Nachbarn über dem Bache wollen alles haben: die Kirche, das Gemeindehaus und die Schule!“ – Dann lief er zu den Schattendorfern am rechten Ufer und reizte sie: „Ich höre, daß man euch drüben das Schulhaus nicht lassen will, und doch habt ihr den größeren und schöneren Platz dazu. Laßt euch nicht übertölpeln!“ – Jetzt gibt's sicher Krieg, dachte er, und rieb sich munter die Hände. Aber siehe da, am Sonntag entschieden die Männer in der Gemeinde: „Wir wollen lieber den Frieden als ein neues Schulhaus, und so behalten wir das alte. Sobald wir genug Geld haben, bauen wir dann gleich zwei Schulhäuser, eins rechts für die Knaben, das andere links für die Mädchen."

Da lief Zachar voll Verdruß in den Wald zum bösen Zaubervater zurück und sagte: „Siehe, ich kann den Schattendorfern nichts anhaben, dein Zauber ist zu schwach!"

Da runzelte der Teufel seine heiße Stirn und sprach: „Mein Zauber ist stark genug, aber du bist zu schwach! Ich gebe dir noch ein Jahr Zeit. Kannst du bis dahin das Dorf noch immer nicht verwirren, so nehme ich dir den Zauber, und du mußt sterben!"

„Wie soll ich es denn anfangen, mit diesen Dummköpfen in Schattendorf?" fragte Zachar verzweifelt.

„Du hast die Sache falsch angefangen," antwortete der Teufel. „Gleich willst du das ganze Netz voll Fische fangen. Zuerst muß man nur nach einem Fische angeln, und zwar nach einem jungen, kleinen, unerfahrenen. Fang also bei einem Kinde an! In deiner Nachbarschaft ist ja so ein toller Bube. Den packe! Er ist hübsch und reich, die anderen schauen auf ihn. Male ihm die Fremde so prächtig vor, daß er nicht mehr im Dorfe bleiben will; begleite ihn dann und wirf ihn in den wildesten Rausch der Welt! Dann laß ihn heimkehren! Es gefällt ihm hier nicht mehr, und er wird Dutzende von Schattendorfern mit sich in die weite Welt hinaus reißen. So kommt die Unruhe, der Unfriede ins Tal!"

Darauf ging Zachar nach Schattendorf zurück und suchte mit Frau Martha bekannt zu werden. Aber Frau Martha trug noch immer den Schleier über dem Gesicht und ging fast nie aus. Sie trauerte noch immer über ihren toten Gemahl und wollte, daß auch Fränzel und ihr Mägdlein nicht so lustig seien. Wenn der Knabe über die Stiegenlehne herunterritt und dazu pfiff, so tadelte sie ihn. Und stand er im Rasen auf dem Kopf und mußte lachen, weil er jetzt alles umgekehrt sah, so schimpfte sie wieder. Ja, sie sperrte die Laden zu, wenn die Sonne schien, und ließ die Tannen hoch über das Haus hinauswachsen, damit es immer dunkler in den Zimmern würde. „Wenn man lustig ist," sagte sie oft, „so wird man gestraft! Hätte ich früher nicht so viel gelacht, so müßte ich jetzt nicht so viel weinen, mein Mann wäre noch am Leben."

„Nein, Muhme," versetzte Berta frischweg, „er wäre noch früher gestorben. Da drüben der Duckmäuser, der lacht nie, dem traut man darum auch nicht. Wir Schattendorfer aber lachen!" Und sooft auch Franz gescholten wurde, ging sie zu ihm und sagte: „Pfeife nur! – singe nur! stehe nur auf dem Kopf! das ist lustig!" Darum hatte Fränzel das Bäschen so lieb oder noch lieber als ein Schwesterlein.

Zachar dachte: „Ich muß mit diesem Mägdlein anfangen! Ich sehe, es gilt viel im Haus!" Und als Berta im Garten Stangen in die Bohnenbeete steckte, da trat er an die Hecke und fragte bescheiden: „Jungfer Berta, was haben Sie gesät, Böhnchen oder Zuckererbsen?"

„Das kann der Herr im Herbst erfahren, wenn er soviel Geduld hat zu warten", lachte sie. „Welch ein grobes Ding!" dachte Zachar. Aber laut sagte er ganz höflich: „Will mir das hübsche Fräulein vielleicht im Herbst davon, wenn ich recht verstehe, eine Probe zu versuchen geben?"

„Von der Stange kann er zwanzig auf den Buckel haben, aber von den Bohnen gebe ich ihm keine Erbse", sagte Berta und kehrte ihm den Rücken. Dann fing sie so laut an zu singen, daß Zachar sich die Ohren zuhalten und davonlaufen mußte. „Mit der frechen Magd ist nichts anzufangen!" dachte er. „Gut, ich probiere es mit der Frau!"

Er besuchte sonst nie die Kirche. Denn das fromme, fröhliche Singen und Orgelspielen der Schattendorfer schmerzte seine schlechte Seele. Aber am Sonntag legte er nun doch ein feines, graues Kleid an mit seidenen Säumen am Ärmel, eine rotgeblumte Samtweste und eine schneeweiße Krawatte auf dem frischen Hemd. Er trug einen sehr hohen Kragen, Handschuhe aus feinstem Leder und schwang in der Hand einen Stock mit elfenbeinernen Knopf. Unter dem Arm trug er ein dickes Kirchenbuch mit Goldschnitt und silbernen Schlößchen.

So ging er in die Kirche und setzte sich gerade neben Frau Martha und ihren Sohn. Niemand sang so laut die heiligen Lieder und schloß so andächtig die Augen dazu wie Zachar, und Frau Martha dachte: „Welch' ein frommer Mann!" – Als ihr ein dürres Veilchen aus dem Gesangbuch fiel, bückte er sich schnell und hob es auf. Mit einer tiefen Verbeugung reichte er ihr das Blümchen, und Frau Martha dachte wieder: „Welch' ein höflicher Mann!" Nachher wartete er vor der Kirche und begleitete sie heim. Dabei tat er so artig und verneigte sich jedesmal, wenn er „Frau Martha" sagte – so zierlich, daß die Witwe ihm zuliebe gern ein wenig den Schleier gelüftet hätte. Den Knaben fragte er, ob er schon reite und mit der Flinte umzugehen wisse. „Nein," klagte Fränzel, „die Mutter hat unser Pferd verkauft, und die Flinte des Vaters ist verrostet. Da bat Zachar Frau Martha, den Jungen zu ihm hinüberzuschicken, er wolle dem Burschen auf dem

Schimmel reiten und mit dem Jagdgewehr schießen lassen, das müsse ein tüchtiger Jüngling verstehen.

„Ist das nicht zu lustig?“ fragte die Witwe ängstlich. „Frau Martha,“ versetzte Zachar und verneigte sich wieder tief, „das Spielen mit hölzernen Rößlein und Papierkapseln ist freilich lustig, aber das Reiten auf einem lebendigen Pferd und das Schießen auf Hühner, Geier und Füchse ist was ganz Ernstes und hat schon manchen Tollkopf zum ruhigen Mann gemacht.“

„O bitte, da nehmen sie, bitte Franz, so oft sie wollen, hinüber!“ bat Frau Martha. Sie lüftete nun wirklich den Schleier ein wenig und lächelte Herrn Zachar lieblich an.

„Sie sollen es nicht bereuen!“ antwortete der Zauberer. Berta ließ zwei Tassen und einen Teller fallen, als sie hörte, Franz wolle zum Nachbar hinüber. „Das kommt nicht gut heraus,“ meinte sie, „aber ich habe nichts zu sagen! – Ich bin ja nur ein Mägdlein, wer hört auf mich?“

So begann Fränzels Kameradschaft mit dem Zauberer. Der Bube lernte reiten, zuerst um das Haus, dann über die Wiese, endlich durch das kleine Tal hinunter. Zachar ritt auf einem Rappen mit, und immer wenn sie unten im Tal umkehren mußten, sagte er: „Das ist eben nicht weit, ein Kindersprung! Du bist aber schon ein junger Mann! Man müßte aus diesem Loch hinausreiten. Du würdest große Augen machen! Welch eine Welt! Welche lange Straßen, welche Ströme und Brücken, welche Weite der Landschaft! Tagelang könnte man galoppieren und käme doch an kein Ende.“

„Ach, ich möchte wohl dort reiten!“ sagte dann Franz eifrig. – Und wenn sie im Walde einen Hasen schossen, brummte Zachar, so ein Hase sei gar nichts. Draußen in der Welt jage man nach Hirschen und Ebern. Da zittere die Au von dem Getrappe der Rosse, die Hörner schallen: Tralali! – und die Wälder seien voll süßer Quellen und blauer Beeren. Und wieder seufzte Franz: „Ach, ich möchte wohl dort einmal jagen!“ – Dann zeigte Zachar Muschelkästlein, in denen man durch ein farbiges Glas Städte und blaue Seen, Eisenbahnen, ein ganzes Heer von schöngekleideten Menschen und Militär mit Mützen und Helmen und fliegender Fahne sah. Wenn Franz das Ohr an die Muschel hielt, so hörte er deutlich das Musizieren, das Rauschen der seidenen Kleider und das Kommandieren der Generale.

Von nun an gefiel ihm das Dorf nicht mehr. „Wie langweilig ist es hier!“ jammerte er. „Selbst der Sonne ist es zu langweilig, und darum geht sie so schnell von uns weg. – Hier ist zuwenig Sonne!“ – Er mochte nicht mehr mit den Kameraden arbeiten und spazieren gehen, dafür las er in Zachars Büchern, aus welchen es lockte und rief: „Fahr in die Welt, Franz, die Welt ist schön, die Welt ist groß, und du bist jung, hübsch, flink und reich. Drum fahre in die Welt! Hier versauerst und vertrauerst du.“

„Mutter, laß mich fort, Zachar wird mich begleiten!“ bat er. „Ja, liebe Frau,“ unterstützte Zachar den Jüngling, „lassen Sie ihn fort, er hat die Unruhe in den Sohlen, die lassen Sie ihn ausstampfen.“ Aber Frau Martha wollte nichts davon wissen. „Das ist zu lustig für Franz“, sagte sie. „Ei was, zu lustig?“ fragte Zachar. „Hier im Dorfe ist es zu lustig, hier weiß man nichts von Not und Plage, aber die Welt, Sapperlot, das ist eine furchtbar ernste Sache. Da sähe Franz, wie die Menschen sich schinden müssen und leiden und seufzen. Da haben Tausende das Lachen verloren.“

„Sagt lieber den Frieden“, sagte Berta, die gerade den Mittagstisch deckte. „Die Ruhe haben sie verloren und dafür die Unruhe heimgebracht.“

„Du hast da nichts hineinzureden,“ gebot Frau Martha und lud den Nachbar ein, mit ihnen zu Mittag zu essen. Als man die Suppe mit den Knödeln ausgelöffelt hatte, widersprach die Witwe den Bitten der Abreise nur noch halb, nach dem Gänsebraten nickte sie schon ein wenig, und als sie gar noch ein Spitzglas Wein getrunken hatte, sagte sie: „Ja, ja, Herr Zachar, ich sehe, Sie meinen es gut mit Franzel. So reisen Sie denn, und bringen sie mir den Jungen als einen ernsten Burschen mit!“

„Wie eine Mutter will ich für ihn sorgen“, versprach der Zauberer ernst. Aber seine Schadenfreude, daß er Franz endlich in die wilde Welt werfen und so das Dorf langsam verderben könne, war so groß, daß er ein böses Lächeln in den Augenwinkeln nicht verstecken konnte. Das sah Berta. Ihr war Franz so lieb! Traurig ging sie in die Küche und weinte. Sobald aber Zachar mit Franz aus dem Tal geritten war, stand sie hin vor Frau Martha und sprach: „Ihr seid eine schlechte Mutter und Euren Sohn habt Ihr dem Teufel gegeben!“

Da wurde die Witwe zornig. „Du willst klüger sein als ich, so eine gescheite Magd kann ich nicht brauchen!“

Da packte Berta ihr Bündel zusammen und ging zu ihrer Base, einer Kräuterfrau im Walde, die viel Geheimnisse für Leib und Seele kannte. Ihr erzählte sie die Geschichte von Franz und Zachar. „Hilf mir, gute Frau!“ schloß sie.

„Du mußt ihnen nachjagen,“ meinte diese, „sonst kommt es schief heraus.“

„Aber ich bin arm und ungeschickt“, jammerte das Mägdlein. Da steckte ihr die Base einen goldenen Ring an den Finger und sprach: „Das ist ein Zauberring. Küsse ihn, und sogleich werden deine Wünsche erfüllt. Probiere nur!“

„Ich möchte ein schmucker Reiter sein“, wünschte Berta und küßte den Ring.

Sogleich war sie in einen prächtigen Jüngling verwandelt, mit kurzem Haar, weißen engen Reithosen, mit Sporen und Gurt und Federhut wie ein Ritter. Vor der Tür wieherte ungeduldig ein Roß. „Nun reite den Zweien nach!“ befahl die Base und stieß Berta hinaus. „Gott mit dir!“

Darauf galoppierte der junge Ritter von dannen. Er küßte den Ring und siehe, da war er schon weit draußen auf einer staubigen Straße und sah vorne zwei Reiter, den Zachar auf dem Rappen, Franz auf dem Schimmel. Er holte sie ein, grüßte und fragte höflich, ob er in ihrer Gesellschaft reiten dürfe. Zachar runzelte mürrisch die Stirn. Aber Franz sagte freundlich: „Ja.“ Die Reiter erkannten Berta nicht. Nur Zachar schnüffelte mit der Hakennase, als rieche er etwas. Die Sonne brannte, der Staub flog um Nase und Augen, und die Rosse trabten müde und hingen ihre Zunge heraus.

„Wie heiß es ist!“ klagte Franz. „Wir sind bald am Ziel!“ versprach Zachar. „Dort der blaue Streifen ist das Meer, und wo der graue Nebel liegt, da ist die Stadt. Dort gibt es schattige Hallen, und der Seewind fährt frisch vom Wasser her in die Gassen.“

„Auch ich bin müde“, sagte der verwandelte Reiter, „aber die Stadt liegt noch weit!“

„Bis Mittag sind wir dort!“ verhieß Zachar und murmelte leise einige Zauberworte. Da schienen die Bäume und Zaunstecken viel schneller am Wege vorbeizufliegen.

„Nein, vor Abend kommen wir nicht an“, widersprach Berta und küßte den Ring. Da war es, als wenn jener blaue Streifen sich gar nicht näher bewege, die Sonne immer heißer, der Staub dicker und Mensch und Pferd müder wurde. Baum und Hag wollten gar nicht vorbei.

„Jetzt möchte ich hinter dem Berge liegen,“ fuhr Berta weiter fort, „dort ist es kühl und schattig. Daheim sitzen jetzt die Brüder im Dorfe unter den Bäumen oder am Brunnen. Und wir verschmachten schier.“ Da seufzte Franz und blickte fast zornig auf Zachar. Zum ersten Male dachte er leise, ob er nicht besser getan hätte, daheim zu bleiben.

Todmüde kamen sie abends spät in die große Stadt, und Berta verabschiedete sich. Einige Wochen lebte nun Franz in Saus und Braus. Nie dachte er an sein Dorf und Mütterlein zurück. Die Läden voll Schmuck und Süßigkeiten, die Brunnen mit Drachen und Geiern aus Marmor, die Paläste und Türme, das lärmende Volk, die wunderbaren Theater, das Meer mit seinen Schiffen und Muscheln, die Musik, das Militär und der Ball beim König, o wie schön war das alles, besonders der Ball. Da sah er verschiedene niedliche Jüngferchen, die trugen Schuhe, fast so klein wie Mandelschalen, und das Haar saß wie eine goldene Krone auf dem Haupte aufgebunden. Wie Morgengewölk flatterte es von Spitzen und Schleiern. Eine war besonders schön. Schneeweiß war ihr Gewand, und ihr Gesicht glich ganz dem Mägdlein zu Hause. Ihre Händchen waren wie aus Elfenbein, und der Hals schoß wie ein Lilienstengel aus dem Kragen. Wenn sie lachte, knospete der Mund auf wie eine kleine dunkelrote Rose. Neben diesem Fräulein gefielen dem Franz die anderen Damen nicht mehr. Er tanzte nur noch mit ihr und fragte, als er sie hinter einige große Blumenstöcke gezogen hatte, „Bist du eine Tochter aus der Stadt?“ „Nein,“ sagte sie traurig, „ich bin aus einem geringen Dorfe.“ „Ach,“ erwiderte er, „wo du daheim bist, muß es schöner sein als in diesem Königshaus.“ „O, ja, ich möchte gerne wieder heim, dort bin ich glücklich!“ sagte sie, und eine wasserhelle Träne blitzte aus ihrem Auge. Da küßte er ihre Fingerspitzen und wollte schon sagen: „Befiehl, und ich führe dich heim,“ als Zachar hinzutrat und befahl: „Komm, Franz, der König will dich sehen.“ Aber, als sich Franz an diesem Abend zu Bette legte, dachte er noch lange an seine Berta daheim, der das Fräulein so sehr glich. Draußen rumpelten die Wagen durch die Straßen, und die frechen Laternen schienen ihm grell ins Zimmer. Da erinnerte er sich an sein ruhiges Dorf, an die liebe Mutter, an die dunklen Tannen hinter dem Hause, und wie er jetzt dort in seiner Kammer nur den Wald rauschen und den Brunnen schwatzen hörte, und viel seliger schlief er ein. Es war ihm, als müsse er wieder heim zur Mutter springen, ihr noch einen Kuß geben und ihr „Gute Nacht“ sagen. Als er einschlief, da sah er im Traum die Mutter mit beiden Armen nach ihm langen. Sie trug jetzt einen noch längeren und dichteren Schleier.

In den nächsten Tagen verlor er das Heimweh wieder. Denn Zachar fuhr mit ihm auf das Meer hinaus. Sie landeten auf einer grünen Insel und bestiegen dort einen Berg, an dem die blauesten Trauben bis an den Gipfel hinauf wuchsen.

Dann jagten sie in großen Wäldern, machten manches Fest mit und kehrten nach einigen Monaten wieder in einer großen Stadt ein. Da speisten sie in einem Garten, wo Grafen und adlige Frauen an Marmortischen saßen und Torten und süße Früchte aßen. Hinter dem Laub der Zitronenbäume spielte eine Musikbande wunderbare Lieder. Zachar plauderte und spaßte köstlich, und Franz, der in den letzten Tagen wieder Heimweh gehabt hatte, lachte sich aus und sagte: „Hier ist gut sein."

Aber plötzlich wurde er ganz bleich und machte Pst!

Die Musik schwieg, und ein einzelner Trompeter blies nur noch. Aber welch ein Lied! So einfach, so süß und traut! Man bekam Heimweh, wenn man es hörte. Es war nichts von der Stadt darin, sondern man glaubte in diesem Liede das Dorf zu sehen, seine Glocken und Brunnen, seine Linden und Kinder zu hören. Franz kannte das Lied. Wie oft und wie schön hatte es daheim Berta gesungen:

„Ich habe es nicht gern, es tut mir leid,
meine Heimat ist fern, meine Mutter ist weit,
schon lange Zeit, schon lange Zeit!" –

„Wer ist der Trompeter," fragte Franz, „ich will ihn sehen!" – „Ein fremder Künstler," antwortete der Kellner, „niemand kennt ihn." Zachar faßte Franz am Ärmel, aber der Jüngling riß sich los und stürzte durch die Bäume zur Musikkapelle. Dort stand der Bläser. Es war ein Jüngling, den er nicht kannte, und der ihm doch so bekannt vorkam. „Man sollte meinen, es wäre Bertas Bruder", dachte der arme Franz, und sein Auge wurde naß.

„Gehen wir fort," befahl er Zachar zornig, „hier mag ich nicht bleiben, ich habe genug Stadt!"

„Was willst du denn?" fragte der Zauberer ärgerlich. „Auf die Jagd?"

„Die ist mir verleidet!" sagte Franz.

„Aufs Meer?"

„Das kennen wir schon."

„Ins Theater?"

„Das ist erlogenes Zeug! – Heim möcht ich, Zachar, heim!"

Da blitzte es im Auge des Zauberers furchtbar. Doch gleich lächelte er wieder und spottete: „Heim? Daß dich die Leute auslachen und die Knaben rufen: der Peter in der Fremde?“

An diesem Abend ging Franz noch trauriger als das erstemal schlafen. Halb fürchtete er sich vor Zachar, halb schämte er sich vor seinem Dorfe, schon heimzugehen. Aber im Traume sah er die Mutter wieder, wie sie die Arme nach ihm streckte und unter dem Schleier hervorrief: „So komme doch heim, Franz, komme!“ Als er erwachte, war sein Kopfkissen ganz naß vom Weinen. Er kehrte es um und sah dabei, wie der Mond hell ins Zimmer sah. Schon wollte er sich wieder niederlegen, da hörte er vor der Tür ein heftiges Schluchzen. Was ist das, da weint noch jemand, dachte er, schlüpfte in die Hosen und trat auf den Gang hinaus. Hier saß an einem kleinen Tisch ein Kammermädchen mit weißem Häubchen und deckte mit ihren feinen Händen das Gesicht und weinte bitter. Die Kerze auf dem Tischchen war bis auf das Stümpfchen verbrannt. Aber der Mond leuchtete vom Gangfenster über ihr helles Haar und ihre weichen Finger.

„Was ist dir?“ fragte Franz mitleidig.

„Ach, du kannst mir doch nicht helfen!“ jammerte die Kleine durch die Finger hindurch.

„Vielleicht doch, wer weiß!“ ermutigte Franz das Mädchen.

„So gib mir meine Mutter, mein Dörfchen zurück!“

„Deine Mutter? Dein Dorf? Das hab ich beides ja selber auch verloren!“ rief Franz.

„So bist du auch so arm wie ich“, klagte das Mädchen und nahm die Hände vom Gesicht.

Franz sah das liebliche Köpfchen Bertas vor sich. „Berta, bist du es wirklich?“ rief er voll Freude und umarmte und herzte sie. Es war ihm, als habe er schon die halbe Heimat gefunden.

„Ja!“ gestand das Jungfräulein und wurde ganz rot. „Ich bin dir nachgelaufen, um dich dem Zauberer zu entreißen. Ich kam zu dir als Ritter, als Hoffräulein, als Musikant und jetzt als Zofe. Aber nun kann ich nicht mehr. Ich habe Heimweh. Ich muß zurück.“

„Ich auch,“ sagte Franz schnell, „fliehen wir miteinander, jetzt sogleich!“

Sie kleideten sich um und schlichen leise, damit Zachar nicht erwache, aus dem Gasthof. Fest hielten sie einander an den Händen. Berta küßte den Ring. Da wich der Boden unter ihnen, es war, als wären sie Vögel. Sie schwebten hoch über den Türmen und Dächern der Stadt aufs Land hinaus. Bald lag die Stadt im Nachtnebel weit hinter ihnen. Tief unter ihnen gingen breite Ströme vorbei, gelbe Kornfelder, dunkle Wälder. Hie und da hörten sie einen Nachtwächter oder einen Stundenschlag von den Dörfern herauf. Endlich sah man die Berge. Immer deutlicher, immer größer wurden sie. Schon hatten die zwei ihren blauen Schatten erreicht. „Jetzt ist's nicht mehr weit," flüsterten sich die beiden lustig zu.

In dieser Nach konnte Frau Martha nicht mehr schlafen. Schien der Mond zu hell? oder fürchtete sie sich in ihrem öden Haus? Ach ja, ihr ist nicht wohl so allein. Wie oft hatte sie schon nach ihrem Knaben und nach dem Mägdlein geweint! Die Dorfleute haben ihr erzählt, welch ein Zauberer Zachar sei, wie er das Dorf mit dem Schulhaus in Zank bringen, den Lehrer mit giftigen Büchern verderben wollte und nun ihrem Franz nach und nach den Kopf verdreht habe. „Nun sieh zu, wie du das wieder in Ordnung bringst!" sagten sie. „Das brave Bertelchen hast du auch fortgejagt. Eigentlich geschieht dir recht, daß du jetzt allein bist und weinen mußt!"

Frau Martha fiel fast zu Boden, als sie das hörte. Dann zog sie den Schleier vor Scham noch tiefer ins Gesicht hinunter und weinte heftiger als am Sarge ihres Mannes. Nachts stand sie bei jedem Glockenschlag auf, öffnete die Fenster und rief bald dem Mägdlein, bald dem Fränzel. Wie gerne hätte sie die beiden wieder lachen gehört in ihrem einsamen Hause! – Dann lief sie wieder die Treppen hinunter und tat die Haustür auf, als müßten ihre beiden Lieben hereinkommen.

Aber in dieser mondhellen Nacht hatte sie auch gar keine Ruhe. Immer wieder stand sie auf und lief im Zimmer herum. Jeden Augenblick meinte sie, es habe geläutet. Plötzlich sah sie ein Licht drüben im Hause des Zachar aufblitzen. „Was ist das?" dachte sie erschrocken. „Wer wohnt jetzt da drüben?"

Inzwischen waren Franz und Berta leise in den Garten geschlichen und hatten sich auf das Bänklein unter dem Apfelbaum gesetzt. Sie wollten die Mutter nicht wecken. Da sie großen Durst von der Reise bekommen hatten, so schüttelte Franz einen runden Apfel herunter, und bald biß er, bald Berta ein Stück davon ab, gerade wie sie einst am Dorfbrunnen es gemacht hatten. In diesem Augenblick erblickte sie die schlaflose Witwe von ihrem Kammerfenster und stieß einen mächtigen Freudenschrei aus. Wie ein Bube rannte sie die Stiege hinunter, riegelte das Tor auf und fiel Berta und Franzen um den Hals. Sie lachte und weinte vor Glück durcheinander.

„Daheim, daheim," jubelte Franz, „jetzt ist mir wieder wohl."

„Aber", lachte Berta schelmisch, „ist hier nicht zuviel Schatten?"

Doch Franz hielt ihr das Mäulchen zu und rief: „Oh, wir haben schon genug Sonne, wenn du bei uns bleibst!"

In diesem Augenblick zuckte drüben bei Zachar das Licht grün und schwefelgelb wie ein Blitz auf und erlosch. Es war, als sei es in die Erde gefahren.

„Das ist Zachar, der Teufel", sagte Franz ruhig. „Aber ich fürchte ihn nicht mehr. Ich bin ja daheim! Hier hat er keine Gewalt über uns."

Von nun an lebten die Drei im Frieden ihres Hauses und Dorfes glücklich beisammen. Frau Martha hat den Schleier in die hinterste Ecke ihres Kleiderkastens gehängt und zeigt jetzt allen Leuten ihr noch immer hübsches Witwengesicht. „So lacht doch wieder einmal!" sagt sie oft zu Franz und Berta, wenn es ihr zu still im Hause wird.

Lange war das Zacharhaus verödet und fing an abzubröckeln. Spinnen und Gedörn umzogen sein Gemäuer. Da rissen die Schattendorfer endlich das Gestrüpp aus, reinigten und bauten das große Haus um und machten ein schönes, helles Schulhaus daraus. Jeden Morgen und jeden Nachmittag sieht man Bubenschöpfe und Mädchenzöpfe aus seinen vierundzwanzig blanken Fenstern gucken, bis die Hand des Lehrers ein Ohrläppchen oder eine Haarschleife packt und die vorwitzigen Leutchen zur Wandtafel kehrt. „Daheim bleiben," sagt er dann regelmäßig, „nicht immer in die Fremde schweifen." Ei, wie bekannt ist uns seine Stimme! Aha, das ist ja der Fränzel! Schullehrer ist er geworden und eben läßt er seine Schüler singen: „In der Heimat ist es schön!" Da klopft es an der Tür. Sein Weibchen, die lustige Berta, steht draußen und fragt: „Willst du zu Mittag lieber Äpfelküchlein oder eine Mandeltorte, Männchen?"

„Äpfelküchlein," sagt schnell Franz, „denn die Äpfel sind in unserem Dorfe gewachsen."

Nach einer Viertelstunde schmort und duftet es aus der Küche, daß einem das Wasser im Munde vor Appetit zusammenläuft. Aber auch aus den anderen Küchen riecht es nach würzigen Suppen und saftigen Fleischtöpfen. Und hernach geht es wieder an ein fröhliches Arbeiten und abends wird auf den Gassen gesungen. So lebt man heute noch im Schattendorf und ist mit Sonne und Schatten gleich zufrieden.

Vom einfältigen Büblein

Von

Else Gernet

Ein reicher Bauer hatte drei Söhne; zwei davon waren so klug, daß sie das Gras wachsen hörten, aber von Gestalt unansehnlich und schmächtig.

Der jüngste aber war stämmig und stark wie ein junger Baum, aber so viel lernen tat er nicht. Wenn die beiden anderen über ihren Büchern saßen, dann kletterte er auf Bäume und über Zäune und jagte mit den wilden Fohlen um die Wette, draußen auf der Weide.

Als die drei Buben groß geworden waren, da wurde der älteste ein Magister und der zweite ein Doktor. Und der Magister war so klug, daß kein Mensch verstehen konnte, was er sagte, und der Doktor war so gescheit, daß die Kranken sich fürchteten und gesund wurden, wenn sie ihn nur kommen sahen.

Der dritte aber, der jüngste, blieb ein Bauer; er konnte arbeiten wie ein Pferd, und hielt Haus und Hof instand, und was er anfaßte, das hatte Art; weil er aber nicht viel aus Büchern gelernt hatte, erschien er neben seinen Brüdern, die gar so unmenschlich klug waren, dumm und unwissend, und man nannte ihn nur „das einfältige Büblein".

Nun war des Königs einzige, wunderschöne Tochter erkrankt; sie hatte beständig Sehnsucht und wußte aber nicht wonach, und sie sprach zu ihrem Vater: „Ach, wenn ich nur einen einzigen Tag ohne Sehnsucht wäre!"

Der König ließ viele Ärzte kommen, aber ihre Kunst war vergebens. Da ließ er bekannt machen, wer es fertig brächte, daß die Prinzessin auch nur drei Tage lang ihre Sehnsucht vergäße, der solle sie zur Frau bekommen und das halbe Königreich als Mitgift obendrein. Da kamen Fürsten und Grafen, Ritter und Edelleute, Bürger und Bauern aus aller Herren Länder. Die brachten Perlen und köstliches Edelgestein, alle Schätze, die man sich nur denken kann, aber die

Prinzessin konnte doch über all den Herrlichkeiten ihre Sehnsucht nicht einen einzigen Tag vergessen.

Der König von Aragonien legte ihr wunderherrliche Seidenstoffe zu Füßen, sie aber sprach: „Ach, was tu ich mit den Lappen." Der Prinz von Holland neigte sich vor ihr und sprach: „Schönste Prinzessin, habt ihr vielleicht Sehnsucht nach Blumen? Die herrlichsten Tulpen und Hyazinthen auf dem Erdenrund leg ich Euch zu Füßen."

„Es sind genug Blumen in des Königs Gärten," erwiderte die Prinzessin, „behaltet Eure Tulpen und Hyazinthen."

Da sprach der Prinz betrübt: „Ach, habt Ihr denn vielleicht Sehnsucht nach holländischem Käse?"

„Behüte," rief die Prinzessin, „nehmt Euren Käse nur wieder mit." Unzählige Ritter und Herren waren schon vergebens gekommen, da meldete sich eines Tages der Magister. Waren die Ritter und Herren mit großem Gefolge, mit Rossen und Wagen gekommen, so wollte der Magister auch nicht wie ein Bettler daherziehen, da ließ er denn sieben Wagen voll Bücher hinter sich herfahren, das waren alle Bücher, die er je gelesen.

Als er vor die Prinzessin geführt wurde, sprach er, indem er sich dreimal tief verneigte: „Alleredelste und erhabenste Prinzessin, so Ihr geruhen wollt, Euch meiner Weisung zu fügen, so wollt ich Euch bald geheilt haben."

„Ach, ihr scheint mir der Rechte," sprach die Königstochter und lachte, „doch laßt hören."

Da neigte sich der Magister abermals dreimal so tief er konnte und fuhr fort: „In den Büchern, die ich mitgebracht habe, steht alle Weisheit der Welt von Anbeginn bis heute; wer diese Weisheit auswendig gelernt hat wie ich, der empfindet keine Sehnsucht mehr, er empfindet überhaupt nichts mehr, und das ist das schönste, was es auf der Welt gibt. Wenn die Prinzessin mir gestattet, sie zu unterrichten, so wird sie geheilt." –

Die Prinzessin antwortete: „Ei, ei, mein Herr Magister, Ihr sagt da seltsame Dinge, doch es soll geschehen, wie Ihr begehrt, Ihr sollt mich unterrichten."

Sie rief ihre Hofdamen, die bildeten einen Kreis um ihren Thron, dann winkte sie den Dienern, die brachten ein goldenes Tischlein und einen goldenen Sessel für den Magister. Das Tischlein setzten sie vor die Prinzessin hin, den Stuhl so, daß der Magister ihr gegenüber saß. Dann schleppten sie die Bücher herbei, und der Magister begann daraus vorzulesen.

Anfangs wollte die Prinzessin sich halb totlachen, denn der Magister kam ihr so sonderbar vor, als er aber weiter las, da sagte die Prinzessin: „Hu, das ist aber greulich ernstes Zeug, was ihr da lest." „Seht," sagte sie zu ihren Hofdamen und streckte ihre weiße Hand aus, „ich habe schon eine Gänsehaut bekommen." –

Als aber der Magister ein Kapitel vorlas, indem gesagt war, das die Sehnsucht überhaupt nur Einbildung sei, daß es gar nichts auf der ganzen Welt gäbe, was wert sei, sich danach zu sehnen, da wurde die Prinzessin böse, stand auf und sagte:

„Dieser alberne Mensch hier behauptet, daß meine Krankheit nur Einbildung sei, er hat mich beleidigt, werft ihn ins Gefängnis."

Ehe noch der bestürzte Magister wußte, wie ihm geschah, saß er schon im Gefängnis, und alle seine Bücher wurden zu ihm geschleppt.

Da saß er nun und konnte darüber nachdenken, daß es noch weit schwerer sei, eine Prinzessin zu unterrichten, als gewöhnliche Menschen.

Der Doktor hatte inzwischen gehört von dem Unglück, das seinem Bruder widerfahren war, aber er dachte: „So klug wie du ist der eben doch nicht", und er beschloß, auch sein Heil bei der Prinzessin zu versuchen. In seinen faltigen Mantel gehüllt, den Doktorhut auf dem Haupte, zog er ins Schloß. Er trug nichts bei sich als eine große goldene Kapsel.

Als er vor die Prinzessin geführt wurde, sprach er: „Ich allein weiß, wo es bei Euch fehlt, erlauchte Prinzessin," hier verneigte er sich tief, „der Sitz Eurer Sehnsucht ist das Herz."

„Ja, das könnte wohl sein", meinte der alte König, der dabei stand, und nickte mit dem Kopfe.

„Und deshalb kann ich allein euch helfen," fuhr der Doktor fort, „seht her." Dabei öffnete er die goldene Kapsel, die er bei sich trug, und nahm ein Herz, ganz aus rötlichem Marmor mit blauem Geäste, wie ein richtiges Herz gefertigt, heraus.

Dieses Herz hier könne keine Sehnsucht empfinden, sagte er, deshalb wolle er das Herz der Prinzessin herausnehmen und ihr dies Herz, das er selbst gefertigt, dafür einsetzen.

Da wurde die Prinzessin gar zornig, sprang auf und rief: „Auf, werft ihn in den tiefsten Kerker, den Narren, der es wagt, mein königlich Herz um ein Steinherz tauschen zu wollen.“

Und ehe der kluge Doktor sich's versah, saß er im tiefsten Kerker bei Wasser und Brot und dachte darüber nach, daß es doch ein gar schwierig Ding sei, das Herz einer Königstochter zu heilen.

Die Prinzessin war schon ganz verzagt geworden, denn mit ihrer Krankheit wurde es alle Tage schlimmer, und kein Retter nahte.

Eines schönen Morgens aber, als die Königstochter eben ihr Haar ordnete, das wie ein schimmernder, goldfarbener Mantel um ihre Schultern hing, da klang vom Schloßhof her eine muntere Weise zu den Fenstern der Prinzessin herauf: „Trara, trara“, und Hufschlag tönte dazwischen.

„Geh und sieh wer das ist“, rief die Prinzessin ihrer Kammerfrau zu, aber sie wartete gar nicht erst ab, bis ihrem Befahl gehorcht war, sondern eilte selbst ans Fenster und schob den Vorhang ein wenig bei Seite.

Da sah sie, wie auf glänzendem Rappen ein wunderschöner Jüngling in den Schloßhof sprengte; er war nicht gekleidet wie ein Ritter, er trug ein Lederwams, und auf seinen goldgelben Locken saß keck die Mütze, er war's, der die lustige Weise blies.

Als er die Königstochter am Fenster erblickte, schwenkte er grüßend die Mütze und lachte sie an, wie der junge Morgen selbst.

„Das ist ein kecker Bursch,“ sprach die Prinzessin, aber sie war nicht böse, „geht und fragt nach seinem Begehr.“

„Der Bursche will nur der Prinzessin selbst sagen, was sein Begehr,“ sagte die Kammerfrau. „Er soll warten,“ sprach die Prinzessin.

Die Kammerfrau ging, kam zurück und erzählte: „Der Bursche sagt, er sei ein Freigeborener, er wolle nicht draußen warten wie ein Knecht.“

„Ist der aber keck,“ sagte die Prinzessin; „so führt ihn in das Vorgemach.“

Nicht lange und die Prinzessin schritt in den Thronsaal, setzte sich auf ihren goldenen Thron, winkte ihren Hofdamen, und der fremde Jüngling ward hereingeführt.

Die Prinzessin sah ihn an, und es war ihr, als schiene die Sonne heute heller als sonst, so fröhlich ward ihr, als sie in seine lachenden Blauaugen sah.

Da stand vor ihr, den sie das einfältige Büblein nannten, neigte sich tief und sagte: „Holdseliges Königstöchterlein, Ihr habt Sehnsucht und wißt nicht wonach; wollt Ihr drei Tage lang tun, was ich Euch heiße, so geb' ich Euch meinen Kopf zum Pfand, daß Ihr Eure Sehnsucht die drei Tage lang nicht spüren sollt."

Die Prinzessin sprach: „Daß Ihr nicht zuviel versprecht, ich möcht' Euch beim Worte nehmen, doch sagt, was soll ich tun?"

„Ihr sollt mir heute helfen, auf meinem Acker Kartoffeln ausmachen", sprach das einfältige Büblein. Da winkte die Prinzessin ihren Hofdamen und beriet sich mit ihnen, aber keine konnte ihr sagen, wie es sei mit dem Kartoffelhacken, es war nie eine dabei gewesen.

„Gut, so will ich mit Euch gehen," erwiderte die Prinzessin, „die beiden jüngsten Hofdamen sollen mich begleiten."

„Die kann ich nicht brauchen, die laßt zu Hause", sprach das einfältige Büblein.

Das ginge aber nicht an, meinte die Hofmeisterin. „Ja," meinte das Büblein, „so müßte es aber sein, wenn die Heilung gelingen sollte."

Die Prinzessin aber sagte: „Ich will mit Euch auf den Acker gehen." „Aber mit den feinen Kleidern, mit denen Ihr angetan seid, geht das nicht," meinte der kühne Bursch, zog aus seiner Jagdtasche einen leinernen Bauernkittel und gab ihn der Prinzessin.

Die warf ihn über, besah sich im Spiegel und wollte sich totlachen.

Dann wurde ihr Pferd gebracht, und sie ritt mit dem Bauernsohne nach dem Acker.

Dort banden sie die Pferde an einen Weidenbaum, und dann ging es an die Arbeit.

Der junge Bauer zeigte der Prinzessin, wie sie die Hacke halten müsse. Anfangs wollte es gar nicht gehen, aber lustig war's doch, und die Prinzessin besah von allen Seiten ihre feinen Hände, die kohlschwarz waren von der Erde, und lachte.

Als der Bursche schon den halben Acker geleert hatte, lag erst ein Dutzend Kartoffeln neben der Prinzessin. Da lachte auch er und sagte: „Nur immer rüstig zu."

Der armen Prinzessin stand der Schweiß auf der Stirn, aber weil sie nicht wollte, daß der Bauernsohn sie verlache, arbeitete sie weiter.

Als es Mittag war, sprach ihr Gefährte: „Nun laßt uns essen!" Er goß aus einem mitgebrachten Kruge saure Milch in eine Schüssel ein und reichte sie ihr und ein derbes Stück Schwarzbrot dazu.

Der Prinzessin aber mundete die Mahlzeit so herrlich, wie noch keine im Königschloß. Als sie gegessen hatte und satt war, meinte sie, sie müsse noch ein wenig ruhen.

Da kam sie aber schön an. Nein, meinte der Bauer, zum Ruhen sei erst Zeit, wenn die Sonne untergegangen wäre, jetzt müsse sie noch fleißig arbeiten, denn der Acker müsse bestellt sein bis zum Abend und sie habe noch wenig genug getan.

Das sah die Prinzessin auch ein und arbeitete weiter, und nun ging's schon besser, und als der Abend kam, da hatte sie ein gut Stück fertig gebracht, und die Arbeit war beendet.

Die zarte Königstochter aber war müde zum Sterben, als sie nach Hause ritten; doch Sehnsucht hatte sie den ganzen Tag nicht gespürt.

Am nächsten Morgen, als das „Trara, trara" wieder im Schloßhof ertönte, da war die Prinzessin wieder munter und fühlte sich so wohl wie lange nicht.

Das einfältige Büblein wartete aber heute gar nicht, sondern stand schon im Vorsaal, als die Kammerfrau ging, nach ihm zu sehen.

Nicht lange und die Prinzessin kam, setzte sich auf ihren Thron, winkte den Hofdamen und sprach zu dem Jüngling, der eingetreten war: „Was ist's, das ich heute tun soll? Sagt an, doch auf dem Acker arbeite ich heute nicht wieder."

„Das sollt Ihr auch nicht," meinte das kecke Büblein, „Ihr sollt heute mit mir die Schweine hüten draußen auf dem Felde."

„Die Schweine hüten?" sprach die Prinzessin. „Geht das wohl an?" und sie winkte ihren Hofdamen und beriet sich mit ihnen, aber noch keine von ihnen war je dabei gewesen beim Schweinehüten, und sie konnten ihr nicht raten.

Der Hofmarschall aber, der dabei stand, meinte, das ginge durchaus nicht, es sei denn, daß er, der Hofmarschall, mit dabei wäre.

„Nein," sprach das einfältige Büblein, „das geht nicht an, den kann ich nicht brauchen, will die Prinzessin nicht mit mir fürlieb nehmen, so kann ich ihr nicht helfen."

Da wurde die Prinzessin ganz nachdenklich, dann aber sprach sie: „So will ich denn heute mit Euch die Schweine hüten."

„Schön," sprach das einfältige Büblein, „aber eure feinen Kleider laßt daheim."

Da zog die Prinzessin den leinernen Kittel wieder an, bestieg ihr Pferd und ritt mit dem einfältigen Büblein hinaus aufs Feld zu den Schweinen.

Anfangs fand die Prinzessin das Schweinehüten sehr lustig, lachend lief sie den flinken Tieren nach und trieb sie zurück, wenn sie sich in des Nachbars Felder wagten.

Die frische Morgenluft, der Duft der Wiese und die muntere Gesellschaft ihres Gefährten gefielen ihr gar wohl.

Als aber die Sonne höher und höher stieg, da wurde die arme Prinzessin müde und war froh, als sie sich endlich neben den Gefährten auf das weiche Gras setzen durfte, und mit wahrem Heißhunger aß sie den Käse und das trockene Schwarzbrot, das er ihr reichte.

Als sie dann aber meinte, nun müsse sie ein wenig ruhen, da kam sie schön an.

„Nein," sprach das einfältige Büblein, „Ihr müßt mir treulich helfen, allein kann ich die Schar nicht hüten, und laufen sie in des Nachbars Feld, so muß ich den Schaden tragen."

Da mußte denn die Prinzessin wieder den grunzenden Schweinen nacheilen und sie zurückjagen, wenn sie sich in des Nachbars Feld wagten.

Am Abend war sie todmüde und konnte sich kaum im Sattel halten, als sie heimritten, aber Sehnsucht hatte sie auch am zweiten Tag nicht gespürt.

Der nächste Tag war ein Feiertag. Wieder erklang in der Frühe das lustige „Trara, trara" vor den Fenstern der Königstochter; sie war schon bereit, angetan mit einem Jagdkleid aus grünen Samt, und ging dem einfältigen Büblein entgegen.

Das neigte sich vor ihr und sah heute gar schmuck aus in dem Seidenwams, und als sie in seine lachenden Augen sah, ward ihr ganz froh ums Herz.

„Den abscheulichen Kittel ziehe ich heute aber nicht an", sprach sie trotzig.

„Das sollt Ihr auch nicht", sprach der Jüngling. „Was muß ich denn heute tun?" fragte die Prinzessin.

„Heute sollt Ihr mit mir durch Wiesen und Wälder streifen und zu Mittag mein Gast sein auf meines Vaters Hofe", sprach das einfältige Büblein.

Das gefiel der Prinzessin wohl, und so ritten sie zusammen hinaus in den lachenden Sommermorgen.

Aber kaum hatten sie das Schloß im Rücken, da fing das einfältige Büblein an zu reiten, so schnell, daß ihr der Atem fast verging. Hussa, hopp, ging's über Gräben und Hecken, und die Königstochter, die sich von dem Bauernsohne nicht beschämen lassen wollte, flog an seiner Seite dahin wie der Sturmwind.

Endlich, es war schon fast Mittag, zügelte das einfältige Büblein sein Roß, faßte die Zügel der Prinzessin, lachte sie an mit den blitzenden Blauaugen und sprach: „Das war ein guter Ritt, da wird Euch das Mahl munden an meiner Mutter Tisch."

Mit fröhlichem „Trara, trara" zogen sie ein in dem stattlichen Bauernhof. Das einfältige Büblein half der Königstochter vom Pferde und führte sie an der Hand in das Wohngemach.

Dort kam ihnen die alte Bäuerin entgegen. Das einfältige Büblein aber rief ihr zu: „Seht, liebste Frau Mutter, wen führ ich herein? Des Königs holdseliges Töchterlein!"

Da neigten sich die Bäuerin und ihr Mann dreimal tief vor des Königs Töchterlein, und die Bäuerin sprach: „Nehmt fürlieb mit dem, was wir Euch bieten können."

Der Prinzessin gefiel es gar wohl in dem schmucken Gemach mit den braun getäfelten Wänden, dem buntbemalten Gerät und dem großen Kachelofen.

Das weiße, grobe Linnenzeug auf dem Tisch, das die Bäuerin selbst gesponnen und das spiegelblanke Zinngeschirr dünkten der Prinzessin einladender als alles Goldgeschirr und Silbergerät auf des Königs Tafel.

Sie ließ sich die schwarze Suppe, das gebratene Huhn und den kühlen Wein vortrefflich munden.

Als sie gegessen hatten, führte das einfältige Büblein die Prinzessin in den Ställen, in den Kammern und Scheunen umher, und sie freute sich, weil er alles so wohl bestellt hatte.

Dann ritten sie miteinander durch Wiesen und Wälder, aber gemächlich, nicht wie am Morgen, und die Prinzessin lachte über die lustigen Geschichten, die ihr Gefährte erzählte.

„Könnt Ihr Rätsel raten?“ fragte das einfältige Büblein. „Laßt hören“, sprach die Prinzessin. „So ratet: Es ist ein Ding, das sieht aus wie ein Ziegenbock und hat doch keine Hörner!“

„Ei,“ rief die Prinzessin, „das ist ein Zicklein.“ „Falsch geraten,“ sprach das einfältige Büblein, „das ist Euer Hofmarschall.“

Da lachte die Prinzessin und sprach: „Wenn das ein anderer gesagt hätte als Ihr, so käme er ins Gefängnis, weil er meinen Hofmeister beleidigt.“

„Bewahre, das wäre der Mühe wert“, sprach der Kecke. „Doch ratet: Es ist ein Ding, sieht aus wie eine Zwiebel, doch ist's nicht so nützlich.“

„Ei,“ sprach die Prinzessin, „das ist der Kirchturm dort.“ „Falsch geraten,“ sprach das einfältige Büblein, „das ist die Hofmeisterin mit dem großen Reifrock und dem kleinen Kopf.“

Die Prinzessin lachte und sprach: „Hätt's ein anderer gesagt als Ihr, so müßte er's im tiefsten Kerker büßen, darum, daß er meine beste Freundin beleidigt.“

„Behüte, wäre der Mühe wert“, sprach das einfältige Büblein; „doch ratet: Ich weiß einen großen Garten, stehen viel Blumen drin, doch sind's nur Tulpen, weiße, rote, gelbe und gesprenkelte, und wäre langweilig anzuschauen und duftete nicht, stünde nicht mitten inne die schönste Rose der Welt.“ Das könne sie nicht raten, meinte die Prinzessin.

„Die Tulpen sind Eure Hofdamen und Herren, die Rose mitten inne seid Ihr selbst, holdseligstes Königstöchterlein“, sprach das einfältige Büblein. „Ihr seid ein Schalk“, sprach die Prinzessin und lachte.

Die Sonne neigte sich zum Untergang; sie waren auf dem Heimwege und ritten durch einen dichten Wald.

Da sprang eine Wildkatze von einem Baume auf die Prinzessin und legte ihre Tatzen auf ihre zarte Brust.

Blitzschnell aber riß der Jüngling neben ihr den Dolch aus der Scheide, packte das Tier mit starkem Arm, befreite die Prinzessin und stieß der Katze den Dolch mitten ins Herz, daß sie wie vom Blitz getroffen herabfiel.

Die Prinzessin dankte ihrem Retter tiefbewegt. Sie fühlte sich gar wohl geborgen in seiner Nähe, und sie dachte bei sich, daß sie den schönen Jüngling wohl zum Manne haben möchte, dessen Arm so stark und dessen Herz so mutig war.

Als sie ans Schloß kamen, sank eben die Sonne hinter den Bergen, da sprach die Königstochter zu ihrem Beschützer:

„Ihr habt mein Leben gerettet und Euer Versprechen gehalten: drei Tage lang habe ich nichts von Sehnsucht gewußt; nun geht zum König und fordert Euren Lohn."

Hand in Hand schritten die Königstochter und das einfältige Büblein hinein zum König.

Der sprach: „Habt Dank, mein königlich Wort will ich Euch halten, denn Ihr habt mein Kind geheilt; das halbe Königreich ist Euer, und meine Tochter sollt Ihr zum Weibe haben, wenn Ihr sie begehrt."

„Ja," sprach das einfältige Büblein, „Holdseliges Königstöchterlein, ich möcht' Euch gar gern mein eigen nennen, doch habe ich zuvor drei Bedingungen."

Da erschrak die Königstochter, denn sie hatte gehofft, daß er mit Freuden „ja" sagen werde.

Das einfältige Büblein aber sah sie an mit seinen lachenden Augen und sagte: „Zum ersten mag ich nicht, daß Ihr Eure Hofdamen befragt, was Ihr tun sollt; wenn Ihr erst meine Frau seid, mich allein sollt Ihr befragen."

Da lachte die Prinzessin wieder und ward fröhlich in ihrem Herzen, und sie sprach: „Euer Wille geschehe."

„Zweitens", fuhr das einfältige Büblein fort, „will ich nicht müßig sein, wenn ich erst König bin, und Ihr sollt's auch nicht sein."

Ja, sagte die Prinzessin, das wäre ihr schon recht; sie wolle wohl arbeiten, es müsse ja wohl nicht gerade Kartoffelhacken und Schweinehüten sein.

„Drittens sollt Ihr meine Brüder, den Magister und den Doktor, sogleich frei lassen."

Da wunderte sich die Prinzessin über alle Maßen, daß die seine Brüder wären.

„Das sind sonderbare Käuze," sprach sie, „aber es ist wohl nicht der Mühe wert, sie für ihre Narretei so hart zu strafen, und weil sie Eure Brüder sind, sollen sie frei sein."

Da wurden der Magister und der Doktor herbeigeführt.

Der Magister wurde noch grüner, als er schon war, als er den Bruder so vertraulich mit der Königstochter reden sah, und der Doktor tat, als sehe er das einfältige Büblein gar nicht.

„Wollt Ihr eine Anstellung bei Hofe?" fragte die Prinzessin. Sie aber erwiderten: „Nein, in einem Lande, in dem das einfältige Büblein König ist, wollen wir nicht bleiben."

Da lachte die Prinzessin und winkte ihnen, von dannen zu gehen. Dem einfältigen Büblein aber reichte sie die Hand und sprach: „Ihr sollt mein lieber Mann sein."

Am anderen Tage wurde die Hochzeit gefeiert und das einfältige Büblein und die Königstochter lebten gar glücklich miteinander.

Das einfältige Büblein wurde ein guter und kluger König, und niemand nannte ihn mehr einfältig, denn er wußte, was seinen Untertanen frommte bis hinab zum letzten Bauer, und er und seine Frau Königin, die nie mehr von Sehnsucht wußte, hatten Arbeit und Freude ihr Leben lang.

Wirbelchens Windfahrt

Von

Luise Glaß

In Frohdorf lebte einer Witwe

einziges Kind, das hatten sie Schwarzamsel getauft, wegen seiner Haare, die Leute aber nannten es Wirbelchen, um seiner leichten Füße willen.

Mit denen tanzte Schwarzamsel so wunderhübsch, daß jedermann ihr gern zusah: der Bauer, wenn er von Felde kam, und der Kaiser, wenn er durchs Dorf fuhr.

Bis sie zuletzt nichts weiter tun mochte als tanzen. Sie tanzte beim Suppekochen und wenn sie die Milch austrug, sie tanzte mit den Eimern zum Brunnen und sang dazu:

Klipp, klapp!
Tripp, trapp!
Wie der Wind,
So geschwind
Kann ich gehn
Und mich drehn!

Dabei ging ihr alle Arbeit leicht von der Hand, als habe ein Hexenmeister geholfen.

Der Hexenmeister hieß Fröhlichkeit, denn Schwarzamsel lachte zehnmal, ehe sie einmal weinte, und griff zehnmal zu, ehe sie einmal müde wurde.

„Wirbelchen!" rufen die Alten. „Schwarzköpfchen", rufen die Jungen, und gleich ist sie da.

Dem Einarm trägt sie die Bank vor die Tür, der alten Mahm schiebt sie den Karren bergauf, dem lahmen Jörg holt sie Nüsse vom Baum, und das blinde Lisabetli führt sie in die Schule:

Wie der Wind – so geschwind!

das ihm ist, als flöge es geradewegs in den Himmel hinein.

Wenn Schwarzamsel aber am Feierabend die Mädchen zum Reigen anführte, dann dachten die Burschen: Es wird Zeit, daß wir uns eine Frau nehmen.

Wie das eine Weile so gegangen war, konnte Schwarzamsel keinen langsamen Schritt mehr machen, nur sonntags auf dem Kirchweg kriegte sie es noch fertig; sowie die Glocken läuteten, konnte sie langsam, feierlich einhergehen. Auch kam ihr drinnen in der Kirche weder Lachen noch Tanzen in den Sinn. Auf dem Heimweg aber ging es gleich wieder hurtig und hurlebusch einher.

„Du," sagte des Großbauern Hans, der breit und schwerfällig war wie ein Sack Mehl, „wollen wir uns heiraten?"

„Wenn du tanzen kannst, warum nicht?" antwortete Schwarzamsel, wirbelte davon und lachte ihn aus, als er humpelte und stapfte und ihr nicht nachkam.

„Du," sagte Köhlers Lebrecht, der aussah wie Rübezahl, „willst du meine Frau werden?"

„Nein, ich danke, du bist mir zu schwarz, schwarz bin ich selber, ich will einen hellen Mann haben."

„Da bin ich der Rechte für dich, ich bin so hell, wie einer sein kann", sagte der weißhaarige Schmied. Aber einen Graukopf wollte Wirbelchen auch nicht haben.

Da ärgerten sich die Burschen und Mannsleute und sagten: „Sie ist eine windige Person, sie mag sich mit dem Winde verheiraten."

Gleich über Nacht kam der Herbstwind, als ob sie ihn gerufen hätten; er lärmte und lachte und riß an den Bäumen.

Frühmorgens klopfte einer an Schwarzamsels Tür und rief: „Komm heraus, Wirbelchen, dein Bräutigam ist da."

„Holla," sagte der Wind, „der Name gefällt mir, die muß ich mir ansehn!"

Schwarzamsel aber kam lachend heraus und lief tripptrapp, klippklapp mit den Eimern zum Brunnen.

„Heidi, du gefällst mir!" rief der Wind, ließ die Dachziegel klappern, die Äste knarren, das Wasser sprühen und die welken Blätter über die Wiese tanzen.

Da setzte Schwarzamsel ihre Eimer auf den Brunnenrand und tanzte mit den Blättern um die Wette.

„Tu's nicht," sagte der Seiler, der langsam rückwärts ging und seinen Hanf drehte, „tu's nicht. Das weht so weiter und weiter, bis du nicht mehr aufhören kannst. Erst ist es lustig, dann wird dir Angst; tu's nicht, laß den Wind laufen!"

Schwarzamsel lachte, und der Wind lachte und sang ihr zu:

„Komm mit, komm mit – In flottem Schritt!"

So gefiel es ihr, da konnte man sich regen, und dem Winde gefiel's auch.

„Amsel, Amsel, komm nach Hause!" rief die Großmutter durchs Fenster. „Allzu toll bringt Tränen." Der Wind lärmte so laut, daß Schwarzamsel die Großmutter gar nicht hörte. Huia! ließ er die Blätter hoch auffliegen, wo sie zusammen vorüber tanzten. Aber er trieb auch Schabernack.

Er riß der Waschfrau das Laken aus der Hand und warf dem Amtmann den Hut vom Kopfe, er fegte das Storchnest in den Dorfteich und wickelte die Frau Bürgermeisterin so in Staub ein, daß am nächsten Tag die Gasse gekehrt wurde.

Dann schalten die Leute hinter dem Unhold drein und riefen Schwarzamsel zu: „Du wildes, kleines Mädchen, schäm dich des rohen Gesellen! Geh nach Hause und setz dich ans Spinnrad."

„Gleich," antwortete sie, „gleich! Laßt mich nur noch ein wenig tanzen!" Und der Wind blies den Störenfrieden ins Gesicht, daß sie den Mund halten mußten.

Nun waren sie draußen auf der Landstraße, da breitete der Wind seine großmächtigen Fittiche aus und trieb das Mädchen vor sich her, immer schneller, immer toller, immer wilder, daß es am Ende sogar dem rotröckigen Wirbelchen zuviel wurde. „Halt an, Wind," sagte sie, „nun ist es genug, nun will ich nach Hause gehen."

Aber der Wind blies und lachte weiter. Er fegte Bäume und Hecken ab, damit Platz für den Schneemantel wurde, er rief in die Hütten und Häuser: „Der Winter kommt, klopft die Pelze aus und macht Holz klein!" Wirbelchen wurde müde und schwindlig und bat zum anderen Male: „Halt an, sonst finde ich den Heimweg nicht wieder!"

Er aber antwortete: „Wozu brauchst du den Heimweg zu finden? Du sollst ja meine Frau werden; ich kann lachen und tanzen, so einen Mann hast du gewollt. Auch bin ich ein vornehmer Herr und habe ein Felsenschloß hoch oben im Ural. Meine Mutter nennen sie Windsbraut, die kann besser rennen und besser blasen als ihre vier Söhne, und einen Kuß darfst du dir nicht von ihr geben lassen, sonst bläst sie dir den Atem aus. Und mit meinen Brüdern mußt du dich auch in acht nehmen, der eine ist zu heiß und der andere zu kalt für dich und der dritte ein Fant, der Vogelnester auf dem Hute trägt. Aber zur Hochzeit müssen sie natürlich kommen, daß verlangt die Höflichkeit. Das wird einen Lärm geben und ein Gelächter, wenn wir alle beisammen sind und uns unsere Abenteuer erzählen."

Aber Schwarzamsel mochte weder etwas von den Abenteuern noch von der ganzen windigen Verwandtschaft wissen, am allerwenigsten wollte sie den Wind zum Manne haben. Sein strohgelbes Haar flog in langen Strähnen hinter ihm drein, seine gewaltigen Flügel waren hart, und in seinem Bart hingen schon vereinzelte Eiszapfen.

Da gefiel ihr der Hirtenjunge, der am Waldrand seine Schafe hütete, viel besser. Er blies auf seiner Rohrflöte das Lied von ewigen Sternen so sanft und langsam, daß Schwarzamsel beinahe aus dem Tanzen gekommen wäre, wie beim Glockengeläute. Aber der Wind merkte ihr Zögern und übertönte mit Gelächter und Gebrause die sanfte Weise: Heia, Juchheissa! – Da waren sie vorbei, ehe Wirbelchen zur Besinnung kam.

Nun wurde ihr Angst. „Nein," rief sie, „ich will dich nicht heiraten. Ich fürchte mich vor deiner Mutter und vor deinen Brüdern, und ich will nur Feierabends tanzen, nicht den ganzen Tag lang."

Der Wind lachte und hielt sie am Rock und brauste weiter mit ihr landein.

Ein Wandersmann kam ihnen entgegen, den rief Schwarzamsel um Hilfe an, aber der Wind nahm ihren Ruf und blies ihn weit weg über die Bäume, daß ihn keiner hören konnte.

Ein Zigeunerwagen trottete heran. Diesmal rief sie, ehe der Wind ihn bemerkt hatte. Die braunen Männer schauten auf und sahen das tanzende Mädchen.

„Die können wir brauchen", sagte der Alte und streckte den Arm nach ihr aus, aber da fährt ihnen der Wind in die Plane und wirft den Wagen um, daß es reißt und splittert. Hastig greifen die Zigeuner nach ihrer Habe und rufen scheltend: „Wetterhexe!" hinter dem Wirbelchen drein.

Der Wind aber lacht und fegt mit breitem Fittich über die Straße, daß sich keiner mehr heraustraut.

Nun versucht es Schwarzamsel mit dem Ausreißen, läuft rechts und links, kreuz und quer, aber immer ist der Wind um sie her, neckend, wirbelnd, lachend und schneller als sie.

Da wird sie müde und taumelt und will umsinken, aber ehe sie den Boden berührt, nimmt er sie in die Arme und trägt sie hoch oben durch die Luft bis zu einem steilen Felsen; auf dessen Zinne läßt er sie nieder.

„So, hier schlafe dich aus, damit du morgen wieder frisch und vergnügt bist. Du bist das Laufen noch nicht so recht gewöhnt, aber wir werden ein lustiges Leben zusammen führen. Los lasse ich dich nicht, du windige, kleine Person, wir zwei gehören zusammen. Während du schläfst, will ich zu Hause die Hochzeit bestellen."

Dazu mußte er rund um die Erde wehen, denn der Ostwind kann nicht nach Norden oder nach Süden blasen, und umkehren kann er noch viel weniger. Aber das war ihm eine Kleinigkeit, in einer Nacht rund um die Erde zu jagen. Er brach die Bäume, die ihm im Wege standen, und rannte die Schiffe in den Grund, die nach Amerika wollten, er riß den Indianern die Skalpe von den Gürteln und warf den Japanern die Häuser über dem Kopf zusammen, und dann fegte er, heidi! durch die sibirischen Steppen, wo ihm nicht Berg noch Turm im Wege war, bis der Ural mit seinem Felsenschloß sich breit und schwer durch das Land zog; da fuhr er mit Lärmen und Lachen durch die Säle und Gänge, rief: „Hochzeit, Hochzeit, macht alles bereit!" und ließ sich von seiner Mutter die Flügel zausen.

Einstweilen aber saß Schwarzamsel oben auf der Felsenplatte und fürchtete sich. Tief unter ihr lag die Welt. Wie kleine Stecknadelköpfchen sahen die Menschen aus, die vergnügt aus ihren Häusern kamen, weil der Wind endlich stille schwieg. Sie konnte aber nicht hinunter, denn der Felsen war steil und glasglatt.

Da saß sie nun und dachte an alles, was sie lieb hatte und nicht wieder sehen sollte. An das Dorf und die kleine Kirche, an den Brunnen und die spinnende Großmutter, an die Kinder, mit denen sie gespielt, und an die Mädchen, mit denen sie getanzt hatte.

Wie sie nun so recht von Herzen traurig war, fühlte sie auf einmal einen leisen Stich auf der Hand. Da saß eine kleine schwarze Ameise und wisperte: „Ich bin hungrig, gib mir zu essen, dann will ich dich trösten."

Ans Essen hatte Schwarzamsel noch gar nicht gedacht, nun merkte sie den Hunger auch, holte ihren Wecken aus der Tasche und gab der Ameise davon.

„Schi," pfiff der Falke, der über der Felsenplatte schwebte, „schi, wohl bekomm's euch!"

„Danke", antwortete Schwarzamsel freundlich, die Ameise aber kümmerte sich nicht um den Falken, die ließ sich's schmecken, und als sie satt war, wisperte sie: „Du bist gut, und du bist auch fleißig."

Da wunderte sich Schwarzamsel. „Woher weißt du denn das? Ich rühr mich doch nicht."

„Schi," rief der Falke aus der Luft herab, „du bist auch ein Tollkopf."

„Woher weißt du denn das? Ich sitz doch ganz stille."

„Aber du hast braune Augen mit goldenen Tupfen, daran kann man es sehen.“

Und die Ameise wisperte: „Ei, und ich bin aus deinem Dorf, ich hab auf deinem roten Röckchen gesessen, als du mit dem Winde davon tanztest; mir ist schwindlig geworden, aber ich habe mich festgehalten.“

„Schi,“ pfiff der Falke, „da bist du leichtsinnig gewesen, du kluge Ameise, nun sieh, wie du wieder zurückkommst.“

„Das ist gar nicht schwer,“ antwortete die Ameise, „ich warte aufs Glockenläuten, dann geht Schwarzamsel langsam, und wenn sie langsam geht, hat der Wind seine Macht über sie verloren. Da muß er vorübersausen, und wir zwei können nach Hause wandern.“

„Schi,“ schnarrte der Falke, „das ist nicht so sicher, ob der Wind sich wird überlisten lassen; es muß sie auch einer festhalten, damit sie der Wind nicht durch die Luft trägt, sonst hilft euch alles Läuten nichts. Aber ich will hinunterfliegen und ein Kirchlein suchen, dorthin mußt du den Wind locken, wenn er dich morgen zur Hochzeit holen will – versuchen könnt ihr es schon.“

Da faßte Schwarzamsel Mut und schlief in Gottes Namen ein.

Als der Falke zurückkam, setzte er sich auf ihre Schulter und sagte ihr ins Ohr:

„Nach Westen, nach Westen ins Tal hinein
steht ein hochtürmiges Dorfkirchlein.
Die Glocken schwingen, die Glocken klingen,
nach Westen, nach Westen ins Tal hinein.“

Und als Schwarzamsel leise im Schlaf die Worte wiederholte, erzählte der Falke weiter: „Ich hab einen blonden Hirten gesehen, der trieb seine Herde nach Hause und sang:

„Rotröckchen, Schwarzköpfchen liegt mir im Sinn;
Rotröckchen, Schwarzköpfchen, wo bist du hin?“

Da hörte sie im Traum eine Rohrflöte blasen und dazwischen klang leise die Glocke der Dorfkirche.

Am anderen Morgen weckte sie ein Gebrause: Junker Wind war das, um sie abzuholen.

Er wollte die Braut tragen, aber sie sagte: „Ich bin nicht mehr müde, ich will auf meinen eigenen Füßen zur Hochzeit tanzen."

Das gefiel dem Wind, ganz sanft trug er sie vom Felsen hinab und setzte sie ins grüne Gras. Da wollte sie stille stehen, aber sowie er zu lachen und zu wirbeln begann, mußte sie tanzen, sie konnte nicht anders.

„Ich bin da", wisperte die Ameise und klammerte sich an das rote Röckchen.

„Ich komme mit", schnarrte der Falke und zog seine Kreise durch die Luft.

„Wer redet denn mit dir?" fragte der Wind. Aber Schwarzamsel verriet sich nicht.

„Das wird wohl aus den Falten deines Mantels gekommen sein. Wer weiß, wo du die Worte aufgefangen hast unterwegs."

Weil er keinen sah, glaubte das der Wind, breitete seine Schwingen aus und wirbelte Schwarzamsel auf eine grüne Weide hinauf, weitab von dem Kirchlein.

Da stieß der Falke herunter und rief dem Wind ins Ohr: „Nach Westen, nach Westen" –

*

Der Wind stutze und hielt an. „Nach Westen willst du? Dahin will ich doch auch!"

„Ins Tal hinein", bat Schwarzamsel, sowie sie wieder Atem hatte.

So tanzten sie geradewegs auf das Kirchlein zu, hinter dessen Schallöchern eine kleine, glänzende Glocke hing. Aber die regte und rührte sich nicht, denn heute brauchte sie niemand zum Gottesdienste zu laden.

Da rief das Wirbelchen in seiner Herzensangst: „Läute Wind, lieber Wind, läute die Glocken, ich will meine Hochzeitsglocken hören."

Und weil sie von der Hochzeit sprach, tat er ihr den Gefallen. Er reckte sich hoch auf, und während er unten mit den welken Blättern und dem roten Röckchen herumwirbelte, blies er oben so gewaltig in die Schallöcher, daß sich die Glocke zu bewegen begann und ihre feierliche Stimme erhob: Bimbaum!

Da ging es wie ein Ruck durch Schwarzamsels Glieder, ihre Hände falteten sich, und ihre Füße setzten sich langsam und feierlich einer vor den anderen der Kirchentür zu. Auf einmal aber sah der Wind, wie sie die Portaltreppe hinauf schritt. Hui! bog er sich nieder und griff nach ihr. Aber so lange die Glocke läutete, hatte er keine Gewalt über das Mädchen, und noch schwang sie leise hin und wieder. „Haiaho!" kreischte der Falke und krallte sich in den Läutestrick um nachzuhelfen.

Da tat Schwarzamsel in Gottes Namen einen Sprung, kam gerade über die Schwelle und warf die Tür hinter sich zu. Der Wind rüttelte an dem Turm, klirrte an den Fenstern, klopfte am Tor, aber hinein konnte er nicht.

Hast du mich überlistet, dachte er, so will ich dich auch betrügen! Hielt den Atem an, faltete die Schwingen und legte sich vor das Tor.

Als es draußen still wurde, dachte Schwarzamsel: „Jetzt ist er fort, jetzt kann ich nach Hause gehen." Wie sie aber heraustrat, brauste er mit Macht auf sie ein; wäre sie nicht rasch zurückgesprungen, so hätte er sie wieder in seiner Gewalt gehabt.

Der Wind aber rief durchs Schlüsselloch: „Schwarzköpfchen, Rotröckchen, Wirbelchen, ich hungere dich aus, du wirst doch meine Frau!"

Da verging ihr der Mut.

„Ameise, wenn keiner kommt und mich befreit, muß ich sterben. Den Wind nehme ich nicht zum Manne, lieber verhungere ich."

Es war aber am Dienstag, und vor Sonntag brauchte niemand in die Kirche zu kommen. Also lief die Ameise mit ihren sechs kleinen Beinchen kreuz und quer, bis sie die Kirchenmaus fand.

„Kirchenmaus, Schwarzamsel verhungert. Du mußt ihr von deinen Vorräten abgeben, sonst beiße ich dich."

„Du brauchst nicht gleich grob werden, Ameise", sagte die Kirchenmaus. „Ich tue der Armut gern etwas zugute. Drei Weizenkörner kann ich entbehren; eins zum Frühstück, eins zum Mittag, eins zum Abendbrot; und morgen wird wohl auch wieder Rat werden."

Die Ameise kroch mit in die Speisekammer der Madam Maus; richtig, da lagen sechs Weizenkörner, davon nahm sie die drei dicksten vorsichtig in ihr spitziges Schnäuzchen, trug sie zu dem Gaste, legte sie ihm fein säuberlich vor die Füße und sagte: „Wohledles Fräulein, nehmt das Geschenk der kleinen Kirchenmaus freundlich auf, ich gebe es Euch gerne."

Schwarzamsel bedankte sich, aß Frühstück, Mittag und Abendbrot mit einem Male und wurde nicht satt davon.

„Euch Menschenvolk ist schwer zu helfen," sagte die Ameise, „was seid ihr gefräßig. Da muß schon der Falke nach Nahrung ausfliegen."

Sie riefen den Falken ans Fenster. „Falke, lieber Falke, willst du uns helfen?" Der Falke war gleich bereit: „Soll ich dir eine Maus fangen, oder eine junge Krähe?" Vor solcher Mahlzeit graute dem Wirbelchen.

„So will ich dir einen Apfel vom Baume brechen, drüben in Müllers Garten hängt noch einer am obersten Zweig."

Aber der Wind hörte das, und der Wind war schneller als der Falke. Hui! blies er den Apfel vom Baum, dem Müllerknecht vor die Füße.

„Da ist der Wind doch zu etwas nütze", sagte der Knappe und biß kräftig hinein.

Nun meinte der Falke, es sei besser auszufliegen und einen zu suchen, der das Läuten verstände und den Schlüssel zur Glockenstube habe, sonst kämen sie in Ewigkeit nicht nach Hause.

Als keins einen besseren Rat wußte, breitete er seine Schwingen aus und verschwand.

Ihr Gauner, dachte der Wind, der seine Ohren überall hatte, ich will gewiß keinen Küster in die Kirche lassen. –

In Frohdorf hatten sie sich den ganzen Tag über gewundert, daß keins tanzte und keins lachte. Endlich fragten sie einander:

„Warum ist es so still im Dorf?"
„Wer trägt mir die Bank vors Tor?"
„Wer schiebt meinen Karren bergauf?"
„Wer teilt seinen Wecken mit mir?"
„Wer holt mir Nüsse aus dem Wald?"
„Wer führt unseren Reigen an?"
„Wirbelchen, Wirbelchen, wo bist du?"

„Ei," antwortete der Schmied, „heute früh ist sie bei mir vorübergesaust, daß die Funken im Schlot auffuhren, und einer hat mit ihr geredet, den sah ich nicht, den fühlt ich nur über meine Nase fahren."

„Das ist der Wind gewesen!" rief die alte Mahm. „Der Wind hat unsere Schwarzamsel davongeweht."

„Gerade so hab ich mir's gedacht. Mit der nimmt's kein gutes Ende, nun wirbelt sie – hussa! – in die Hölle“, sagte der Schmied; aber das glaubten ihm alle die nicht, denen Schwarzamsel etwas Liebes getan hatte.

Die alte Mahm und der Einarm gingen zur Polizei. „Schutzmann, du mußt uns das Wirbelchen wieder schaffen.“

Der Schutzmann strich seinen Schnauzbart breit. „Natürlich! Ich will nur erst nachschlagen, wohinaus der Wind geblasen hat, und dann will ich meine Stiefel besohlen lassen; nachher können wir sie miteinander suchen. Die Polizei findet alles.“

„Da heißt es Geduld haben“, sagte die alte Mahm und bot dem Einarm einstweilen zum Trost eine Tasse Kaffee an.

Aber die Kinder wollten nicht warten. Das blinde Lisabetli und der lahme Jörg faßten sich bei der Hand. „Wir zwei haben sie am allerliebsten, wir wollen vorausgehen und den Weg suchen.“

Da gingen die anderen getrost hinterdrein.

Der Schmied lachte. „Die ist lange bei den Wetterhexen, wo sie die Kinder mit den Haaren an den Dornbusch binden. Nehmt euch in acht, daß euch keine erwischt.“

Und der Seiler sagte: „Es ist ihr recht geschehen, ich habe sie verwarnt, und sie hat nicht gehört.“ Er knurrte noch, als die Kinder schon draußen auf der Landstraße dahinwanderten. Das blinde Lisabetli zeigte ihnen den Weg, das fühlte mit seinen nackten Sohlen, wo Schwarzamsels tanzende Füße über den Sand gehuscht waren, bis sie an eine Wiese kamen; dort hatten sich alle Hälmchen schon längst wieder aufgerichtet und war keine Spur mehr zu fühlen.

Da mußte der lahme Jörg helfen – der hatte die hellsten Augen. „Guck, guck,“ rief er, „was hängt dort am Schlehdorn? Das ist Schwarzamsels Haar, dort hinaus müssen wir gehen.“

So gingen sie Stunde um Stunde, aber endlich fanden sie kein Haar und keine Spur mehr und trafen nicht Mensch noch Tier, die sie hätten fragen können.

„Wollen wir umkehren?“ fragte des Langbauern Hans. „Es ist Abendbrotzeit.“ Aber die anderen wollten nicht ohne das Wirbelchen heim.

„Wenn's nur nicht dunkel wär',“ klagte Peterlene, „ich fürcht' mich im Dunkeln.“

„Bei mir ist's immer dunkel“, antwortete das blinde Lisabetli.

Da waren die anderen auch stille, kauerten sich dicht zueinander und sehnten sich nach dem Tag. Wie sie nun so geduldig waren, kam auf einmal ein feiner, lichter Strahl hinter dem Waldrand hervor und wurde breiter und breiter, bis der volle Mond über den Bäumen stand. Auf dem Mondenstrahl aber kam eine lichte Frau herabgeschwebt, die sagte zu den Kindern: „Grüß Gott und guten Abend, ihr könnt bei mir Herberge nehmen.“

Erst war den Kindern bange vor so viel Schönheit. Lisabetli aber, das nur die freundliche Stimme hörte, griff gleich nach der ausgestreckten Hand, die sich weich und lind wie ein Blumenblatt anfühlte, und ging mit der Fremden den anderen voraus.

Nur ein paar Schritte weit, dann standen sie vor einer Tür, die war mit einem spinnwebfeinen Vorhang verhangen. Wie die Frau den aufhob, sahen sie in einen Saal, in dem stand ein Tisch mit so viel Tellerchen, wie da hungrige Kinder hineinschauten, und so viel Becherchen, wie da Durstige waren. Also setzten sie sich und aßen, und so lange es einem schmeckte, wurde der Teller nicht leer.

Die Frau aber saß bei ihnen und spann von einer silbernen Spindel Fäden, die wie Mondschein und Engelhaar glänzten.

Als ihre Gäste satt waren, stand sie auf und hob wieder einen Vorhang in die Höhe; hinter dem stand für jedes Kind ein Bett und ein silbernes Waschbecklein, das gleißte und glitzerte, wie es noch keins von ihnen gesehen hatte, und die Kissen waren wie Spinnweb so fein und weich.

Da legten sie sich nieder, schliefen in Gottesnamen ein und wußten nicht, bei wem sie zu Gast waren.

Am anderen Morgen, ehe die Sonne aufging, wurden sie geweckt, fanden Trank und Speise und Äpfel und Wecken zum Mitnehmen. Dann führte die Frau sie aufs Feld, gerade als es im Osten licht wurde.

„Nun geht dort hinaus, wo ihr die Sonne im Rücken habt, das ist des Ostwinds Weg, und wenn euch eins fragt, ihr seid bei dem Herbstweiblein Frau Spinnweb zu Gast gewesen, die törichte Menschen eine Wetterhexe schelten.“

In dem Augenblick blinkte die Sonne über den Waldrand und Frau Spinnweb verschwand; ringsum aber über Stoppeln und Hecken waren feine Netzlein gespannt, in denen funkelte der Tau, gerade wie die Teller und Kannen in Frau Spinnwebs Saal.

Da wanderten die Kinder guten Mutes weiter, und wenn sie einen Menschen trafen, fragten sie: „Hast du unser Wirbelchen gesehen, das mit dem Winde davongetanzt ist?“

Endlich trafen sie einen Hirten, um den weideten hundert weiße Schafe, die wurden von zwei schwarzen Hunden in Ordnung gehalten, der antwortete: „Ja, dort hinaus hat er sie gewirbelt.“

Und als er hörte, daß die Kinder das Mädchen suchen wollten, gebot er seinen Hunden, sie sollten auf die Herde acht geben, und wanderte mit.

Als sie wieder eine Weile gegangen waren, trafen sie einen Frosch, der war groß und schön hellgrün uns saß auf dem Klettenblatt.

„Hast du das kleine Mädchen gesehen, mit dem schwarzen Haar und dem roten Rock,“ fragte der Hirt, „das kleine Mädchen, das so wunderschön tanzen kann?“

Da pfauchte der Laubfrosch, wurde schwarz vor Ärger und schrie: „Ich bin Hoftänzer ihrer Majestät der Elfenkönigin! Bitte, reden sie nicht von anderer Leute Getanze; ich bin Hupfatoto der Einzige!“ Dabei wirbelte und schlenkerte er seine Beine in der Luft herum, daß es zum Erstaunen war.

Von dem konnten sie nichts erfahren.

Noch ein Stück weiter begegneten sie einer Krähe.

„Krähe, Krähe! Hast du das Schwarzköpfchen gesehen, das mit dem Winde durch die Welt tanzt?“

„Ja, – krah,“ rief der Vogel, „ich habe sie gesehen, sie sitzt in der Kirche, und der Wind liegt davor und hungert sie aus. Ja – krah.“

Da reckten alle Kinder ihre Semmeln in die Höhe, die sollte die Krähe hinschaffen. Das wollte sie auch gern tun, aber sie konnte nur eine einzige tragen, und als Botenlohn verlangte sie auch: ihre kleinen Krählein brauchten ein weiches Tuch ins Nest. Da band Lisabetli seins vom Hals, ob es gleich kalt war, und die Krähe flog mit Tuch und Semmel so schnell davon, daß sie keins nach dem Weg hatte fragen können.

„Vielleicht ist es unser Kirchlein“, sagte der Hirt, ging voran und sang:

„Rotröckchen, Schwarzköpfchen – Wo bist du hin?“

Das hörte der Falke, der noch keinen Küster gefunden hatte, und schoß durch die Luft.

„Hirte, Hirte! Willst du dein Schwarzköpfchen erlösen?“

„Ja, das will ich,“ antwortete der Hirt, und „Ja, ja!“ riefen die Kinder hinterdrein.

Da flog der Falke langsam vorauf: so kamen sie hin. Der Wind lag vor der Tür, grimmig und verdrießlich, denn das Stilleliegen ärgerte ihn schon lange, aber nachgeben wollte er nicht.

Als die Kinder seiner ansichtig wurden, sah er gar nicht gefährlich aus. Grau und schattenhaft kauerte er auf der Schwelle.

Der lahme Jörg und das blinde Lisabetli gingen Hand in Hand auf ihn zu und sagten: „Lieber Herr Wind, gib uns das Wirbelchen wieder.“

„Es muß mir Nüsse vom Baum holen.“
„Es muß mich durch die Gassen führen,“
„Es muß dem Einarm die Bank rücken.“
„Es muß der Mahm den Karren schieben.“
„Es muß seine Wecken mit den Waislein teilen.“
„Und die Mädchen zum Reigen führen.“

„Gib uns unser Wirbelchen wieder!“ rief die ganze Schar hinterdrein. „Du kannst mit den Blättern tanzen.“

Da richtete sich der Wind auf, schlug mit den Fittichen und donnerte mit seiner wildesten Stimme: „Lumpengesindel, kleines Lumpengesindel, mach, daß du heimkommst, oder ich blase dich auf und davon wie dürre Blätter, den einen auf den großen Bären, den anderen auf den Hundsstern!“

„Au,“ sagte der dicke Hans, „vor Hunden fürcht' ich mich ja.“ Die Kinder aber faßten sich untereinander fest und drückten sich eng zusammen, und weil ihrer so viel waren, konnte ihnen der Wind nichts zuleide tun.

Inzwischen ging der Hirt um das Kirchlein herum, ob er nicht einen unbewachten Eingang fände. Er fand aber alles verschlossen, nur ein offenes Fenster sah er, und weil er jung und geschickt war, kletterte er am Zierrat der Mauer zu diesem Fenster hinauf.

Davon merkte der Wind nicht eher etwas, als bis Schwarzamsel die Hände herausstreckte, um dem Hirten zu helfen.

Hui fährt er auf und greift mit langem Arm nach dem Burschen! Aber er erreicht nur noch seinen Hut, der fliegt hoch auf, schießt einen Purzelbaum in der Luft und fällt in den Mühlbach. Der Hirt mit seiner Rohrflöte ist drinnen in der Kirche und hält Schwarzamsel an der Hand.

„Nun wollen wir in Gottesnamen hinausgehen, ich führe dich und blase dazu."

„Mir ist bange," antwortete Wirbelchen, „ach, wenn doch die Glocken läuteten!"

Draußen lärmte und schalt der Wind rund um das Kirchlein, heulte und klapperte, zerrte die Kinder an den Haaren und riß der Krähe eine Schwanzfeder aus. „Du Unhold," krächzte sie zornig, „wart, jetzt will ich dich ärgern!" Und dann schrie und krächzte und lockte sie, bis alle Krähen herbeikamen und sich mit ihr an den Glockenstrang hängten. Mehr und mehr kamen geflogen und zerrten an dem Seil, bis droben die Glocke zu schwingen und zu klingen begann. Bimbaum ...

Da tat sich die Kirchtür auf, und Schwarzamsel trat auf die Schwelle; fest und ängstlich hielt sie sich an des Hirten Arm, der aber blies das Lied von den ewigen Sternen, die still und feierlich am Himmel wandeln.

Wie der Wind des Wirbelchens ansichtig wurde, fing er an zu drehen und zu tanzen, zu walzen und zu locken, aber Schwarzamsel ließ sich nicht mehr verführen, langsam und still ging sie dahin.

Da merkte der Wind, daß er keine Gewalt mehr über sie hatte, brauste in wildem Grimme auf, warf die Kinder über den Haufen, blies den Hoftänzer Hupfatoto zehn Meter weit und erschütterte das Kirchlein, so daß die Krähen mit Geschrei in alle Lüfte flogen.

Aber sie kreischten nicht nur, sie lachten auch, da schämte sich der Wind vor dem kleinen Gevögel, das ihn besiegt hatte, und fuhr mit Gewalt davon.

Die Kinder standen lachend wieder auf, klopften sich den Staub von den Kleidern, und es war keinem ein Leid geschehen. Und dann wanderten sie fröhlich hinter ihrem Wirbelchen drein und wurden nicht müde, solange das Lied von den ewigen Sternen ertönte.

Die Krähen jauchzten, der Falke flog über ihnen hin, die Kirchenmaus sah ihnen nach, die Ameise saß auf dem roten Röckchen, und der eifersüchtige Laubfrosch hüpfte neben ihnen her.

„Tanzt doch!“ rief er. „Tanzt! sonst glaube ich euch nicht, daß ihr es könnt.“

Sie aber gingen sacht und feierlich weiter bis ins Dorf und gingen dort gleich wieder in die Kirche hinein, wo die Hochzeit war.

Danach aber – ei, das war ein ander Ding – da ging es mit leichtem Schritt! Alle Leute, Schmied und Seiler voran, riefen: „Hurra! Wirbelchen ist da!“ und trugen Geschenke in die Hütte, wo die Großmutter Kuchen buk.

Vor der Tür aber lagen die hundert weißen Schafe, die hatten die beiden schwarzen Hunde ihrem Herrn nachgetrieben.

Und nun kam es ihnen allen in die Füße. Bräutigam und Braut tanzten die Wiese entlang, und das ganze Dorf tanzte hinterdrein; sogar der Einarm und die alte Mahm taten mit.

Nur der Frosch nicht, der Frosch ist vor Neid mitten voneinander geplatzt.

Vom treuen Schwesterchen

Von

Lucy Griebel

Die Mutter lag auf ihrem Bette und war sehr krank. Draußen vor dem offenen Fenster sangen die kleinen Vögel um die Wette. Die Sonne schien herein, und es sah aus, als wenn sie alles in der armseligen Kammer vergoldete. Aber die Mutter hörte nicht auf die kleinen Vögel und sah auch nicht auf die Sonnenstrahlen. Denn sie war so krank, daß sie sterben mußte.

„Nicolete,“ sagte die Mutter mit sanfter Stimme, „wenn ich nun tot bin, mußt du gut auf dein Brüderchen acht geben.“

Nicolete stand am Bette und weinte. Es ist das Allertraurigste, was einem Kinde geschehen kann, wenn ihm Vater oder Mutter stirbt, und das wußte Nicolete wohl. Vor einem Jahr war der Vater gestorben, und seitdem waren sie und die Mutter niemals wieder recht fröhlich geworden. Was sollten sie und ihr Brüderchen Oka nun beginnen, wenn die Mutter auch begraben wurde?

„Dein Brüderchen ist noch klein und unverständig,“ sagte die Mutter, „und du mußt es nun behüten und es niemals verlassen. Versprichst du mir das?“

„Ja, liebe Mutter“, entgegnete Nicolete und gab der Mutter die Hand darauf.

Am Bette stand auch das Brüderchen. Oka war betrübt, weil Nicolete betrübt war, denn sie hatten sich beide sehr lieb, und es tat ihm leid, daß seine Mutter blaß und krank war; aber er verstand noch nichts vom Tode.

Die Mutter sah auf ihre beiden Kinder, auf Nicolete mit dem stillen Gesicht und den ernsthaften Augen, die so dunkel waren wie Veilchen, und auf Oka mit den goldenen Locken, die sich um seine Stirn ringelten, und den roten Lippen, die immer lachten und sangen, und sie lächelte und nickte ihnen zu. Dann schloß sie ihre Augen.

Die Kinder waren ganz still, um die Mutter nicht zu wecken, aber als nach einer Weile die Nachbarin kam, sagte sie, die Mutter wäre nun tot. Sie war eine sehr gute und liebe Mutter gewesen, und nun waren die beiden Kinder ganz verlassen.

Als die liebe Mutter begraben war, konnten Nicolete und Oka nicht länger in dem Hause bleiben. Eigentlich war es gar kein Haus, sondern nur eine arme Hütte, und der Mann, dem sie gehörte, nahm alles, was darin war, verkaufte es und behielt das Geld. Das durfte er.

Da sagte Nicolete zu dem Brüderchen: „Wir wollen miteinander in die weite Welt wandern. Hier haben uns die Menschen nicht lieb. Vielleicht sind auf der anderen Seite vom Walde Leute, die uns helfen!" Sie strich ihm seine goldenen Locken aus dem Gesicht, wie es die Mutter immer getan hatte, setzte ihm seine Mütze auf und nahm Oka bei der Hand.

Er war es zufrieden, in die weite Welt zu gehen. Schon lange wäre er gern einmal in den großen Wald gelaufen, aber er hatte es sich allein nicht recht getraut. Auch hatte es die Mutter verboten, denn die Mutter wußte, daß es ein verzauberter Wald war. Die Kinder aber wußten es nicht.

Weit fort lag er, so weit, daß es aus der Ferne aussah, als wenn ein feiner Schleier von blauem Dunst und Nebel über ihn ausgebreitet wäre. Nicolete hatte oft, als die Mutter krank war, am Fenster gestanden und nach den duftumflorten Bäumen ausgeschaut. Dort, wo es aussah, als wenn der Himmel und der Wald aneinander stießen, strahlte stets, wenn die Sonne unterging, das Abendrot so seltsam und herrlich wie ein Feuermeer. Da mußte es schön sein. Vielleicht konnte man dort sogar in den Himmel hineingehen und mit Vater und Mutter vereint sein. Wer mochte es wissen?

Also hielten sich die beiden Kinder an der Hand, gingen aus der leeren Hütte fort und machten die Türe hinter sich zu. Jedes von ihnen hatte ein großes Stück Brot in der Hand, sonst besaßen sie nichts als die Kleider, die sie auf dem Leibe trugen.

Es war ganz früh am Morgen. Sie gingen über eine große, grüne Wiese. An jedem Grashälmchen hing ein Tautropfen, der funkelte wie der schönste Diamant. Die Kinder aber wußten nichts von Diamanten, darum sagten sie, die Tropfen glänzten wie Tränen; denn diese hatten sie schon oft gesehen. Tausendmaltausend kleine, holdselige Blumen falteten ihre Blätter, die sie während der Nacht zusammengeschlossen hatten, auseinander und breiteten sie der Sonne entgegen. Die Schmetterlinge taumelten noch ganz schlaftrunken umher, und die Bienen sammelten schon fleißig Honig zum Morgenimbiß. Und alle sagten sie etwas in ihrer Sprache; aber Nicolete und Oka konnten es nicht verstehen. Nur den kleinen Bach verstanden sie, der lustig durch die Wiese dahinhüpfte und murmelte. „Ich wandere in die weite, weite Welt“, sagte der Bach.

Oka und Nicolete nickten ihm zu. „Ja, wir auch.“ Ganz hoch oben in der Luft aber sang eine Lerche.

Zuerst gingen Oka und Nicolete Hand in Hand, immer an dem fröhlichen kleinen Bach entlang. Da er auch in die weite Welt wanderte, konnten sie ja gut zusammen reisen. Aber dann wurde Oka ungeduldig. Er lief von Nicolete fort, pflückte sich einen großen Strauß von Blumen, roten, blauen, gelben und weißen, jagte hinter den Schmetterlingen her und sprang über die Maulwurfshügel, die da waren. Davon wurde er müde und hungrig, und die beiden Kinder zogen ihre Strümpfe und Schuhe aus, setzten sich an des Baches Rand und aßen ihr Brot. Etwas anderes hatten sie nicht, das war ihr Mittagsmahl; denn Oka war so lange umhergesprungen, daß die Sonne nun schon hoch am Himmel stand.

Dann nahm Oka seine Mütze ab, legte seinen Kopf in Nicoletes Schoß und schlief ein.

Er schlief so fest, daß er erst aufwachte, als es schon später Nachmittag war. Da standen die beiden Kinder auf und gingen weiter. Aber sie merkten nun erst, wie allein sie auf der großen Wiese waren. Kein Mensch begegnete ihnen, und die Lerche sang auch nicht mehr. Der Wald aber, in den sie wollten, lag noch immer ganz fern da. Sie faßten sich wieder bei den Händen, wie am Morgen früh, und gingen immer geradeaus. So lange mußten sie gehen, daß sie sehr müde wurden. Und hungrig waren sie auch. Aber sie hatten nichts mehr zu essen, ihr Brot war verzehrt.

Nun sagte auch der Bach „Lebewohl". Er wollte nicht mit in den Wald, sondern lieber draußen im Lichte bleiben. – „Ade, ade"; murmelte der Bach und wendete sich seitwärts von ihnen ab, und dann waren die Kinder ganz allein. Aber da flammte gerade das Abendrot hinter dem Walde auf, und nun konnten sie ihn auch schon ganz in der Nähe sehen.

Groß, schwarz und stumm stand er da, ganz unheimlich, er, der aus der Ferne ausgesehen hatte wie lauter Duft und Glanz. Oka und Nicolete konnten nicht hineinsehen, sie fürchteten sich. Es kam ihnen so vor, als wenn lauter schwarze Augen sie aus dem Gebüsche anblickten, und es war ja auch ein verzauberter Wald. Sie legten sich in das Gras, schmiegten sich dicht aneinander und schliefen ein, ohne Decke und ohne Kopfkissen, und über ihnen waren nur die silbernen Sterne, die langsam in der lauen Sommernacht am Himmel heraufstiegen, und Gottes Augen waren. Nicolete aber konnte nicht gleich einschlafen. Sie mußte an die liebe Mutter denken, die über den Sternen war, und es fror sie auch, denn sie hatten beide die Strümpfe und Schuhe nachmittags am Bache liegen lassen; dazu hatte auch Oka seine Mütze verloren.

Als sie am anderen Morgen erwachten, waren ihre Kleider feucht vom Tau, der in der Nacht vom Himmel gefallen war. Aber es war wieder hell, die Sonne schien und trocknete ihre Kleider, und die Kinder wären wieder fröhlich geworden, wenn sie nicht so hungrig gewesen wären. Noch niemals waren sie eingeschlafen und wieder aufgewacht, ohne daß sie ein Stück Brot hatten.

„Komm, mein Oka," sagte Nicolete, „wir wollen jetzt recht geschwind durch den Wald gehen. Wenn auf der anderen Seite auch vielleicht nicht der Himmel ist, so ist da doch gewiß ein Dorf, da geben uns die Leute zu essen."

Der Wald sah im Sonnenschein nicht mehr schwarz aus, sondern grün und lustig. Und daß er verzaubert war, hatte niemand den Kindern gesagt, darum konnten sie es auch nicht wissen. Die Vögel sangen in den Zweigen, die Sonne schien durch die Blätter; wohin sie mit ihren kleinen nackten Füßen traten, war weiches Moos. Eichhörnchen huschten zwischen den Ästen umher, und die Rehe sprangen über den Weg. Denn weil nie jemand in den Wald kam und die Tiere störte und scheuchte, waren sie gar nicht ängstlich, sondern kamen ganz zutraulich und neugierig heran.

„Hier ist es schön!“ sagte Oka, ließ seines Schwesterleins Hand los und sprang hierhin und dorthin. „Wenn wir nur heute etwas zu essen hätten, ich bin so hungrig.“

Auch Nicolete war hungrig. Doch es wuchsen wohl feine, stille Blumen am Rande des Waldes, aber nichts, was man essen konnte, keine Beeren und gar nichts.

Und während sie so suchten und spähten, gingen sie immer weiter in den Wald hinein, und auf einmal merkten sie, daß kein Weg und Steg mehr war. Es hatte sich auch alles um sie her verändert. Die Bäume drängten sich eng zusammen, dichtes Gebüsch hinderte die Kinder, weiter als ein paar Schritte zu sehen, von Zweig zu Zweig rankten sich seltsame, blasse, große Blumen, wie Oka und Nicolete sie nie gesehen hatten, und erfüllten die ganze Luft mit einem feinen, fremdartigen Duft. Vögel mit bunten, schillernden Federn und sonderbar klugen Augen saßen auf den Zweigen und sangen traurige, süße Lieder. Und im ganzen Walde war es so dämmerig, als sei die Sonne weit, weit fort. Den Himmel konnte man gar nicht sehen.

Wir haben uns verirrt, dachte Nicolete, und ihr sank das Herz, aber sie sagte nichts, um das Brüderchen nicht zu erschrecken.

„Da steht ein Busch mit Beeren!“ rief Oka, lief voran und drängte sich durch das hohe Farnkraut, das überall wuchs. Nicolete wollte ihm folgen, aber ihr rotes Röckchen blieb an einem Dornzweig hängen, das mußte sie erst losnesteln.

Oka hatte unterdessen den Busch erreicht, der war über und über voll mit glänzenden, roten Früchten, die so köstlich dufteten, daß Oka gleich die Hand nach ihnen ausstreckte. Auf einem Zweige über dem Busch saß ein kleiner, grauer Vogel, nicht größer als eine Lerche, aber er hatte Augen, die so klug aussahen, wie Menschenaugen.

„Nun will ich mich satt essen!“ rief Oka froh und pflückte die erste Beere.

Da hörte er eine feine Stimme – es klang, als wenn ein Vogel leise zwitscherte; aber man konnte es doch verstehen.

„Für jede Beere, die du ißt,
Du alles auf ein Jahr vergißt.“

„Was sagst du?“ fragte Oka und blickte sich um, denn er wußte nicht, wer da spräche, und dabei steckte er schon die erste Beere in den Mund. Sie schmeckte noch hundertmal besser als die schönste Kirsche.

„Für jede Beere, die du ißt,
du alles auf ein Jahr vergißt,“

sagte die feine, kluge Vogelstimme wieder

„Das ist mir ganz einerlei“, sagte Oka. Er hatte schon zwei Hände voll Beeren gepflückt und steckte die Früchte nacheinander in den Mund. Und je mehr er aß, desto mehr wollte er haben. Da kam auch Nicolete gelaufen, und als sie die roten, reifen Beeren sah, fing sie gleich auch an, sie zu pflücken.

„Für jede Beere, die du ißt,
Du alles auf ein Jahr vergißt,“

sagte der kleine, graue Vogel mit den glänzenden, schwarzen Augen und hüpfte unruhig auf dem Zweige umher.

Nicolete warf ihre Beeren fort. Sie hatte noch keine gegessen. Vergessen – alles vergessen – die Mutter und alles, ein ganzes Jahr lang – für jede Frucht – nein, o nein, das wollte sie nicht!

„Iß nicht, Oka“ rief sie. „Dann vergißt du alles“ und sie faßte Okas Händchen am Handgelenk und schüttelte es, so daß die Beeren zur Erde fielen.

„Es ist mir ganz einerlei, ob ich etwas vergesse, wenn ich so hungrig bin!“ sagte Oka und begann so zu weinen, daß ihm alle seine goldenen Locken über die Stirn und das Gesicht fielen. Aber Nicolete zog ihn mit sich fort. „Wir suchen andere Beeren“, sagte sie.

Als sie noch eine Weile gegangen waren, fanden sie wieder einen Strauch, der trug blaue Beeren, fast wie Weintrauben. Das graue Vögelein aber war vorausgeflogen, saß wieder auf einem Zweig und zwitscherte:

„Iß – iß – iß – iß – iß – iß!“

Da griffen sie beide zu, pflückten, und aßen sich satt nach Herzenslust.

„Nun muß der Wald bald zu Ende sein," sagte Oka, „ich will vorauslaufen und sehen, ob wir noch nicht am Rande sind." „Nein, nein!" rief Nicolete ängstlich. „Wir müssen beisammen bleiben, sonst verlieren wir uns!"

Aber Oka war schon fortgesprungen. Noch einmal wendete er seinen Kopf nach ihr zurück, so daß sie seine blauen Augen sehen konnte, die strahlten wie Sterne.

„Gleich", rief er fröhlich, „bin ich wieder da. Bleib da stehen – bleib ja da stehen, Nicolete!"

„Oka, Oka!" schrie Nicolete, aber er war schon fort. Sie konnte ihn nicht mehr sehen, so dicht stand das Farnkraut. Da blieb sie still stehen, wo sie war. Wenn sie jetzt fortlief, das wußte sie wohl, würden sie und Oka sich in dem großen, verwachsenen Walde niemals wiederfinden. Sie mußte auf demselben Platze bleiben, bis er zurückkehrte. Gewiß würde er gleich umkehren. Er mußte sich ja fürchten so ganz allein unter all dem Seltsamen, was rings umher war. Nicolete fürchtete sich. Ihr hatte in dem dämmrigen Walde schon gegraut, als sie und Oka beisammen waren, nun sie so ganz allein zurückblieb, schlug ihr das Herz vor Schreck und Angst.

„Was soll ich tun, was soll ich tun!" schluchzte die arme Nicolete. „Ich sollte auf Oka acht geben und habe ihn verloren: Ich sollte ihn behüten, und er ist fort. Soll ich Oka suchen, oder soll ich auf ihn warten? Wie kann ich ihn finden in dem großen dichten Walde, wo es nicht einmal hell ist? Ich muß hier stehen bleiben. Ich habe der lieben Mutter versprochen, Oka nicht zu verlassen und habe ihr die Hand darauf gegeben! Oka – Oka – Oka!" Aber da kam keine Antwort.

Da flatterte das graue Vögelein vor Nicolete auf „Komm mit – mit – mit – mit!" sang es.

Aber Nicolete schüttelte den Kopf. „Ich darf nicht, wie kann ich wissen, du graues Vögelein, ob du es wirklich gut meinst, oder ob du mich nur tiefer in den Wald locken willst. Ich darf nicht von hier fortgehen, Oka wird zurückkommen und mich suchen, was soll er beginnen, wenn ich dann nicht da bin? Oka – Oka – Oka!"

„Komm mit, komm mit – mit – mit –!" antwortete das Vögelein

„Nein ich gehe nicht fort," sagte Nicolete, „er sagte, ich soll hier auf ihn warten, ich muß hier bleiben."

Und sie stand und lauschte auf jeden Ton, der aus dem Walde zu ihr drang. Wenn ein Zweig krachte, weil sich ein Hirsch oder ein Reh einen Weg durch das Gebüsch brach, so dachte Nicolete: „Jetzt kommt Oka!" Wenn der Wind die Blätter bewegte, so sagte sie zu sich selbst: „Oka geht über das welke Laub." Und dann begann sie aufs neue zu rufen: „Oka, Oka, Oka!" damit er sie hören und finden sollte; aber er kam nicht.

Die Tiere liefen herzu, blieben vor ihr stehen und blickten sie aus ihren klugen Augen neugierig und mitleidig an, aber Oka kam nicht.

Die Nacht brach herein, es wurde ganz, ganz dunkel im Walde, nicht einmal die Sterne konnte man sehen, weil die Bäume den Himmel zudeckten.

„Jetzt kann Oka nicht mehr kommen, es ist zu finster" dachte Nicolete und kauerte sich in das Moos, und obgleich sie nicht einschlafen wollte, kam der Schlaf doch, ohne daß sie es merkte, und schloß ihr sacht die Augen zu.

Als sie am nächsten Morgen erwachte, fand sie neben ihrem Mooslager Wurzeln von Farnkräutern und Beeren, auch Früchte, die sie nicht kannte. Die hatten ihr über Nacht mitleidige Tiere gebracht. Nicolete aß und wurde satt, und dann horchte und rief sie wieder den ganzen Tag nach Oka, bis sie nicht mehr konnte und ihre Stimme versagte.

Aber immer, wenn der kleine, graue Vogel sang: „Komm mit – mit – mit – mit!" schüttelte sie ihren Kopf. Nein, sie mußte ausharren.

Nach einer Weile hörte sie auf, den ganzen Tag zu rufen. Sie horchte nur immer noch auf jeden Ton. Am siebenten Tage, als sie früh aus dem Schlafe erwachte, konnte sie nicht aufstehen. Sie blickte an sich herab, und siehe da, sie war halb zu einer Blume geworden.

Denn in dem Zauberwalde durfte kein Mensch länger als sechs Tage bleiben, sonst wurde er in irgend etwas verwandelt, und nur, wenn er zur rechten Zeit wünschte, frei zu sein, hatte der Zauber keine Macht über ihn. Nicolete aber wußte dies alles nicht.

Nun fühlte sie, daß sich schon ihre nackten, kleinen Füße in zarte Wurzeln verwandelt und in die Erde gesenkt hatten, ihr Körper war ein gerader, schlanker Blumenstengel geworden und ihre Arme hatten sich in grüne Blätter verwandelt.

Vor ihr auf einem Zweige aber saß das graue Vögelein.

„Willst du frei – frei – frei – frei –sein," sang es eindringlich, „dann komm mit – mit – mit –!" Aber Nicolete schüttelte ihr Köpfchen mit dem blassen Antlitz und den ernsthaften Augen. „Nein," sagte sie, „Ich kann nicht mit, ich muß hier warten auf Oka. – Oka, Oka – O –." Ihre Stimme erlosch. Nicolete war für immer verstummt. Ihr liebliches, kleines Gesicht hatte sich in eine schöne, stille, weiße Blüte verwandelt, Nicolete war ganz zur Blume geworden. Wie aus Silber, Schnee und Mondesglanz gebildet, stand sie zart und schlank da, und über sie breitete sich ein Duft wie von den ersten Veilchen im Frühling.

„Du hast's gewollt – wollt – wollt – wollt –" zwitscherte das graue Vöglein. Dann flog es fort und kam nicht wieder.

Nicolete aber blieb eine weiße Blume. Die Speise, welche sie brauchte, zogen ihre zarten Wurzeln aus der Erde. Ihr Trank war der Tau, der vom Himmel fiel.

Sie verblühte nie. Sommer und Winter stand sie da im verzauberten Walde und wartete. Wenn der Schnee fiel, so baute er um sie her eine schützende Wand auf, ohne sie zuzudecken. Immer lieblicher wurde sie, immer weiter breiteten sich ihre feinen Blätter aus, und immer höher erhob sich ihr schlanker Stengel. Ihr Kelch aber war tief im innersten Grunde anzusehen, als wenn man in liebe treue Menschenaugen blickt. Lange, lange, lange stand die arme kleine Nicolete im Walde und wartete auf Oka.

Der hatte damals, als er fortgelaufen war, wirklich nur eine kurze Strecke weit gehen und dann zu Nicolete zurückkehren wollen, denn er glaubte, der Wald müßte bald zu Ende sein und wollte gern sehen, was auf der anderen Seite lag und dann Nicolete holen.

Aber da er die roten Beeren gegessen hatte, vergaß er, sobald er Nicolete nicht mehr sah, auf einmal alles, was früher gewesen war und was er sich vorgenommen hatte. Während der ersten hundert Schritte dachte er noch an Nicolete, aber dann sah er ein rotes Eichhörnchen, das von Baum zu Baum sprang, und Nicolete und alles, alles andere war plötzlich ganz aus seiner Erinnerung ausgelöscht, so, als wenn man mit dem Griffel etwas auf die Tafel schreibt und dann mit dem nassen Schwamm darüber fährt. Es ist weg, man sieht es nicht mehr. Es war auf einmal so, als wenn Nicolete niemals dagewesen wäre, nur weil Oka fünfzehn rote Beeren von einem Strauch gepflückt und verzehrt hatte. „Für jede Beere, die du ißt, du alles auf ein Jahr vergißt", hatte das graue Vöglein gesagt, nun fing es an. Aber Oka wußte auch nichts mehr von dem grauen Vöglein und den Beeren, er dachte auch nicht an die liebe Mutter und das kleine Haus daheim. Es war ganz so, als wenn er jetzt neu anfinge zu leben.

Erst lief er dem Eichhörnchen nach, und dann, als das soweit fortgesprungen war, daß er es nicht mehr sehen konnte, jagte er einen Schmetterling, der sich in den Wald hinein verirrt hatte. Er fürchtete sich gar nicht, allein zu sein, sondern lief fröhlich geradeaus oder zur Seite, wie es ihm einfiel, und nach ein paar Stunden wurde es heller um ihn. Die Bäume standen nicht mehr so eng nebeneinander, man konnte schon ein Stückchen blauen Himmel sehen, die Blumen, die da wuchsen, waren nicht mehr bleich, sondern trugen wieder schöne, bunte Farben, und auf einmal, ehe sich Oka dessen versah, war der Wald zu Ende. Da lag kein Dorf, und der Himmel war auch nicht da, aber wieder eine große, grüne Wiese, die weißen Wolken zogen am Himmel dahin, wie Schwäne auf einem See, und die liebe freundliche Sonne goß all ihr Licht und all ihr Gold in die Welt aus. Oka klatschte in die Hände vor Freude.

Da kam über die Wiese, einen Weg entlang, ein Mann mit einem Wagen gefahren, gerade an Oka vorüber.

Er hielt seinen Wagen an, denn Oka gefiel ihm, wie er dastand mitten im Sonnenschein, ohne Mütze, mit seinen blauen Augen und den goldenen Locken.

„Junge,“ sagte er, „was tust du hier ganz allein? Weit und breit ist ja kein Mensch und kein Dorf, wo kommst du her?“

„Von da“, sagte Oka und zeigte auf den Wald.

„Wie heißt du?“

Oka besann sich eine Weile. „Oka“, sagte er dann langsam und unsicher.

„Wohnst du im Walde?“

„Nein“, sagte Oka und schüttelte seine Locken

„Wo wohnst du denn?“ fragte der Mann. Er stieg vom Wagen.

„Nirgends!“ sagte Oka.

„Hast du denn nicht Vater und Mutter?“

Oka sagte nein.

„Oder Bruder und Schwester?“ Oka schüttelte wieder den Kopf, denn er hatte ja Nicolete vergessen.

„Bist du von weit her gekommen?“ fragte der Mann und faßte ihn bei der Hand.

Oka dachte nach. „Ich weiß nicht,“ sagte er dann, „auf einmal war ich hier.“

„Hier kannst du nicht bleiben,“ sprach der fremde Mann, „das ist ein verzauberter Wald, weißt du das nicht? Ich will dich mitnehmen, du kannst bei mir bleiben, bis wir herausgefunden haben, wohin du gehörst.“

„Gerne“, sagte Oka. Sie kletterten beide auf den Wagen. Oka durfte die Peitsche halten und die Zügel anfassen, die der Mann in der Hand hatte. „Hü – Hott!“ sagte der Mann, dann fuhren sie miteinander davon.

Den ganzen Tag fuhren sie, denn der Mann war aus einer fernen Gegend gekommen und wollte nun wieder nach Hause. Immer wenn sie an einem Dorfe vorüberkamen, stieg der Mann ab und fragte, ob jemand den kleinen Jungen verloren hätte, aber niemand wollte etwas von Oka wissen. Nachts kehrten sie in einem Wirtshause ein, und dann fuhren sie wieder weiter und immer weiter fort von dem verzauberten Walde.

Und je länger sie beieinander waren, um so lieber mochte der Mann Oka leiden. So hübsch und fröhlich war auch sein eigener kleiner Junge gewesen, der ihm vor ein paar Wochen gestorben war. Nun hatte er kein Kind mehr und seine Frau wollte sich gar nicht trösten lassen.

Endlich nach einer langen, langen Fahrt, kamen sie zu Hause an. Die Frau hieß sie willkommen und küßte Oka auf seinen roten Mund, und dann weinte sie; denn sie dachte an ihren eigenen Knaben, der ihr gestorben war. Darauf richtete sie ihm das kleine Bett, in dem ihr Knabe immer geschlafen hatte.

Spät abends, als Oka schlief, saßen Mann und Frau zusammen vor der Tür.

„Mann,“ sagte die Frau, „wir sind reich und haben kein Kind, und das Kind ist arm und hat nicht Vater noch Mutter.“

Der Mann nickte und sagte: „Ja, ja!“ und dann schwiegen sie wieder eine Weile.

„Was meinst du, wenn wir ihn behielten?“ sagte die Frau und sah ihren Mann an.

„Das habe ich auch schon gedacht“, entgegnete der Mann. Sie gaben sich die Hand und so war es abgemacht, und am nächsten Morgen fragten sie Oka, ob er bei ihnen bleiben und ihr liebes Kind sein wollte.

Oka wollte es gern, und so ging es zu, daß Oka neue Eltern fand. Der Mann wurde sein Vater, die Frau seine Mutter, und er wurde ihr Kind und es ging ihm gut bei ihnen. Sie hätten gern auch noch ein Mädchen gehabt, aber das konnten sie nicht bekommen, denn man findet nicht jeden Tag ein Kind auf einer Wiese. An alles, was geschehen war, an Nicolete und die Mutter und all das andere dachte Oka niemals, weil er von den roten Beeren gegessen hatte.

Nur manchmal nachts, wenn Oka schlief, kamen ihm Träume. Dann sah er die arme kleine Hütte, in der die liebe Mutter gestorben war, und Nicolete, wie sie ihn bei der Hand nahm, ihm die Mütze aufsetzte und mit ihm aus der Hütte trat, die Tür zumachte und mit ihm in die weite Welt wanderte. Da schwebte ihm auch wohl wie ein ganz verblaßtes Bild der Wald vor, der Busch mit den roten Beeren und der kleine Vogel, der gesungen hatte:

„Für jede Beere, die du ißt,
Du alles auf ein Jahr vergißt."

Und wie aus weiter weiter Ferne, hörte er es ganz leise rufen: „Oka – Oka – Oka!" –

Aber wenn Oka morgens aufwachte, hatte er wieder alles vergessen. Er war dann wohl ein wenig still und träumerisch, aber er wußte selbst nicht warum.

Sonst war er immer fröhlich und wohlgemut, und nach und nach gewann er seine guten Pflegeeltern, die ihn ganz hielten wie ihren eigenen Sohn, so lieb, als wären sie sein rechter Vater und seine rechte Mutter. Er wuchs heran und wurde aus einem frohen Kinde ein schöner, guter, kluger und starker Jüngling. Fünf Jahre war er alt gewesen, als sein Vater ihn fand, seitdem waren vierzehn vergangen, er war seines Vaters rechte Hand in allem. Was er anfaßte, das gelang ihm, so daß man sich oft wundern mußte.

„Er hat eine glückliche Hand," sagten die Leute von ihm, aber daran lag es nicht, es kam daher, weil er einen hellen Verstand und ein reines Herz hatte.

Seit einiger Zeit geschah es, daß die alten Träume in der Nacht immer häufiger kamen und immer deutlicher wurden, es war immer wieder dasselbe, was ihm träumte, und es quälte ihn oft bei Tage, daß er sich auf das, was er nachts gesehen hatte, wachend nicht besinnen konnte. Etwas Schönes, etwas Liebes, und doch ganz unendlich Trauriges war es gewesen, das wußte er wohl, aber mehr brachte er nicht heraus. Jemand hatte ihn gerufen, irgendwo war er umhergeirrt, aber er wußte nicht wer und nicht wo.

Endlich konnte er es nicht mehr aushalten, er trat vor seinen Vater hin und sprach: „Lieber Vater, ich kann es nicht mehr ertragen. Es ist eine große Unruhe in mir, als müßte ich etwas Liebes und Kostbares suchen, was ich einmal besessen und dann verloren habe. Ich weiß nicht, was es ist. Vielleicht besinne ich mich darauf, wenn ich draußen in der Welt bin. Laßt mich ziehen, du und Mutter, ich will auf Wanderschaft gehen, und wenn ich das Ding gefunden habe, was ich selbst noch nicht kenne und weiß, dann will ich wiederkommen und es euch bringen."

Der Vater und die Mutter wurden sehr betrübt. Sie hatten kein Kind außer ihm, und sie fürchteten, sie könnten ihn draußen in der Welt verlieren.

„Lieber Sohn," sagte der Vater, „bleibe hier. Du sollst Herr sein über alles was ich habe, über mein Haus und meinen Hof, mein Vieh und mein Geld. Nur verlasse uns nicht."

Aber Oka versprach ganz fest, er wolle wiederkommen, schnürte sein Bündel, gab Vater und Mutter die Hand und wanderte in die weite Welt hinaus. Geld und Gut nahm er nicht mit. „Ich bin stark und gesund," sagte er, „ich werde schon durch die Welt kommen."

Hierhin und dorthin wanderte er. Er sah fremde Städte und hohe Berge, große Ströme und weite Meere, nirgends aber hatte er Ruhe. Es war etwas in ihm, das trieb ihn wieder fort, wo er auch sein mochte. Er lernte fremde Menschen kennen und war fleißig und froh bei ihnen, aber bleiben konnte er bei ihnen nicht.

„Es ruft mich jemand"; sagte er, wenn sie ihn halten wollten. Dann schüttelten sie wohl den Kopf über ihn, wenn er gegangen war, als wollten sie sagen: „Er ist töricht."

Ein Jahr war er so gewandert, da kam er eines Tages auf eine große, große, grüne Wiese. Es war schon fast Abend, die Sonne war eben am Untergehen. Vor ihm in der Ferne lag ein Wald hoch, finster und stumm im Abenddämmern. Aber hinter den Bäumen flammte es empor gelb und glutrot wie ein ungeheures Feuermeer. Das war die Abendröte.

Oka stand still und sah auf den Wald, auf die Wiese und die Abendglut.

Es waren aber heute gerade fünfzehn Jahre verflossen, seit er die roten Beeren gegessen hatte, nur wußte er es nicht.

Er sah auf die Wiese, den Wald und die feurige Abendröte, und auf einmal sagte er ganz laut, so daß es sonderbar und fremd klang in der tiefen Stille ringsum: „Hier war ich schon einmal."

Rings war weit und breit kein Mensch, nicht einmal ein Tier lief an ihm vorüber. Nur den Wald sah er und die Abendglut und die Wiese mit den tausendmaltausend Blumen, die schon ihre Blätter zusammenfalteten zum nächtlichen Schlummer. Und neben ihm plätscherte eifrig und eilig ein kleiner Bach dahin, der murmelte immerzu: „Ich wandre in die weite, weite Welt."

Oka stand und blickte auf alles, bis die Abendglut verglommen war, und auf einmal wußte er, was ihm so oft und oft geträumt hatte. Hier war er gegangen als ein kleines Kind mit nackten Füßen und ohne Mütze, und ein anderes kleines Kind hatte ihn bei der Hand gehalten. Oka schlug die Hände vor sein Gesicht, daß ihm die goldenen Locken über die Finger fielen. „Nicolete" sagte er ganz leise, er wußte auf einmal den Namen, und alles, was er vergessen gehabt hatte, war wieder lebendig in ihm geworden.

Dann wanderte er weiter bis an den Wald. Hineingehen konnte er an diesem Abend nicht mehr, denn die Nacht brach herein. Und wie einst vor fünfzehn Jahren warf er sich in das Gras ohne Decke und ohne Kopfkissen, und über ihm waren nur die silbernen Sterne und Gottes Auge. Aber Nicolete war nicht da wie einst.

Am nächsten Morgen wachte er früh auf. Der Wald lag im Sonnenschein da und sah gar nicht unheimlich aus. „Ich will hineingehen," sagte Oka zu sich selbst, „Nicolete kann ich nicht mehr in ihm suchen, sie ist wohl längst gestorben, aber ich finde vielleicht noch die Stelle, wo ich zu ihr sagte, sie sollte auf mich warten. Ich will es alles noch einmal wiedersehen. Und dann will ich wieder in die Welt hinauswandern. Wenn sie doch noch lebt, so will ich Nicolete finden."

Da flatterte dicht vor ihm ein graues Vögelein empor, das hatte am Waldrand auf einem Zweig gesessen. Es war nicht größer als eine Lerche, aber es hatte so kluge Augen wie ein Mensch.

„Komm mit – mit – mit – mit –!" zwitscherte das Vögelein. Es klang so lockend, so sehnsüchtig.

„Komm mit – mit – mit – mit –!“ und flog dann vor ihm her in den Wald hinein.

„Ich will mitgehen“; sagte Oka und trat auch in den Wald. Es war alles wie einst, denn der Wald war noch immer verzaubert. Das Vögelein war fort, aber immer klang es von irgendwo leise: „Komm mit – mit – mit – mit –!“

Da war auch der Strauch mit den roten Beeren. Er hing auch heute über und über voll und der feine, süße Duft lag darüber, wie damals. Aber Oka ging vorbei. Noch immer saßen die seltsamen Vögel mit den buntschillernden Federn in den Zweigen, und die bleichen Stiele großer, blasser Blumen rankten von Baum zu Baum, und das Farnkraut stand wie ein kleiner Wald mitten im großen Walde.

„Komm mit – mit – mit – mit!“ –

„Ja, du führst mich gut;“ sagte Oka, „du weißt den Weg, hier war es.“

Und da stand ein Strauch voll köstlicher blauer Beeren, fast wie Weintrauben.

„Hier!“ sagte Oka. Sein Herz schlug laut, und er wurde bleich.

Noch ein paar Schritte weiter, und da stand mitten im grünen Moose eine schöne, weiße Blume. Hoch und schlank war ihr aufrechter Stengel emporgeschossen, ihre zierlichen grünen Blätter breiteten sich aus wie sehnsüchtige Arme, und die feine, holdselige Blume war anzusehen, als sei sie aus Silber, Schnee und Mondesglanz gewoben. Sie leuchtete Oka entgegen mit einem milden Strahlenglanz, der sie rings umfloß, und über ihr lag ein Duft wie der Duft von den ersten Veilchen im Frühling. Aber im allertiefsten Kelch leuchtete es wie ein liebes und treues Menschenauge.

Der kleine graue Vogel sang nicht mehr; aber es war, als riefe jemand ganz leise: „Oka! – Oka! – Oka!“

„Ja, hier war es“, flüsterte Oka. „Hier stand sie und rief; aber ich wollte nicht hören, hier, wo die schöne Blume wächst. So war Nicolete auch, so fein und still und lieb wie diese Blume. Vielleicht ist hier ihr Grab.“

Er kniete nieder und blickte in den Kelch hinein. Anfassen mochte er die Blume nicht; sie war zu herrlich! Aber bei dem Gedanken an die kleine Nicolete, die er einst so lieb gehabt hatte, und die ihm immer die Locken aus der Stirn strich, wie es die Mutter zu tun pflegte, stürzten ihm die Tränen aus den Augen und fielen gerade mitten in den Kelch der weißen Blume.

„Nicolete,“ sagte er und legte die Hände um den Stengel, ohne ihn zu berühren, „wenn du eine Blume wärst, so würdest du so sein wie diese.“

Und auf einmal war es keine Blume mehr. Er wußte nicht, wie es geschah. Aber plötzlich hielt er ein schönes, schlankes Mädchen in seinen Armen, fein und blaß, wie eine Waldblume. Auf den Wangen glänzten noch Okas Tränen, die auf die Blüte gefallen waren, und die Augen waren wie die ersten Veilchen im Frühling.

Und es war Nicolete. Sie stand da in ihrem ärmlichen Röckchen von einst, das mit ihr gewachsen war, und doch konnte keine Prinzessin lieblicher sein.

„Ich wußte, daß du kommen würdest", sagte Nicolete und strich Oka die goldenen Locken aus der Stirn.

Sie hielten sich bei den Händen wie einst, als sie kleine Kinder waren, und lachten und weinten.

Und sie gingen miteinander aus dem verzauberten Walde, Hand in Hand, nicht mehr Brüderchen und Schwesterchen, sondern Bruder und Schwester. Vor ihnen her flog der kleine graue Vogel, der zeigte ihnen den Weg. Am Waldesrand flatterte er noch einmal vor ihnen empor. „Fahrt hin – hin – hin!" zwitscherte er, und man wußte nicht, klang es traurig oder fröhlich. Dann flog er in den Wald zurück.

Oka und Nicolete aber kehrten heim zu Vater und Mutter, wie Oka versprochen hatte, denn was man versprochen hat, muß man halten, und es war große Freude und Glückseligkeit.

Der Wetterbusch

Von

Ludwig Grimm

Hoch im Gebirge droben, wo die Tannenbäume wachsen und die Flüsse entspringen, lag ein stilles, grünes Tal, die Kerbe geheißen. Fleißige Leute hatten hier dem Wald ein paar Acker Feld und Wiesenland abgewonnen, der rauschende Bach trieb das große, schwarze Rad einer Sägemühle, und bis tief in den Wald hinein konnte man den singenden Ton der Säge hören, die lange Bretter aus den mächtigen Tannenbäumen schnitt.

Am oberen Ende des Wiesengrundes lag unter dem Schatten der hohen Waldbäume ein kleines Haus. Dichtes Moos wuchs auf dem strohgedeckten

Dach und quoll auch zwischen den Fugen des niedrigen Schornsteins weich und dunkelgrün hervor. Im Garten vor dem Häuschen aber erhoben sich schlanke Blütenstengel aus dichtem Blättergrün, und auch hinter den kleinen, viereckigen Fenstern drängte sich Blume an Blume. Denn hier wohnte mit Weib und Kind ein pflanzenkundiger Mann, der Wurzelgräber Peter Latz. Im Frühjahr und Sommer ging der Wurzelpeter mit Frau Gertraud und seinem Knaben Hans an jedem Morgen weit auf die Berge, um heilkräftige Wurzeln und Blätter, die bunten Blüten und wohl auch die zierlichen Samen der Waldgewächse zu suchen und zu sammeln. Andere Arzneipflanzen zog er im Garten und in den Blumentöpfen. So konnte er im Herbst, wo die ersten Fröste durch den Wald und die schlimmen Krankheiten in die Städte ziehen, mit großen Bündeln getrockneter Heilkräuter aus dem Kerbtal hinab ins Unterland wandern. Dort verkaufte er seine Vorräte für ein gutes Stück Geld.

Seit sein Sohn Hans größer und verständiger geworden war, nahm er auch diesen mit auf solche Wanderfahrten. Fröhlich sang der frische Bursche neben ihm, munter blickten die großen Knabenaugen auf das Tun und Treiben der Menschen, und wenn's nichts zu singen und zu schauen gab, dann lauschte Hans den Geschichten, die der Vater von allerlei Waldkräutern und Waldgeistern zu erzählen wußte. Hans ward ein kluges Kind dabei.

Als die beiden aber wieder einmal, aufwärts wandernd, in die Heimat zurückkehrten, fanden sie dort viele fremde Leute vor. Ein reicher Mann hatte sich in der Kerbe ein Haus gebaut, die Sägemühle wurde erweitert, der Wald sollte ringsum abgeschlagen werden, und schon waren die fremden, braunen Arbeiter daran, talaufwärts eine Straße zu bauen, auf der sie das Holz hinabfahren wollten. Frau Gertraud klagte bitter, wie wild und wüst die neuen Nachbarn seien. Roh und hart wären sie gegen Menschen und Tiere, man könne kaum bleiben vor ihrem Fluchen und Drohen. Namentlich Haus und Garten des Wurzelpeters sei ihnen im Wege. Denn sie mußten einen ziemlichen Bogen drum herum machen. Ach, Frau Gertraud schlug sich die Schürze über den Kopf und weinte und schluchzte. Davon wurde freilich die Sache nicht besser.

Der Wurzelpeter merkte bald selber, daß er böse Nachbarschaft bekommen hatte. Zuerst zwar hatte der neue Schneidemüller ihm viel Geld geboten, wenn er ihm seine „Hütte“, wie's der Fremde nannte, verkaufte. Als aber Peter nicht in den Handel gewilligt, hatte der reiche Holzhändler ihm höhnisch zugerufen, noch mit dem Bettelsack solle der Wurzelpeter davonziehen. Und wie der Alte den Vater, so höhnte und schimpfte sein Sohn Heino den armen Hans, wo er dessen irgend ansichtig ward. Ein Glück, daß Hans flinker war als der ungeschlachte Heino, der ihm gern eins ausgewischt hätte!

Weil der schöne Kerbenwald schon zum guten Teil abgeholzt war, mußte der Pflanzensucher in diesem Jahre weiter als sonst auf die Berge hinauf. Um die Mittagszeit bereitete dann Frau Gertraud über flackerndem Holzfeuer die Mahlzeit mitten im Walde. Das Holz hatte ihr Hans vorher zusammengesucht. Und schön und friedlich war dieses Beisammensein im stillen Walde, durch den im Sonnenstrahle ein würziger Harzduft zog. Eines Tages waren die drei bis zum höchsten Gebirgskamm hinaufgedrungen. Dort waren die Tannen und Kiefern im steinigen Boden nicht recht gediehen. Nur Knieholz gab es, und das hatte sich vor den häufigen Stürmen tief und dicht an die Geröllsteine der Halde geschmiegt. Aber Johannisblumen und Enzian wuchsen recht stark und üppig zwischen dem Gestein. Hans hatte schon ein tüchtiges Bündel zusammen. Aber immer tiefer zwängte er sich in das Gebüsch hinein.

Da sah er plötzlich ein seltsames Gebilde vor seinen Füßen. Von fünf oder sechs Fichten hatten sich die Äste dicht über dem Erdboden innig durcheinander gestreckt und geschoben. Nadeln waren nicht mehr daran zu sehen, aber die einzelnen Zweige waren so vielfach miteinander verwachsen, daß sie ein ganz festes, dichtes Geflecht bildeten, so groß wie ein Kuchendeckel.

„Ein Wetterbusch!“ rief Hans erstaunt. Vorsichtig trat er näher. Ganz gewiß! Hier hatte er das seltsame Gewächs vor sich, wie es ihm der Vater einmal beschrieben. Zackigen Blitzen gleich schienen die kahlen, rötlichen Zweige durcheinander zu fahren, die Augen taten einem weh, wenn man lange in das Gewirr schaute.

Hans wußte, daß der Wetterbusch die Blitze anzieht, und daß man ihn deshalb nicht mit nach Hause nehmen darf. Aber ansehen wollte er das Ding doch recht genau. Darum legte er sich auf dem Boden, der mit abgefallenen Fichtennadeln dicht bedeckt war, und betrachtete nun den Wetterbusch von allen Seiten.

Da hörte er auf einmal neben seinem Ohr ein feines Stimmchen. Hans strengte die Augen an. Sieh, unter dem Wetterbusch stand ein Männlein – kleiner als ein Finger. Das hatte ihn beim Namen gerufen. War das ein Elf oder ein Kobold? Das Männlein ließ ihn nicht lange in Ungewißheit.

„Kommst du endlich einmal in unsere Nähe?“ rief es. „Ich wollte schon lange gern mit dir reden.“

„Warum bist du dann nicht zu mir gekommen?“ antwortete Hans.

„Das ist eine lange Geschichte“, meinte das Geschöpfchen bedenklich. „Aber wenn du noch ein Weilchen zuhören willst, sollst du alles erfahren. Komm steck den Kopf noch ein wenig näher an den Wetterbusch heran.“

Hans rekelte sich auf den dürren Fichtennadeln so nahe heran, daß er mit dem Gesicht dicht neben das Männlein kam. Das aber nahm aus einer Tasche einen durchsichtigen, gelben Stein, reichte ihm den Knaben und sprach: „Nimm zuvor diesen Topas, er schützt dich vor bösen Ränken, solange du ihn trägst.“

Der Knabe nahm den funkelnden Stein mit gespitzten Fingern entgegen, hielt ihn ein Weilchen gegen das Licht und bedankte sich freundlich für das glänzende Spielzeug. Aber das Männlein meinte, er solle ja gut acht haben auf den Stein. Vielleicht sei ihm dessen Wunderkraft einmal recht nötig.

Hans versprach Achtsamkeit, und nun begann das seltsame kleine Wesen von neuem: „Du weißt von deinem Vater mancherlei über die Nixen und Feen des Waldes, von dem wilden Jäger, der mit dem wüsten Heer durch die Lüfte stürmt, von den Kobolden, die in der Tiefe der Berge wohnen. Aber von den Alraunen hat er dir wohl nichts erzählt. Denn von uns weiß fast kein Mensch mehr heutzutage.“

Das Männlein seufzte. „Für alle anderen gibt's eine Zeit in der Nacht oder am Tage, bei Mondlicht oder ganz kurz vor Sonnenaufgang, wo sie sich aus ihren Verstecken hervorwagen können. Aber uns droht dann jedesmal der Tod, wenn wir uns nur ein wenig hervorwagen. Vor uralter Zeit, als noch kein Menschenfuß diese Wälder betreten hatte, lebten wir harmlos und heiter in der weiten Wildnis. Als aber dann die ersten Leute am Bach heraufkamen, Hütten bauten und Gärten anlegten, da entstand ein Zwiespalt unter den bisherigen Waldbewohnern. Die Kobolde und Nixen, vor allem aber der wilde Jäger, wollten die Eindringlinge vernichten, damit der Urwald nicht das Eigentum der Menschen würde. Wir Alraunen dagegen wollten nichts wissen von Gewalt und Mord, warnten die Menschen und halfen ihnen aus. Seitdem hassen uns alle Geister des wilden Waldes. Die Menschen aber haben uns auch im Stich gelassen, sie schlagen uns die schützenden Bäume über dem Kopf weg, wüsten in jedes Dickicht hinein, stöbern mit ihren Hunden jeden stillen Winkel durch. Und wo einmal die Blitze hinleuchten können, dahin sieht auch unser schlimmster Feind, der wilde Jäger. Keinen Freund haben wir mehr, bloß allerhand Verfolger. In Wald und Wiese, in Luft und Licht werden wir gejagt und gehetzt, gehöhnt und gestört. Und wir waren immer so still und schafften so freudig an Blumen und Wurzeln!“

Das Alraunenmännchen sah ganz bekümmert aus. Und wie Hans seine Klagen anhörte, da rollten ihm selber zwei dicke Tränen die Wangen herab. Das Männlein aber fing die hellen Tropfen auf. Sie wurden in seinen Händen zu Edelsteinen, ganz ähnlich dem Topas, den Hans vorher empfangen hatte.

„Sieh,“ fuhr der Alraune fort, „es gibt ja noch einzelne gute Menschen, die Mitleid mit unserer Not haben. Ihr Erbarmen ist mehr wert, als köstliche Edelsteine. Denn mitleidige Menschen können uns helfen. Willst du's nicht auch tun?“

„Ach, ja gern!“ sagte der Knabe. „Aber wie soll ich das machen?“

„Du wirst es hören!“ nickte das Männlein freundlich. „Zunächst mußt du unser Schirmdach hier in Sicherheit bringen, ehe es die Holzhauer aus eurem Tal bloßlegen.“

Hans erschrak ein wenig. „Der Vater sagt, der Blitz schlüge in das Haus, darein man solchen Wetterbusch trägt.“

„Da hat er gar nicht so unrecht“, meinte das Alraunenmännlein eifrig. „Wenn der wilde Jäger das krause Geflecht sieht, das wir im dunkelsten Waldesdickicht zusammengeflochten haben, so schleudert er seinen Speer danach. Das nennen die Menschen dann Wetterschlag. Aber es braucht's ja kein böser Geist zu sehen, wenn du den Wetterbusch fortnimmst. Zur Zeit, wo die Kirchenglocken den Mittag einläuten, ist kein Kobold, und auch der wilde Jäger nicht, im Freien. Denn sie können das Läuten nicht leiden. Um solche Zeit mußt du unser Schutzdach fortnehmen. Die Äste, die es halten, werden sich selber ablösen. Trag's dann unter die großen dichten Tannen neben deines Vaters Haus in den dunklen Winkel, wo die grünen Brombeerhecken den Boden überziehen. Nicht Mensch, nicht Waldgeist wird den Wetterbusch dort finden. Willst du uns helfen?“

Freudig sagte Hans zu. Freilich, den Eltern mochte er nichts verraten; die hätten sich doch vielleicht gefürchtet vor des wilden Jägers Zorn. Darum wartete er bis zum nächsten Sonntag, wo die Eltern drunten im Kirchdorfe waren. Da ging er schon vormittags hinauf zum Walde, wartete, bis die Glocken erklangen, und stürmte dann, den Wetterbusch auf beiden Armen tragend, dem väterlichen Garten zu.

Aber er sollte nicht ungefährdet hinkommen. Auf den langen Stämmen, die neben der neuen Straße lagen, hatte ihm des Schneidemüllers Heino aufgelauert.

„Hab' ich dich endlich einmal, du Betteljunge!" schrie er den erschrockenen Hans an und erhob gegen ihn einen mächtigen Prügel.

Hans war zu Tode erschrocken. Aber er ließ den Wetterbusch nicht fallen. Er hielt ihn nur wie schützend vor sein Gesicht.

Krach! klang's da auf einmal. War's der schützende Topas, den er trug, war's ein anderer Zauber, der ihn behütete, oder hatte Heino in der Eile einen wurmstichigen Ast genommen – der furchtbare Knüppel zerbrach, noch ehe er Hans getroffen hatte. Heino aber, der so etwas nicht vermutet hatte, kam aus dem Gleichgewicht, stürzte auf die Baumstämme, die dicht am Straßenraine aufgestapelt waren, und kollerte samt diesen die Böschung hinunter, bis der ungeschlachte Bursche und das Holz, das ihn übel zugerichtet hatte, im Bache lagen. Fluchend und prustend arbeitete sich Heino wieder empor; Hans aber war inzwischen längst daheim angelangt und hatte den Wetterbusch im Garten versteckt, ehe noch das Mittagsläuten in den Bergen verklungen war.

Von dieser Zeit an brachte Hans halbe Tage im Garten zu. Dort hielt er Zwiesprache mit den Alraunen, die einer nach dem anderen unter das zauberhafte Wetterdach einzogen. Und wenn die Männlein ihm nicht gerade erzählten, so schaute er ihrem wunderbaren Arbeiten und Schaffen zu. Wo ein Keim nicht durch die harte Erde konnte, da wälzten sie das Steinchen über der harten Spitze fort; von den Knospen nahmen sie die Hüllblättchen ab, daß sich die Blüten um so freier entfalten möchten. In die Blumenkelche trugen die Alraunen jeden Morgen glänzende Tautröpfchen, und über Nacht putzten und säuberten sie jedes Blatt am Strauch, jeden Halm im Grase. Und das alles ging so zierlich und flink, daß man kaum so schnell sehen konnte, wie die niedlichen Geschöpfe sich regten.

Bald hatte sich Hans gewöhnt, mit den Alraunen im fröhlichen Wetteifer den Garten zu bestellen. Arbeiteten die zierlichen Wesen flinker, so kam ihm die größere Kraft zustatten. Und erstaunlich war's, wie prächtig bald der Kräutergarten des Wurzelpeters aussah.

Es war auch gut, daß jetzt so viel Arzneipflanzen so dicht am Hause gediehen. Denn im Walde draußen, wo das stille Schaffen der Alraune fehlte, wuchs wenig mehr. Seit vor den Holzfällern die Tannen und Fichten gesunken waren, unter denen sich früher die Alraunen versteckt hatten, fanden auch die roten Fingerhutblumen und die weißen Liliengewächse nicht mehr den gewohnten Schatten; auf dem ausgedörrten Boden verkümmerte der blaue Eisenhut und der schöne, weiß und goldene Steinbrech, selbst die Moosbeeren am Bache hatten nicht mehr den Wohlgeschmack wie in der Zeit, da über ihnen noch der Hochwald rauschte. Dazu kam, daß die Gewitter jetzt viel schlimmer als früher auftraten. Der wilde Jäger mochte wütend sein, daß ihm die Alraunen entschlüpft waren, die dort gehaust hatten, wo jetzt der dichte Wald gefallen war. Immer wieder heulte und fauchte das wilde Heer durch die Lüfte, schmetterten die Donnerkeile fürchterlich ins Erdreich. Und mächtige Regengüsse rissen tiefe Furchen in das Land, wühlten die Steine heraus und bedeckten die tiefer gelegenen Wiesengründe mit dem Geröll – und es ward weite Wüstung, wo vor kurzem noch der herrlichste Wald gestanden hatte.

Auch der neue Sägemüller, der mit seinen Leuten an allem schuld war, merkte zu seinem Schaden, wie sich die Umstände geändert hatten. Der Kerbebach floß nicht mehr so gleichmäßig wie früher. Heute zerriß die plötzlich anschwellende Flut das Mühlenwehr, und nach wenigen Tagen schon war das Wasser so tief gesunken, daß es nicht eins der vielen Räder treiben konnte, die jetzt zur Mühle gehörten. Dann mußte gefeiert werden, und die Mühlburschen verübten, zusammen mit dem bösen Heino, viel Mutwillen im ganzen Lande.

Stets aber blieb das Haus des Wurzelpeters unangefochten. Niemand wußte, daß der Topas, den Hans auf der Brust trug, alles Übel fern hielt. Kein Mensch ahnte auch, daß es die Mithilfe der Alraunen war, welche die Kräuter so üppig im Garten gedeihen, den Saft so heilkräftig werden ließ. Immer mehr lernte Hans von seinen kleinen Helfern. Schon wußte er besser als der Vater, welche geheimen Gaben manche Pflanze hatte, wann der Beinwell gegraben und der Mohn geritzt werden mußte. Weil er sah, wie die Alraunen Saft und Kraft mischten, tat er bald selbständig die Würze des Waldes zusammen, preßte Blüten aus, kochte Wurzeln und füllte in Büchsen und Flaschen, was er dabei erhielt. So brauchte er samt dem Vater nicht mehr mächtige Bündel auf die Herbstfahrt mitzunehmen, und doch waren die Tränklein und Salben kräftiger als früher eine ganze Tracht getrockneter Blumen.

Weiter als sonst zogen jetzt der Wurzelpeter und sein ziemlich erwachsener Sohn ins Unterland. Bis in die Hauptstadt des Kaisers waren sie endlich gekommen, und noch überall hatten sie freundliche Aufnahme gefunden. In der großen Stadt gab es viel zu sehen und ließen sich die mitgebrachten Vorräte für ein gut Stück Geld verkaufen. Ach, in den stolzen Häusern, an den vornehmen Straßen wohnten gar so viel Leute, denen Krankheit in Brust und Herz saß, deren Lebenskräfte sich vor der Zeit verzehrten. Der Kaiser selber, so hieß es, wäre nicht mehr gesund. Die viele Sorge um sein großes Reich habe ihm alle Freude am Leben genommen, seine Wangen seien bleich geworden, und vor innerer Unruhe könne er nirgends mehr lange bleiben. Es sei ein schleichendes Fieber über ihn gekommen, sagten die Leute in der großen Stadt, und wenn sich das nicht heilen lasse, müsse er sterben, obwohl er noch gar nicht sehr alt war.

Der Wurzelpeter hätte dem Kaiser gern ein Mittel für das schleichende Fieber angeboten, wenn er sich nur hineingetraut hätte in den großen Kaiserpalast, wo die vielen Lakaien und Geheimräte in glänzenden Uniformen standen und gar so stolz und streng um sich blickten. Aber der gute Kaiser tat ihm doch von Herzen leid.

Die trüben Gedanken vergingen indessen dem Peter und seinem Sohn schnell, als sie endlich wieder nach der Heimat zurück wanderten. Immer höher strebten sie dem lieben Bergland zu, schon schritten sie wieder zwischen grünen Nadelwäldern hin, auf die der Frost jetzt weiße Sternchen geblasen hatte. Die Luft war klar und frei. Hans fing an, aus voller Brust in den stillen Frost hinein zu singen. Wie er so die helle Stimme erklingen ließ, trat plötzlich von einem Seitenwege her ein Forstmann im grünen Kleide auf ihn zu.

„Wie kannst du hier so laut singen," sprach er ernsthaft, „wo drüben in dem kleinen Jagdschloß der Kaiser in schwerem Fieber liegt!"

Hans erschrak. Aber er sagte doch, daß er gar nicht gewußt habe, daß ihm der Kaiser so nahe sei. In der Hauptstadt hätte er wohl von des Kaisers Krankheit gehört, der Vater und er selber hätten auch gerne dem guten Herren ein Heilmittel gebracht, aber sie hätten Scheu vor den vielen vornehmen Leuten gehabt.

Der Forstmann sah den Sänger aufmerksam an. „Glaubst du wirklich, Heilmittel gegen das schleichende Fieber zu kennen?"

„Gewiß Herr!" sagte Hans voll Eifer. „Im Walde draußen, auf den Bergen, wo die gesunde Luft weht, wo der Regen und der Tau reiner ist als im Unterland, wachsen tausend Blumen voll wunderbarer Kräfte. Und oft helfen die Pflanzensäfte, wo man's kaum gehofft hatte. Könnte der Kaiser nicht eins meiner Tränklein versuchen?"

„Frag ihn selber", sagte der Forstmann freundlich. „Kommt mit mir!" winkte er dann beiden zu.

So kamen der Wurzelpeter und sein Sohn Hans in das Jagdschlößchen, wo der Kaiser in seinem Krankenbett lag.

Und nun war es seltsam, wie bald sich der Kaiser in der Behandlung der beiden wohler fühlte als lange vorher. Den munteren Hans, der ihm jedes Tränklein bereiten mußte, gewann er deshalb lieber als alle anderen, die bisher an ihm herum kuriert hatten. Er überhäufte ihn mit Geschenken und Ehren und wollte ihn gar nicht mehr von sich lassen.

Aber Hans sagte dem Kaiser, daß er wieder ins Gebirge ziehen müsse, sobald der Frühling käme. Gerade dann seien die wirksamsten Kräuter zu finden; dann erst solle wohl mit Gottes Hilfe der Kaiser völlig gesund werden. Oder ob der Kaiser nicht lieber gleich einmal mitkommen wolle.

Das konnte der Kaiser nun freilich nicht; aber er sandte den Hans und dessen Vater in einem besonders schönen Wagen nach dem Kerbetal, damit sie recht behaglich fahren konnten und doch recht bald wieder bei ihm wären.

In der Kerbe hatten es die Leute schon durch Frau Gertraud erfahren, wie der Wurzelpeter, vor allem aber sein Sohn Hans, beim Kaiser in große Gnade gekommen wäre. Als aber die vergoldete Karosse ins Tal hinauf gefahren kam, da wußten sich die Bewohner vor Staunen nicht zu fassen. Hans und Peter waren mit einem Male die angesehensten Leute in der ganzen Gegend. Um den Schneidemüller aber und den wilden Heino mochte kein Mensch mehr Aufhebens machen. Mit verbissenen Gesichtern hielten sich die auch abseits.

Aber die Wut gegen Hans, der ihm früher nur ein Betteljunge geschienen, nagte im Herzen Heinos um so grimmiger fort. Er sah täglich aus der Ferne, wie Hans im Garten Knospen und Blüten pflückte, wie er dort und da Wurzeln grub; Heino dachte wohl, daß alle diese Arbeit den einst so verachteten Kräutersucher immer berühmter machen werde. Da beschloß er bei sich, den Garten, der so reichen Segen brachte, zu zerstören.

Bald kam die Gelegenheit. Hans war aufs neue zum Kaiser gefahren. Peter Latz und Frau Gertraud, angetan mit schönen Gewändern, waren auf ein paar Tage mitgekommen, weil sie manches für ihr Hauswesen einkaufen wollten. So stand das Häuschen des Wurzelgräbers leer.

Eine trübe, dunstige Nacht war angebrochen, als Heino über den niederen Gartenzaun stieg. Vom Gebirgskamm her zuckte zuweilen ein Wetterleuchten. Das zeigte dem wüsten Burschen den Weg. Und er fing an, mit beiden Händen zu raufen und zu brechen zwischen den bunten Beeten, er riß eine Latte vom Zaun und zerwühlte damit die reiche, braune Erde, darin so viel Schönes und Heilsames erwachsen war, er begann niederzutreten, mit den Füßen fortzustoßen, was ihn irgend in den Weg kam. Immer drohender rollte der Donner. Jetzt stieß der Fuß des wilden Heino an den Wetterbusch, über den sich noch immer Ranken vom Brombeergebüsch hinwegspannen. Aber der rohe Bursche war nun einmal am Zuge. In blinder Wut zerrte er an den verschlungenen Zweigen – der Wetterbusch, das Schutzdach der friedlichen Alraunen, lag bloß ....

Und im selben Augenblick knatterte, brauste und dröhnte die wilde Jagd heran. Ein Heulen und Sausen, ein Wimmern und Pfeifen ging durch Luft und Land, wie es im Kerbetal noch nie erklungen war. Blitze zuckten im blauen Lichte; der erste von allen hatte den wilden Heino niedergeschmettert; dann entzündete sich das Häuschen des Wurzelgräbers; die hohen Tannen daneben, das Waldstück, dessen Schatten so lieblich über der Wiese gelagert hatte, das ganze Kerbetal bot in wenigen Augenblicken den Anblick einer grauenhaften Verwüstung. Und dann kamen Regengüsse niedergeprasselt, aus allen Rinnsalen rauschte das Wasser stromweise nieder – furchtbar schwoll der sonst so friedliche Bach. Er riß auch die Mühle mit allem, was dazu gehörte, hinweg.

In der selben Nacht aber fühlte sich der Kaiser von den Arzneien, die ihm Hans, sein junger Leibarzt, gereicht hatte, wunderbar erquickt. Ganz früh am Morgen ließ er den Sohn des Wurzelgräbers zu sich kommen. Und er gab ihm den schönsten Ring von seinem Finger und sprach: „Lieber Hans, du hast mir meine Gesundheit wiedergegeben. In deinen jungen Jahren hast du bereits fertig gebracht, was die gelehrtesten alten Ärzte nicht konnten. Dir muß wohl der liebe Gott besondere Gnade verliehen haben. Ich möchte dir aber auch gern meinen Dank bezeigen. Darum bitte dir aus, was dir so recht am Herzen liegt."

Da kniete Hans vor dem Kaiser nieder und sagte: „Ich bin von Kind auf im Wald gewesen und habe dort all die guten, freundlichen Geschöpfe kennen gelernt, die drin hausen. Da hat mir's oft weh getan, wenn ich sah, wie die Menschen die Wälder vernichteten und alle guten Geister, die drin walten, vertreiben. Wenn der Kaiser befehlen wollte, daß für jeden abgehauenen Baum ein neuer gepflanzt würde, dann gäbe es mehr Glück, mehr Frieden, mehr

Gesundheit im ganzen Reiche. Laßt mich bitten für den Wald und seine Bewohner!“

Da lächelte der Kaiser freundlich – denn aus dem Walde war ihm ja auch Glück und Gesundheit gekommen – und tat alles, wie Hans ihn gebeten hatte.

Also wurde in der Kerbe und ringsumher neues Gehölz angepflanzt; die Alraunen wohnen heute wieder auf weiten, von Tannen umhegten Gebieten; Hans aber wandert durch die stillen Wälder, wo die heilenden Gewächse für allerlei Krankheiten erblühen und hält Zwiesprache mit den guten Geistern, die im Walde wohnen.

Kaspar Knirps

Von

Hermann Grosse

Es war einmal ein kleiner, drolliger Käfer, ganz grau und mit einem breiten, runden Rücken, der hieß Kaspar Knirps. Er war aber ein fleißiger und rechtschaffener Käfer und arbeite den ganzen Tag und bohrte und hämmerte in allerhand Holzwerk. Aber da er einen etwas harten Schädel hatte und nicht so schön war, neckten ihn die feineren Käfer oft sehr. Doch das kümmerte ihn wenig, er wohnte weitab von den vornehmen Gärten.

Mitten auf einem blumigen Hügel stand ein prächtiger, großer, wilder Apfelbaum, und rings um diesen lag ein ganzer Wall von Steinen aufgetürmt, und hier war Kaspar Knirps zu Hause. Vater und Mutter waren bei einem kleinen Ausflug beide von einem großen Vogel verzehrt worden, und so lebte Kaspar Knirps allein hier weiter. Doch fand sich auch bald Gesellschaft. Da wohnte noch zwischen den Steinen in ihrem Haus eine Schnecke, die war schon recht alt, und es ging noch langsamer mit ihr vorwärts als sonst.

Diese hatte den Kaspar Knirps recht gern, und er flog öfter herum und erzählte ihr dann abends alles, war er gesehen hatte von Menschen und Tieren. Auch machte er für sie allerlei kleine Besorgungen und Bestellungen; denn sie hatte eine große Verwandtschaft drüben im Busch, aber die waren ganz schwarz, liefen nackend umher und waren so arm, daß sie nicht einmal ein Häuschen besaßen.

Nun hatte die Schnecke einer dieser Verwandten durch Kaspar Knirps sagen lassen, sie möge doch einmal zu ihr kommen und ihr beistehen. Sie solle dafür auch das Häuschen erben. Denn die alte Schnecke war recht hinfällig geworden und glaubte, daß sie nicht mehr lange leben werde. Aber Kaspar Knirps mußte ihr leider sagen, daß die schwarze Schnecke lieber im Busch bleiben und auch das Häuschen später nicht erben wolle. Es würde sie zu sehr beschweren, Hausbesitzerin zusein, hatte sie gemeint. Da war die alte Schnecke ganz traurig und vermachte dem Kaspar Knirps ihr Häuschen nach ihrem Tode, und der versprach, ihr dafür zu helfen und sie nach Leibeskräften zu unterstützen.

Nun war die schönste Zeit des Jahres gekommen. Der große, wilde Apfelbaum blühte. Wie ein wunderschöner, roter Schleier lag es über ihm. Es war eine Pracht. Und nun kamen viele Gäste dahin, und Kaspar Knirps hatte alle Tage Unterhaltung, da kamen feine, bunte Schmetterlinge, prächtige Käfer und tausende von Bienen in die schönen Apfelblüten, wo sie summten, daß es wie eine leise Musik klang und Kaspar Knirps gar nicht mehr so viel arbeiten konnte wie sonst, so viel gab es hier zu sehen und zu hören.

Eines Tages aber geschah etwas ganz Wunderschönes, Kaspar Knirps hat es in seinem ganzen Leben nicht vergessen. Es kam die Bienenkönigin selber in den rotblühenden Baum. Die flog, anzusehen wie ein zierliches, goldiges, kleines Mädchen, daher und setzte sich oben in den Apfelbaum. Unendlich viele Bienen umschwärmten sie summend. Sie aber sang leise:

„Ich bin die Bienenkönigin, summ,
summ, summ,
Die hunderttausend Diener mein,
die fliegen um mich rum,
Sie bauen mir ein goldnes Haus, summ,
summ, summ,
Und füllen es mit Honig aus, summ,
summ, summ,
Von allen Blüten groß und klein,
Da sammeln sie das Beste ein, summ,
summ, summ,
Alle um mich rum.“

Damit schwang sie sich hoch in die Luft, und alle Bienen folgten ihr und zogen gleich einer kleinen Wolke dahin. Kaspar Knirps sah ihnen noch ein Weilchen nach, und dann eilte er zu der alten Schnecke, sie zu fragen, ob sie auch alles mit angesehen habe. Aber nein, die hatte nichts gesehen. Sie saß zusammengekrümmt in ihrem Häuschen, und da sie schon etwas schwer hörte, hatte sie auch nichts gehört. Kaspar Knirps erzählte ihr nun alles, so gut er konnte. Aber es selber zu sehen, war doch viel schöner gewesen.

Nach einigen Tagen aber geschah etwas recht Schlimmes da herum. Es kam ein lustiger Wanderer auf der sonnigen Straße daher, und wie der den großen, schattigen Baum sah, verließ er den staubigen Weg, kam durch das Feld bis zu dem Wohnort von Kaspar Knirps und setzte sich auf den Steinwall, um eine Mittagspause zu machen. Dabei schob er das Schneckenhaus, samt der Schnecke vorsichtig beiseite, um es nicht etwa zu zertreten. Die arme, alte Schnecke hatte vor Angst schon ganz den Atem verloren und saß nun ganz still in den Steinen, sich zu erholen. Der Wanderer aber holte aus seinem neuen Felleisen Brot und Speck hervor und begann zu schmausen. Da gesellte sich von der Straße her noch ein Wanderer zu ihm, der war ganz zerlumpt und sah recht böse aus. Als er sah, wie gut es dem anderen schmeckte, schrie und schimpfte er, daß er nichts zu essen habe. Da gab ihm der erste Wanderer die Hälfte seines Speisevorrats. Gierig verschlang der andere die Speisen, ohne auch nur dafür zu danken, und wollte noch mehr haben. Doch der erste Wanderer hatte nichts mehr zu geben.

Bald darauf legten sich beide in den Schatten um zu schlafen. Als der erste Wanderer bereits fest eingeschlafen war, nahm der Lump einen Stein und schlug damit auf den Schlafenden los, um ihn zu töten. Da aber flog ihm Kaspar Knirps, der vom Baum herab alles mit angesehen hatte, mit seinem harten Schädel so heftig ans Auge, daß er laut aufschrie und von dem anderen abließ, um sein Auge zu reiben. Dann nahm er das neue Felleisen, indem der Wandersmann all sein Hab und Gut hatte, und lief eilig dem Walde zu.

Nun aber flog Kaspar Knirps zur Schnecke, um mit dieser erfahrenen Person zu beraten, was zu tun sei. Auch den Stein hatte das junge Leben erbarmt, und er hatte nicht so hart getroffen, aber mit tiefen Wunden lag der arme Wanderer blutend da und seufzte nur zuweilen ganz leise. Die Schnecke aber war mit einem Male ganz munter und rutschte so rasch, daß ihr Häuschen nur so wackelte, zu der Stelle hin, wo der Verwundete lag, diesen anzusehen. Dann mußte Kaspar Knirps breite Blätter vom Rasen abreißen und herbeischleppen. Die Schnecke bestrich sie mit einer Heilsalbe, die sie immer in ihrem Häuschen aufbewahrte, und bedeckte damit die Wunden des armen Burschen. Und nun überlegten beide, wie es möglich gemacht werden könnte, einen anderen Menschen zur Hilfe herbeizuholen, dem armen Verwundeten zu helfen.

Da endlich sagte Kaspar Knirps: „Liebe Schnecke, du weißt doch, daß jeden Tag der Vogel Kuckuck hierher auf den Apfelbaum kommt, nachzusehen, ob wieder Raupen da sind zum Verspeisen. Dem mußt du die Geschichte vortragen; denn ich wage es ja nicht, den hohen Herren anzureden. Und der weiß mit den Menschen Bescheid, und wie es zu machen ist, einen Vorübergehenden von der Straße hierher zu locken."

Die Schnecke wollte es des armen, kranken Burschen wegen tun, obwohl sie auch nicht gerade gern mit dem Kuckuck zu tun hatte. Richtig, nach einer Weile flog der Kuckuck herbei, rief erst ein paarmal, daß er da sei, und las dann alle Raupen von Blättern und Blüten ab. Da trat die alte Schnecke ein wenig aus ihrem Häuschen, streckte vorsichtig ihre vier Hörnchen heraus, was sehr niedlich aussah, und rief: „Gestrenger Herr Kuckuck, da Ihr diesen Platz doch auch sehr liebt, werdet Ihr nicht wollen, daß hier unten dieser arme Bursche liegen bleibt und stirbt. Eurer Klugheit wird es gelingen, einen Menschen herbeizurufen, der ihm hilft; denn meine schwachen Kräfte reichen nicht dazu aus."

Als der Kuckuck das hörte, kam er sogleich näher und sah nun erst, was hier geschehen war. Ganz empört war er aber, als ihm die Schnecke das Nähere erzählte; denn, obwohl er ein Schalk war und die anderen kleinen Vögel oft neckte und ärgerte, so etwas war ihm denn doch zu toll. Er versprach, sein Möglichstes zu tun, flog auf die äußerste Spitze des Apfelbaumes und hielt Umschau.

Nach einer Weile kam des Weges daher ein Fuhrmann mit seinem Wagen, vor den ein braunes Pferd gespannt war. Der sah nach dem Apfelbaum und sagte: „Ei, wie schön der alte Kerl jetzt in seinem Blütenschmuck aussieht!" Da fing der Kuckuck wie unsinnig an zu schreien und lachte dabei und schrie und flog auf den Fuhrmann zu und schrie immer wieder.

Dieser aber sagte: „Potztausend, der Vogel ist ja rein des Kuckucks! Ich muß doch einmal hingehen und sehen, was der eigentlich dort haben mag. Dabei will ich mir auch gleich den Baum in Blüte nahebei ansehen, von dem ich im Herbst schon oft so viele kleine, rote Äpfel meinen Kindern mitnahm, die sich so sehr darüber freuten." Damit stieg der Fuhrmann vom Wagen, gab seinem ermüdeten

Pferd eine Handvoll Futter, und dies freute sich der unverhofften Pause. Er aber ging mit langen Schritten dem Apfelbaum zu, und der Kuckuck flog immer vor ihm her mit lautem „Kuckuck“ – „Kuckuck“ – „Kuckuck“. Bald war er auf dem Hügel und sah vor sich die schlimme Bescherung. Der Verwundete hatte sich ein wenig erholt und konnte dem Fuhrmann mit leiser Stimme sagen, was ihm geschehen war. Der Fuhrmann gab ihm einen kräftigen Schluck aus seiner Flasche und sagte: „Potz Wetter, diesmal war es doch gut, daß der Kuckuck mich hierher holte!“

Der aber saß jetzt still auf der Spitze des Apfelbaumes und sah zu. Da zog der Fuhrmann seinen alten Staubmantel aus, schlug ihn um den Verwundeten, und nun schleppte er ihn behutsam den Hügel hinunter über das Feld zur Straße. Die Schnecke sah recht befriedigt hinterdrein. Endlich war er am Wagen, bei dem Kaspar Knirps schon lange eingetroffen war, von dort aus alles beobachtete und dabei dem Pferde die lästigen Fliegen verscheuchte. Der Fuhrmann aber nahm einen kräftigen Schluck aus seiner Flasche, der ihn recht stärkte, spuckte dann in seine Hände, und – schwupp die wupp! – hatte er den Verwundeten auf seinen Wagen gehoben, legte ihn recht ordentlich in Stroh und Decken und fuhr langsam der Stadt zu. Auch der Kuckuck verließ nun mit lautem Ruf und leisem Lachen über die gelungene Rettung die Spitze des Baumes.

Als der Fuhrmann die Stadt erreicht hatte, gab er den Verwundeten in gute Pflege.

Kaspar Knirps aber hatte die ganze Reise auf dem Rücken des Fuhrmanns mitgemacht und war sehr froh, daß der arme Bursche nun so gut untergebracht war. Auf einem Hofe spannte der Fuhrmann sein Pferd aus und führte es in den Stall. Inzwischen sah sich Kaspar Knirps ein wenig auf dem Hofe um und gewahrte dort einige sehr schöne, blauglänzende Käfer. Ganz bescheiden näherte er sich denen, die ihm so fein erschienen. Doch als er sah, in welchem Schmutz und Unrat diese herumwühlten, machte er sich davon. So etwas war er nicht gewohnt.

Danach kam der Fuhrmann wieder aus dem Stall, nahm seinen alten Mantel vom Wagen und ging in die Herberge, wo er immer einzukehren pflegte, sooft er in die Stadt kam. Kaspar Knirps aber, auf seinem Rücken sitzend, ging mit ihm. Während der Fuhrmann sich durch Speise und Trank nach den Anstrengungen des Tages stärkte, sah sich Kaspar Knirps die verschiedenen Gäste in der Herberge an und erblickte in einer düsteren Ecke des Zimmers auch den Lump, der den Wanderer so schwer verwundet und beraubt hatte. Er tat sich auch gütlich an Speise und Trank und hatte das neue Felleisen neben sich in der Ecke liegen. Sein Auge war noch ganz rot. Kaspar Knirps freute sich, daß er ihn mit seinem harten Schädel ordentlich gezeichnet hatte, und dachte nach, wie er es anfangen könnte, die Anwesenden auf den Räuber aufmerksam zu machen.

Der Fuhrmann erzählte nun den Bekannten davon, wie er heute durch den aufgeregten Kuckuck den armen Verwundeten gefunden und ihn mit sich genommen habe, und wie er genau von diesem wisse, woran das geraubte Felleisen zu erkennen sei.

Da erhob sich der mit dem roten Auge, nahm das Felleisen unter den Arm und wollte sich ganz unbemerkt aus der Stube schleichen. Kaspar Knirps aber nahm einen tüchtigen Anlauf und flog nun mit seinem harten Schädel zum zweiten Mal in das rote Auge. Das schmerzte aber so sehr, daß der Lump laut aufschrie und das Felleisen fallen ließ. Dadurch wurden alle aufmerksam und blickten nach ihm hin. Und wie der Fuhrmann das hübsche Felleisen sah, schrie er: „Packt ihn! Das ist der freche Räuber!“ Im Nu war er festgenommen und ins Gefängnis geführt, wo er seine böse Tat am anderen Tage eingestehen mußte und die verdiente Strafe erhielt.

Kaspar Knirps aber verlebte die Nacht ganz still in der Herberge, wo noch lange von den guten und bösen Taten des Kuckuck geredet wurde. Am anderen Tag besah er sich die Stadt ein wenig, und manches gefiel ihm darin recht gut. Aber immer, wenn er einmal so recht lossurren wollte, kam er mit seinem harten Schädel an eine Hausmauer oder in ein offenes Fenster. So geriet er einst in das Zimmer einer Dame. Die jagte ihn gleich mit einem langen Federwisch zum Fenster hinaus und sagte dabei, sie könne durchaus nicht begreifen, warum es so häßliche Käfer in der Welt gäbe, die doch zu gar nichts nütze wären.

Bald darauf kam er zu einem alten Herrn, der gerade sein Mittagsschläfchen hielt und recht kräftig dabei schnarchte. Da flog Kaspar Knirps hin zu sehen, woher der Ton eigentlich käme, der ihn sehr an seine Holzarbeiten erinnerte. Und dabei kitzelte er den Herren etwas an der Nase, so daß dieser mit lautem Niesen erwachte und dann noch ärger als der Hirschkäfer draußen im Walde darüber brummte, daß er so im schönsten Traum gestört worden sei. Kaspar Knirps aber hörte nicht lange zu, sondern trat eilig den Rückweg an.

Aber noch ein drittes Mal versah es Kaspar Knirps. Und diesmal wäre es ihm beinahe ans Leben gegangen. Die Knaben im Zimmer wollten ihn fangen und sagten: „Der fehlt uns gerade noch in unserem Kasten.“ Aber in den wollte Kaspar Knirps durchaus nicht hinein, und ehe noch einer der Knaben das Fenster zuschlagen konnte, war er flink daraus entwichen. Sie sahen ihm nach und sagten: „Schade, da fliegt er.“ Kaspar Knirps aber war nun endlich vorsichtig geworden und hielt sich von allen Gebäuden fern.

Nun erblickte er auf der Straße einen Busch Apfelblüten, die sich immer weiter bewegten und ihm so gut gefielen und so rot erschienen wie die daheim im Apfelbaum. Sogleich surrte er herunter und setzte sich darauf, merkte aber sogleich, daß es künstliche Blüten waren auf dem Hute eines zierlichen Mädchens. Dabei bekam er Heimweh nach seinem Apfelbaum. Nun war ihm ein wenig bange, wie er aus dem Wirrwarr der Stadt herausfinden werde.

Jetzt trat das zierliche Mädchen zur Seite und blieb stehen; denn eine Menge Soldaten kamen mit prächtiger Musik daher, und Kaspar Knirps tat die Augen weit auf, um alles genau zu sehen. Das ging immer linken, rechten, trab, trab. So etwas Herrliches geschah doch niemals draußen bei dem Apfelbaum. Nun kam einer auf einem braunen Pferde, der hatte auf dem blinkenden Helm einen gar prächtigen Federbusch.

Da verließ Kaspar Knirps die roten Apfelblüten, flog in den Federbusch und zog nun mit den Soldaten durch viele, viele Straßen, blickte von oben herab auf die Leute, die nebenher gingen, und kam endlich aus der Stadt auf ein großes Feld. Da sah er um sich und erkannte die Straße, die er mit dem Fuhrmann gekommen war, nahm Abschied von seinem hohen Sitz und begab sich auf den Heimweg.

Wohlbehalten kam er nach einigen Tagen dort an, gerade zur rechten Zeit, um den Baum noch etwas im Schmuck zu sehen; denn es waren aus vielen Blüten schon kleine Äpfelchen geworden, die jetzt noch gar nicht hübsch aussahen. Die alte Schnecke aber war gestorben, und die Ameisen hatten sie schon unter einem großen Hügel begraben. Kaspar Knirps hatte sich so darauf gefreut, ihr alles aus der Stadt zu erzählen. Die arme Schnecke war ihr langes Leben nicht dorthin gekommen. Doch das wußte Kaspar Knirps jetzt: die Stadt ist nur für flinke Leute, die Schnecke wäre sicher unter die Räder gekommen. Sie hatte sich gewiß zu sehr angestrengt und aufgeregt bei dem raschen Lauf zu dem verwundeten Burschen. Es half jedoch nichts: sie war tot und Kaspar Knirps Hausbesitzer.

An anderen Morgen besah er sein Eigentum. Eine kleine Spinne hatte ein graues Netz davorgezogen und erzählte ihm, daß schon eine feine, grüne

Käferfamilie, die inzwischen eingetroffen sei, das Häuschen hätte beziehen wollen, doch sei es ihnen nicht hübsch genug gewesen.

Kaspar Knirps sah es wohl, daß etwas daran müsse gebessert werden, und so begab er sich zu einem befreundeten Käfer, der ein richtiger Zimmermann war, und bat den, ihm zu helfen, sein Häuschen in Ordnung zu bringen. Der war gleich bereit dazu, rief noch zwei seiner Söhne als Handlanger herbei, band den ledernen Schurz um, und nun ging es ans Werk. Mit vereinten Kräften schoben die vier das Haus an eine durch die Steine geschützte Stelle und brachten es dort in eine feste Lage. Danach wurde es gerichtet und innen und außen poliert, bis es blitzblank und fertig war. Es sah nun außerordentlich sauber aus. Jetzt feierten die vier Käfer ein kleines Freudenfest, bei dem es hoch herging. Und dann surrten sie vergnügt um den Baum herum, wo schon viele lustig waren.

Nach einiger Zeit dachte Kaspar Knirps daran, sich eine niedliche Frau zu suchen; denn das Häuschen kam ihm so allein zu einsam und groß vor. Nun kam jeden Tag auf ein Stündchen eine feine, blaue Libelle zu den blassen, wilden Veilchen geflogen, die sah Kaspar Knirps gern mit ihren blanken Augen. Und eines Tages fragte er sie: „Kleine Libelle, möchtest du nicht meine Frau werden und zu mir in mein Häuschen ziehen?“ Aber diese antwortete ihm: „Nein, ich bin zu zart und schön für deine Häuslichkeit. Suche dir nur ein anderes Weibchen, lieber Kaspar.“ Damit flog sie fort, und er sah nun, daß sie wirklich eine furchtbar dünne Taille hatte, und grämte sich nicht über das Körbchen.

Darauf war eine lustige Taufe von sechs kleinen Käfern bei dem Zimmermann, und dabei traf Kaspar Knirps mit der sehr beliebten Goldkäferfamilie zusammen, und als alle sehr heiter geworden waren, fragte er das hübsche Käferfräulein: „Liebes Goldkäferchen, willst du mich nicht zum Mann haben, jetzt, wo doch mein Häuschen so blitzblank ist?“ Doch dieses rümpfte die Fühlhörnchen und sprach: „Dein Häuschen ist jetzt wohl recht hübsch, aber ich habe mein Herz dem schönen Admiral geschenkt, der oft aus einem Rosengarten hierher kommt und für mich schwärmt.“

Ja, diesen schönen Schmetterling hatte Kaspar Knirps auch schon öfters gesehen und mußte freilich gegen diesen sehr zurückstehen. Doch konnte er den Admiral jetzt gar nicht mehr leiden und wünschte ihm heimlich, daß ihn der Kuckuck hole. Aber der hatte sich recht lange nicht sehen lassen. Man hörte ihn nur zuweilen drüben im Wald, wo er tolle Streiche trieb und alle kleinen Vögel beunruhigte.

Eines Tages kam der Admiral mit vielen prächtigen Schmetterlingen geflogen. Es war gar herrlich anzusehen. Und nun wurde um den Apfelbaum ein Ball veranstaltet. Alles gaukelte durcheinander, der Admiral immer oben an mit einem prächtigen Pfauenauge. Er ließ das Goldkäferchen unbeachtet sitzen, und dieses war recht traurig. Auch ein kleiner, bunter Schmetterling konnte nicht mittanzen, da er sich einen Flügel ein wenig verletzt hatte. Zu dem gesellte sich Kaspar Knirps und unterhielt die niedliche bunte Kleine. Und sie war so freundlich zu ihm, daß er eben Mut fassen wollte, sie für sich zu gewinnen.

Da kam ein schöner, dunkler Schmetterling, ganz in Samt gekleidet, und setzte sich zu dem bunten Schmetterling. Da er in Trauer war, durfte er auch nicht tanzen. Nun redete die Kleine nur noch mit diesem und sah den armen Kaspar Knirps gar nicht mehr an. Der aber ging weg in sein Häuschen und sann etwas betrübt nach über die flatterhaften Schmetterlinge. Mit einemmal rief es draußen: „Kuckuck, Kuckuck", und als Kaspar Knirps vor seine Tür trat, flatterten gerade die Flügel von dem schönen Admiral herunter. Alles übrige hatte der Kuckuck verzehrt und noch viele von den anderen dazu, die sich nicht rasch genug in die dichtesten Zweige retten konnten. Dann aber rief er: „Kuckuck", lachte heiser und flog davon. Nach und nach sammelten sich die wenigen Geretteten der lustigen Gesellschaft und flogen, diesmal angeführt von dem schönen, dunklen Trauermantel, dem Heimatgarten wieder zu, aber aller Schmelz der Schönheit war von ihnen abgewischt.

Kaspar Knirps war nun tagelang recht fleißig in seinem Holzwerk und beendete eine große Arbeit. Dann aber machte er sich einen Feiertag, den er benutzen wollte, einmal den schönen Rosengarten aufzusuchen, aus dem die schönen Schmetterlinge gekommen waren. Als er an die Straße kam, traf er mit einem fröhlichen Wanderer zusammen, den er sogleich als denselben erkannte, der vor einigen Wochen unter dem Apfelbaum gelegen hatte, und eben rief der Kuckuck von dorther.

Da schwenkte der Wanderer seinen Hut nach der Richtung und rief: „Kuckuck, juchhe, ich bin wieder gesund und wandere nach Hause, und der Lump sitzt eingesperrt!" Der Kuckuck rief als Antwort seinen Namen und lachte hinterher. Ja, damals hatte er sich doch recht brav benommen und konnte sich schon darauf etwas zugute tun. Aber das auch Kasper und die gute Schnecke geholfen hatten, wußte der Wanderer nicht, und Kaspar Knirps verlangte das auch nicht. Er freute sich im stillen, auf dem Rockkragen des Wanderers sitzend, und diesem fiel nun etwas anderes vom Kuckuck ein. Im Vorwärtsschreiten sang er:

„Der Kuckuck hat ein Ei gelegt,
Heidiheideldum.
Jetzt fliegt er im Walde gar lustig herum
und ärgert alle Vögelein
Mit seinem lauten Kuckuckschrein:
Kuckuck, Kuckuck!" –

Da kniff Kaspar Knirps dem Singenden zum Abschied etwas ins Ohr – und – purr! – war er fort. Der Wanderer griff an sein Ohr und sagte: „Was war denn das für ein dreister kleiner Knirps?"

Der aber erreichte nun bald den leuchtenden Rosengarten. Nein, dieser Duft und diese Pracht hier war unvergleichlich. Hunderte von Rosenblüten! Und Kaspar war so überrascht darüber, daß er nur an der Mauer entlang flog und sich gar nicht den prächtigen Rosen zu nahen wagte. Aber einige Schmetterlinge flatterten von einer zur anderen und taten recht schön mit ihnen. Sie hatten sich schon etwas erholt von dem furchtbaren Schreck durch den Überfall, sahen aber doch recht angegriffen aus. Kaspar aber konnte nicht begreifen, weshalb sie diesen schönen Garten damals verlassen hatten und bis zu dem wilden Apfelbaum zum Ball gekommen waren. Denn schöner, meinte er, könne es wohl nirgends sein als hier.

Auch an der Mauer blühten viele kleine Rosen, und in einer davon sah Kaspar Knirps ein ganz wunderhübsches Marienkäferchen sitzen. Das weinte bitterlich. Aber es sah sehr niedlich aus, wie es die Tränen mit den kleinen Fühlerchen abwischte. Und Kaspar fragte es freundlich, was ihm fehle. Es war gleich zutraulich und erzählte ihm, daß es auf der Reise wäre, seine lieben Eltern zu suchen, hätte aber nun durch die Kinder gehört, daß Pommerland, wo sich die Mutter befunden habe, abgebrannt wäre. Den Vater im Kriege könne es auch nicht aufsuchen, und so sei es recht verlassen in der Welt. Kaspar aber sprach: „O, du herziges Marienkäferchen, du sollst nicht mehr traurig sein, ziehe doch mit mir als meine liebe Frau in mein schmuckes Häuschen unter dem schönen Apfelbaum, wo wir beide recht glücklich leben können."

Das Marienkäferchen wischte eine letzte Träne aus den Äuglein und sagte leise: „Ja, gern will ich deine Frau werden und mit dir in dein Häuschen ziehen. Nur ein paar Tage möchte ich noch hier bleiben, mein rotes Hochzeitskleidchen mit den sieben schwarzen Pünktchen wieder recht glänzend zu machen, da es auf der langen Reise etwas staubig geworden ist." Damit war der glückliche

Kaspar einverstanden und sagte ihm, daß er am Sonntag kommen werde, es zur Hochzeit zu holen. Bis dahin wolle er noch alles recht hübsch dazu vorbereiten. Dann nahm er zärtlichen Abschied und flog fröhlich summend nach Hause.

Da ganze Nacht konnte Kaspar Knirps wenig schlafen vor Freude über sein liebes Marienkäferchen. Am frühen Morgen flog er in die Heide zu den fleißigen Ameisen und bat sie, ihm eine schöne Girlande zu winden, sein Haus zur Hochzeit damit zu schmücken. Diese waren gern bereit. Mit ihren scharfen Zangen schnitten sie kleine Zweige von der feinen Erika ab und flochten davon eine zierliche Girlande. Kaspar Knirps aber flog indessen zu einer mächtigen Eiche, wo ein großer Herr, der Hirschkäfer, wohnte, und bat diesen recht höflich, an seiner Hochzeit teilzunehmen. Und der versprach, etwas brummend, sein Erscheinen.

Kaspar empfahl sich, eilte zu seinem Freunde, dem Zimmermann, und lud ihn zur Hochzeit. Dieser war darüber so erfreut, daß er einen ordentlichen Sprung machte. Ja, er wollte mit der ganzen Familie kommen. Dann machten beide sich auf, alle übrigen Käfer an und unter dem Apfelbaum zur Hochzeit zu bitten. Und alle, auch die Goldkäferfamilie, waren bereit mitzufeiern. Gegen Abend kamen wohl hundert Ameisen mit der fertigen Girlande, und Kaspar half, sehr erfreut, sein ganzes Häuschen damit zu schmücken. Oben darauf steckte er als Fahne die Admiralsflügel, die er aufgehoben hatte. Alle bewunderten alsdann das gelungene Werk.

Nun war der Sonntag gekommen. Die Hochzeitsgesellschaft ordnete sich, das Marienkäferchen zu holen, voran der Hirschkäfer, dann Kaspar Knirps mit dem Zimmermann, dann ein ganzer Zug grauer, grüner und bunter Käferchen. Alles ging glücklich vonstatten bei dem herrlichen Wetter, und bald war der duftende Garten erreicht. Ein vornehmer Rosenkäfer führte dem glücklichen Kaspar die liebe Braut zu. Darauf wurde ein süßer Trunk aus den feinen Röschen getan, wobei der Hirschkäfer allein sechs Kelche zerbrach. Dann ging es heimwärts. Wieder führte der Hirschkäfer, diesmal einen kräftigen Baß anstimmend, die Festschar. Von den Brautkäfern und der Familie Zimmermann umgeben, folgte das junge Paar, dem die übrige Gesellschaft sich bunt durcheinander anschloß, alle vergnügt summend.

Im Apfelbaum war große Tafel für alle. Man aß und trank, soviel man konnte, und jeder bekam sein Lieblingsgericht. Kaspar und Marienkäferchen saßen in einer Blüte und wurden von den niedlichsten Käfern bedient. Auch die fleißigen

Ameisen mußten tüchtig auf und ab laufen, alle Gäste zu versorgen. Der Hirschkäfer allein aß und trank für drei und war nachher so taumelig, daß er heftig gegen einen Ast flog und sein linkes Horn abbrach. Da verließ er brummend das Fest und flog weiter zu seiner Eiche.

Die anderen ließen sich dadurch nicht stören und tanzten und schwirrten wie toll um den Apfelbaum.

Der Kuckuck ließ sich nicht sehen und hören, was allen heute recht lieb war. Nur ein Pirol flog vorüber und rief der heiteren Gesellschaft zu: „Bier holen, Bier holen – austrinken, mehr holen!"

Doch alle waren schon ohnedies ausnehmend lustig.

Als das Fest zu Ende war, führte Kaspar Knirps Marienkäferchen in sein geschmücktes Haus, und beide lebten herrlich und in Freuden.

Von der Freude

Von

Otto Gysae

Der gute, alte König war gestorben. Und alle, die ihn gekannt oder auch nur von ihm gehört hatten, weinten um ihn. Denn wenn jemand stirbt, dann weint man, besonders wenn es ein lieber, alter König ist, der immer gut und weise für sein Volk gesorgt. Es war eine große, schöne Insel, wo er regiert hatte, und sein Schloß lag auf einem hohen Felsen dicht am Meere. Starke Säulen standen da und trugen graue Mauern, hohe Fenster schauten weit über das Wasser und glühten, wenn die Sonne unterging, und auf dem Turm flatterte eine blaue Fahne; die weißen Wolken, die vorüberzogen, erzählten ihr von fernen Ländern. Die Gärten waren voller Rosen, und Efeu rankte über den Mauern, Laubgänge und dichte Hecken gab es, stille Teiche und tiefe Brunnen. Jeden Tag war der alte König da spazieren gegangen, und das Volk konnte ihn sehen, und wer ein Anliegen hatte, durfte durch das große, goldene Gitter zu ihm hereinkommen und durfte auf den Wegen gehen, auch wenn sie gerade fein geharkt waren. – –

Aber nun war der alte König tot, und der junge König und alle seine Leute hatten ihn begraben. Nicht in der unterirdischen Halle mitten im Walde, wo alle die früheren Herrscher auf steinernen Thronen zusammen saßen, sondern in einer tiefen Gruft unter dem Schlosse. Es ging nämlich die Sage, daß die dort im Walde weiterlebten und daß der letzte von ihnen zuzeiten sich dem Volke zeigte. Und von solchen Sachen mochte der junge König nichts wissen. Ich hatte wohl schon erzählt, daß das Volk sehr traurig war? Wo nur vom alten König gesprochen wurde, da weinte man, und alle sagten, so gut wie unter seiner Regierung würden sie es nie wieder haben. Die Alten mit den weißen Bärten meinten sogar, er sei gar nicht tot, und brannten im Walde große Feuer an, damit der alte König sich zurecht finden konnte, falls er durch das Land ginge. Einige wollten ihn auch gesehen haben, als er an einem Feuer sich die Hände wärmte. Der junge König aber durfte davon nichts erfahren, sonst wurde er bitterböse. Denn er war dabei gewesen, als sein Vater starb, und er hatte ihn begraben und selbst die Tür zur Gruft geschlossen. Und er ließ die Glocken läuten, den ganzen Tag und auch die Nacht hindurch, damit alle es hörten, daß der alte König wirklich tot war.

Nun begann ein strenges Regiment. Der alte König hatte so gern auf dem Söller seines Schlosses gesessen; denn von da aus konnte er beinahe die ganze Insel überblicken, die tiefen undurchdringlichen Wälder und die weiten Wiesen; und er hatte sich gefreut, wenn das alles so behaglich und friedlich zu seinen Füßen schlief, wenn er sah, wie die Kinder mit den Tieren des Waldes spielten, und wie die Alten vor ihren Hütten saßen und sich sonnten. Dann war er glücklich und fühlte sich so recht wie ein Vater von ihnen allen.

Aber der junge König fand, daß das nicht so weitergehen konnte; sein Volk hatte noch gar nichts Rechtes geleistet und mußte einmal ordentlich arbeiten. Und damit er selbst mit gutem Beispiel voranginge, zog er hinein in die Stadt und nahm seinen ganzen Hofstaat mit. Des Königs Räte bekamen nun zu tun, mußten schreiben, bis sie Tintenfinger kriegten, und es wurde ein Mann angestellt, der den ganzen Tag keine andere Beschäftigung hatte, als Federn zurecht zu schneiden. Da wurden Pläne entworfen und Berechnungen angestellt, und der König rechnete selbst alles nach, und wenn es nicht stimmte, diktierte er eine Strafarbeit. – –

Eines Morgens gab es mitten im Walde, wo es ganz dunkel ist und niemals die Sonne hinkommt, ein lautes Krachen. Und als die Köhler des Waldes herbeiliefen, um zu sehen, was das sein mochte, da prasselte es, und große Äste kamen brechend herunter, und sie mußten schnell aus dem Wege springen, damit sie nicht totgeschlagen würden. Denn eine große Eiche fiel zu Boden, und der Wald hallte wider von dem lauten Schrei, den der Baum in seiner Todesangst ausstieß. Fremde Männer standen dabei, mit Sägen und blanken Beilen, und sagten, hier solle eine Sägemühle gebaut werden, und der ganze Wald müsse abgehauen werden. Da erschraken sie alle sehr. Aber keiner wagte, etwas dagegen zu sagen; denn sie wußten, wie streng der König war. Monatelang hörte man nun nichts anderes als das Kreischen der Sägen und das Schlagen der Beile. Und die Vögel wußten nicht mehr, wo sie ihre Nester bauen sollten. Und alle Blumen wurden zertreten. Die großen Hirsche und die kleinen Rehe wurden vertrieben, und viele flinke Eichhörnchen mußten ihr Leben lassen. Und was das schlimmste war: alle Köhler und alle Jäger, die dort im Walde wohnten, mußten selbst mithelfen, die Bäume zu fällen. Nach einem Jahr stand die Sägemühle da, und überall auf der ganzen Insel standen Sägemühlen, und ihr Kreischen und Knarren war lauter als die Brandung des Meeres.

Aber das war nur der Anfang. Denn die fremden Männer mußten irgendwo wohnen, und darum bauten sie sich Häuser – und dann mußten sie doch etwas zu essen haben, und da – – ja, das war nun freilich eine schlimme Geschichte: denn bei dem Häuserbauen wurden die Felder zertreten, auf denen das Getreide wuchs; und weil der Wald nicht mehr da war und das Korn vor dem Winde schützte, lag es nun ganz danieder, und der Staub von Kalk und Ziegeln legte sich darüber, und es gab eine schlechte Ernte. Da mußten also Schiffe gerüstet werden, um von anderen Inseln Getreide und Lebensmittel herüberzuholen. Und um Schiffe zu bauen, wurde nun wieder Holz gebraucht, und das war noch nicht genug; denn man mußte auch welches verkaufen können, damit man Geld bekam; denn das Getreide mußte bezahlt werden. Die Schiffe segelten nun hinaus und waren bis oben hin mit Holz beladen, und nach Wochen und Monaten kamen sie zurück und brachten Getreide. Da hatten sie nun zu essen und hatten an dem Holz noch obendrein einen hübschen Batzen Geld verdient. Aber es kamen wilde Stürme, und graue Wolken und Regen und Gischt hüllten die Insel wie in einen nassen Sack; riesige, grüne Wogen spielten Fangball mit den Schiffen, und die wußten gar nicht mehr, wo sie waren, und konnten den Hafen nicht finden. Und es geschah oft, daß sie auf scharfe Klippen stießen und jämmerlich zu Grunde gingen. Dann warteten sie auf der Insel und warteten – aber das Schiff kam nicht; denn es war längst zerbrochen. Bis eines Tages irgendwo Planken ans Land spülten; da konnten sie sich wohl denken, wo das Schiff geblieben. Dann bekamen sie es natürlich mit der Angst, und keiner wollte sich mehr hinaustrauen aufs Wasser.

Aber der König wußte Rat. Dicke Fässer mit Pech ließ er hinausbringen nach dem Turm, wo der alte König immer so behaglich gesessen hatte. Und jetzt brannte in jeder Nacht dort oben ein helles Feuer, und es saß immer einer dabei und mußte aufpassen, daß es nicht ausging. Da sahen die Schiffer nun schon von weitem, wo die Insel war und wo es in den Hafen ging.

Der König wußte überhaupt immer Rat. Einmal gab es einen furchtbaren Sturm, der von Norden kam und eine ganze Woche lang über die Insel fegte. Und das Meer brüllte dazu und rannte den Strand hinauf, warf sich in das Land hinein, brauste über die Felder und spülte ganze Häuser weg. Das war nun ein großes Unglück, und viele Menschen kamen dabei um. Da befahl der König, daß die, welche einen Spaten hatten – und den hatten sie ja alle –, kommen sollten, um zu helfen. Und da wurde ein Deich gebaut – ein breiter hoher Damm, über den das Meer nicht hinweg konnte, und wenn es noch so wütend war. Das war freilich eine harte Arbeit und kostete auch viel Geld. Aber es war gut, daß der Deich gebaut wurde; denn einige Jahre später kam wieder eine Sturmflut, und die war schlimmer als die erste und hätte gewiß noch viel mehr Schaden angerichtet. Aber da stand nun der Deich wie eine feste Mauer; man brauchte gar keine Angst zu haben, konnte in der warmen Stube bleiben und noch ein paar Scheite in den Kamin werfen, daß es dann so recht prasselte und krachte. Und das taten sie auch und feierten ein Fest; und es ging hoch her dabei, und sie tranken auf die Gesundheit des Königs.

Das muß überhaupt nun gesagt werden, daß sie dahinter kamen, was es eigentlich für ein kluger und starker König war, den sie hatten. Denn früher gab es ja auch satt zu essen, Erbsen und Speck und Braunbier; aber jetzt hatten sie jeden Tag Fleisch und Wein. Und früher sparten sie sich mühsam ein paar Groschen zusammen; aber jetzt besaßen sie ihre eisenbeschlagenen Truhen, und darin häuften sich harte Taler. Ja, – sie sahen ein, daß Fleißigsein Geld ins Haus bringt.

Aber nun kommt das Schlimme: sie dachten nämlich nur noch an das Geld: daß sie hier zu wenig verlangt hätten und dort mehr verdienen wollten, daß sie neue Häuser für ihre Waren bauen wollten, und daß die Schiffe ihnen im nächsten Jahre noch mehr Geld einbringen sollten als in diesem. Vom Morgen bis zum Abend gönnten sie sich keine Ruhe, vergaßen Feiertag und Sonntag – ach – nicht nur die Sonntage: alles andere vergaßen sie darüber! Sie dachten nicht mehr an ihren alten König, sie lachten nicht mehr, wenn die Sonne schien, und jubelten nicht mehr, wenn der Himmel blau war, und die bunten Blumen auf den Wiesen sahen sie überhaupt nicht mehr.

Nun ist die Sonne gewiß recht gutmütig und scheint noch lange, auch wenn sie gar nicht beachtet wird; aber schließlich wird es ihr auch einmal zuviel, sie zieht die grauen Wolkengardinen vor und läßt sich nicht mehr blicken. Und so machte sie es auch bei den Leuten auf der Insel. Der blaue Himmel und das blaue Wasser hatten nur darauf gewartet und taten es ihr nach, und die Blumen wurden vor Ärger ganz blaß und grämten sich zu Tode und starben. Und nun sah es bei allem Reichtum doch sehr traurig auf der Insel aus. Dicker, grauer Dunst und zäher Nebel, qualmende Wolken und tropfender Regen. Und die Gesichter alle so mürrisch und verstimmt; griesgrämig und hastig liefen sie durch die Straßen, und man sah es ihnen an, daß sie auch nicht eine Minute Zeit hatten, sondern schnell viel Geld verdienen mußten. Dem König war es aber gerade so recht. Er sah, daß aus den Dörfern große Städte wurden mit Speichern und Lagerhäusern und daß der Hafen voller Schiffe lag, die kaum noch alle hineingingen. Und er freute sich, denn so hatte er es gewollt.

Die Jahre gingen hin, und die blinkenden Taler häuften sich. Aber die Taler waren auch das einzige, was noch glänzte; denn die Gesichter waren brummig und voller Runzeln und Falten, und die Sonne kam überhaupt nicht mehr zum Vorschein. Einmal versuchte sie es noch, so um die Frühlingszeit, wenn anderwärts die Veilchen kommen; vielleicht, daß doch mal jemand zu ihr hinaufguckte und sich freute über ihr helles Licht; aber sie kam schön an damit: denn unter den vielen Menschen war nur ein einziger, der sie beachtete, und er zog die Gardine vor, weil das Licht ihn blendete; denn er schrieb gerade eine Rechnung. Da ließ es die Sonne nun bleiben. Die ganze Insel wurde grau wie Chausseestaub, und die Menschen sahen aus wie Maschinen, und Lachen – ja, das Lachen kannte man schon lange nicht mehr. Aber eigentlich bildeten die Menschen sich ein, sie wären sehr glücklich, und sie merkten gar nicht, daß ihnen irgend etwas fehlte. Nun muß ich aber genau erzählen: denn manchmal merkten sie es nämlich doch. Das war so um die Zeit, wenn der Tag zu Ende ging, man aber die Lampe noch nicht recht anstecken konnte. Dann saßen sie in der Wohnstube und ruhten ein Weilchen aus und überlegten sich, wie reich sie waren; und wenn sie da so saßen und in Gedanken zählten, da ging manchmal ein leises Klingen durch das Haus, ein leises, trauriges Klingen, – und keiner wußte, woher es kam. Vielleicht von der verstaubten Harfe, auf der Großmutter gespielt hatte, als sie noch jung war, die aber nun in der Ecke stand und von keinem mehr angesehen wurde? Oder war es das Lachen, das schon so lange auf den Wänden schlief und wie im Traum sich regte? – Jedenfalls wurden sie ganz traurig davon. Ja, sie merkten mit einem Male, daß es eigentlich ein trauriges Leben war, welches sie führten.

Und eines Tages gingen sie zum König. Nicht gerade alle, aber doch ein paar von ihnen, auf die der König gern hörte, wenn er neue Pläne im Kopf hatte. Und der König war sehr freundlich zu ihnen und fragte, was sie wollten. Da sagte der Älteste, sie hätten eine Bitte, und der König möchte ihnen doch helfen, wie er das bisher immer getan hätte. Da nickte der König und sagte, das werde er gern tun, und sie wüßten hoffentlich, daß er immer nur ihr Bestes wolle. Da verneigten sich alle ganz tief, und der Älteste fing an, die Bitte vorzutragen: Sie hätten nun gearbeitet, Tag und Nacht, viele Jahre hindurch und wären reich geworden und besäßen große Schiffe und Silberbarren und seidene Kleider. Aber eines hätten sie darüber ganz vergessen: Seit der alte König gestorben, hätten sie nicht ein einziges Mal gelacht, wüßten auch gar nicht, wie man das eigentlich machte; nur eine dunkle Erinnerung hätten sie, daß es schöner aussähe, als eine ganze Truhe voller Taler. Und nun möchten sie das Lachen so gerne wieder haben und ob der König es ihnen nicht geben könnte.

Der König richtete sich stolz auf und sprach: „Ihr seid fleißig gewesen und habt gezeigt, was arbeitsame Hände leisten können; darum sollt ihr auch euren Lohn haben.“ Und dann berief er seine Räte und veranstaltete ein großes Fest.

Das wurde nun ein Fest, kann ich euch sagen: so etwas prächtiges hatten sie alle noch nicht gesehen: Der König bewirtete sein Volk; sie aßen von silbernen und goldenen Tellern die auserlesensten Speisen und tranken aus großen Pokalen feurigen Wein. Und der König saß obenan im Purpurmantel und neben ihm die Königin, in weißer, goldgestickter Seide. Und als es Abend wurde flammte der Garten auf von hunderten von Fackeln, und brennende Kugeln flogen in die Luft und zersprangen in schimmernde Blitze, und sprühende Garben von Feuer sausten zum Himmel, wurden rot und dann blau und dann strahlend weiß, bis sie mit einem Male erloschen und von der schwarzen Nacht gleichsam verschluckt wurden. Und dazu tuteten die Hörner, schmetterten die Trompeten und jubilierten die Geigen. Dann war es plötzlich still, und die Musik schwieg, und der Garten war stockfinster. Und mit einem Male krachte ein Kanonenschuß, und hundert andere krachten hinterher, und das Feuer rasselte in die Höhe, und das Licht braust geradezu über die ganze Insel. Und auf dem

Balkon stand der König in goldener Rüstung und warf Goldstücke unter das Volk und – lachte.

Da fing das Volk an zu schreien und zu brüllen, und sie schoben und drängten sich und brüllten, was sie nur konnten. Das nannten sie Lachen, und da hatten sie also ihr Lachen nun wieder. – – –

Aber am nächsten Morgen in der Frühe, als alle noch von dem Feste träumten und von den Goldstücken, die es geregnet hatte, und von dem brüllenden Lachen, das den Garten erschüttert hatte, da schlich einer hinein zum König und hatte Tränen in den Augen. Es war schlimm, daß dieser eine gerade des Königs junger Sohn war; und der König erschrak, als er ihn sah. – – –

„War das alles, was du ihnen geben konntest?“ sagte er schluchzend zum Vater.

Der König wurde böse. Denn er hatte es sich ein gutes Stück Geld kosten lassen, und in dem Goldhaufen in seiner Schatzkammer war ein großes Loch. „Was willst du noch mehr?“ fragte er. „Habe ich ihnen ihr Lachen nicht wiedergegeben?“

„Ja, sie haben gebrüllt vor Lachen; aber es war kein glückliches Lachen, es war keine Sonne da, und du mußtest Fackeln anstecken lassen. Und blauer Himmel war auch nicht da, und du ließest blaue Leuchtkugeln in die Luft werfen, damit man glaube, es sei der Himmel. Klingendes Gold hast du ihnen gegeben, aber kein klingendes Lachen!“ Der König zuckte die Achseln. „Es fehlte die Freude!“ sagte der Sohn.

Da wandte sich der König ab. Denn er wußte nicht, was das war. Der arme König wußte ja nicht, wie schön die Welt war, wenn die Sonne vom blauen Himmel herunterlachte, wenn die grünen Wiesen glänzten und die Vögel zwitscherten; er hatte sich nie den Abhang hinunter gekugelt oder in duftenden Heuhaufen Kobolz geschlagen. Und der junge Königssohn ging hinaus, denn er sah, daß sein Vater dem Volke die Freude nicht geben konnte; aber er wußte, daß sein Volk nicht eher glücklich sein würde, als bis es die Freude hatte. Und weil er sein Volk liebte, machte er sich auf, um die Freude zu suchen. Und er ging den ganzen Tag; schwarzer Dunst hüllte ihn ein, und grauer Nebel drängte sich um ihn herum, und der Himmel weinte und hätte ihm so gern geholfen. Wie er am Abend zu dem Schlosse des alten Königs kam, da war er so müde und konnte nicht weiter und setzte sich auf einen Felsen am Meer. Die Augen fielen ihm beinahe zu, so müde war er – aber er dachte immer nur daran, wo er die

Freude wohl finden konnte. Und nun war es schon beinahe dunkel, und bald wurde wohl die Fackel entzündet, welche den Schiffern den Weg weisen sollte. Da hörte er plötzlich ein Rauschen. Er dachte, das möchte eine Welle sein, die sich zur Abendruhe niederlegte; aber das Rauschen wurde stärker und immer stärker – und da stand er auf und blickte nach dem Meere hinaus. Da sah er ein seltsames Schiff mit goldenem Schnabel und großen Segeln von dunkelblauer Seide. Es wiegte und wogte auf den Wellen, und das blasse Licht der untergehenden Sonne goß einen goldenen Schimmer über die hohen Masten. Und es glitt näher – und ein weicher, süßer Duft von Blumen kam herüber – und dann legte es an – und er ging hinüber. Und er fragte: „Was ist dies für ein Schiff?“ Und eine Stimme antwortete: „Das Schiff der Träume.“

„Und wohin fährt es?“

„Nach dem Lande der Freude!“

Da setzte er sich auf ein seidenes Ruhebett und machte die Augen zu. Denn er war den ganzen Tag gelaufen, und da durfte er nun gewiß ein Weilchen schlafen. Und das Schiff fuhr hinaus in das dunkle Meer. – –

Als er erwachte, fand er sich in einem großen Garten. Da standen Tausende von Blumen, die er noch nie gesehen hatte, rote, blaue, violette, gelbe, weiße – – alle durcheinander. Er mußte lachen: so lustig sahen sie aus. Die schienen lebendig zu sein, wie er. Sie spielten und tanzten, flüsterten miteinander und nickten sich zu. Und ein Duft streichelte seine Wangen, so süß und weich – und doch so stark, daß er sich gar nicht aufrichten konnte. Er sank auf den Rasen zurück und sah zum Himmel hinauf. Tiefblau leuchtete er und war so klar und rein, wie er nie etwas gesehen. Und dann flimmerte etwas goldenes da drüben, und eine wohlige Wärme kam von dort herüber. Das war – aber als er zusehen wollte, was es war, mußte er schnell die Augen abwenden vor all dem blendenden Glanz, der vor ihm schimmerte. Ob das wohl die Sonne war? Und er drehte sich herum und sah nach der anderen Seite. Aber da war wieder ein Flimmern wie lauter Silber. Das ging auseinander und wieder zusammen, hüpfte und sprang, und darunter lag eine endlose, blaue Fläche, die sich dehnte und ganz dahinten den Himmel berührte. Das war das Meer. Und um ihn herum Blumen – nichts als Blumen, Hecken mit Blumen, Sträucher mit Blumen – und dazwischen ein paar schmale Wege. Und auf denen mochte wohl manchmal jemand gehen?! Oder waren sie für die bunten Schmetterlinge, die sich auf den Blumen wiegten? Nein! Denn da kam eine junge Frau langsam durch den Garten daher. Schön war sie und trug ein weißes Kleid. Sie wußte wohl, daß er da lag, denn sie kam gerade auf ihn zu und rief seinen Namen. Wie ihre Stimme zu ihm herüberklang, da fingen mit einem Male alle Vögel an zu singen, und alle Blumen läuteten, und das Meer rauschte. Da stand er auf und ging zu ihr. „Ist dies das Land der Freude?"

Sie nickte. „Ich bin die Freude, und dies ist mein Garten. Alle die Blumen, die du siehst, sind meine Kinder, und ich schicke sie zu den Menschen, damit sie ihnen von mir erzählen."

Da wurde der junge Königssohn sehr froh, und er sagte ihr, daß es daheim keine Freude mehr gebe, und daß er ausgezogen sei, sie zu suchen.

„Ich weiß es," erwiderte sie, „du saßest am Meere und sehntest dich nach meinen Blumen, darum sandte ich dir das Schiff der Träume, daß du zu mir kämst."

„Läßt du alle Menschen in diesen Garten hinein?"

„Keinen! – Denn dieser tausend Blumen Duft ist viel zu stark, als daß ihn die Menschen ertrügen. Aber ich schicke ihnen Blumen – heute diese und morgen andere. Mein Schiff trägt sie hinüber nach den großen Ländern und den fernen Inseln."

„Warum schickst du uns keine Blumen?"

„Früher kamen meine Schiffe auch zu euch und brachten viele Blumen hinüber. Aber ihr wollt sie nicht mehr haben; sie verdorren bei euch und kommen um. Nur der soll Freude haben, der sich danach sehnt."

„Und ich?"

„Dich habe ich herüber kommen lassen, damit du dir deine Blumen holst. Hier – nimm dir, soviel du willst!"

Und er wollte sich schon bücken, um von den Blumen zu pflücken, aber da fiel ihm ein, daß er sich gelobt hatte, auch seinem Volke die Freude zu bringen. „Darf ich auch für die anderen Blumen mitnehmen?" fragte er.

Sie schüttelte den Kopf. „Sie wollen keine haben, und ich sagte dir ja, nur der soll Freude haben, der sich danach sehnt!"

Da wurde der junge Königssohn traurig, trotzdem daß Rosen und Veilchen, Hyazinthen und Aurikeln in seinen Händen lagen, und er bat, ob sie es nicht doch erlauben wolle. Aber sie schüttelte den Kopf. Da bot er ihr Gold und Silber; denn damit hatte er daheim immer alles kaufen können. Aber sie schüttelte den Kopf. Da wollte er ihr den Thron geben, den er bekommen würde, wenn sein Vater starb. Aber sie schüttelte den Kopf. Und er fing an zu weinen und schalt sie ungerecht, denn vielleicht seien auf der Insel doch zwei oder drei, die sich nach Freude sehnten, und warum sollte er die Freude haben, wenn die zwei oder drei nichts davon abkriegten. Und er bettelte richtig um die Blumen und sagte: Alles, was er ihr geben könne, solle sie bekommen, sie möchte ihm nur die Blumen mitgeben. Und alle Blumen neigten sich tief vor ihr und baten mit ihm. Da lächelte sie: „Nun gut! Ich will euch wieder Blumen schicken, aber du mußt mir dein Herz dafür geben!“ Da lachte der junge Königssohn; denn nun hatte er erreicht, was er wollte, und er nahm sein Herz heraus und gab es ihr. Sie hüllte es in weiche Rosenblätter und legte es in eine Glaskugel. „Geh in deine Heimat“, sagte sie, „und nimm diese Kugel mit dir! Weil dein Herz darin ist, wirst du von jedem, der sie berührt, wissen, was seines Herzens liebster Wunsch ist. Und wenn du einen gefunden, der sich die Freude wünscht, so wirf die Kugel in die Luft. Sie wird als Bote zu mir zurückkehren, und dann werde ich euch wieder Blumen schicken.“

Als sie dies gesagt hatte, rauschte das Schiff an den Strand; er nahm die Kugel und wollte ihr danken. Aber sie war verschwunden, und nur die tausend Blumen nickten ihm zu und klangen wie lauter Glocken. Da ging er hinüber, und der Wind blies in die blauen Segel und brachte das Schiff nach seiner Heimat. – – – – – –

Mit Stolz und Freude kam der Königssohn zu seinem Vater und berührte ihn unbemerkt mit der Kugel. „Bist du wieder zurück?“ fragte der König. „Hast du eingesehen, daß man nur glücklich sein kann, wenn man mächtig ist?!“

Da erschrak der Königssohn. Denn er wußte, daß sein Vater nichts anders sich wünschte als Macht. Und betrübt ging er hinaus. Im Vorzimmer traf er einen der Räte – gerade den, der immer so viel zu schreiben hatte. Er ging schnell auf ihn zu und sprach ihn an. Der wünschte sich doch gewiß ein wenig Freude, wenn er den ganzen Tag im Zimmer sitzen mußte und Akten schreiben. Aber kaum hatte die Kugel den Arm des alten Mannes gestreift, da bat er, ob der Königssohn nicht ein gutes Wort für ihn einlegen wolle, daß sein Vater ihn zum Minister mache.

Da ging er auf die Straße. Den ersten besten, den er traf, hielt er an. Der riß den Hut herunter und verneigte sich tief; denn es war doch eine große Ehre, daß der Königssohn mit ihm sprach. Aber als er nun fragte, wie es ihm gehe und ob er gar keinen Wunsch hätte, da fing der Mann an zu jammern. Es seien schlechte Zeiten! Wenn er nur wenigstens sein Holz teuer verkaufen könne, dann möchte es vielleicht noch gehen, aber – – –

Da wurde der Königssohn sehr traurig. War denn keiner, der sich die Freude wünschte, – wenn es auch nur ein ganz klein bißchen Freude war. Und er zog wieder durch das Land, aber er fand keinen. – Der eine wünschte sich mehr Geld, der andere ein neues Haus, dieser hoffte auf einen Erben für seine Schätze, jener begehrte den Tod. Aber keiner sehnte sich nach Freude. Da gab er die Hoffnung auf. Auf einem Stein saß er an der Straße und betrachtete die Kugel; so gern hätte er sein Herz nun wieder gehabt, aber es war fest eingeschlossen, und er konnte es nicht herausnehmen, so sehr er sich auch mühte, die Kugel zu öffnen. – –

Da kam ein kleiner Junge des Weges, und als er die bunte Kugel sah, blieb er vor ihr stehen. Und von dahinten kamen noch mehr Jungen, und von drüben kamen kleine Mädchen. Die Schule war nämlich gerade zu Ende. Und weil da einer stand und sich etwas ansah, mußten die anderen doch wissen, was das war, das der sich ansah, und da blieben sie alle vor dem jungen Königssohne stehen. – Und der erste kleine Junge sah sich die bunte Kugel an – von links und von rechts – und alle anderen Jungen sahen sie sich an, und als die Mädchen auch zugucken wollten, wurden sie weggeschubst, aber etwas kriegten sie doch noch davon ab. Da nahm der kleine Junge die Kugel in die Hand und wollte mit ihr spielen. „Das soll eine Freude geben!" schrie er, und dann warf er die Kugel in die Luft und ließ sie springen. Und die Kugel tanzte, und all die kleinen Jungen und alle die kleinen Mädchen jauchzten vor Vergnügen.

Da hatte der junge Königssohn nun doch gefunden, was er suchte. Und er lachte. O, ihr könnt euch wohl denken, wie glücklich er lachte! Und plötzlich zerrissen die Wolken, und die Sonne kam hervor. Und die Kugel tanzte auf und nieder – und flimmerte in dem goldenen Licht. Und die Kinder jubelten. –

Und mit einem Male war die Kugel weg. Mitten in den blauen Himmel hinein war sie geflogen.

Die Wassernixe

Von

Emmy Haacke

Es war einmal ein armer Holzhacker, der lebte mit seiner Frau und seinen fünf Kindern in einer kleinen Hütte am Rande des Waldes. So arm war er, daß er oft nicht wußte, wie er alle Kinder satt machen sollte. Die aber waren vergnügt, sprangen im Walde umher, haschten Käfer und Schmetterlinge, liefen den Eichkätzchen nach und lachten und sangen den ganzen Tag. Sie verzehrten ihr Stückchen trockenes Brot so fröhlich, als sei's der schönste Kuchen, und das Wasser aus der klaren Waldquelle schmeckte ihnen so gut, wie manchem nicht der beste Wein.

Nun ging der Holzhacker eines morgens früh aus, um einen Baum zu fällen, der stand weit drinnen im Walde an einem dunklen Waldsee. Das war so recht ein heimliches Plätzchen, wo selten eine Menschenseele hinkam. Rund herum standen hohe, hundertjährige Eichen, und so still und einsam war', als läge ein heimlicher Zauber auf dem Platze. Dort stand nun der arme Holzhacker, arbeitete fleißig und seufzte dazwischen oft, wenn er an seine Armut und an seine lieben Kinder dachte, die vielleicht bald Hunger leiden müßten. Dann setzte er sich auf einen Baumstumpf und begann sein kärgliches Frühstück zu verzehren. Dabei ruhten seine Blicke auf dem stillen Wasserspiegel, der so reglos und geheimnisvoll dalag.

Da geschah's, daß sein Fuß beim Hin- und Hergleiten an einen Stein stieß, der mit einem lauten Platsch herab ins Wasser rollte. Gleich kräuselten sich kleine Wellchen und Wellen, die größer und größer wurden, weiße Blasen stiegen herauf, und mit einem Male hob sich aus dem Wasser der Kopf einer Nixe, die schwamm heran ans Ufer, sah den erschrockenen Holzhacker mit ihren grünen Augen gar seltsam an und fragte ihn dann mit heller Stimme:

„Was störst du mir die Ruhe, Holzhacker?"

Der hatte sich inzwischen ein wenig gefaßt, weil sie nur absonderlich, aber nicht böse schien, und antwortete ihr:

„Ach, seid mir nicht unhold, ich wußte ja nicht, daß ich dich stören würde. Wenn du es haben willst, laß ich meine Arbeit hier liegen und suche mir ein anderes Plätzchen im Walde zum Holzfällen aus!"

„Warum hast du so geseufzt, Holzhacker?“ fragte die Nixe wieder. „Bist du nicht zufrieden mit deinem Lose – und du hast doch so liebe Kinderlein?“

„Das ist's ja gerade, warum ich seufze“, entgegnete der Holzhacker. „Fünf hungrige Mäulchen soll ich täglich satt machen und weiß nicht, woher das Brot nehmen!“

„Weißt du was, Holzhacker“, sprach da die Nixe, „ich will dir etwas sagen: Schenke mir eins von deinen Kindern, und ich will dich zum reichen Manne machen. Du hast dann immer noch genug Kinder und brauchst dich nicht mehr zu sorgen und zu quälen.“

Der Holzhacker sann eine Weile nach, dann sagte er: „Topp, es gilt. Ich gebe dir ein Kind, und du gibst mir einen Schatz dafür.“

Da freute sich die Nixe, lachte hellauf und fragte: „Aber welches Kind wirst du mir nun bringen?“

Da wurde der Holzhacker nachdenklich. „Ja, welches? Lieb und brav sind sie alle, auch lustig und guter Dinge!“

„Weißt du,“ sagte die Nixe, „bring mir das älteste, Gretel mit den braunen Zöpfen.“

„Nein, nein,“ rief der Holzhacker rasch dagegen, „das geht nicht, das Gretel kann ich dir nicht geben. Das fegt und putzt im Häuschen alles blink und blank und singt dabei wie eine Lerche, und keines lacht so lieb mich an, wenn ich heimkomme.“

„Nun,“ schlug die Nixe vor, „wie wäre es denn dann mit dem Kleinsten? Das liegt doch noch in der Wiege und schreit, macht dir viel Unruhe und deinem Weibe nur Sorge und Arbeit. Gib es mir, ich will schon mit ihm fertig werden.“

„Das Kleinchen, das so lieb strampelt und kräht, nein, das geht erst recht nicht. Wie würden die anderen alle jammern und weinen, wenn der Liebling nicht da wäre. Das kannst du auch nicht haben.“

„Ja, aber welches dann?“ fragte die Nixe ein bißchen ärgerlich.

„Ja, welches nur?“ brummelte der Holzhacker und kraute sich verlegen im Barte.

„Ich will dir noch was vorschlagen“, meinte die Nixe endlich. „Geh jetzt ruhig nach Hause mit dem Schatze, den ich dir gebe, und denke gar nicht mehr daran.

Welches Kind nun zuerst zu mir an den See kommt, das soll es sein, das hole ich mir als Spielkameraden.“

Und flugs tauchte sie auf den Grund des Sees herab und kam im Nu mit einem Sacke beladen wieder herauf.

Der Holzhacker bedankte sich schön, lud den Schatz auf seine Schultern und ging nach Hause. Aber unterwegs blieb er immer wieder stehen und kratzte sich nachdenklich am Kopfe.

In der kleinen Hütte kehrte zuerst Glück und Freude ein, als der Vater mit seinem schweren Sacke nach Hause kam. Als er aber nun mit der Bedingung herausrückte, die an den Besitz des Schatzes geknüpft war, brach seine Frau in lautes Jammern und Weinen aus und wollte keins der Kinder hergeben. Sie raufte sich die Haare, schalt ihren Mann einen Taugenichts und Geizhals, der nur aus Faulheit seine Kinder verschachere, und machte ihm den Kopf so warm, daß er weder aus noch ein wußte. Den Schatz zurückgeben wollte er auch nicht gern, und so saß er trübselig da und kraulte sich ratlos am Kopfe. Da sagte seine Frau endlich listig: „Weißt du was, wir haben den Schatz nun einmal, so wollen wir ihn auch behalten. Wir werden den Kindern streng verbieten, an den Waldsee zu laufen. So sind wir aus der Not heraus und brauchen keins von ihnen wegzugeben.“ Da atmete der Holzhacker auf, wie von einem Alp befreit, und sogleich wurden die Kinder gerufen und ihnen gesagt, daß sie künftig nie mehr an den Waldsee laufen und spielen sollten, weil ihnen da die Nixe auflauere. Die Kinder versprachen's auch, sorgten sich nicht weiter und hatten's bald ganz vergessen.

Nun waren unter ihnen zwei, ein Zwillingspärchen, die liebten sich besonders zärtlich. Das eine war ein Mädchen mit Blauaugen und blonden Haaren, die schimmerten wie Gold, wenn die Sonne darauf schien. Deshalb nannten es seine Geschwister stets nur das Goldchen und wußten kaum, wie es eigentlich hieß. Das andere war ein Knabe, mit dunklem Kruschelhaar, weshalb er Krauskopf genannt wurde. Die beiden faßten sich stets an der Hand, wenn sie in den Wald liefen, und wo das eine war, da wollte auch das andere sein. Sie teilten alles, was sie hatten miteinander, und wenn das eine eine besonders schöne Blume oder Waldbeere fand, so mußte das andere sie haben. Krauskopf beschützte sein Schwesterchen, wo er nur konnte; er trug es durch den kleinen Waldbach, er half ihm über Ranken und Wurzeln zu klettern und verscheuchte die Mücklein und Käfer, die ihm nahe kamen.

Die liefen nun eines Tages mit den anderen Kindern in den Wald, verloren die Geschwister bald aus den Augen und gerieten immer tiefer hinein. Die Sonne schien so lustig durch die Zweige, überall gab's etwas neues zu sehen, Blumen und Beerlein lockten allenthalben, und Vöglein, Käfer und Würmchen schienen ihnen vertraut wie alte Freunde. So kamen sie, ohne es selbst zu merken, immer näher an den Waldsee. Da flog ein Vöglein vor ihnen auf, das glänzte blau und goldig, und es deuchte ihnen, sie hätten noch keins der Art gesehen. Sie schlichen sachte hinzu, um es ganz von nahem zu betrachten, aber – husch! – da war es schon wieder weg und zwitscherte vom nächsten Brombeerstrauch, als wolle es sie auslachen! Wieder liefen sie näher, aber immer flog's ein Stückchen vor ihnen her, so daß sie es nicht genau betrachten konnten. Sie merkten es nicht in ihrem Eifer, daß sie schon ganz nahe am Waldsee waren, lauschten und spähten nur immer nach dem seltsamen Vögelchen. Das war mit einem Male verschwunden, so sehr sie auch guckten und horchten.

Es war ganz still ringsum, der Wasserspiegel regte sich nicht, und große, weiße Blumen schwammen darauf. Da ward's ihnen mit einem Male ganz beklommen zumute, das Goldchen faßte ängstlich nach Kraushaars Hand und sagte: „Komm, wir wollen heim.“ Der aber sah die schönen weißen Blumen auf dem stillen See schwimmen, machte sich los und rief: „Erst will ich dir eine holen.“ Rasch war er am Ufer und streckte die Hand nach der nächsten aus, aber sie war noch zu weit, er konnte sie nicht erreichen. Da watete er kurz entschlossen ins Wasser. Doch als er der ersten nahe war und sich ein wenig bückte, um sie zu pflücken, siehe, da hob sich vor ihm die Nixe empor, die umschlang ihn mit ihren Armen und zog ihn mit sich hinab in die Tiefe. Das Goldchen hatte es vom Ufer mit angesehen, und ob es auch weinte und schrie: alles blieb still ringsherum. Da kam ihm ein Grauen an, und es lief nach Hause, so schnell die Füße es nur trugen.

Für den armen Holzhacker brach nun eine schlimme Zeit herein. Nicht bloß, daß er sich selbst über den Verlust seines Kindes grämte und härmte, so überhäufte ihn seine Frau auch noch mit Verwünschungen und Klagen, sooft er sich nur in der Hütte blicken ließ. Wohl zehnmal am Tage warf sie ihm seine Habsucht und Geldgier vor, verwünschte den elenden Schatz, um dessentwillen sie ihr Kind verloren, und trieb es so lange, bis er eines Tages den Sack auf den Rücken lud, um zu versuchen, die Nixe zur Rückgabe des Kindes zu bewegen. Aber mißmutig und verzagt kehrte er am Abend unverrichteter Sache wieder heim. Keine Nixe hatte sich blicken lassen, so flehentlich er auch gerufen und gebeten hatte. Alles war still, wie verzaubert geblieben, so daß ihm eine Gänsehaut über den Rücken gelaufen war. Nur als er sich zum Gehen gewandt hatte, war's ihm gewesen, als ertöne vom Grunde des Sees herauf ein spöttisches Lachen. Da hatte er sich grimmig auf den Heimweg gemacht. Den unseligen Schatz wagte er aber nicht nochmals seiner Frau vor Augen kommen zu lassen, darum versteckte er ihn im Walde in einer hohlen Eiche.

Nun lebte aber tief, tief drinnen im Walde, da, wo Bäume und Gestrüpp so dicht verwachsen sind, daß man nur mit Mühe einen Weg hindurch fand, in einer kleinen Mooshütte die alte Waldfrau. Das war ein uraltes, verschrumpeltes Weibchen mit durchdringenden, stechenden Augen und einer großen, krummen Nase. Die Leute sagten von ihr, es sei eine gar arge Hexe, die das Wetter machen, das Blut besprechen und Tiere und Menschen verzaubern könne. Deshalb scheuten sie sich alle gar sehr vor ihr. Die ältesten Leute hatten sie schon ebenso krumm und gebückt im Walde umherschleichen sehen. Wenn aber jemand einen guten Rat brauchte, so konnte ihn niemand besser geben als die Waldfrau, und mancher schon war deshalb zu ihr gegangen. Freilich durfte es ihm da auf ein paar Taler nicht ankommen, denn sie rückte nur gegen klingende Münze mit ihrer Weisheit heraus.

Die Kinder des Holzhackers hatten sie öfters in der Dämmerung im Walde gesehen. Sie stützte sich auf einen dicken Stock und sammelte eifrig Beeren und Kräuter. Stets war sie da begleitet von einem großen, schwarzen Kater, der strich um sie herum und machte einen krummen Buckel, wenn die Kinder ihm nur irgend nahe kamen. Die fürchteten sich aber vor ihr und ihrem unheimlichen Begleiter und rannten davon, sowie sie ihrer nur ansichtig wurden.

An die erinnerte der arme Holzhacker sich jetzt, und wenn ihm auch ein Gruseln ankam bei dem Gedanken, sie in ihrer Hütte aufzusuchen, so schien ihm doch das Opfer nicht zu schwer, wenn er dadurch sein Kind und den Frieden im Hause zurückbekäme. So machte er sich also eines schönen Tages zur Mittagsstunde auf, die Alte in ihrer Hütte zu besuchen. Er fand nur mit Mühe den Weg, so sehr er auch in allen Teilen des Waldes bekannt war, aber die Hütte lag eben an einer besonders versteckten Stelle. Die Sonne schien heiß vom Himmel herab, und in ihren Strahlen wärmte sich eine große Kreuzotter gerade vor der Tür der Hütte. Der Holzhacker faßte seine Axt fester, aber das Tier rührte sich nicht, blinzelte ihn nur aus seinen kleinen, tückischen Augen an. Er klopfte an, und auf das ächzende „Herein“ der Waldfrau trat er ein. Drinnen sah's gar wunderlich aus. Von der niedrigen Decke herab hingen große Bündel getrockneter Pflanzen, allerlei seltsame Knochen und Häute lagen umher, auf einem großen Borde an der Wand standen Fläschchen aller Art und Größe, mit sonderbaren Flüssigkeiten gefüllt. In der Mitte des Raumes hing ein großer, rußiger Kessel, unter dem ein Feuer knisterte. Wunderlich geformte Rauchwölkchen stiegen daraus empor, und ein starker Duft entströmte ihm. Die Alte hatte am Kessel gestanden und darin herumgerührt; als der Holzhacker eintrat, sah sie ihn mißtrauisch an und deckte schnell einen Deckel auf den Kessel. Dann streichelte sie den schwarzen Kater zu ihren Füßen, der wie eine Schlange zischte, rief einen großen Raben, der zornig krächzte, ein paar unverständliche Worte zu und fragte den Holzhacker nach seinem Begehr.

Dem war's gar unheimlich zumute; er stotterte und stammelte, indes ihn die Alte unaufhörlich seltsam anstarrte. Dann aber nahm er sich zusammen und erzählte ihr sein Abenteuer mit der Nixe, wie er ihr sein Kind gegen einen Sack mit Edelsteinen überlassen habe und daß ihn nun der Handel reue und er ihn gern rückgängig machen wolle. Auch seinen vergeblichen Versuch dazu verhehlte er nicht und bat sie dann, ihm mit ihrem Rate beizustehen.

Die Alte hörte gar aufmerksam zu, nickte manchmal mit dem Kopfe, lachte ein paarmal vor sich hin und sagte dann: „Glaub's schon, glaub's schon, was man hat, gibt man nicht mehr heraus.“ Dann fragte sie: „Hast du denn Geld, mich für meine Mühe zu bezahlen?“

Der Holzhacker kraute sich verlegen am Kopfe: „Geld gerade nicht, aber von meinem Nixenschatz hab' ich Euch hier ein paar Sächelchen mitgebracht.“ Dabei zog er einige goldene Spangen aus der Tasche, die waren mit blitzenden Steinen gar kunstvoll verziert. Die Alte lachte laut auf, sah den verwunderten Holzhacker listig an und brummelte: „Mir kann's schon recht sein!“ Dann fing sie an, allerlei in den Kessel zu werfen und das Feuer zu schüren, das bald darauf hellauf brannte. Nun rührte sie eifrig in dem seltsamen Gebräu, murmelte wunderliche, unverständliche Worte dazu und schöpfte endlich etwas in ein kleines Fläschchen. Das gab sie dem Holzhacker und sagte ihm, er solle beim nächsten Vollmond an den Waldsee gehen und den Inhalt des Fläschchens hinein gießen. Da werde die Nixe erscheinen, und er könne dann gegen die Rückgabe des Schatzes sein Kind verlangen. Und wieder lachte sie spöttisch auf. Der Holzhacker steckte das Fläschchen ein, bedankte sich bei der Alten und machte sich fort, froh, von dem unheimlichen Orte wegzukommen. Aber noch draußen tönte ihm das sonderbare Gelächter der Alten im Ohre.

Triumphierend eilte er nun nach Hause zu seiner Frau; die freute sich mit ihm, und sogleich mußte er den Nixenschatz herbeischaffen, da noch diese Nacht der Mond voll werden sollte. Aber als sie den Inhalt des Sackes prüften, merkten sie voll Schrecken, daß schon ein guter Teil daran fehlte, und stotternd und zögernd gestand der Holzhacker, daß er schon des öfteren davon weggenommen habe, so auch zuletzt die Schmuckstücke für die alte Waldfrau. Da brach seine Frau wieder in laute Verwünschungen aus über seine Dummheit und Unvernunft, und gar trübselig saßen sie wieder beieinander. Endlich aber fiel ihr eine List ein. „Weißt du," sagte sie, „wir füllen unten in den Sack Scherben und Steine hinein und schütten die Goldsachen und Edelsteine oben hinauf. Die Nixe wird es nicht merken, wenn der Sack nur das volle Gewicht hat. Haben wir unser Kind erst wieder, dann wollen wir es schon hüten."

Der Mann war's zufrieden und tat nach ihrem Geheiß, aber es war ihm doch bänglich zumute, als er sich abends nach dem Waldsee aufmachte. Der lag so still wie immer im blanken Mondschein da, und sein Wasser schimmerte wie Silber. Der Holzhacker zog sein Fläschchen aus der Tasche und goß die dunkle Flüssigkeit hinein. Da trübte sich der helle Silberglanz, es brauste in der Tiefe, Wellchen und Wellen kräuselten sich, weiße Blasen stiegen in die Höhe, und plötzlich hob sich die Nixe empor.

„Was willst du schon wieder, Holzhacker?" fragte sie. „Bist du nicht zufrieden mit deinem Schatze?"

„Ach," sagte der Holzhacker, „mein Weib läßt mir keine Ruhe; ich bringe dir den Schatz zurück, gib mir dafür mein Kind wieder."

„Wohl," sagte die Nixe, „wenn dich der Handel reut, so soll er nicht mehr gelten. Bringst du mir meinen Schatz ganz und unversehrt wieder, so sollst du dein Kind dafür haben."

Da langte ihr der Holzhacker den Sack hin, und sie sah ihm forschend in die Augen, daß es ihm siedend heiß wurde dabei, doch sagte sie nichts, sondern tauchte schweigend mit dem Sack in die Tiefe. Der Holzhacker stand und wartete, und es war ihm gar nicht wohl zumute. Lange dauerte es, ehe die Nixe wieder empor kam. Aber diesmal blitzte sie ihn zornig mit ihren Augen an: „Du hast mich betrogen, Holzhacker," sagte sie, „nun sollst du zur Strafe weder Kind noch Schatz haben!" Und ob er auch jammerte, bat und alles mögliche versprach, so sank sie doch, ohne weiter ein Wort zu sagen, in die Tiefe. Der Holzhacker aber ging betrübt und zerknirscht nach Hause, denn nun war er ärmer als je zuvor.

Das Goldchen konnte aber sein Brüderchen nimmermehr vergessen, es fehlte ihm überall, und es mochte nicht mit den anderen Kindern spielen. Oft träumte ihm des Nachts, es stehe vor ihm und sähe es traurig an, und darüber ward es ganz nachdenklich. So ging es denn meist allein seines Weges, suchte sich einsame Plätzchen aus und band da allerlei bunte Blumensträuße und Kränze, so wie es das Brüderchen am liebsten gehabt hatte. Auch an den Waldsee setzte es sich oft, obwohl die anderen Kinder sich davor fürchteten. Aber es war gerade, als zöge es eine unsichtbare Gewalt dorthin.

Nun war's einmal ein ganz heißer Sommertag; das Goldchen war den ganzen Morgen im Walde herumgelaufen, um Beeren zu suchen. Es war müde geworden, und da es gerade in der Nähe des Waldsees vorbei kam, gedachte es sich dort im Schatten der hohen Bäume ein wenig auszuruhen. Da stand eine alte, alte Eiche, deren Stamm war hohl, und das Goldchen hatte sich oft mit seinem Brüderchen darin versteckt und allerlei lustige Kurzweil dort getrieben. In die kroch es nun hinein und fühlte sich so recht heimlich darin – wie in einem eigenen Häuschen. Wie es nun die Augen so über den stillen See schweifen ließ, fielen sie ihm unversehens zu, und es schlief ein. Da träumte ihm wieder, sein Brüderchen stehe vor ihm, sehe es mahnend an, hebe das Fingerlein und sage: „Paß auf, lieb Schwesterlein!" Und wie es aufmerkte, hörte es einen eigentümlichen Gesang, der klang über den See; und es waren immer nur die selben Worte und Töne, so daß das Kind vermeinte, es habe noch nie ähnliches gehört. Und es machte die Augen auf und spähte hinaus nach dem Wasser. Da saß auf einem Steine am Ufer die Wassernixe und ließ den langen Nixenschwanz im Wasser plätschern und wärmte sich im glühenden Mittagssonnenschein. Und mit der Hand strich sie über ihr gelbes Haar, daran die Wassertropfen wie Perlen niederrannen, und dazu sang sie ihre eintönige Weise. Sonst war es ganz still umher, nur auf einem Baum am Ufer fing es plötzlich an zu zwitschern. Dort saß ein Vögelchen, dessen Gefieder glänzte blau und goldig, desgleichen das Goldchen erst einmal in seinem Leben geschaut. Das putzte sich die Federn mit dem Schnäbelein und fragte: „Nixlein, warum singst du so traurig?"

Da hörte die Nixe mit Singen auf und hub zu weinen an. Und das Vöglein fragte wieder: „Nixlein, was weinest du?"

Sprach die Nixe. „Soll ich nicht weinen? Bin ich nicht stets allein und weiß nicht, was beginnen den ganzen, langen Tag!?“

Antwortete das Vögelchen: „Hast du nicht einen Spielgefährten nun, den Buben mit dem braunen Kruschelhaar?“

Doch die Nixe weinte stärker: „Ach,“ klagte sie, „er mag nicht mit mir spielen, es graut ihm vor mir.“

Fragte das Vöglein wieder: „Warum bläsest du nicht auf deiner goldenen Flöte wie einstmals?“

„O, hätte ich meine Flöte,“ rief die Nixe traurig, „dann braucht ich nicht zu weinen und zu singen. Aber die böse Waldfrau hat sie mir gestohlen. Und seitdem muß ich weinen und klagen den ganzen Tag.“

Da knackte es plötzlich im Walde drinnen, als trete ein harter Fuß auf einen dürren Zweig. Das Vöglein hob geschwind die Schwingen und flog hurtig hinweg über den See, die Nixe aber warf sich erschrocken von ihrem Sitze hinab ins Wasser, daß es hoch aufspritzte, und verschwand in der Tiefe.

– Das Goldchen aber fuhr sich mit der Hand über die Augen; es wußte nicht: war's ein Traum oder Wirklichkeit gewesen.

Einige Tage später saß das Kind wieder am Waldsee. Es hatte eine Menge Blumen vor sich ausgebreitet, die es auf der nahen Waldwiese gepflückt hatte, und war eifrig dabei, einen Kranz zu winden. Es sang leise vor sich hin, und wie es nun so ganz vertieft in sein Werk war und nicht aufsah, sprach plötzlich eine helle Stimme hinter ihm: „Das ist eine lustige Arbeit, du kleines Mädchen!“ Das Goldchen fuhr erschrocken herum und sah hinter sich eine schöne Frau stehen in grünlich schillerndem Gewande. Deren Angesicht kam ihm sonderbar bekannt vor, obgleich es sich nicht besinnen konnte, es schon einmal gesehen zu haben. Die Fremde aber war gar freundlich: „Fürchte dich nicht,“ sagte sie, „ich habe dir nur ein bißchen zugesehen, wie du so geschickt und flink deine Blumen zusammenwindest. Wenn ich das doch auch könnte!“

„Ach, nichts leichter als das!“ rief das Goldchen. „Ich will es dich gerne lehren, wenn du willst. Setze dich nur hier neben mich und gib acht, wie ich es mache.“

Die Fremde war gleich bereit dazu, setzte sich ins Gras neben das Kind und breitete ihre langen, schleppenden Gewänder um sich her. Da sah das Goldchen, daß der Saum derselben ganz naß war, als ob es ihn ins Wasser getaucht habe. Das Kind verwunderte sich ein bißchen, denn es war überall trocken im Walde, dachte aber nichts Arges dabei und begann der Fremden zu zeigen, wie man Blume an Blume reihen müsse, um einen Kranz zu flechten. Doch die Fremde war ungeschickt, griff täppisch zu, und manche Blume fiel zerknickt auf den Boden. Aber das Goldchen ließ nicht ab, sie zu belehren, und endlich gelang es ihr besser, und sie hielt schließlich ein zierlich gebundenes Kränzlein in der Hand. Da jauchzte sie vor Freuden, nahm aus ihrem Haar den Kranz von wunderlich seltsamen Gewächsen heraus, ließ ihn achtlos auf den Boden fallen und setzte sich dafür den Kranz von frischen Blumen auf.

„Ei, wie leicht und duftig er ist!" sagte sie froh. „Sag mir doch, wer lehrte dich so geschickt die Blumen zusammenbinden?"

„Niemand lehrte es mich," lachte das Goldchen, „ist's doch keine schwere Kunst; Brüderchen und ich, wir haben manchen Tag gesessen und Kränze gewunden."

„Wo ist dein Brüderchen aber jetzt?" fragte die Fremde wieder, und es schien dem Kinde, als funkelten ihre Augen seltsam bei der Frage.

„Mein Brüderchen ist dort unten im kühlen, schaurigen See," klagte da das Kind, „die Wassernixe hat es geholt und gibt es nicht mehr heraus." „Möchtest es wohl gern wieder haben?" fragte die Fremde wieder.

„Ach, wie gern," antwortete das Goldchen, „bin so bang und einsam ohne mein liebes Brüderlein." Da schaute die Fremde dem Kinde eine Zeitlang gar seltsam ins Angesicht, dann sagte sie plötzlich: „Hab wohl acht, wenn du die alte Waldfrau siehst!"

Das Goldchen sah fragend zu ihr empor, da strich sie ihm leise, leise mit kühlem Finger über die Augen. Alsbald sauste und brauste es vor seinen Ohren, seltsame Nebel stiegen und wallten vor seinem Gesicht, so daß es ängstlich die Augen schloß. Als es sie nach einem Weilchen wieder auftat, war es ganz allein, die schöne Fremde war spurlos verschwunden; nur den seltsamen Kranz sah es im Grase neben sich liegen, den die Fremde achtlos hier vergessen hatte. Es hob ihn auf und betrachtete ihn; er wog gar schwer in seiner Hand und fühlte sich kalt und feucht an. Wundersame Blumen bildeten ihn, desgleichen es noch nie gesehen hatte; sie leuchteten in allen Farben, goldig und grün, bläulich und rot. Es wußte aber das Goldchen nicht, daß es alles die kostbarsten Edelsteine waren, so daß der Kranz einen unermeßlichen Wert besaß. Es gedachte ihn der Mutter zu zeigen, aber dann fiel ihm ein, daß die vielleicht schelten würde, wenn sie erführe, daß Goldchen am Waldsee gewesen sei. So beschloß es, ihn im Walde zu verstecken, da, wo sein Brüderchen ihm einen Spalt in einem Felsblock gezeigt hatte und wo die Kinder alle ihren kleinen Schätze, seltsame bunte Steine, niedliche Vogelfederchen, ein Stückchen Eierschale, darin ein Waldvöglein gesteckt hatte, und ähnliches verbargen und sich heimlich darüber freuten. Es machte sich gleich auf den Weg dahin, und wie es dabei an die schöne Fremde dachte, die auf so seltsame Weise verschwunden war, fiel es ihm mit einem Male ein, daß es wohl die Wassernixe gewesen sein möchte.

Wie es nun so eilig im Walde dahinlief, sah es plötzlich die alte Waldfrau auf sich zuhumpeln, die heftete schon von weitem ihre gierig funkelnden Augen auf den Kranz in Goldchens Händen. Sie verzog ihr Gesicht zu einem freundlichen Grinsen und sagte: „Eia, Töchterchen, wo hast du das schöne Kränzel gefunden? Bist ein Glückskind, hi, hi, sollst ein Ringlein haben mit blutrotem Stein, wenn du es mir gibst.“ Und hurtig langte sie in ihre Tasche, kramte darin herum und brachte einen Ring hervor, den hielt sie dem Kinde entgegen. Aber das Goldchen hatte wohl den gierigen Blick gesehen, mit dem die Alte den Kranz angeschaut, deshalb sagte es: „Ich mag dein Ringlein nicht, stecke es wieder ein, mein Kranz gefällt mir besser.“ Aber die Alte ließ nicht ab, sie lachte, daß ihre ganze dürre Gestalt wackelte, strich dem Kinde mit der kalten Hand über die Wange und rief: „Bist schlau, Töchterchen, bist schlau, aber die alte Waldfrau läßt mit sich reden. Komm, nimm das Ringlein, und hier, sieh, ich gebe dir noch ein Halskettchen dazu von roten Perlen, die stehen schön zu deinem Sonntagsmieder.“

Aber das Goldchen schüttelte den Kopf: „Was brauche ich deine Kette? Im Walde gibt's genug rote Beerlein, aus denen ich mir Ketten machen kann, soviel ich nur haben will.“

Da wisperte ihm die Alte ins Ohr: „Sei gescheit, Kind, stoß dein Glück nicht von dir, mir gefällt nun mal dein buntes Kränzel, ich will dir's abkaufen. Sollst einen Sack voll Goldstücke dafür haben, desgleichen du noch keinen gesehen hast. Hei, was wird der Vater Augen machen, wenn du mit dem ankommst!“

Das Goldchen zögerte, aber wie es so auf den Kranz in seinen Händen niederblickte, da kamen ihm plötzlich der dunkle Waldsee und die schöne Nixe in den Sinn, und es blitzte ihm ein Gedanke durch den Kopf. So sagte es rasch: „Deine Schätze will ich alle nicht haben, so du mir aber die goldene Flöte gibst, die du der Wassernixe gestohlen hast, so soll der Kranz dein sein.“

Da fuhr die Alte zurück, als habe sie auf ein giftiges Gewürm getreten, bitterböse zuckte es in ihrem Gesicht, aber sie bezwang sich und verzog den

Mund zu freundlichem Grinsen. „Ei, ei, Kindchen," sagte sie dabei, „du stellst einen hohen Preis!" Dann murmelte sie eine Weile sonderbares Zeug vor sich hin, ohne dabei den Kranz aus den Augen zu lassen, langte mit ihrer dürren Hand danach und strich wie liebkosend über die wunderlichen Blumen. „Weißt du denn auch, was es mit der Flöte für eine Bewandtnis hat?" fragte sie dann plötzlich lauernd.

Das Goldchen schüttelte den Kopf: „Nein," gestand es ehrlich, „ich weiß nur, daß die Nixe weint und sie wieder haben will. So soll sie mir dafür mein Brüderchen geben. Gelt, ich bekomme die Flöte?" Die Alte stand ein Weilchen regungslos, dann sagte sie: „Kind, Kind, warum muß es gerade die goldene Flöte sein?! Geb' sie dir nicht gern, wahrhaftig nicht, aber ich hab' nun mal einen Narren gefressen an dem bunten Kränzel. Gib's mir zuvor in die Hand, laß mich's wenigstens anfassen, daß ich seh', ob es das rechte ist." Und ohne auf das Goldchen zu achten, strich sie ihm hurtig den Kranz vom Arme, hielt ihn gegen das Licht, besah ihn dann prüfend von allen Seiten und bestrich und befühlte jeden einzelnen Zweig und jede Blume. Dabei funkelten ihre kleinen, boshaften Äuglein vor Lust, sie schmatzte mit den Lippen und murmelte wirres Zeug dazu. Dann lachte sie auf einmal gellend auf, daß dem Kinde ordentlich ein Schreck in die Glieder fuhr, und wisperte: „O, über das Nixlein, das dumme Nixlein, seinen Kranz nicht besser zu hüten. Nun hat ihn die alte Waldfrau und hegt und bewahrt ihn, den goldigen Schatz!" Dann preßte sie ihn wie liebkosend an die Brust, langte rasch in die Tasche und suchte umständlich darin herum. Endlich brachte sie die goldene Flöte daraus hervor, die drückte sie dem Kinde in die Hand und raunte ihm geheimnisvoll ins Ohr: „Gib wohl acht, welchen Schatz ich dir gebe; setze sie nur einmal an die Lippen, so hörst du's singen und klagen, jedes Menschen innerste Gedanken kommen hervor und werden zu Tönen; das lockt so süß und wonnig, daß einem das Herz aufgeht dabei." Dann lachte sie wieder, daß es sie schüttelte, sagte grinsend: „Viel Glück auf den Weg" und war im dämmernden Walde verschwunden, ehe das Goldchen noch ein Wort hervorgebracht. Da drückte es die kostbare Flöte fest an die Brust und lief, so rasch es nur laufen konnte, zum Waldsee zurück.

Der sah jetzt im Düster der hereinbrechenden Nacht gar dunkel und schauerlich aus, aber das Goldchen achtete nicht darauf, es setzte sich ans Ufer und begann auf der Flöte zu blasen, und kaum hatte es sie mit den Lippen berührt, so drangen süße, wohl lautende Töne daraus hervor. Es jubelte und lachte, weinte und klagte darin, daß dem Kinde vor Freude bald das Herz klopfte, bald vor Wehmut Tränen in die Augen kamen. Und die Blätter der Bäume ringsum hörten auf zu säuseln und zu rauschen, als müßten sie lauschen, Nachtfalter und Fledermäuse huschten herbei, die Wellen des Sees kräuselten sich nicht mehr, die Fische hoben ihre Köpfe aus dem Wasser heraus, und immer süßer und lockender klangen die Töne durch den stillen Wald. Da hob sich auch der Nixe Haupt aus dem See empor, sie schwamm ans Ufer, legte den Kopf in die aufgestützten Hände und schaute unverwandt dem Kinde mit seinen grünen Augen ins Angesicht.

Da tat das Goldchen die Flöte von den Lippen, legte bittend die Hände zusammen und sagte: „Du liebe, schöne Nixe, gib mir mein Brüderchen zurück, das du da unten gefangen hältst, ich bitt' dich viel tausendmal darum!"

Sprach die Nixe: „So gib mir zuvor meine Flöte wieder!" Da reichte ihr das Goldchen die Flöte, und die Nixe setzte sie an den Mund und blies ein paar süße Töne darauf. Dann sagte sie zu dem Kinde: „Dein Brüderchen kann ich dir nicht geben; wer soll mir meine gelben Haare strählen, wenn es nicht da ist? Wem soll ich meine Lieder vorsingen?"

Antwortete das Goldchen: „So will ich dir jeden Tag deine Haare strählen und du sollst mir deine Lieder singen!"

Hub die Nixe wieder an: „Aber meine Haare sind feucht und schwer, und meine Lieder sind traurig!" Drauf das Goldchen: „Was tut's? So trockne ich deine Haare mit meinem Tüchlein und lehre dich neue Lieder, die klingen froh von Licht und Sonne."

Da schaute die Nixe dem Kinde gar freundlich ins Antlitz und sagte: „Du bist ein gutes, kleines Mädchen. Dein Herzchen ist so lauter und rein wie Gold, du sollst es mir schenken, so will ich dir dafür dein Brüderchen herausgeben."

Da ward das Goldchen traurig und sagte: „Wenn ich dir mein Herzchen schenke, so kann ich mich nicht mehr freuen und nicht mehr lachen, auch nicht mehr weinen und nicht mehr traurig sein."

Doch die Nixe sagte: „Was schadet's? Dein Brüderchen sieht wieder die helle Sonne und lacht und freut sich, und Vater und Mutter herzen und küssen es aufs neue."

Da sagte das Goldchen: „So laß mich wenigstens zuvor mein Brüderchen noch einmal sehen." Und die Nixe tauchte zur Tiefe hinab, und als sie herauf kam, trug sie den Knaben in ihren Armen, dessen Augen waren geschlossen und er schlief.

Sie legte ihn sachte ans Ufer, und das Goldchen beugte sich über ihn, küßte ihn herzlich und sagte dann zur Nixe: „Nun bin ich bereit, nimm dir mein Herz aus der Brust.“ Da sah die ihm prüfend ins Antlitz, dann lächelte sie und fuhr ihm wieder leise, leise mit kühlen Fingern über die Augen, daß dem Goldchen die Sinne vergingen.

Und als es erwachte, da war's schöner, heller Morgen, es lag am Ufer am Waldsee und neben ihm schlummerte sein Brüderchen. Wie es das sah, ward's ihm gar froh zumute, es stürzte sich über das Brüderchen, herzte und küßte es, und da merkte es, daß sein Herzchen an der alten Stelle klopfte. Und das Brüderchen schlug erstaunt die Augen auf und sagte: „Was für einen garstigen Traum habe ich gehabt!“ Dann lachte es die Schwester an: „Warum sind wir jetzt im Wald und nicht bei der Mutter?“ Und sie nahmen sich bei der Hand und liefen schnell nach Hause, und es deuchte ihnen, die Sonne habe noch nie so hell geschienen und die Vögelein noch nie so lieblich gesungen. Und vom Grunde des Sees herauf schallten leise Flötentöne ihnen nach, die tönten so weich und lind, als zwitscherten die Vöglein des Waldes im Traume.

Potthennerken

Von

August Hagedorn

Wißt ihr, wer Potthennerken ist? Ja, wer zufällig aus Helpup stammt, das drei Bindfadenlängen hinterm Wodansberge liegt, der kennt ihn. Denn dort wurde Potthennerken geboren. Was sage ich – geboren? Nein, Potthennerken ist gar nicht geboren, sondern der alte Töpfermeister Bullerdiek fand ihn eines schönen Tages in der Lehmgrube. Da lag er mitten in einem Wasserkolke und strampelte seelenvergnügt mit den Beinen. Hätte er zu dem Strampeln noch gequakt, so würde Bullerdiek ihn gewiß für einen dicken Frosch gehalten haben. Aber Potthennerken quakte nicht; nein, er lachte – lachte so glockenhell, daß der ganze Wodansberg davon widerhallte.

Bullerdiek traute seinen Ohren nicht, als er das Lachen hörte. Das war ihm etwas Ungewohntes. Und doch klang es ihm wie eine Erinnerung aus versunkenen Tagen. Aber wo hatte er früher ein gleiches Lachen gehört? Er sann nach, schob die Zipfelmütze vom rechten auf das linke Ohr und sah in den Kolk.

Da fielen ihm mit einem Male seine sieben Kinder ein, die nacheinander plötzlich gestorben waren. Ja, richtig! – Darunter war ein rotwangiges Bübchen gewesen, daß hatte auch so hell lachen können, wie der kleine Strampelmann im Wasserkolke. Der Tod der Kinder war ihm und seiner Frau nahe gegangen. Tiefe Traurigkeit lag wie ein schwarzer Schatten auf seiner Seele, während seine Frau seitdem an der bösen Krankheit „Vergessenheit" litt, gegen die es keine Medizin gab.

„Halt," dachte er, „die Traurigkeit soll einen Riß kriegen. Den kleinen Schelm nimmst du mit nach Hause. Eltern hat er gewiß nicht, und hier würde er ja elendig umkommen."

Gedacht – getan! Er fischte ihn aus dem Kolke heraus und legte ihn behutsam in den Lehmkarren. Dann zog er das Wams aus und wollte ihn damit zudecken. Als der Kleine das merkte, fing er auf einmal an zu sprechen. „Hopsa," rief er, „wenn Ihr mich mitnehmen wollt, muß ich erst mein grünes Röckchen anziehen, daß sieben Klafter tief unter dem Wasserkolke hängt. Wartet nur sieben mal sieben Atemzüge, dann bin ich wieder zurück."

Er schlug einen Purzelbaum, und – plumps, war er im Wasserkolke verschwunden.

„Das ist ja ein putziges Kerlchen!" murmelte der Töpfer vor sich hin. Kaum hatte er eine Viertelstunde gewartet, da tauchte der Kleine mit einem grünen Samtröckchen wieder auf, aber er war inzwischen um sieben Jahre älter geworden.

„Wie heißt du eigentlich?" fragte Bullerdiek.

„Ich – ich heiße Heinz oder Heinzelmännchen!"

„Ach, das trifft sich ja gut! Heinz, so hieß auch mein jüngster Sohn, der ebenso hell lachen konnte wie du. Wir nannten ihn jedoch immer Hennerken, weil das im Plattdeutschen so Mode ist. Du mußt also schon zufrieden sein, daß wir dich auch Hennerken rufen."

„Damit bin ich siebenmillionenmal einverstanden," lachte der Kleine."Hör mal," fuhr Bullerdiek fort, „daß du immer die Sieben im Munde hast, das gefällt mir gar nicht. Die Sieben ist eine böse Zahl, die mir allezeit Unglück gebracht hat. – Sieben Kinder habe ich gehabt, die alle früh gestorben sind; seit sieben Jahren leide ich an Traurigkeit und meine Frau an Vergessenheit. Vielleicht bringst du uns mit deinen vielen Sieben nur neues Unglück."

Jetzt fing Hennerken von neuem an zu lachen, viel lauter als zuvor, so daß die Bäume im Wodansberge und die Vögel auf den Zweigen, ja selbst die Lehmgrube mit lachten. Nur Bullerdiek stand noch traurig da.

„Paß mal auf!“ rief der Kleine. „Ich will Euch zeigen, daß die Sieben keine Unglücks- sondern eine Glückszahl ist. Nehmt sieben Schaufeln voll Lehm und tut sie in Euren Karren, dessen Rad sieben Felgen und sieben Speichen hat, schüttet über den Lehm sieben Handvoll Wasser aus dem Kolke, und ihr werdet staunen, was daraus wird. Ihr müßt nämlich wissen, daß der Kolk mit den Tränen gefüllt ist, die Ihr und Eure Frau um die sieben Kinder geweint habt. Aus den Tränen soll Euch nun neues Glück kommen.“

Bullerdiek tat, wie ihm geheißen ward. Er füllte sieben Schaufeln voll Lehm und sieben Handvoll Tränen in den Karren. Alsdann zog Hennerken ein schwarzes Zauberstäbchen unter dem grünen Röckchen hervor und rührte damit sieben Atemzüge lang in dem Lehmbrei, bis der plötzlich zu einem dicken Goldklumpen erstarrte.

„So,“ sagte er, „hier habt Ihr ein glänzendes Stück reinen Glücks. Nun wollen wir uns beeilen, daß wir zu Eurer Frau kommen, damit auch die an dem Glücke teilnimmt.“

„Nein, das Gold kann uns nicht glücklich machen“, versetzte Bullerdiek. „Wir möchten nur die Traurigkeit und Vergessenheit los werden und dafür ein fröhliches Herz haben, mit dem wir wieder lachen und guter Dinge sein können. Kannst du uns das verschaffen, so wollen wir dir dankbar sein und dich wie unser eigenes Kind lieb haben bis an unser seliges Ende.“

„Gut,“ sagte Hennerken, „ich will Euch zur Fröhlichkeit verhelfen, wenn ihr sieben Tage wartet und mich binnen der Zeit lehrt, wie man schöne Töpfe macht.“

„Ei, gewiß doch, in weniger als sieben Tagen sollst du es bis zum Meister bringen.“ Bums! – stülpte Bullerdiek den Karren um, so daß der Goldklumpen in den Kolk kullerte, und das Wasser hoch aufspritzte. Das gab ein Brodeln, wie wenn eine Feuerkugel hineingeworfen wäre.

„Siehst du wohl,“ fuhr er fort, das Gold entstammt der Hölle. Es ist heiß wie glühendes Eisen und zischt wie eine giftige Schlange.“

Nach wenigen Augenblicken war der Kolk trocken und vom Golde nichts mehr zu sehen. Nun lud Bullerdiek den Karren voll gelben Töpfertons, machte darin einen bequemen Sitzplatz für Hennerken zurecht und fuhr mit ihm nach der Werkstatt, wo beide sofort an die Arbeit gingen.

Hennerken erwies sich als begabter und geschickter Lehrling. Schon am dritten Tage hatte er ein schönes Tongefäß fertig. Ein zierlicher Henkeltopf mit Deckel war es, spiegelblank glasiert und mit allerlei Zaubersprüchen bunt bemalt. Er freute sich über seiner Hände Werk und zeigte es dem Meister. Der war über die Geschicklichkeit des kleinen Kerlchens aufs höchste verwundert. Ein langes, stöhnendes „A – ach!" entrang sich seiner Brust. Das fing Hennerken mit dem neuen Topfe auf, den er schnell mit dem Deckel schloß.

„Ha, ha, ha!" lachte er. „Jetzt ist die Traurigkeit futsch und rutsch in meinem Topfe." Dabei schrieb er mit dem Zeigefinger siebenmal einen Kreis in die Luft, und – „kille, kille – pik" tupfte er dem Meister mit dem Finger auf den Leib, daß er mit einem Male auch hell auflachte und von Stund' an fröhlich und guter Dinge war.

Am anderen Tage hatte Hennerken einen zweiten Henkeltopf fertig. Der war noch viel schöner als der erste. Kleine Kobolde saßen auf dem Rande und kniffen sich einander in die Ohren. Den Deckel schmückten blaue Vergißmeinnicht-Blümchen, und auf dem schneeweißen Boden stand in strahlender Goldschrift zu lesen:

> Vergessenheit, verlaß den Kopf
> und fall in diesen Henkeltopf.

Als der alte Bullerdiek den Topf sah, war er noch mehr erstaunt als zuvor. „Junge, da hast du dein Meisterstück gemacht!"

„Wenn das wahr ist," sagte Hennerken, „so soll auch Eure Frau von ihrem Übel frei gemacht werden. Bringet mich zu ihr!"

Der Meister ging mit ihm in eine niedrige Stube. Dort saß Mutter Bullerdiek auf der Ofenbank und schlief. „Pst! Pst!" flüsterte der Kleine.

Sachte schlich er sich an die Frau heran, setzte den Topf in ihren Schoß und kitzelte sie mit dem Zauberstäbchen unter der Nase. „Hatzie – hatzie!" schallte es durch die Stube. Und als die Meisterin zum siebentenmal geniest hatte, machte Hennerken den Topf zu. Denn nun war die Vergessenheit darin.

„Gesundheit, Mutter Bullerdiek!" rief er.

„Danke schön, kleines Heinzelmännchen“, antwortete sie, sah ihn vergnügt an – und lachte.

Von da ab herrschte in der Töpferhütte – wie Bullerdieks Häuschen im Volksmund hieß – eitel Freude und ständiger Sonnenschein. Hennerken half dem Meister fleißig bei der Arbeit, machte jedoch im geheimen für sich einen dritten Henkeltopf, den er selbst bis zum Bersten voll lachte, und zu den beiden anderen in sein Kämmerlein stellte, das Mutter Bullerdiek ihm behaglich eingerichtet hatte. –

An jedem siebenten Tage trug er in einer kleinen Kiepe huckepack die fertigen Töpfe nach dem Markte. Auf diese Weise wurde er bald weit und breit als „Potthennerken“ bekannt. Die Leute kauften gern von Ihm, weil er ein so freundliches und schelmisches Bürschchen war und sein Geschirr viel netter aussah, als das von anderen Töpfermeistern.

Kam er dann nach Hause, so brachte er seinen Pflegeeltern manchen blanken Taler mit, die sich allmählich zu einem kleinen Vermögen ansammelten.

„Ach, daß es doch immer so bliebe!“ wünschte Mutter Bullerdiek im stillen. Nein es sollte anders kommen, und daran war ein Zaunkönig schuld.

Sieben gesegnete Jahre waren vergangen, der Wodansberg schmückte sich gerade zum Frühlingsfeste. Vater und Mutter Bullerdiek saßen mit Hennerken bei der Morgensuppe. Es gab Buchweizengrütze mit Schwarzbrot. Da pickte ein Vöglein an die Fensterscheiben. Das rief:

Tilit, die Zeit ist um – pivit;
Potthennerken, komm mit, ich bitt'.
Ich ruf's zum ersten und zum andern,
Tilit, pivit – wir müssen wandern.

Potthennerken sprang von seinem Schemel auf. Hastig schluckte er das letzte Häppchen Brot hinunter, reckte die Glieder und wurde zusehends um weitere sieben Jahre älter.

„Hört ihr, was der Zaunkönig ruft“, fragte er. „Jetzt muß ich fort in die weite Welt. Aber in sieben Monaten, wenn der erste Schnee fällt, bin ich wieder bei euch.“

Mutter Bullerdiek wollte ein trauriges Gesicht machen. Doch das ging nicht, weil sie ein fröhliches Herz hatte.

„Verlaß uns nicht; bleibe hier!“ bat sie. „Was der kleine Zaunkönig sagt, das gilt nicht!“

„Ei, freilich gilt das“, sagte Hennerken. „Jeder König hat zu befehlen, auch wenn er noch so klein ist. Bei den Königen kommt es nicht auf die Größe der Person, sondern auf die Würde an.“

„Ganz meine Meinung“, fiel der Töpfermeister ein, „dem Könige muß man gehorchen! Reise mit Gott und komm gesund zurück. Doch halt! Zum Reisen gehört Geld, und das will ich dir mit auf den Weg geben.“

„Euer Geld behaltet nur, lieber Meister“, versetzte Hennerken. „Ich gebrauche weiter nichts als meine drei Henkeltöpfe, damit komme ich durch die ganze Welt.“

Er ging in die Kammer, die Töpfe zu holen. Allein das war leichter gedacht als vollbracht. Denn es ist nicht jedermanns Sache, mit zwei Händen drei Henkeltöpfe auf einmal zu tragen! Doch – es bot sich Rat. Nebenan im Stalle grunzte ein fettes Schweinchen. „Die Gelegenheit ist günstig“, lachte er in sich hinein. Flink wie eine Maus war er im Stalle, zog das Zauberstäbchen hervor und strich damit siebenmal über das dralle Schweineschwänzchen. Im Nu wurde daraus ein drei Ellen langer Lederriemen. Damit band er die Henkeltöpfe aneinander und hing sie über die Schulter – den voll Lachen nach vorn und die voll Vergessenheit und Traurigkeit nach hinten.

„Lebt wohl, Vater und Mutter Bullerdiek!“ Und ehe sie sich's versahen, war er draußen. Dort wartete schon der Zaunkönig auf ihn, flog voran und blieb sieben Tage lang Hennerkens Führer. Dann setzte sich der kleine König in eine Weißbuchenhecke. „So, jetzt mußt du deine Wege allein finden. Ich bleibe hier, um mir ein Sommerschloß zu bauen. Gehe immer der Nase nach und höre nicht eher auf zu wandern, bis du auch ein König bist.“

„Das soll schon werden!“ antwortete Hennerken. Als er sieben Wochen unterwegs war, kam er an einer Talmühle vorbei, deren Räder stillstanden.

„Hier ist etwas nicht in Ordnung“, sagte er sich und trat in die geöffnete Tür. Der Müller saß auf einem Sack voll Weizen, den Kopf auf die Ellbogen gestützt. Hennerken klopfte ihm auf die Schulter. „Wo fehlt's“, fragte er. „Der Esel, der

Esel!“ seufzte der Müller. „Was ist das mit dem Esel?“ „Ach, das ist eine gar böse Geschichte, an der sich nichts mehr ändern läßt.“

„Oho! Nur nicht gleich den Mut verloren“, tröstete Hennerken. „Ist die Sache nicht allzu schlimm, so kann ich vielleicht helfen.“

Der Müller sah verwundert auf. Hilfe sollte ihm plötzlich kommen, die er bisher vergeblich gesucht hatte! Er gewann Vertrauen und erzählte: „In der Talmühle war ein Esel, der meinem Großvater hundert Jahre und meinem Vater ebenso lange gedient hatte. Als der Esel dann in meinen Besitz überging, wollte der Racker den Mahlkarren nicht mehr ziehen. Der alte Graupelz blieb stehen, wo er stand und zitterte an allen Gliedern. Ich zog ihn am Zaume an – es half nicht; ich trieb ihn mit der Peitsche an – es half nicht. Endlich riß mir die Geduld! Ich nahm die Wagenrunge und schlug ihn damit zwischen die langen Eselsohren. Da brach er mit einem jammervollen „I-A“ zusammen und starb auf der Stelle. Seitdem kann ich den Esel nicht vergessen. Überall, wo ich gehe und stehe, höre ich seinen Schrei. Nicht einmal des Nachts läßt er mich ruhen. Ja, ich komme mir oft selbst wie ein Esel vor, fühle stündlich nach meinem Kopfe, ob mir nicht schon lange Ohren gewachsen sind. Ach –! Könnte ich doch den Gedanken an den Esel los werden; alles, was ich besitze, würde ich darum geben.“

„Ja, ja, da habt ihr allerdings das Alter nicht gut behandelt und treue Dienste schlecht belohnt“, sagte Hennerken. „Doch wenn ihr gelobt, den Armen in einem Umkreise von sieben Meilen von jetzt ab bis an Euer Ende das Brotmehl umsonst zu liefern, so sollt ihr von Euerm Übel befreit werden.“

„Das gelobe ich und werde es treulich halten!“ „Abgemacht!“ rief Hennerken, nahm den Topf voll Vergeßlichkeit zur Hand, tunkte drei Finger hinein und strich damit viermal kreuzweise über des Müllers Stirn. Nach einer Weile fragte er: „Habt Ihr jemals einen Esel totgeschlagen?“ „Davon weiß ich nichts“, gab der Müller zur Antwort. „Gut! Euer Leiden ist beseitigt.“

Wie der Wind war der kleine Hexenmeister aus der Mühle. Vergnügt ging er der Nase nach weiter über Berg und Tal, durch Wiese und Wald.

Als er abermals sieben Wochen gewandert war, begegnete ihm auf einsamer Straße ein Musikant, der hieß Finke und war aus dem Dorfe Eulenhorst, das lauter prächtige Häuser, aber eine alte, zerfallene, kleine Kirche hatte. Der Musikant hüpfte von dem einen Bein auf das andere, strich lustig die Fiedel und sang übermütige Weisen dazu. Hennerken mußte hellauf lachen.

„Hör mal“, hielt er den Spielmann an. „Du scheinst ein rechtes Sonntagskind zu sein, das reich an Glück und Freude ist und keine Sorgen kennt.“

„Alles eher als das! Genau das Gegenteil trifft den Nagel auf den Kopf. Ich bin ein bedauernswerter Gesell, noch ärmer als der Floh im Haberstroh. – Wohl könnte ich reich sein – reich wie ein König, wenn meine Lustigkeit sich auf einige Zeit in Traurigkeit verwandelte.“ „So, so!“ nickte Hennerken. „Wie wolltest du denn durch Traurigkeit reich werden?“

„Ganz einfach! Meine verstorbene Tante würde ich beerben, die mir viele hundert Tausend Taler vermacht hat unter der Bedingung, daß ich die gute Seele drei Monate hindurch wirklich und aufrichtig betrauere.

Doch so, wie's ist, so geht's nicht,
Ein Musikant versteht's nicht. –
Juchhe! Von Lust und Narretei
Werd ich mein lebelang nicht frei.“

„Oh, ich wüßte schon ein Mittel“, fiel Hennerken ein. „Aber das Mittel ist teuer; es kostet eine neue, schöne Kirche für euer Dorf. Willst du die bauen lassen, wenn du reich bist, so soll dir sofort geholfen werden.“

Der Spielmann drehte sich wie ein Kreisel und machte vor Freude einen mächtigen Luftsprung. „Die Bedingung erfülle ich gern doppelt und dreifach!“ „Halt, pst! – Nicht mehr versprechen, als verlangt wird, aber wacker Wort gehalten“, beschwichtigte Hennerken. „Auf meinem Rücken hängen zwei Henkeltöpfe, davon einer, an den allerlei Sprüche gemalt sind. Den nimm, hebe den Deckel ab und trinke drei Schluck aus dem Topfe – aber um Himmels willen nicht mehr, sonst bleibst du zeitlebens traurig.“

Der Spielmann befolgte die Weisung. Als er den ersten Schluck getan hatte, zog tiefer Ernst über sein langes Gesicht, nach dem zweiten wurde er betrübt – und zuletzt rannen dicke Tränen über seine welken Wangen. Die Fiedel warf er weit von sich, so daß sie mit dumpfen Klang in den Straßenstaub niederfiel.

„Oh, du liebste, beste Tante“, jammerte er, „es tut mir in der Seele leid, daß du gestorben bist. Ich wünsche dir aus aufrichtigem Herzen selige Ruhe und Frieden!“

Hennerken rieb sich befriedigt die Hände. „Die Menschen sind doch sonderbare Geschöpfe; was dem einen sein Essig – ist dem andern sein Zuckerwasser!“ Sprach's, nahm des Spielmanns Fiedel und ging seiner Wege.

Der Musikant kehrte darauf traurig nach Eulenhorst zurück. Die Dörfler waren über seine Veränderung aufs höchste verwundert. „Nun wird er bald die große Erbschaft antreten können“, meinten sie. Sie hatten recht. Nach einem Vierteljahr war er der reichste Mann des Dorfes, der deswegen nur noch Goldfinke genannt wurde. Über den Reichtum vergaß er jedoch seines Versprechens nicht. Sofort traf er Vorkehrungen zum Bau der neuen Kirche. Allein es hielt schwer, den rechten Baumeister zu finden. – Da fiel ihm ein, daß er als Spielmann einmal am Hofe des Königs von Norge gewesen war, wo er einen tüchtigen Baumeister kennen gelernt hatte. Den wollte er für den Kirchenbau gewinnen! Dem Gedanken folgte die Tat auf dem Fuße. Er reiste nach Norge. Als er dort ankam, fand er den König und seine Dienerschaft in großer Betrübnis.

„Was ist geschehen?“ fragte er den Hofmarschall. „Ach,“ seufzte der, „kleine Ursachen – große Wirkungen! Hier ist der Trübsal kein Ende. – Der Prinzessin ihr Schoßhündchen ist vor mehreren Jahren in einem Regentropfen ertrunken. Darüber ist sie schier untröstlich. Tag und Nacht sitzt sie in ihrem Lehnstuhl und weint sich die blauen Äuglein rot. Und weil sie des Königs einziges Kind und Erbin ist, sind wir alle voll großer Sorge und Trauer.“

„Schade – schade, daß ich das nicht früher gewußt habe“, versetzte Goldfinke mit wichtiger Miene. „Mir ist nämlich vor drei Monaten ein wanderndes kleines Männlein mit drei Henkeltöpfen begegnet, daß mich auf einfache und sonderbare Weise von meiner unbändigen Lustigkeit befreit hat. Gewiß hätte es der Prinzessin und euch allen ebensogut helfen können.“ Alsdann erzählte er ausführlich sein Erlebnis mit Potthennerken, dem er den Bau einer schönen Kirche versprochen habe, weshalb er um Überlassung des Baumeisters bitte.

„Ein Versprechen darf niemand brechen!“ sagte der Hofmarschall. „Darum will ich Euren Wunsch erfüllen. Noch heute soll der Baumeister nach Eulenhorst abreisen und für Euch die Kirche bauen. Ihr aber,“ fuhr er fort, „Ihr müßt die Wundertat Potthennerkens dem Könige selbst vortragen und abwarten, was er befiehlt.“

Sie gingen in einen großen, himmelblauen Saal, in dem sämtliche Minister und Diener des Hofes versammelt waren. Der König thronte auf goldenem Sessel. Neben ihn saß sein Töchterlein mit einer funkelnden Krone aus Diamanten. Alle waren betrübt und folgten gespannt der Erzählung des ehemaligen Spielmannes. Da – als der König gerade befehlen wollte, daß Goldfinke mit hundert Boten im ganzen Lande nach Potthennerken suchen sollte – da schlugen unverhofft vom Schloßhofe her seltsame Töne an ihr Ohr. Alle lauschten und hörten die Weise:

Es hat der König von Norge
Ein liebliches Töchterlein,
Das macht dem König Sorge,
Betrübnis und große Pein.
Wär' ich der König von Norge –
Mir käme kein anderer gleich:
Es gäbe keine Sorge
Im ganzen Königreich.

„Was ist das?“ fragte der König. „Das ist der Klang meiner alten Fiedel,“ rief Goldfinke, „und der sie streicht, so zart und fein, kann nur der kleine Töpfer sein!“ „So hole ihn herbei!“ befahl der König.

Mit eiligen Schritten, als ginge es in Siebenmeilenstiefeln, war Goldfinke im Schloßhofe. Und richtig – da stand das kleine Männlein mit den drei Henkeltöpfen und lachte sich ins Fäustchen. –

„Ist die neue Kirche schon fertig?“ „Noch nicht, aber sie wird gebaut.“ „Achte ja darauf, daß sie recht schön wird!“ Schon wollte Hennerken der Nase nach weiter wandern, als der frühere Musikant ihn anhielt und fragte, ob er die Traurigkeit am Königshofe nicht in Lachen verwandeln könne.

„Nichts leichter als das! In solchen Dingen bin ich von jeher geradezu meisterlich bewandert. Müßte es sein, so würde ich bequem das ganze Königreich Norge ins Lachen bringen.“

„O, so komme doch mit in den Königssaal und zeige deine Meisterschaft.“ „Gedulde dich siebenmal sieben Augenblicke, dann will ich dir folgen.“

Potthennerken nahm den Zauberstab zur Hand, strich damit siebenmal über den Erdboden, aus dem alsbald ein prächtiger Blumenstrauß emporwuchs. Den tauchte er tief in den Lachtopf.

„So – jetzt bin ich bereit, vor den König zu treten. Hei, daß wird ein Lachen geben!“ Beide schritten eine breite Marmortreppe hinauf, die mit kostbaren Teppichen belegt war.

Als Potthennerken in den Saal trat, machte er nach allen Seiten hin eine Verbeugung. Dann wandte er sich an die Königstochter, vor der er sich abermals so tief verneigte, daß er mit seinen Lippen den Saum ihres golddurchwirkten Kleides berührte. Dabei zog er die Blumen aus dem Lachtopfe und überreichte sie mit vielem Anstande der Prinzessin. Ein Wonneschauer durchrieselte sie, wie wenn die Liebe bei ihr einkehre. Bedächtig führte sie den Strauß unter ihr zierliches Näschen. Und nachdem sie daran gerochen hatte, huschte ein freundliches Lächeln über ihr zartes und schönes Gesicht. Ja, sie wurde sogar fröhlich und gab den Strauß scherzend ihrem Vater, der auch daran roch und sofort laut auflachen mußte. Nun gingen die Blumen von Hand zu Hand vom ältesten Minister bis zum jüngsten Kammerdiener, bis schließlich ein allgemeines schallendes Gelächter den Saal erfüllte. Der König war über Hennerkens Tat hocherfreut.

„Erbitte dir eine Gnade von mir, die ich dir für deinen Dienst erweisen kann." „Herr König, meine Bitte wird zu anspruchsvoll sein, als das sie ohne weiteres von Euch erfüllt werde." „Das hängt von ihrem Inhalte ab. Du weißt: einem König fällt manches leicht, was anderen Menschen schwer wird. Äußere also nur freimütig dein Verlangen."

„Gut, so bitte ich, mir Euer liebliches Töchterlein zur Gemahlin zu geben."

Die Prinzessin lächelte und nickte Hennerken freundlich zu, als wenn sie sagen wollte: Mir wäre es schon recht!

Doch der König dachte anders, er schlug die Bitte ab und sprach, so gut es das Lachen zuließ: „Meine Tochter kann nur einen jungen Prinzen heiraten, der dermaleinst König von Norge wird. Du bist zwar auch ein ansehnliches und ehrenwertes Männlein, aber leider nur von gewöhnlicher Herkunft. Hast du keine andere Bitte?"

„Nein, Herr König, nur diese eine, die sich vielleicht später doch noch verwirklichen läßt. Gehabt Euch wohl, und laßt Euch das Lachen gut bekommen!"

Da saßen und standen sie nun in ihrem vermeintlichen Glücke, der König mit der Prinzessin, mit den Ministern und Dienern. Sie lachten in einem fort – immer lauter, immer anhaltender, so daß sie sich alsbald vor unbändigem Lachen die Leiber halten mußten. Niemand dachte zunächst daran, daß auch das Lachen auf die Dauer unbequem werden könne. Das merkten sie erst, als sie vor Lachen kaum noch sprechen, nicht schlafen, ja, nicht einmal essen konnten.

Jetzt war guter Rat teuer – teurer als je zuvor. „Potthennerken soll zurückkommen, koste es, was es wolle!“ stammelte der König, von ständigem Lachen unterbrochen.

„Ha, ha, ha, ha, hi, hi, hi, hi“, schallte es durch den Saal – und dabei blieb's. Keiner der Diener vermochte des Königs Befehl auszuführen.

Zum Glück war Goldfinke noch da, als einziger, der nicht an dem Lachstrauß gerochen und deshalb von dessen Wirkung verschont geblieben war.

Schnell sattelte er das beste Reitpferd des Königs, ritt querfeldein und rief in einem fort: „Potthennerken, Potthennerken!“

Ja, wo war Potthennerken? Der saß auf einem Ochsenwagen, den er unterwegs angetroffen hatte, und unterhielt sich mit dem Fuhrmann über das höchste Erdengut.

„Das ist die Zufriedenheit“, meinte der Landmann. „Wird schon stimmen“, nickte Hennerken, während er hinter sich seinen Namen rufen hörte und Goldfinke antraben sah.

„Haltet einmal mit dem Fuhrwerk still!“ rief Hennerken dem Bauern zu. „Hinter uns reitet ein Abgesandter des Königs, der mich holen will.“ Nur noch wenige Schritte – und der Reiter hielt mit dem schäumenden Königsrosse neben dem Ochsenwagen.

„Was dich so eilig zu mir führt – weiß ich“, redete Hennerken den Reiter an. „Am Königshofe ist man des Lachens gar bald satt geworden; nun soll ich kommen und wieder Abhilfe schaffen. Doch diesmal bin ich nicht so leicht zu haben. Meine Beine sind vom vielen Wandern müde, so daß ich nicht mehr laufen kann. Du mußt also schon des Bauern Wagen kaufen, deinen Renner vorspannen und mich nach Norge fahren.“

Goldfinke machte verlegene Miene. Er hatte nur wenige Taler in der Tasche. Hennerken wußte das. Heimlich holte er sein Zauberstöckchen hervor und tippte damit unbemerkt in des Reiters Rocktasche.

„Flink – bezahlt den Wagen!“ spornte er ihn an. „Dazu reicht mein Geld nicht aus!“ „Was? – Du bist der reichste Mann von Eulenhorst und kannst den erbärmlichen Ochsenwagen nicht bezahlen? Ich glaube fast – du willst nicht, denn mir deucht, du hättest die Rocktasche voll von Goldstücken. Also heraus damit!“

Der Reiter wurde noch mehr verdutzt, faßte aber doch in die Rocktasche, aus der er zu seiner eigenen Verwunderung hundert blanke Goldstücke hervorholte, die er dem Bauern als Kaufgeld gab. Der freute sich nicht wenig, so ein gutes Geschäft gemacht zu haben, nahm seinen Ochsen am Halfter und trottete mit ihm nach Hause.

Während der Reitersmann das feurige und schnaufende Roß in die Deichsel spannte, verwandelte Hennerken mit dem Zauberstäbchen den Bauernwagen in eine goldene Kutsche. Darin fuhren sie im Galopp nach dem Königsschloß.

Der König und die Dienerschaft standen erwartungsvoll an den Saalfenstern. Sie trauten ihren Augen nicht, als sie das Männlein mit den Töpfen aus der goldenen Kutsche steigen sahen. „Sollte der kleine Zauberer gar ein verkappter Prinz sein?“ dachten sie.

Schon wollte Goldfinke die Marmortreppe hinaufeilen, als Hennerken ihm zurief: „Halt, ich habe etwas vergessen“ Der König hält viel von Standespersonen. Da muß ich ihm doch zeigen, wer ich in Wirklichkeit bin.“

Pardauz! warf er den Topf voll Vergessenheit auf die Quadersteine des Schloßhofes, so daß er in tausend und aber tausend kleine Scherben zerklirrte. Aus den Scherben machte er sich mit Hilfe des Zauberstäbchens eine herrliche Prinzenkrone. Die setzte er auf sein flachshaariges Haupt und wurde zusehends um eine Elle größer. Nun ging er mit Goldfinke in den Thronsaal, wo sich seit seiner Abwesenheit weiter nichts verändert hatte, als daß mehrere silberne Becher umherstanden, die in der ersten Lachfreude geleert waren.

„Was befehlt ihr Herr König?“ Der König konnte vor Lachen kein Wort herausbringen. „Wollt ihr wieder traurig werden?“ Der König schüttelte mit dem Kopfe. „Soll ich Euch das geben, was ein schlichter Bauersmann für das Beste gehalten hat?“ Der König wußte nicht, ob er nicken oder mit dem Kopf schütteln sollte. „Nun, ich werde Euch zufrieden machen“, sagte Hennerken. Er nahm den größten und schönsten Pokal, der da stand, und füllte ihn zur einen Hälfte mit Traurigkeit, zur anderen Hälfte mit Lachen und mischte das Getränk mit dem Zauberstabe. Dabei sprach er laut das Verslein:

Stete Trübsal ist bekläglich,
Stetes Lachen – unerträglich –
Höchstes Glück bleibt allezeit
Einzig die – Zufriedenheit.

„Herr König, zu Eurem und aller Wohle!“ Mit diesen Worten reichte er dem Könige den Becher. –

Und sie tranken alle daraus, die im Saale waren. Das Lachen verhallte wie das Brausen des Meeres nach beruhigtem Sturme. Zufriedenheit trat an seine Stelle und schuf einen Zustand der Ruhe und des Wohlbehagens.

Danach ließ der König ein köstliches Mahl bereiten, zu dem er die Grafen, Fürsten und Herzöge von nah und fern einlud. Auch Hennerken mußte daran teilnehmen. Er kam zwischen dem König und der schönen Prinzessin zu sitzen.

Als das Mahl im Gange war, erhob sich der König aus seinem goldenen Sessel.

„Meine lieben Freunde, ich habe euch zu einem Freudenfeste eingeladen. Neben mir sitzt ein ehrenwerter Jüngling, der meinem königlichen Hause den allergrößten Dienst geleistet hat, indem er uns allen die Zufriedenheit gab. – Dafür bin ich ihm Dank und hohen Lohn schuldig. Das Höchste aber, das ich besitze und zu vergeben habe, ist mein liebes Töchterlein, um das er minniglich geworben hat. Anfänglich habe ich seine Werbung abgewiesen, weil ich ihn nicht für ebenbürtig hielt. Aber ich muß mein Wort zurücknehmen. Wäre er nicht schon, wie ihr an seiner herrlichen Krone seht, ein Prinz aus altem Fürstengeschlechte, so hätte er für seine großen Taten den Fürstentitel redlich verdient. Ich habe deshalb beschlossen, ihm mein einziges Kind zur Gemahlin zu geben. Wie denkt ihr darüber?“

„Das ist ein vortrefflicher Entschluß – würdig des Königs!“ riefen alle wie aus einem Munde. „Wohlan denn!“ wandte sich der König an Potthennerken. „Deine Bitte ist dir erfüllt. Nimm sie hin, die Prinzessin, die dir in Liebe zugetan ist, und sei glücklich mit ihr.“

Ob Hennerken glücklich war? Ei freilich! Überglücklich war er. Helle Freude strahlte aus seinen Augen, als ihm das Königskind einen schallenden Kuß gab.

Sieben Wochen später fuhr er mit seiner jungen Gemahlin in der goldenen Kutsche durch das Königreich, um sich dem Volke als Prinz und künftiger König von Norge zu zeigen.

Da fielen die ersten Schneeflocken auf die Straße. „Liebe Gemahlin,“ sagte er, „der erste Schnee erinnert mich an ein Versprechen, das ich den braven Töpfersleuten gegeben habe. Laß uns nach Helpup am Wodansberge fahren.“

Die Prinzessin willigte gerne ein und meinte, ob es nicht anginge, den Töpfer und seine Frau mit ins Königsschloß zu nehmen, damit sie dort ihre alten Tage sorglos und zufrieden verbringen könnten. „Das ist ein schöner Frauengedanke, den wir ausführen wollen“, erwiderte er.

Und so geschah es. – Vater und Mutter Bullerdiek stiegen in die goldene Kutsche und fuhren mit nach dem Königsschloß.

Sie erlebten es beide noch, daß der alte König die Regierung niederlegte und Potthennerken König von Norge wurde. Das war ihre größte Freude.

Wer heute an dem Schlosse vorbeikommt, der sieht in dem ausgemeiselten Wappen über der Eingangspforte zwei Henkeltöpfe mit der Umschrift:

„Sei zufrieden – und du bist reich und glücklich!“

Königin Mitleide

Von

Ella von Krause

Es ist schon lange, lange her ... Da lag zwischen Bergen und Seen ein großes Königreich, und in der Hauptstadt Balrivar wohnte der gute und tapfere König Witticher mit seiner blonden Königin Sigrune. Sie waren glücklich, und das Volk liebte sie; aber der König und die Königin waren traurig, daß ihnen kein Prinz geboren wurde; denn es gab in des Königs Reiche unbotmäßige Fürsten und mächtige Edelleute, die gern ihre Hände ausgestreckt hätten nach des Königs Krone; die frohlockten, daß der König keinen Sohn und Erben besaß. Und die Königin betete zu Gott in ihrem Leide. Da lag an einem sonnigen Maimorgen ein rosiges Kindlein in der Wiege; aber es war kein Prinz, nur ein zierliches Prinzeßchen, das seine großen, dunkelblauen Augen dem Lichte öffnete. Und der König und die Königin waren so glückselig, daß sie ganz vergaßen, wie heiß sie sich einen Sohn gewünscht hatten. Und im ganzen Lande läuteten die Glocken, und das Volk zog in großen Scharen vor das Schloß, und der König trat auf den Altan und zeigte seinem Volke das Kind: „Sehet, dieses Kind soll einst eure Königin sein!“

An dem Tage war eitel Jubel und Freude im ganzen Lande, von den Bergen bis an das blaue Meer; denn der König ließ Speisen und Wein verteilen an tausend langen Tafeln auf allen Plätzen der Stadt und im ganzen Lande; da wurde auf das Wohl des Königshauses getrunken. Ja, ein Kind des Glücks, so schien es, war geboren, sich selbst und anderen zur Wonne! – – Und im purpurverhangenen Schlafgemach saß die Königin Sigrune und sah mit gefalteten Händen und glücklichen Augen in das kleine, schlafende Gesicht.

„Könnte ich dir alles schönste Erdenglück geben, du mein liebes Kind!" flüsterten ihre Gedanken. Da flutete ein Lichtschein in das dämmrige Gemach, und aus einer duftigen Wolke lösten sich zwei lichtumflossene Gestalten und schwebten auf die Wiege zu. Leuchtend schön und sieghaft war die eine, im demantfunkelnden, weißen Gewande, ein Diadem auf den goldflutenden Haaren. Die andere sanft, in lange, graue, duftige Gewänder gehüllt, mit leise geneigtem Haupt und gütigem Lächeln in einem ernsten, dunkelhäutigen Gesicht.

„Deine Gedanken haben uns gerufen, Königin Sigrune", sprach die Strahlende; „wir sind herabgesandt, um deinem Kinde unsere Mitgaben für sein Leben zu verleihen."

„Wer seid ihr, herrliche Frauen?" sprach demütig die Königin. „Ich bin das Glück," sprach die Strahlende, „und der Kuß, den ich deinem Kinde gebe, birgt ihm die Verheißung für alles Süße und Schöne, für alles Leuchtende und Ruhmvolle, das es auf Erden gibt. Das Kind, dem ich Pate bin, soll Felicitas heißen und ein leuchtendes Kind des Glücks werden – soll ich es küssen?"

Da streckte die Königin flehend die Arme aus: „Küsse mein Kind und habe Dank!" Und die Fee neigte sich über die Wiege und küßte das Kind, und ein sonniges Lächeln ging über das schlafende Kindergesicht.

„Und wer bist du, du stille, blasse Frau?" fragte die Königin weiter und blickte scheu auf die graue Gestalt.

„Die stille Begleiterin des Glücks, und doch seine Gegnerin – ich bin das Leid", sprach leise die Graue. „Mein Kuß öffnet den Menschen die Augen für all das tiefe Leid der Welt, und wenn es ein guter Mensch ist, des Auge ich küsse, so leidet er unter dem Leide der Welt und muß es lindern und kann nie des ganzen, vollen Erdenglücks froh werden. Willst du, daß ich dein Kind küsse?"

Da hob die Königin angstvoll abwehrend die Hände vor des Kindes Wiege.

„Nein – nein – geh von hinnen, wirf keinen Schatten auf meines Kindes sonnige Wege."

Von der lauten Stimme geweckt, schlug das Prinzeßchen die Augen auf und blickte gerade hinein in die ernsten Augen der Fee des Leides und streckte die kleinen Arme aus. Da lächelte die Fee leise und traurig.

„Ich gehe, da du mich fortgewiesen hast, Königin, und küsse dein Kind nicht – möge kein Schatten auf seiner Kindheit Wege fallen! Aber dein Kind hat in mein Auge geblickt – und über kurz oder lang – da wird es sich des Auges des Leides erinnern, und meine Stimme wird aufklingen in seinem Herzen. Und dein Kind soll Mitleide heißen – denn auch ich stand als Abgesandte des Himmels an seiner Wiege!“

Und sie hob die Hand mit leise segnendem Gruß, und die lichten Erscheinungen entschwebten und zerflossen im Nebel, der leise brauend aus den Tälern stieg. Die Königin aber drückte ihr Gesicht in des Kindes Kissen und flüsterte: „Felicitas sollst du heißen, und mein Herzblut möchte ich geben, um das Leid von deinen Pfaden zu halten!“

Und es faßte sie in dieser Nacht eine leise, dunkle Ahnung vor dunklem Weh, das in der Zukunft Schoß verborgen ruhte ...

Felicitas wuchs heran und wurde ein reizendes Prinzeßchen, und alle Leute nannten sie „Fee“, weil sie so zart und licht und lieblich war mit ihren sonnengoldenen Haaren und den großen, dunkelblauen Kinderaugen. Der Vater hatte ihr eine kleine goldene Krone schieden lassen, die trug sie gar gern, und saß zwischen ihren Eltern auf den purpurnen Decken des Thrones, und freute sich, wenn sich das Volk vor ihr beugte, und wenn die Leute sagten, wie allerliebst sie wäre und daß sie eine schöne, strahlende Prinzessin werden würde. So gingen glückliche Jahre dahin.

Da kam ein furchtbarer Bürgerkrieg über das Land. Die Feinde des Königs hatten das Volk aufgewiegelt; das tobte nun und wütete und schrie, es wolle keinen König haben, es wolle sich selbst regieren. Und vergaß alles, was der König ihm Gutes getan hatte, und das er oft sein Leben gewagt hatte für das Glück und die Größe seines Landes. Von allen Seiten wurde der Palast umzingelt; der König kämpfte mit seinen Getreuen gegen die Überzahl der Aufrührer, die angeführt wurden von dem riesenstarken, schwarzlockigem Grafen Beowulf, der des Königs größter Feind war. Der war noch ein Jüngling an Jahren, aber von wilder Herrschsucht erfüllt, und führte das Volk nur an, um selbst Reich und Krone an sich zu reißen.

Die Königin lag in ihrem Gemach auf den Knien und hielt Fee in ihren Armen und weinte und fürchtete sich sehr. Da stürzte der alte Rüdiger, der des Königs Bogenspanner und treuester Diener war, herein, faßte sie an der Hand, nahm das Kind auf seine Arme und flüchtete mit ihnen durch die Hintertüren des Schlosses. Dort setzte er die Frauen auf der Königin weißen Zelter Witular, hüllte sie in alte, graue Decken und führte das Roß auf geheimen Wegen in die dunklen, pfadlosen Wälder – weiter, immer weiter. Und hinter ihnen her sprang in großen Sätzen Graue, der Wolfshund, der des Prinzeßchens Spielgefährte gewesen und seine Herrin nicht verlassen wollte im Elend. Und das Roß mußte mit seiner Last durch einen tiefen See schwimmen, dabei fiel dem Prinzeßchen das Krönlein vom Haupte, das es in aller Angst und Not doch noch mitgenommen hatte, denn es liebte seine Krone sehr! Da weinte es und streckte die Arme aus und jammerte, Rüdiger möge sie ihm wiederbringen. Aber Rüdiger schalt und tat, als sei er böse, und sagte: „Besser ist's, Prinzeßlein, Ihr geht in grauen Lumpen als im güldenen Krönlein, so ich Euch retten soll!“ Und Fee weinte und fügte sich und fürchtete sich vor dem strengen Wort.

Aber Rüdiger meinte es treu mit ihnen, wenn er sich auch hart stellte, und in einem fernen, dunklen Walde an des Landes Grenzen, unsichtbar den Spähern und Wanderern, barg er die Königin und ihr Kind in einer verlassenen Einsiedlerhütte. Die Hirsche und Rehe hatten ihr Lager hier im Dickicht und fürchteten sich nicht vor den Flüchtlingen, denn der alte Einsiedler war ihnen ein guter Freund gewesen. Und Sigrune melkte eine weiße Hirschkuh, die sich zutraulich an sie schmiegte, und zündete Feuer an auf dem Herde, während Rüdiger wanderte und Binsen suchte am Seestrand. Von den Binsen flochten sie Körbe, die Rüdiger dann auf den Zelter band, um sie nach meilenlangem einsamen Wandern in einer Stadt zu verkaufen und von dem Erlös Butter und Mehl, Eier und Fleisch den Frauen zu bringen. Er schoß auch einen wilden Vogel oder fischte im See oder erlegte ein Wild, aber nur ganz fern von der Hütte, denn das Prinzeßchen litt nicht, daß eines der Hirsche und Rehe, die sie kannte, von der Flinte geschreckt wurde. Und wenn der Alte wanderte, saß Graue wachsam vor der Hütte, um seine Herrinnen zu beschützen.

Fee war ein Kind und lebte glücklich in der tiefen Waldeinsamkeit, blühend selbst wie eine wundervolle Blume, und sprang und jubelte um die Wette mit Rehen und bunten Vögeln und liebte alles mit ihrem großen, weichen, warmen Kinderherzen, Witular und Graue und alles Getier, das um sie lebte und webte. Und mit ihren leuchtenden Augen sah sie die Mutter an und merkte kaum nach

Kindesart, wie die arme, traurige Königin in Sehnsucht und Herzeleid immer blasser und müder wurde, wie sie nur lächelte, wenn sie ihr Kind ansah, und im stillen Kämmerlein die blonden Haare raufte und die Hände rang und weinte um ihr verlorenes Glück, um ihren Gemahl und um ihr schönes Königreich. Sie betrauerte den König als tot, und Rüdiger, der vernommen hatte, daß er im tiefen Kerker schmachtete, verriet ihr das nicht, um ihr Herz nicht noch mehr in Mitleid und Sorge zu betrüben. Zum König des Landes hatte sich der schwarze Beowulf erhoben, und das Volk, das den guten König verraten hatte, seufzte unter der eisernen Faust des Tyrannen, dem es demütig gehorchte. Aber die Königin erfuhr nichts von allem, denn Rüdiger wollte ihren Schmerz einschlafen lassen im tiefen, stummen Frieden der Natur.

Die Jahre vergingen; das Kind erwuchs zur holderblühten Jungfrau, und alle Tiere und Bäume und Blumen neigten sich vor der lieblichen Königstochter, die in ihrem groben, grauen Leinengewand schön und strahlend war, als trüge sie ein Diadem in dem fließenden, lockigen Blondhaar. Sie trug den Zauber der Glücksfee auf ihrer weißen Stirn und alle Verheißungen der Strahlenden in ihrem träumenden Kinderherzen. Sie vergaß auch ihre Krone nicht, für die sie geboren.

Und Stunden und Stunden konnte sie sitzen am tiefen, dunkelblauen Waldsee und in die Tiefen blicken mit ihren dunklen Märchenaugen, und traumhaft glitten sehnende, süße Töne von ihren Lippen und formten sich zu Liedern:

Ich trug eine Krone,
Ein Krönlein war mein,
Ein Krönlein von Gold
Und Edelgestein.

Die Krone versank mir
Im tiefen See.
Nun wandl' ich so traurig,
Das Herze voll Weh ...

Wer bringt mir die Krone?
Wer faßt meine Hand?
Wer führt mich zurück
In mein Heimatland? ...

Da stiegen in wallenden Wassernebeln liebliche, grünbekränzte Nixen aus den Fluten und plätscherten und sangen mit silbernen Stimmen:

Eine Krone schlummert
In Fluten tief –
Wohl Monde und Jahre
Die Krone schlief ...

Aber warte nur – warte,
Mägdelein fein,
Bald schmückt die Krone
Die Stirne dein ...
Warte nur – warte nur ...

Und aufkichernd und lachend glitten sie hin, und neckend verklangen die Töne. Aber sprühend und grollend schüttelte der alte Wassergott seine weißen Locken, daß die Wassertropfen wie Gischt über die Flut spritzten, und klagend und tief klang seine Stimme:

Ruht eine Krone
Im tiefen See – –
Kronen bergen
Viel Leid und Weh. – –

Wisse, daß Glück du
Und Lachen verlierst,
Daß du im Purpur
Sterben wirst.

Hörst du es klagen
Durch Wald und Heide? ...
Liebe und leide,
Liebe und leide ...

Und in des Mädchens Herzen glühte ein seltsames Ahnen und Sehnen auf, als wolle es die junge Brust zersprengen ... wie ein leuchtendes Traumbild hob sich die Krone vor ihren Augen, und es war ihr, als sehne sich ihre Seele dem Leide entgegen, das von der Krone kam:

Sehnsucht trag ich im Herzen
Nach meiner Krone Gold –
Bringt sie auch Leid mir und Schmerzen,
gerne ich's tragen wollt!

Vöglein fragt, was mir fehle
Im friedlichen Waldesraum?
Heimweh trägt meine Seele
Und dämmernden Königstraum!

Noch voll von Träumen, Liedern und Fragen betrat sie eines Abends die enge Hütte. Der Abendschein fiel durchs Fenster auf der Mutter blasses, gramvolles Gesicht, auf die Hand, die müde vom Korbflechten im Schoß ruhte, und plötzlich war es dem Kinde, als glitte eine unsichtbare Hand über ihre Augen und öffnete sie weit – als sehe sie eine grauschimmernde Gestalt leise entschweben ...

Und sie sah mit anderen Augen – sie fühlte mit heißem Weh plötzlich das jahrelange Leiden der blassen Frau im Stuhle da – sie hörte in dem klagenden Schrei eines verfolgten Vogels draußen den scharfen Mißton von Kampf und Leid und Tod in der blühenden Natur. – –

Und sie kniete neben die Mutter nieder, legte ihre Arme um sie und weinte über sie. Und wie die Mutter in die tiefschimmernden Augen ihres Kindes sah, da wußte sie, daß die Stunde gekommen, von der die Fee des Leides gesprochen, und wie von ahnendem Schauer erfaßt sagte sie:

„Nicht Felicitas sollst du heißen ... Mitleide, mein Kind, sei gesegnet!“ Und sie legte ihr Haupt an ihres Kindes Schulter. „Nun ist's mir leicht, zu sterben, da ich in deine Augen sehe – nach so viel Leid und Not und Todesweh gibst du mir den Frieden. In Frieden gehe ich heim. Sieh, ich wollte, als ich an deiner Wiege saß, nur dein Erdenglück dir erbitten – nun mußt du doch das Leid tragen, aber du nimmst das Leid anderer mit auf deine jungen, starken Schultern – Mitleide, mein Kind, sei gesegnet!“

Die Sonne sank, und als der Mond heraufstieg, lag die Königin bleich und tot auf ihrer ärmlichen Bettstatt, und Mitleide, ernst und still und um Jahre gereift, kniete mit dem alten Rüdiger an dem Totenlager. Und mitten hinein in ihr Gebet und in ihre Tränen klangen traumhaft in ihrem Herzen die Stimmen der Wasser:

Liebe und leide –
Liebe und leide ...

Ja – auch dieser stillen Schläferin Erdengang lag in diesen ahnungsschweren Worten beschlossen. Monde verrannen. Die Wälder lagen in Herbstespracht – die Hirsche schrien in den hellen Mondnächten, und das Krachen der mächtigen Geweihe der Kämpfenden brachte einen schrillen Ton von Leidenschaft und Kampf in die stille Melodie des Waldes. Die Vögel rüsteten zum Wandern, und Mitleide saß vor ihrer Hütte einsam und traurig in dämmernden Träumen. – Da, an einem sonnigen Herbsttag, zerriß plötzlich ein schriller Hornruf die klare Luft, in den Gebüschen rauschte und knackte es, und in fliegenden Sätzen brach Mitleides Lieblingsreh aus dem Dickicht, barg, vor ihr zusammenbrechend, seinen zarten Kopf in ihrem Schoß und schaute sie herzbewegend, hilfeflehend an mit den großen, braunen Samtaugen. Aber hinter ihm brach ein mächtiger, gewappneter Reiter im grünen Jägerkleide aus dem Walde, gefolgt von einer kleinen Schar von Rittern, und während die erschrockene Jungfrau ihre Arme schützend um ihres Lieblings Hals schlang, flog dem Tiere ein wohlgezielter Pfeil durch die Schulter ins Herz, so daß es zuckend vor ihr zusammenbrach. Und eine metallharte Stimme sagte scharf auflachend:

„Das nenn' ich fürwahr einen Meisterschuß, er hat das Wild getötet, ohne die Waldfee zu verletzen ... bei Gott, solch schönes Abenteuer laß ich mir gefallen!“

Und aus den finsteren, herrischen Augen in dem stolzen, dunklen Gesicht flammte ein Blitz auf und glitt über die erblaßte, zitternde Jungfrau hin, die noch immer das tote Reh umklammert hielt. Dann sprang der mächtige Jäger von seinem schwarzen Hengste ab und wollte mit der gepanzerten Hand ihr gesenktes Kinn heben; aber als sie die Augen zu ihm aufschlug, trat er zurück, als wage er es nicht; denn es war eine Hoheit in ihrem Blick, die er sich nicht deuten konnte. Er wandte sich zu seinem Gefolge: „Sitzt ab, ihr Herren, und du, o Jungfrau, wirst, denke ich, dem Könige des Landes den Trunk nicht verweigern!“

„Dem Könige des Landes!“ Noch hatte Mitleide kaum den Sinn der Worte begriffen, da trat Rüdiger, von der Jagd kommend, neben der Hütte heraus, begleitet von dem zottigen Wolfshund. Und als Graue des Ritters ansichtig wurde, stieß er ein furchtbares Geheul aus – denn er erkannte seiner Herrin Feind – und sprang mit einem mächtigen Satze dem Fremden nach der Kehle. Da zog der das Schwert, streckte den Hund mit einem Streiche zu Boden und wandte sich lachend ab. Und Mitleide schauerte zusammen und beugte sich herab zu dem treuen Tiere, das sie traurig ansah mit den klugen Augen und ihr die Hand leckte und starb. Und sie fürchtete sich unsäglich vor dem stolzen, fremden Manne.

Aber die Jagdgenossen lagerten sich im Halbkreis auf der kleinen Waldwiese und warteten ihres Labetrunks. Als Mitleide in ihrer Hütte den Trunk mischte und kaum denken und die Hände rühren konnte unter dem Bann all des Neuen, Unbekannten, da trat Rüdiger zu ihr und faßte sie hart an der Hand. Und als sie ihn ansah, erschrak sie, denn er sah riesig und finster aus, so, wie sie den guten Alten nicht kannte. Und er raunte ihr zu:

„Königstochter, wißt Ihr, wem Ihr den Trunk kredenzen wollt? Das ist Beowulf der Finstere, der Euren Vater vom Throne stieß und Eure Mutter ins Elend jagte! ... Königstochter, wißt Ihr, daß Euer Vater noch lebt und schmachtet im tiefen, feuchten Kerker? Ich habe gewartet und Rache und Gram in mich hineingewühlt seit vielen Jahren, da ich den Jammer Eurer Mutter sah und Eures Vaters gedachte, meines vielgeliebten Herrn. – – – Nun naht meine Stunde. Königstochter, mischt dieses Gift in den Becher, es tötet auf der Stelle – und Ihr und Euer Haus seid gerächt! Ich führe Euch zurück in Eures Vaters Stadt, und wir rufen das Volk auf, daß sich nach seinem guten König sehnt – und Ihr bringt Eurem Vater die Krone wieder! Denket der Krone, denket des Glücks, das Euch winkt.“ ...

Aber das Mädchen hob die sanften Augen zu ihm auf und sah ihn an – da senkte er die düsteren Augen.

„Weißt du nicht, daß ich Mitleide bin?“ sagte sie ernst. „Wie kann ich tun, was du mir rätst? Laß meine Krone ruhen – so darf ich sie nicht heben, und lockte sie auch noch so süß. Wisse: wenn du das Gift in den Becher schüttest, so sterbe ich zuerst vor deinen Augen, denn ich kredenze dem Könige den Trunk!“

Mitleide trat hinaus auf die Wiese, und die Sonne wob einen goldenen Schein um ihr lichtes Haar, als sie vor den ruhenden König trat. Sie berührte den Becher mit ihren Lippen und bot ihn dem Könige dar. Und der König erhob sich und sah sie an. Er wollte sie umfassen, als er den Becher griff; aber als er sie stehen sah in ihrer stillen Schönheit, so königlich in dem zerschlissenen Gewande, da fühlte er ein wunderbar Sehnen in sich aufsteigen, denn es war etwas in ihren Augen, das ihn seltsam ergriff – und er beugte sich tief herab und küßte ihr die weiße Hand wie einer Königin.

Und die Ritter verwunderten sich sehr. Es ward ein langes Schweigen – da fragte der König:

„Wie heißt Ihr, wunderholde Jungfrau?“

„Ich heiße Fee Mitleide“, sprach sie leise.

„Mitleide, willst du mit mir gehen und meine Königin werden? Ich kann nicht mehr sein ohne dich!“

Da erschrak Mitleide sehr, denn sie bedachte, was dieser Mann ihr genommen und zuleide getan hatte, und sie sagte: „Nein, niemals!“

Aber der König konnte nicht lassen von ihr, und er wurde finster und sagte:

„Ich bin der König, und mein Wille ist Gesetz. Ich gebiete dir, daß du mit mir gehst. Doch, da ich dir nicht gebieten will, mein Weib zu werden, nehme ich dich mit mir in meiner Mutter Palast, daß du ihrer Frauen eine seist; denn ich will nicht, daß du hier bleibest, allen Gefahren der Wildnis preisgegeben. Was willst du tun, wenn der Alte stirbt? ... Du sollst nicht sterben und verderben bei den Tieren des Waldes!“

Da erschauerte Mitleide, denn seit ihre Mutter tot war, fürchtete sie sich oft vor dem Alleinsein in der Wildnis, und da der König sah, daß sie weinte, bat er sie noch einmal, mit ihm zu gehen. Da sagte sie:

„Ja, Herr König, ich will mit Euch gehen, aber versprecht mir bei Eurem Schwerte, daß Ihr nie von mir verlangt, Euer Weib zu werden, denn das kann und will ich nie!“

Und der König versprach es ihr und sagte: „Ich schwöre, daß ich dich nie zu meinem Weibe machen will, so du es dir nicht selbst wünschest!“

Aber innerlich lachte er, denn er dachte: „Wenn sie erst all den Glanz und die Königspracht sieht und alles, was den Frauen gefällt, so wird ihr Sinn sich von selbst ändern!“ Und er verwunderte sich im stillen, daß sie ihn so stolz verschmähte; denn er war stattlich und prächtig von Antlitz und Gestalt und ein mächtiger König, und die Augen vieler Frauen und Jungfrauen folgten ihm in Bewunderung und wünschten und träumten, daß er sie zu seiner Königin erwählen möge.

So ritt Mitleide auf ihrem weißen Zelter an des Königs Seite aus dem Walde heraus, und der alte Rüdiger, der seine Herrin nicht verlassen wollte, ging grollend mit und schwor sich zu, über sie zu wachen. Aber Mitleide hatte ihm geloben müssen, dem Könige ihre Herkunft zu verschweigen, denn er fürchtete des Finsteren Zorn und Mißtrauen für die Jungfrau.

Als der Zug an dem See vorüberkam, darin einst das Krönlein versunken, sah Mitleide in den wallenden Nebeln die Nixen plätschern; die hielten ein schimmernd Kleinod lockend und lachend in die Höhe, aber Mitleide wandte ihr Antlitz ab, denn sie wußte, daß sie nicht nach der Krone greifen konnte, die dieser Mann ihr aufs Haupt setzen wollte. Und sie ritten weiter, aber traumhaft über die Wasser klang es ihr nach:

Liegt eine Krone im tiefen See.
Kronen bergen viel Leid und Weh ...
Hörst du es klagen
Durch Wald und Heide? ...
Liebe und leide
Liebe und leide! ...

Aber als die Türme Balrivars sichtbar wurden, da stockte der Zelter und wollte nicht weiter gehen, denn er dachte daran, daß er aus diesen Toren mit seiner Herrin geflüchtet war, und wie auch Mitleide zuredete und bat, er schüttelte den schönen Kopf und sah sie warnend an. Da wurde der König zornig, denn er begriff nicht, warum das Tier so störrig war, und befahl Mitleide abzusteigen. Dann winkte er seinem Knechte, und der erstach das Pferd. Da schrie Mitleide laut auf und nahm Witulars samtweichen Hals in ihre Arme und küßte die sanften, brechenden Augen; und sie weinte und dachte:

„Er hat mir alles getötet, was ich lieb habe!" Und sie fürchtete sich sehr vor dem finsteren Manne.

Und als der König ihre Tränen sah, gereute ihn seine Wildheit; aber ein böser Dämon war in ihm, der ihn stets zu Zorn und Grausamkeit reizte. Er ließ ihr ein anderes Roß geben und versuchte, sie zu trösten, aber Mitleide blieb still und traurig, und schweigend ritten sie am Abend des dritten Tages, als die Sonne sich neigte, ein in die leuchtenden Tore von Balrivar ...

Die alte Königin Jutta nahm Mitleide unter die Frauen ihres Hofstaates auf und ließ ihr, da der König es so befahl, kostbare Gewänder und güldenes Geschmeide geben. Aber Mitleide kleidete sich in ein schlichtes, weißschimmerndes Gewand, und ihr langes, blondes Haar floß über den Gürtel von mattleuchtendem Golde. Und wie sie so in den großen Festsaal trat, staunten alle über sie, und die anderen Frauen raunten sich neidische Worte zu. Denn sie war sehr schön und anders als alle anderen.

Die Königin aber grollte ihrem Sohn, daß er die arme, landfremde Magd zu so hohen Ehren brachte und daß seine Augen unverwandt an ihrem schönen Antlitz hingen. Denn sie wünschte seit Jahren schon, daß er eine Braut wählte unter den reichen Töchtern der Fürsten und Vornehmen des Landes, um seine Herrschaft noch mehr zu befestigen. König Boewulf aber war ergriffen von einem wunderbaren Zauber. Wenn er in Mitleides Augen schaute, schliefen die wilden Dämonen ein, die oft in dunklen Stunden ihn beherrschten. Seine harte Stimme wurde gütig, und wer in solchen Augenblicken seine Gnade erflehte, dem wurde sie gewährt. Und seine Diener wußten dann nicht, was den finsteren König so verwandelt hatte. Aber Mitleide ging mit gesenkten Augen und still ihres Weges, und alle Huld und Gnade, alles stumme Flehen des Königs glitt ab an ihren ernsten, träumenden Augen.

Feste folgten auf Feste, denn der König dachte, daß die Pracht und Herrlichkeit seiner Königsmacht ihren Sinn blenden und ihr Gefallen an des Königs Hand erwecken würden; denn er dachte gering von den Menschen und glaubte, aller Menschen Seelen wären käuflich. Denn er hatte auf seinem Königsthron tief in die Herzen der Menschen hineingeschaut; und wie er selbst einst seiner Seele Seligkeit für Macht und Krone hingegeben hatte, so deuchte es ihm des Weltenlebens Gesetz für alle.

Der Winter verging, und es kam ein herrlicher Maientag, da sollte ein großes Fest in der ganzen Stadt begangen werden, denn des Königs junger Bruder, der mit einem alten Feldherrn ausgesandt war, um an des Landes Grenze einen Krieg mit Nachbarstämmen zu bestehen, sollte seinen siegreichen Einzug halten in Balrivar und von seinem Bruder mit dem Lorbeer belohnt werden. Der König war heiter, denn er liebte seinen Bruder und war stolz seiner Siege. Und die Königin und ihre Frauen legten köstliche Gewänder an, und auf der Terrasse des Schlosses unter purpurnem Baldachin waren Rosen- und Lorbeerlauben errichtet, und Sänger und Harfner waren gedungen, um den heimkehrenden Helden zu feiern. Und die ganz Stadt leuchtete im Schmuck von Blumen und bunten Gewinden von Teppichen, die unter der Rosse Hufe gebreitet wurden. Mitleide war seltsam erregt, eine warme Röte lag auf ihrem zarten Gesicht, und des Königs Blicke hingen an ihr mit heißem Flehen. Und wenn sie seinen Blick fühlte, erschauerte sie; es kam über sie wie ein Ahnen von etwas Großem, Mächtigem, das über sie Gewalt hatte, und vor dem sie sich doch fürchtete.

Da ritten die Krieger ein; hinter dem Zuge der Bläser, die ihre Siegesweisen von ihren Falbenrossen herabschmetterten, ritt auf silbergrauem Rosse ein schöner, schlanker Ritter mit lichten, sonnigen Augen und lockigem Blondhaar und grüßte lachend und strahlend zu den schönen Frauen des Hofes hinauf. Und jubelnd schütteten sie Rosen und Lorbeeren auf den Jüngling herab, und das Volk rief ihm jauchzend Heil!

Jung-Siegmars Blicke aber blieben hangen an Mitleides dunkelblauen Augen, und er hielt sein Roß an, neigte tief sein Schwert und bat sie um die Rose von ihrer Brust. Und mit tiefem Erröten reichte sie ihm die weiße Rose mit dem rosig glühenden Kelch. Und ihre Augen tauchten ineinander. – – Da war es ihr einen Augenblick lang, als riefen tausend lockende Frühlingsstimmen, als strömten tausend Rosen heiße Düfte aus, als leuchteten tausend Sonnen auf einen hellen Pfad, auf dem zwei junge, sonnige, leuchtende Menschenkinder den winkenden Zielen des Erdenlebens entgegenwandelten.

„Glück – Glück!“ riefen tausend Stimmen in wildem, wirbelndem Rauschen ihr zu, und in der Ferne sah sie im Sonnennebel zerfließen der Glücksfee goldschimmerndes Gewand ...

Alles, alles war ein Augenblick – da wandte sie ihre Augen dem Throne des Königs zu, und sie erbebte vor dem Ausdruck furchtbarer Qual in seinem dunklen Gesicht. Und das Sonnenbild sank zusammen, und in ihr fühlte sie aufsteigen groß, mächtig und zwingend ein dunkles Gefühl: Dies ist der Pfad, der deinem Leben vorgezeichnet – das ist die Seele, die dein bedarf, die Seele, die zu dir gehört, durch tausend feine Fäden mit der deinen verwebt ist.

Was aller Glanz der Königspracht nicht vermocht hatte, ihre Furcht zu besiegen vor dem Manne, dessen rauhe Hand ihr alles genommen, was sie im Leben lieb gehabt hatte, das vermochte die Qual der Liebe, die sie in seinen Augen las. Und sie fühlte plötzlich, daß es ihr gegeben war, dieses Mannes finsteren Geist zu wandeln zum Segen der Menschen und zu seinem eigenen Frieden. – – Sie senkte das Haupt in tiefem, weichem Sinnen, und die Abendsonne warf einen lichtroten Schein über ihre reine Stirn. Und als der König sie so sitzen sah, mit dem seltsam verklärtem Ausdruck, da wähnte er, sie denke in Sehnsucht seines jungen Bruders, und riesengroß stieg der Dämon des

Zorns und des Hasses in ihm auf. Und er erhob sich mächtig und drohend und gebot, das Fest zu enden, und dem Volke, sich zu zerstreuen. Und entsetzt und murrend gehorchten Ritter, Frauen und Volk ...

In der dunklen Nacht, die diesem Tage folgte, saß der König in seinem Prunkgemach in schweren Gedanken. Er hatte den Kopf in die Hand gestützt auf dem schweren, goldbeschlagenem Tische, und vor ihm lag ein begonnener Brief an seinen alten Feldherrn; er schicke ihm seinen Bruder zurück, und er möge ihn mit einer Botschaft senden in ein Gebiet, wo Not und Gefahr seiner warte. König Beowulf hatte seinen Bruder lieb gehabt und rang mit den bösen Gedanken, die dieses sonnigen Lebens Ende wünschten; aber riesengroß wuchs der finstere Geist des Hasses und qualvoller Eifersucht über die weicheren Gedanken seines Herzens empor. Er fühlte, wenn Mitleide sich seinem Bruder neigte, war er dem Dämon der Finsternis verfallen, und die zarten Keime der Seele, die unbewußt nach dem Lichte gedrängt hatten unter Mitleides sanftem Augenstrahl – mußten welken und sterben. Verderben mußte er den Mann, der sich zwischen ihn und seine Wünsche stellte, vernichten, was in seiner Macht stand, zu vernichten.

Bleich schien der Vollmond in sein qualverzogenes Gesicht, und in den dunklen Ecken des Gemachs glitten und raunten der Mitternacht gespenstisch graue Schatten.

Eben wollte er seine Namensschrift unter den blutigen Befehl setzen – da öffnete sich leise die purpurverhangene Tür, und in langem, silberbestrahltem, weißem Kleide, das schimmernde Blondhaar wogend über den goldenen Gürtel – mit gesenkten Blicken und scheuem Lächeln stand Mitleide auf der Schwelle.

„Mitleide, was begehrst du?“ Des Königs Auge starrte, seine Stimme bebte ... Da glitt die weiße Gestalt wie ein silberner Mondstrahl ins Zimmer und sank zu seinen Füßen nieder. Ihre weichen Arme umschlangen sein gepanzertes Knie, und während ihre süßen Augen sanft zu ihm aufschauten flüsterten ihre scheuen Lippen:

„Ich habe dich sehr lieb – laß mich dein Weib sein.“ ...

Da brach aus des Königs Brust ein Schrei, wie der eines todwunden Tieres – – die Qual der letzten Stunden lag darin und klang aus in einer wilden, zitternden Seligkeit ... Und er zog die Kniende vom Boden empor.

„Mitleide – mein Weib!“ – ...

Und sie nahm sein dunkles Haupt in ihre weißen Hände und drückte einen leisen Kuß auf seine Stirn.

Da wurde der Blutbefehl zerrissen und die Hochzeit in großer Pracht gefeiert, und ein Freudenschrei ging durch das ganze Königreich. Der König, in dessen Herz ein Sonnenstrahl gefallen, ließ Kerker öffnen und Schmerzen lindern, und den Feinden an der Grenze wurde die Friedensbotschaft gebracht. Mitleides sanfte Hände lagen über dem Lande ...

Herzog Siegmar aber – in heiß aufloderndem Schmerz – verließ die Heimat, um in Abenteuern auf fernen Meeren sein Leid um Mitleide zu vergessen.

Und der König und die Königin liebten sich innig, und wunderselige Wochen und Monate gingen dahin. – – – –

Königin Jutta aber grollte ihrem Sohne und seiner schönen Königin und flüsterte ihm tausend böse Worte ins Ohr:

„Siehe, dein Weib liebt dich nicht mit ganzer Seele – – sahst du nicht, wie sie beim Einzug deinem Bruder die Rose gab?"

Und in Beowulfs Herz war der Argwohn gefallen, und er spähte in seines Weibes Wesen ...

Da meinte er zu finden, daß ihre Liebe nicht heiß war, denn sie war sanft und still und gütig, und in ihren Augen war nicht die Glut, mit der die anderen Frauen des Hofes seine Augen suchten, und wußte doch, daß Mitleide ihm mehr galt als alle Frauen der Welt.

Und wieder sprach Jutta:

„Siehst du nicht, wie dein Weib buhlt um die Liebe des Volkes? Wie das Volk sie mehr liebt als dich, den König? Was hat sie zu schaffen in den Kerkern der Gefangenen und in den Hütten der Elenden?"

Und der König begann zu zürnen, wenn sie oft um Gnade oder Milde bat für die, die er mit Härte strafte. Dann stieg manchmal der Dämon in ihm auf und zwang ihn, auch hart und grausam gegen sein Weib zu sein. Aber sie lächelte, und immer wieder verscheuchte sie die Schatten. Oft aber war sie auch traurig, wenn er sie finster anblickte, und dachte an alles, was sie schon im Leben besessen und verloren hatte; aber durch ihre Tränen versuchte sie zu lächeln, um ihm den Trübsinn zu verscheuchen; denn sie liebte ihren Gemahl mehr, als sie sagen konnte, und es mußte Licht und Wärme um sie sein, das bedurfte sie, und ihr Lächeln schuf Lächeln, wohin sie trat.

Aber in einem widerstand Beowulf mit eiserner Strenge seiner Gemahlin: sie wollte durch heiße Bitten erreichen, den Kerker des alten Königs betreten zu dürfen, aber über diese Bitte geriet der König jedesmal in finsteren Zorn. Fast unbewußt fürchtete er noch den Einfluß des Besiegten, Eingekerkerten und den Vorwurf, den ihm in weicheren Stunden sein Gewissen machte über dessen trostlose Gefangenschaft. Aber gerade diese Schwäche wollte er seinem Weibe nicht eingestehen.

Aber Mitleide grämte sich um ihres Vaters Leiden und beschloß mit schweren Herzen, dem Befehl ihres Gatten zuwiderzuhandeln. Sie besprach sich mit dem alten Rüdiger, der als Schloßwächter im Palast angestellt war, und einst, als der König zur Jagd geritten war, stieg sie mit dem treuen Alten in die dunklen Gewölbe des Schlosses hinab, mit bangem Zittern vor dem traurigen Wiedersehen mit ihrem unglücklichen Vater. Sie wollte ihm Trost und Labung und Hoffnung bringen, denn wie hätte sie ihre Krone ertragen können, ohne von ihrer Macht Hilfe für den Gebrochenen zu erstreben? Der Kerkermeister, der die Königin liebte wie das ganze Volk, wagte nicht, ihrer Bitte zu widerstehen, und öffnete des dunklen Kerkers schwere Tür; und bald darauf lag Mitleide weinend in ihres gramgebeugten Vaters Armen. Er war gefesselt an seine steinerne Bank, und der spärliche Lichtschimmer fiel auf sein von Gram und Elend eisgrau gebleichtes Haupt. Und Mitleide weinte und gelobte sich, daß – und koste es ihr Thron und Glück und Leben – sie bei ihrem Gatten ihres Vaters Freiheit erwirken müsse. Aber wie sie vor dem Vater kniete und ihm sprach von allem, was geschehen – da starrte plötzlich ihr Blut in jähem Entsetzen, denn auf der Schwelle des Kerkers stand der König, finster und mächtig. Königin Jutta hatte Boten ihm nachgesandt, denn sie hatte von ihren Spähern Mitleides Tun erfahren. Und des Königs Stimme klang furchtbar, als er rief:

„Du hast gewagt, meinem Willen zu trotzen, und frevelst gegen des Königs Gesetz? – – Was treibt dich, zu knien vor dem Feinde deines Gemahls? Möge er sterben!“

Und er erhob den Speer gegen den wehrlosen Gefangenen. Da aber warf sich Mitleide zwischen die Männer:

„So töte erst mich, ehe du meinen alten Vater tötest!“

Wie der König das hörte, schrie er laut auf mit furchtbarer und klagender Stimme:

„Weh mir, Verrat hast du an mir geübt – Verrat war alle deine holde Liebe! – – Verraten hast du mich um der Krone willen, die deiner Sippe gehören sollte! Fluch dir und wehe!"

Und seiner selbst nicht mächtig in Schmerz und Zorn, hob er die Hand auf gegen die Königin und stieß sie zurück! Da glitt sie aus auf dem feuchten Boden und schlug mit dem Haupt schwer gegen die steinerne Kerkerbank. Und ihr Blut rieselte aus einer kleinen Wunde an der Schläfe. Wie das der König sah, erstarrte sein Zorn zu kaltem Entsetzen, und er nahm die bleiche, leblose Königin in seine Arme und trug sie hinauf durch dunkle Gänge, über steinerne Treppen, höher, immer höher, hinauf bis zum Prunksaal des Schlosses und legte sie auf das Ruhebett und schlug die purpurnen Decken über sie. Und kniete nieder an dem Lager und barg das Haupt in die Falten ihres Gewandes, und sein starker Körper bebte im wilden, heißen Weinen.

Noch nie hatte König Beowulf gewußt von Tränen bis zu dieser Stunde.

Und draußen rieselte der Herbstregen an den Fenstern nieder, und die Wassertropfen sangen eintönig das alte Lied von Liebe – Leid – und Sterben:

Ruht eine Krone
Im tiefen See –
Kronen bergen
Viel Leid und Weh ...

Gabst ihr die Krone,
König du – –
Gabst ihr Leiden
Und Tod dazu ...

Hörst du, Mitleide,
Noch jenen Sang,
Der dir schauernd
Und bang einst klang?

Fühlst du den Sturm wehn
Über die Heide?

Schmerzt dich die Krone,
Arme Mitleide?

Schlafe – schlafe in Ruh!
Purpur deckt die Wunden zu ...
– – Schlafe, schlafe nur – du –
Erde deckt alles zu – alles zu – alles zu.

Drunten aber im Kerker hatte der alte Rüdiger den Kerkermeister überwältigt und gebunden, den alten König von den Fesseln befreit und ihm mit heißen Tränen Hände und Füße geküßt. Dann führte er den Befreiten hinaus in die Straßen der Stadt und rief mit Donnerstimme das Volk zur Rache auf:

„Der finstere Beowulf hat eure Königin erschlagen, auf – helft uns zur Rache – stürmt den Palast!"

Denn er wußte, daß das Volk an der Königin hing, und die Massen stürzten zu den Waffen und versammelten sich zornig um den gramerfüllten Alten, und weiter sprach Rüdiger:

„Wißt ihr, wer eure Königin war? Meines Herrn, König Wittichers Tochter, der hier vor euch steht, die ihr als blondlockiges Kind auf den Händen getragen habt!"

Da ging ein Jubeln und Wehklagen zugleich durch die Massen, denn sie hatten sich oft gesehnt nach des gütigen alten Königs Zepter, und in großen Scharen zogen sie hinauf zum Schloß, um den König zur Rechenschaft zu ziehen über den Tod seines Weibes.

Am selben Tage war Herzog Siegmar zurückgekehrt von seiner Fahrt, und als er hörte, was sein Bruder an Mitleide getan, glaubte er es nicht; denn wie konnte der König die Hand erheben gegen die Frau, die so licht und lieblich war, und die auch seines Herzens Wonne gewesen war. Und er rüstete sich mit Schild und Schwert und eilte auf heimlichem Pfade in den Palast, um mit seinem Leibe den König zu decken gegen den Ansturm des Volkes.

Und König Beowulf lag am Lager seines Weibes und hörte und fühlte nicht, daß draußen ihm Reich und Herrschaft in Trümmer ging, daß die große Flut des Lebens sich gegen ihn richtete und drohte, über ihn hinwegzustürzen. Und ihm war, als hätte er alle Kronen der Welt gegeben, wenn er noch einmal das lichte Lächeln in diesen bleichen Zügen hätte aufschimmern sehen, das halb unbewußt seiner Seelen Seligkeit gewesen war. Und er flüsterte und sprach zu ihr in leisen, heißen, zärtlichen Worten: „Erwache – erwache – noch einmal! Sieh mich noch einmal an mit deinen süßen Augen und sag, daß du mir vergibst.“ ...

Da war es, als färbe ein matter Rosenschein die marmorblassen Wangen.

Plötzlich erdröhnte der Palast von klirrenden Schritten, die Tür wurde aufgestoßen, und, behelmt und gerüstet, das nackte Schwert in der Hand, stand Herzog Siegmar im Gemach. König Beowulf erhob sich; der Bruder wollte ihm zurufen: „Wappne dich, es gilt um Thron und Leben!“ Da fiel sein Blick auf Mitleide, die bleich und unbeweglich auf dem purpurnen Lager ruhte. Da umnebelten sich seine Sinne in Schmerz und Zorn, und mit dem gellenden Aufschrei: „Mörder!“ stieß er dem Bruder das Schwert tief in die unbewehrte Brust.

Da schlug Mitleide die Augen auf mit einem großen, letzten, weiten Blick. König Beowulf war an ihrem Lager niedergestürzt, die Todeswunde in der Brust.

„Mitleide, vergib mir, erlöse mich von meiner Qual!“

Da glitt ein wundervolles Lächeln über Mitleides marmorblasses Antlitz, und leise und müde, denn ihr Auge brach im Tode, hob sie die weißen, weichen Arme und legte sie um seinen Hals: „Ich habe dich sehr lieb Beowulf!“

Und es waren die selben Worte, die sie in jener dunklen Nacht gesprochen, als sie wie ein Mondstrahl ins Gemach geglitten war, um die Qual von seiner Seele zu nehmen, derselbe weiche Hauch, der seine Stirn streifte.

Da ging ein glückliches Leuchten über König Beowulfs Gesicht, und mit brechender Stimme flüsterte er: „Mitleide, mein Weib – laß mich mit dir eingehen zum Lichte!“ – –

Und der Abendsonne Strahl, der noch einmal durch die grauen Wolken brach, fiel glühend über die Purpurdecken des Lagers, und Mitleides goldenes Haar floß wie ein schimmernder Schleier über des Königs dunkles Gesicht ...

Und draußen läuteten die Glocken zum Sturm; aber die mächtigen, tiefen Klänge rauschten wie ein Lied von Kampf und Sieg und Erlösung durch die stillen Lüfte und in das dämmrige Königsgemach.

Stumm und erschüttert stand Herzog Siegmar – das blutige Schwert hatte er von sich geschleudert, und er faltete die Hände und betete am Totenlager der beiden Menschen, die er einzig geliebt hatte – geliebt hatte bis zu Schuld und Reue!

Mit dem letzten sinkenden Strahl war der Palast dem Ansturm des Volkes gefallen, und, geführt vom alten Rüdiger, der riesig und drohend voranschritt, drängten die Massen in das Prunkgemach, mit ihnen der greise König. Da hob Herzog Siegmar die Hand mit mächtiger Gebärde und wies auf die purpurne Lagerstätte und gebot dem wilden Toben Schweigen. Und die rauhen Männer entblößten scheu die Häupter, da sie den heiligen Frieden des Todes sahen. Und der alte König sank in die Knie und weinte um Mitleide, deren fließendes Blut die Tore seines Kerkers geöffnet hatte. Und Siegmar öffnete den goldenen Schrein in des Gemaches Mauer, darin die Königskrone ruhte, senkte sich auf ein Knie nieder und bot sie dem Könige Witticher dar:

„Nimm sie aus meiner Hand, die Krone deines Hauses, und laß mich dir dienen als deiner treuen Vasallen geringster, zur Sühne für meine blutige Tat!“

Und das Volk kniete und huldigte dem Könige im gramgebleichten Haar.

Und auf dem Purpurlager lag Mitleide, und ein wunderbar leuchtendes Lächeln lag auf ihrem weißen Antlitz. Aber das Lächeln galt nicht der Krone, von der sie als Kind geträumt, und die sie durch ihr stilles Walten ihrem Hause zurückgegeben hatte – – es galt der geliebten, ringenden, verfinsterten Seele, die sie, mit stillem Fuß durch dunkle Täler wandernd, kämpfend und leidend, mit sich hinaufgetragen hatte in die Hallen ewigen Lichtes.

Und auf ihren blonden, schimmernden Haupte ruhte unsichtbar die ewig heilige Krone des Weibes – die Dornenkrone tiefster Frauenliebe ...

*

Über dem Grabe unter den Eichen des Waldes, darin das Königspaar den ewigen Schlaf schläft, blühen die Rosen rot und weiß – jahraus, jahrein. Und der Nachtwind rührt ihre Häupter und trägt ihren süßen Duft weit hinaus in die Lande.

Der Wanderer aber, der wegmüde und sturmdurchweht sein Haupt zu kurzem Schlummer an dieser Stätte des Friedens niederlegt, fühlt es wie einen wundermilden Hauch über seine Stirn streifen, und wenn er erwacht, lächelt er, als hätten sich Sorgen und Schmerzen gelöst in seinem Herzen. Und wenn er weitergeht und den Leuten in den Dörfern erzählt, was er erfahren, dann lächeln sie und nicken und fragen: „Kennt ihr nicht das alte Lied von der schönen Königin Mitleide?“

Und träumerisch klingt in sein Ohr die
alte schlichte Weise:
In der lindenduft'gen Sommernacht,
wenn der Mond glüht über der Heide –
Dann wandelt über der Fluren Pracht
Leise die Fee Mitleide ...
Und gleitet über das schlummernde Land
Mit segnender Gebärde
Und rührt mit der lindernden
Engelshand
Heilend das Leid der Erde! ....

Das gläserne Häuschen

Von

Gertrud Lundehn

Wenn heute eine holde Fee käme und uns bis zu einer bestimmten Zeit die Erfüllung eines Wunsches zusicherte, ach, was würden da für sonderbare Wünsche laut werden! „Ein Pferd“, riefe der eine, und „langes Haar“ eine andere, eine dritte wünschte sich gar einen neuen Magen, während der Vierte unbedingt alle Tage Honigbrot haben möchte. So ist's noch und ist's immer gewesen: im geeigneten Augenblick fällt keinem etwas Gescheites ein.

Wie aber einmal einem braven Handwerksmeister ein sonderbarer Wunsch zum Glück ausgeschlagen ist, davon will ich heute erzählen.

Da lebte mit seiner Frau in einem kleinen, vom Vater ererbten Häuschen, ein Tischler, hatte reichlich Arbeit und wäre soweit ganz zufrieden gewesen, wenn ihm nicht seine Frau das Leben ein wenig verbittert hätte. Die war aber durchaus keine Xanthippe, war auch nicht unfreundlich oder häßlich, nein, ein hübsches, sanftes Weibchen war's, aber – weiß der Himmel, wie es zuging – sie konnte ihre Wohnung, ihre Kleider, ihre Schränke nicht in Ordnung halten!

Konnte der Mann seine Sachen nicht finden, so sprang sie gar eifrig herzu, kehrte das Unterste zu Oberst und brachte das Gesuchte schließlich aus irgend einem Winkel hervor, wo es niemand vermutet hätte. „Was meinst du, wo's war?!“ fragte sie lachend den Mann. „In der Ofenröhre hat's gesteckt! Meiner Treu, weiß ich doch selbst nicht, wie es gerade dahin gekommen ist!“ Und das sagte sie stets so treuherzig, daß der Mann ihr wirklich nicht böse sein konnte.

In der ersten Zeit seiner Verheiratung hatte er Späße darüber gemacht, mitgelacht, ja, auch mitgesucht, aber allmählich war ihm die Sache zu bunt geworden. Er ärgerte sich, wenn ihm heute dies und morgen das fehlte, er hielt lange Reden oder schalt gewaltig; aber das hatte alles nur den Erfolg, daß seine kleine Frau anfing, herzbrechend zu schluchzen, und hundertmal versprach, sich zu besseren. Sie besserte sich aber nicht, und nach wie vor mußte der arme Tischler Hansemann auf der Suche nach seinen Siebensachen sein. Endlich hatte er das Reden und Ärgern aufgegeben, er wollte Frieden im Hause haben, und da er seine Frau herzlich lieb hatte, hoffte er, durch sein gutes Beispiel und Güte und Freundlichkeit sie am Ende doch von ihrem bösen Fehler zu heilen. Als aber auch das nichts verfing und es immer grausiger in dem Hause aussah, da wurde der Meister ein stiller, trauriger Mann, der seine Arbeit tat, sich sonst aber lieber in Feld und Wald aufhielt als in seinen eigenen vier Pfählen.

Es war an einem Frühlingsabend, als Meister Hansemann einsam in seiner Werkstatt saß und trüben Gedanken nachhing. Draußen sproßte das junge Gras, und die Schwalben, die am Tage gar emsig ihr Nest ausgebessert hatten, saßen jetzt einträchtiglich beisammen und zwitscherten sich noch leise etwas ins Ohr. Ringsum war es still und friedlich, und dem Meister ward das Herz schwer, wenn er an sein eigenes friedloses Heim dachte. Ein feiner Luftzug ließ ihn aufsehen: da stand vor ihm ein winziger Geselle, dem ein grauer Bart bis ans Knie reichte. Als der Tischler erschrocken aufspringen wollte, legte der Kleine die Hand an die Lippen und machte „Pst“. Langsam kam er näher.

„Es darf mich niemand sehen! Ich bin ein Moosmännchen und wohne draußen im Walde.“

Hansemann sah ganz entsetzt aus, denn er wußte, daß die Moosmännchen ganz böse Gesellen waren. Was wollte solch ein Wicht in seinem Hause? Der las ihm die Gedanken von der Stirn.

„Du brauchst dich nicht zu fürchten,“ sagte er, und seine Stimme klang traurig, „ich komme nicht in schlechter Absicht. Ich will dich um etwas bitten. Ich weiß, du bist ein Mann, der schweigen kann, und das mußt du! Kein Mensch darf es erfahren! Du sollst mir einen Sarg machen; außen muß er schneeweiß sein und innen mit rosenroter Seide ausgeschlagen, und ein Kißchen von rosenroter Seide muß darin sein und eine Decke. Aber bis morgen nacht um 12 Uhr muß ich ihn haben. Willst du das übernehmen?“ Und als der Tischler zauderte, fügte der Zwerg rasch hinzu: „Es wird dein Schade nicht sein, nur mußt du ihn selbst und ganz allein nach dem Siebeneichenplatz bringen. Dort an der dritten Eiche von rechts stellst du ihn hin und wartest. Bring auch einen großen Spaten mit: es muß tief gegraben werden. Noch eins: länger als 50 Zentimeter darf der Sarg nicht sein!“

Langsam schritt das Moosmännchen rückwärts. „Es wird dein Schade nicht sein!“ flüsterte es noch einmal. Als es verschwunden war, atmete der Tischler auf.

„Tu ich's oder tu ich's nicht?“ sagte er halblaut. „Tu ich's nicht, wer weiß, was mir der boshafte Kerl dann für Schabernack antut, und tu ich's, wie fang ich's dann an, es so heimlich zu machen?“

Aber er tat's doch. In der Frühe des nächsten Morgens besorgte er die rote Seide und machte mit vieler Mühe die Kissen selbst zurecht. Und ob seine Frau auch noch so dringlich fragte, was er eigentlich in der verschlossenen Werkstatt treibe, er verriet nichts. Frau Hansemann war nicht übermäßig neugierig; als aber ihr Mann nachts um halb 12 fortging mit einem Paket unter dem Arm und einem Spaten, da schaute sie ihm doch sehr verwundert nach, ja, sie machte sogar ein paar Schritte vorwärts, um ihm nachzuschleichen, aber ein feiner Regen sprühte ihr ins Gesicht. Überdies war sie müde und ein wenig furchtsam: da ließ sie's lieber, legte sich in ihr Bett und schlief seelenruhig ein.

Unterdes wanderte der Tischler mit seiner Bürde dem Walde zu und hielt nicht eher an, als bis er den vorgeschriebenen Platz erreicht hatte. Leise tröpfelte der Regen herab, das war das einzige Geräusch ringsumher. Er wartete geduldig eine ganze Weile; als sich aber niemand sehen ließ, wollte er sich endlich ärgerlich wieder auf den Heimweg machen.

Husch – raschelte es hinter ihm, husch – raschelte es vor ihm! Glühwürmchen leuchteten auf, und im Nu war der ganze Platz erfüllt mit kleinen Gestalten, die alle sehr ernst, fast bekümmert aussahen. Jetzt kam der Wichtelmann, der tags zuvor bei ihm gewesen war; auf seinen Armen trug er ein winziges Püppchen, das legte er in den Sarg. Es war ein scheußliches Geschöpf, ein richtiges

Wichtelweibchen, und beinahe hätte der Tischler laut gelacht, so wenig stimmte die zarte Rosenfarbe zu dem braunen, verschrumpelten Gesicht. Die Moosmännchen schienen indessen andere Begriffe von Schönheit zu haben; sie waren alle sehr traurig, und jeder wollte noch einmal die Tote streicheln.

„Sie war mein schönstes Kind," sagte leise der Wichtelkönig, „und darum soll sie auch gerade so begraben werden wie die Menschen. Nun eil dich aber, die Zeit ist kurz!"

Der kleine Sarg wurde geschlossen. Hansemann grub ein tiefes Loch, stellte ihn da hinein und schüttete die Erde wieder darauf; die Zwerge stampften sie fest, daß niemand eine Spur fände.

Verschwunden war plötzlich die ganze Schar, nur der König war zurückgeblieben.

„Du darfst dir jetzt etwas wünschen", sprach er, „ich will mich dir dankbar erweisen."

„Etwas wünschen?" – Der Tischler faßte seinen Spaten fester. Ja, was denn nur in aller Welt?! Woher sollte er so geschwind einen vernünftigen Gedanken hernehmen? Er hatte ja unzählige Wünsche, aber welcher war nur der beste und vernünftigste?

„Weißt du gar nichts? Auch nicht für deine Frau?" fragte das Moosmännchen.

Da hub im Dorf die Glocke an zwölf zu schlagen.

„Schnell, spute dich. Ehe der letzte Schlag verhallt, muß der Wunsch ausgesprochen sein, sonst ist alles vergebens!"

Fort war der Zwerg. Da stand nun der arme Mann, der Angstschweiß brach ihm aus. Vier, fünf, sechs zählte er – – er konnte ja soviel brauchen – – „Für meine Frau?" – – sieben – – „Ja, wenn sie nur nicht so unordentlich sein wollte!" Aber nur nichts voreilig aussprechen! – acht, neun – „Wenn sie nur ein kleines bißchen ordentlicher wäre!" – Wie hatte er sich heute morgen erst wieder geärgert, als er seinen Stiefelknecht nicht finden konnte! – – zehn, elf – – „So wünschte ich, wir säßen in einem gläsernen Häuschen, damit ich immer sehen könnte, wo meine Sachen sind!"

Zwölf! – – – –

Lange hallte der Ton nach in der stillen Nacht, der Wunsch war ausgesprochen – und tief seufzend strich sich der Meister über die Stirn. Na, da hatte er gewiß was Schönes angerichtet! Jetzt erst kam ihm die Besinnung zurück und damit das Bewußtsein, daß er einen sehr törichten Wunsch geäußert hatte.

Was seine Frau nur dazu sagen würde –und – – ja, Himmel, wenn nun sein Häuschen wirklich aus Glas wäre?!

Die Beine nahm er unter die Arme, und dahin flog er, an nichts denkend als an das Glashäuschen. Es regnete noch immer ganz leise und fein. „Kling-ling" hörte er schon von weitem. Wahrhaftig, da stand sein Haus, und jedesmal, wenn ein Tropfen aufs Dach fiel, klang es lustig „Kling-ling!" Es war wirklich ein gläsernes Häuschen. Er konnte nicht mehr weiter, der arme Mann, er setzte sich auf die gläserne Schwelle, und seine Tränen rieselten mit dem Regen um die Wette, bis er endlich einschlief.

Heller, lichter Morgen war's. Die Regenwolken waren verschwunden und die goldene Sonne kam herauf. Erstaunt blieb sie stehen, als sie das Glashaus erblickte. Was war das? Ein Haus, in dessen äußerste Winkel man sehen konnte, das war interessant, daß mußte man sich näher betrachten. Langsam kam Frau Sonne näher, ihr Auge wurde immer größer, immer lachender. Ei, da war freilich auch mancherlei zu sehen, und Frau Sonne war neugierig. Ungeniert beguckte sie sich das ganze Haus und selbst die Frau, die friedlich schlafend im Bett lag.

Da fuhr diese in die Höhe. Wie hell es schon war! Und wo steckte denn ihr Mann? Ja, und wo war sie denn? Die kleine Frau Hansemann rieb sich die Augen, aber alles blieb, wie es war. Über ihr glänzte ein heiterer, blauer Himmel, und draußen vor der Tür saß ihr Mann. Ganz deutlich konnte man das sehen. Nun kam Leben in die Frau.

„Hansemann, Hansemann, komm doch herein! Hilf Himmel, wir sind verzaubert!"

Ihr Schreien und Weinen weckte den Mann auf; der sprang auf und kam ins Zimmer, den Kopf gesenkt und die Schultern hochgezogen.

„O Hansemann, wo bist du nur gewesen? Was in aller Welt ist mit uns vorgegangen?" weinte das Frauchen. „Ich kann ja nicht aufstehen, es sieht mir doch jeder zu!" Dicke Tränen rollten ihre Backen herunter. Hansemann seufzte schwer, und weil er sich auch so unglücklich fühlte, weinte er zur Gesellschaft mit.

Endlich zog er sein Taschentuch hervor und trocknete erst sich und dann seiner lieben Frau die Augen.

„Weine nur nicht so sehr," bat er, „ich will dir ja auch alles erzählen! Ach, hätte ich nur die ganze Geschichte bleiben lassen!"

Ganz still hörte die Frau zu, als er nun von Anfang an alles berichtete. Ihre Tränen versiegten allmählich, als aber der Mann schwieg, kroch sie tief unter die Decke und sagte: „Ich bleibe hier liegen, ich schäme mich halb zu Tode, mache, was du willst!"

Kein Bitten, kein Flehen half: sie rührte sich nicht. Und es blieb Hansemann nichts anderes übrig, als selbst den Kaffee zu kochen.

Hei, das gab ein Staunen, als die Nachbarn von der Sache erfuhren! Der Bäckerjunge hatte es zuerst gesehen und die Neuigkeit natürlich brühwarm von Haus zu Haus getragen. Von allen Seiten kams herbeigelaufen, um das Glashaus zu begucken. Wenn aber jemand fragte, wie das gekommen wäre, dann zuckte der Tischler nur die Achseln: Antwort gab er nicht. Die Lästermäuler hatten ihre helle Lust an dem Glashaus, da konnte man dem lieben Nächsten doch mal so recht in alle Winkel sehen. Schrecklich sah es geradezu aus! In allen Ecken lag dicker Schmutz, und in den Schränken, die auch von Glas waren, lag es wie Kraut und Rüben durcheinander. Jedermann schalt auf die unordentliche Frau, aber jeder lobte und bedauerte auch den Mann, der so fleißig war vom frühen Morgen bis zum späten Abend; denn die Frau lag immer im Bett und war nicht zum Aufstehen zu bewegen.

Hansemann mühte sich redlich; er hielt die Wirtschaft instand, so gut er konnte, und war tätig in seiner Werkstatt. Kaum konnte er alle Aufträge ausführen; denn von nah und fern kamen die Leute und bestellten bei ihm die schönsten Sachen: sah man doch jetzt erst, wie fein und schön er arbeitete! Alles tat er mit fröhlichem Herzen; denn er merkte, daß seine Frau anfing sich zu schämen, und darob freute er sich; denn er hoffte, sie würde nun wohl anfangen, anders zu werden. Ja, Frau Hansemann schämte sich sehr. Zuerst hatte sie nur gedacht: „Es kann mich ja jeder sehen, wenn ich aus dem Bett steige!" Mit der Zeit aber dachte sie daran gar nicht mehr. Jetzt schämte sie sich, daß alle Welt in ihre Häuslichkeit gucken und sehen konnte, wie schrecklich es darin aussah. Und wie die Scham und Reue immer größer wurde, da bemerkte sie auch, wie blaß und vergrämt ihr lieber Mann aussah, und da kam ihr die Einsicht, daß er es sicher nicht mehr lange aushalten würde, die Wirtschaft und seine eigene Arbeit zu besorgen. Das griff ihr gewaltig ans Herz. Eines Morgens, ganz früh, ehe es dämmerte, sprang sie aus dem Bett, wusch und kämmte sich blitzblank, und dann ging's ans Reinemachen und Aufräumen. Immer fröhlicher wurde sie, je sauberer und netter es ringsumher ausschaute. Schließlich sang sie gar ein fröhliches Liedchen. Darüber wachte der Mann auf. Sprachlos blieb er liegen und starrte seine Frau an. Kaum merkte die, daß er wach war, kam sie an sein Bett gelaufen und kniete bei ihm nieder. Lachend und weinend streichelte sie ihn. „O, Hansemann, kannst du mir verzeihen? Es soll jetzt gewiß anders werden bei uns. Wenn wir denn schon mal in einem gläsernen Häuschen wohnen müssen, dann soll es aber auch von innen und außen blinken, daß jeder getrost hineinsehen kann."

Diesmal wußte der Tischler, daß es seiner kleinen Frau ernst war mit ihrem Vorsatz. Jauchzend zog er sie an sich und küßte sie, unbekümmert darum, daß draußen der Milchmann vorbei kam und alles sah.

Von nun an war das Glashaus wirklich ein Schmuckkästchen. Es gab kein Winkelchen, das die lieben Nächsten nicht hätten sehen können, und wie die beiden lebten und was sie kochten, das konnte auch jeder sehen. So ist's geblieben bis zum heutigen Tag.

Ja, wohnen denn die beiden noch immer in dem gläsernen Häuschen? Sicherlich!

Wer's nicht glaubt, der mag selbst hingehen und sich's ansehen! Es ist gar nicht weit vom Siebeneichenplatz.

Die beiden Jungfern

Von

Elisabeth Möhring

Als der liebe Gott noch alle Abende zum Monde sagte: „Herrgottsnachtwächter, hänge dein silbern Horn um und zieh deine leisen Filzschuhe an und steige behutsam über die hunderttausend Berge in die Welt und sieh nach dem Rechten", da lebte bei den Menschen eine alte, weise Königin. Die war müde geworden vom Kronentragen, und die goldene Krone mit den dicken, bunten Edelsteinen tat ihrer Stirn weh. Darum sagte sie zu ihrem Sohne, dem jungen Könige: „Meine Augen werden nun alt und können nicht mehr erkennen, ob die Mädchen meines Königreiches den Saum ihrer Röcke heil und sauber halten und ob das Linnen auf den Bleichen nicht das Fingermal böser Dienerinnen trägt. Vor mein Ohr hat das Alter und vielleicht schon der Tod ein Schloß gelegt, daß ich nicht hören kann, ob Nachtigallen in unsern Hecken schlagen oder törichte Mägde nachts leise Lieder singen. Und meine Lippen mögen nicht mehr singen und scherzen. Und Stare und Meisen und Schwalben wollen nicht mehr nisten an den Fenstern und den Sträuchern unseres Schlosses. Und hast du nicht geweint, weil die Rosen und Nelken und Hyazinthen ohne Duft und ohne Farbe in ihren Beeten stehen, und weil die bunten Kieselsteine nicht lustig klingen wollen und die Springbrunnen nicht mehr flüstern? Die Blumen und die Vögel und selbst die Kiesel und Wasser sind traurig, weil keine junge Königin mit ihnen lacht und Lieder singt, welche Vögel zum Nestbauen locken und den Nelken und Rosen und Hyazinthen die Freude ins Gesicht treibt. Also zieh aus, mein Sohn, und suche dir eine Königin, damit unser Schloß seine Trauer ablegt und der Wein an seinen Fenstern hochklettern mag, um zu sehen, wie ein junger König und eine junge Königin tun."

Das war dem jungen Königssohn schon recht, denn er war jung und fröhlich und weilte nicht gern in dem ernsten Schloß und seinen blassen, stillen Gärten. Darum legte er den Purpurmantel um, setzte seine goldene Zackenkrone auf, nahm das Szepter zur Hand und wollte sich auf den Weg machen, eine Königin zu suchen.

Aber die weise, alte Königin sprach: „Nicht doch, mein Sohn, für einen, der in Gold und Samt und Seiden kommt, wird sich das Laster als Tugend kleiden, und die Faule wird ans offene Fenster ein Spinnrad rücken, an dem der Flachs kecker lacht als die Sonne. Die Fleißige und Niemüde aber sitzt tief in der Kammer und schaut nach niemand aus. Aber ihr Flachs hat erst Zeit zu lachen, wenn das Linnen fertig ist."

Auch sonst gab die alte Königin ihrem Sohne noch allerlei Wahrzeichen, wie er die rechte erkennen könne.

Da zog sich der junge König seines Schreibers eng und dürftig Wämslein an, steckte sich einen Gänsekiel hinters Ohr, nannte sich „Magerklee, das arme Schreiberlein" und zog fürbaß von Ort zu Ort. Aber nirgends fand er ein Mädchen, das er seiner Mutter hätte heimbringen mögen, damit sie ihr die goldene Krone schenke.

Als ihm endlich die Sohlen an den Schuhen locker wurden, und die Heller in seinem Beutel so rar waren wie Fettaugen auf einer Waisenkindsuppe, kam er an das Städtchen Hühnerloch.

Das lag weit hinten in seinem Königreiche und hatte einen pfiffigen Torwart aber einen dummen Bürgermeister. Der hieß Speckseit und trug an seinem Bauche schwerer als an Ämtern und Würden und den dazu gehörigen Goldketten.

Er hatte auch eine Tochter. Die hieß Giselinde und war eine hübsche Dirne, aber eitel und faul, daß sie ihr Lebtag noch keinen Finger ans Spinnrad gelegt hatte, das von der faulen Jungfer in eine Ecke gestoßen worden war. Und der Flachs an der Spindel sah aus wie der wirre, graue Schopf einer bösen Hexe.

Die Sonne, die immer alle Hände voll zu tun hat, ärgerte sich recht an dem Mädchen, und so oft sie sah, daß die Jungfer zum Fenster hinaus Maulaffen feilhielt oder nach einem schönen und reichen Freiersmann aussah, hielt sie ihr einen Goldspiegel vor die kecken Augen, der sprach:

„Jungfer, da ist ein böses Funkeln in deinen hübschen Augen; denn schlechte Gedanken sind wie Kröten, die ein Gift lassen, wo sie am liebsten saßen. Jungfer, da ist ein böser Fleck auf deinen Lippen; denn häßliche Worte sind wie Kröten, die ein Gift lassen, wo sie laufen. Jungfer, da ist ein schlimmes Mal auf deinen Händen; denn Trägheit ist die allergiftigste Kröte."

Aber die Giselinde Speckseit machte der Sonne ein tückisches, bitterböses Gesicht und hörte lieber ihrem eigenen Spiegel zu; der sagte, so oft sie danach fragte, was denn so allerliebst an ihr sei:

„Dirnchen, wie sind deine Eichkätzchenaugen wunderschön blank und keck, und dein Haar ist gelber und goldener als das Garn, das Mutter Sonne mittags um den Hühnerlocher Kirchturm spinnt. Und deine Haut ist fein wie der Taufschleier eines Nixenkindes, den die Mücken über dem Bache weben, wenn es Abend wird."

Das glaubte das eitle Bürgermeisterkind und konnte sich nicht satt hören an solchen Reden.

Da war die Jungfer Rührdich, die am Grunde des Marktbrunnens wohnte und spann, ein anderes Mädchen. Die saß und spann, wenn die Sonne sich in der Frühe ihr gelbes Haar kämmte, daß das Wasser im Brunnen von dem Glanz aufwachte, und sie saß und spann, wenn der Mond des Abends in seinen weißen

Filzschuhen über den Markt kam und sich am Brunnenrand ausruhte, und das Wasser im Brunnen unter seinen freundlichen Augen einschlief.

Morgens lachte die Sonne der Jungfer Rührdich zu und sang:

Jungfer mit den flinken Händen,
Guten Morgen, schöne Zeit!
Will dir einen König senden,
der die fleiß'ge Jungfer freit!

Denn sie hatte das Dirnchen lieb und streichelte ihm gern das gute Gesicht, das nie die Augen in Neugier wandern und nach einem Freiersmann Ausschau halten ließ.

Der Mond aber flüsterte abends in das Brunnenwasser hinein:

Streif ab, streif ab, das grisegraue Kleid,
der Königssohn, Jungfer, sucht dich.
Ist bald hier
An der Brunnentür.
Blühen Königskerzen
Dir im grauen Schoß,
Wiehert im roten Osten
Dein Hochzeitsroß.

Aber die Brunnenmaid glaubte, so schöne Reden könnten nur der hübschen Giselinde Speckseit gelten, weil sie die Schönste und Reichste und Stolzeste weit und breit war.

Und es fiel ihr nicht ein, die Spindel in einen Winkel zu stoßen, sondern sie saß und spann, wenn die Sonne in der allerersten Frühe ihr gelbes Haar kämmte, daß das Brunnenwasser von dem Glanz aus seinem Schlafe fuhr, und sie saß und spann, wenn der Mond auf seinen leisen, weißen Schuhen über den Markt kam, um sich am Brunnenrande auszuruhen, und das Wasser unter seinen freundlichen Augen einschlief.

Die Jungfer Rührdich war eigentlich ein Königskind. Aber eine strenge Fee war ihrem Vater, dem Könige, gram gewesen, weil er sein Lebtag nichts tat als Feste feiern, lachen und goldenen lustigen Wein trinken. Weil er nicht hören mochte, daß es Herzeleid in seinem Lande gab, ließ er den Armen und Traurigen Schellen an die Lumpen nähen, daß sein Reich klang und sang vor Freuden. Als ihm nun ein Töchterchen geboren wurde, kam die strenge Fee um Mitternacht, nahm das Kind aus dem seidenen Königsbett, badete es in einem bitteren Wasser und trug es auf den Grund des Brunnens. Als es dann groß geworden war, brachte ihm die Fee ein graues Kleid und eine Spindel und sprach zu ihm: „Aus den Tränen, die dein Vater nicht trocknen wollte, sollst du Tau spinnen jahraus, jahrein, bis Land und Wiesen wieder reiche Früchte tragen, denn der Übermut deines Vaters ließ das Land vertrocknen. Spinnen sollst du und das graue Kleid tragen bis eines Königs Träne in deinen Schoß fällt und Königskerzen aus ihr erblühen, und bis ein König dich an den Brunnenrand ruft und dich küßt, wie es geschieht, wenn ein König eine junge Königin findet." Also saß das arme, verwunschene Königskind in seinem grauen Kleide und spann, und sah nicht auf von seiner schweren Arbeit, und das ein König es einst erlösen würde, hatte es fast vergessen.

Als nun der Schreiber Magerklee durch das Hühnerlocher Stadttor will, sieht ihn der Torwart von oben bis unten an und fragt, was er denn in Hühnerloch suche. Es war ihm nämlich seltsam vorgekommen, daß ein Schreiberlein Königslocken trug, rot wie Kronengold und seidenweich wie von einer zärtlichen Fee unter des Himmels Hut gesponnen.

„Was ich bisher noch nirgends fand", ist Freund Magerklees Antwort. „Eine Jungfer, an der sich selbst die harten Kieselsteine freuen, und von der die Vögel lernen, wie ein Nest warm, und die Blumen, wie ein Gesicht lieblich wird."

„Hm," meinte der Torwart, „so was Rares hat noch kein Mensch in Hühnerloch gesucht. Aber am Markt wohnt eine bildhübsche Jungfer, die wartet schon lange auf einen besonderen Freiersmann, und wenn mich meine Wächteraugen nicht betrügen, liegt sie schon wieder im Fenster und sieht aus, ob der Rechte nicht bald kommt. Und wenn sich Eure Nase darauf versteht, wie das beste Fett riecht, werdet ihr bald wissen, wo die feine Jungfer wohnt."

„Schönen Dank für die genaue Auskunft", sagte der Schreiber und zog durchs Tor.

Da nun ein Königssohn wohl weiß, wie ein Fett riecht, das in der Pfanne lecker duftenden Schaum wirft, hatte er's bald heraus, wo die hübsche Jungfer zu finden sei und stand alsbald vor des Bürgermeisters Hause.

Richtig – Speckseits Giselinde lag im Fenster und wollte sich jedesmal totlachen, wenn ein Armer vorüberzog, dem der Magen anfing vor Neid zu knurren, daß es aus des Bürgermeisters Küche noch nach fettem Essen roch, wenn in ganz Hühnerloch auch nicht ein Schornstein mehr von der Abendsuppe dampfte. Denn zum Abend tat es der Bürgermeister Speckseit nicht unter einem goldbraun und knusprig gebratenen Spanferkel, das mit handfesten Klößen aufgarniert werden mußte und mit Pflaumen, die sich im heißen Fett aufbliesen, als hielten sie es für eine besondere Ehre, in einen Bürgermeisterbauch wandern zu dürfen.

Der Königssohn sieht das hübsche Mädchen und denkt: Die könnte es sein. Farben hat sie im runden Gesicht, daß unsere Rosen und Nelken und Hyazinthen nicht blaß dabei bleiben werden; und lachen kann sie, daß ganz Hühnerloch davon klingt. Also ruft er zum Fenster hinauf:

„He, Jungfer Speckseit, wollt ihr nicht eine Madam Magerklee werden? Geld habe ich keins, aber einen Kopf voller Anschläge und diesen Gänsekiel, der nicht von gewöhnlichem Herkommen ist. Und wenn uns der Herr Bürgermeister, Euer Vater, morgens, mittags und abends ein Kälbchen oder Ferkel oder sonst ein sauberes Tier braten läßt und an Pflaumen und Klößen nicht spart, könnt Ihr Eure Freude am Schreiber Magerklee erleben und bald ein Faßband kaufen, damit ihm der Leib nicht in den Nähten platzt."

Er hätte gern noch allerlei Mutwillen und Scherz der schönen Jungfer ins Fenster geworfen, um zu erfahren, ob ihr Herz Raum für einen netten Spaß habe, aber es fuhr solch ein Hagelschauer von Schimpfreden auf seine seidenweichen Königslocken, daß ihm Hören und Sehen verging und er sich schüttelte wie ein Pudel, dem der Pelz gerieben wird. Daß auf den kirschenroten Lippen eines vornehmen Mädchens solche Bosheit wachsen kann, hatte er nie vorher erfahren, und sein Lebtag war er noch mit keinem ähnlichen Tusch begrüßt worden. Es wäre ihm auch noch das rote Samtpantöffelchen der giftigen Jungfer an den Kopf geflogen, und die hochmütigen Stelzhacken hätten ihm einen Denkzettel ins Gesicht geschrieben, hätte er das niederträchtige, kleine Ding nicht mit geschickten Händen gefangen und der Jungfer Speckseit zurück durchs Fenster geworfen. Dazu rief er noch der schönen Dirne zu, sie möge sich hüten, ranzig zu werden, wie Öl wird, das an einem zu warmen Orte steht; und seine Mutter hätte recht gehabt, als sie ihn vor den Mädchen warnte, die sich in der Sonne breit machen und den Fleißigen das Licht nehmen, und auch vor solchen, die hoch hinaus wollten und Stelzhacken an den Pantoffeln tragen.

Es war ihm aber doch das Herz voll Verdruß über das boshafte Mundwerk der Giselinde, und der Sinn war ihm traurig vom nutzlosen Suchen, und daß er nun seiner alten Mutter keine junge Königin heimbringen sollte, die ihr die schwere Krone mit den bunten Edelsteinen von der müden Stirn nähme.

Darum setzte er sich bekümmert an den Rand des Marktbrunnens und wollte dort rasten, bis der erste Hahn krähen und der Torwart das Stadttor wieder öffnen würde.

Weil er aber gar so traurig war, rann ihm eine helle Träne über das Gesicht und fiel in den Brunnen.

Die fiel und fiel und sank tiefer und tiefer, bis sie in der Jungfer Rührdich Schoß liegen blieb; und alsbald blühte auf dem grauen Kleid des Mädchens eine prächtige Königskerze auf, die duftete so stark, daß ganz Hühnerloch erfüllt war von dem schönen Geruch, und der Torwächter das Niesen bekam und sagte: „Wir werden etwas erleben in Hühnerloch." Denn oftmals hat ein Torwächter eine feinere Nase als ein Bürgermeister.

Damit hatte er recht, denn der Bürgermeister Speckseit und seine Giselinde lagen tief in ihren dicken Federbetten, schnarchten und merkten nichts. Und auf Blumenduft gaben sie überhaupt nichts, weil davon kein Braten braun wird.

Der Königssohn aber schlief ein von dem Duft der stolzen Blume und schlief und schlief, während der Mond über den Brunnenrand ins Wasser flüsterte:

Grisegraue Brunnenmaid,
Wo ist dein Hochzeitskleid?
Hol es aus der Truhen!
Darfst nun ruhen.
Darfst nichts Trauriges mehr sinnen
Und den Tau aus Tränen spinnen!
Grisegraue Brunnenmaid
Wo ist dein Hochzeitskleid?

Die Jungfer Rührdich aber saß und spann, und ihr stilles Gesicht wurde schön, als es sah, wie hunderttausend Königskerzen aus dem kalten Brunnengrund wuchsen und wie vornehme Frauen taten, die gelbgoldene Brokatkleider tragen. Die Königskerzen aber schüttelten ihre Prinzessinnenhäupter, daß goldene Tropfen dem verwunschenen Königskind in den Haaren hängen blieben, an seinen fleißigen Fingern und an der Spindel, die ihr Rad hundertmal schneller schwang als sonst und dazu sang:

Es saß eine Jungfer im Brunnengrund
Bei Nixen und Neck,
Mußte spinnen und spinnen –
Durft nichts Frohes sinnen –
Bis ein König kam
Und zur Frau sie nahm.

Selbst die stolzen Königskerzen hatten ein Lied. Das sang von der Träne eines Königs, die einen bösen Zauber lösen kann, wenn sie auf den rechten Grund fällt.

Der Mond aber war der lustigste. Der sang sein Lied am hellsten, und weil er es sich erlauben darf, warf er seine weißen Filzschuhe in die Luft, daß sie dem Abendstern beinahe an die Nase flogen.

Einer von den Schuhen des alten Mondes aber traf die Schulter des schlafenden Königssohnes, daß er davon munter wurde. Als er sich nun den Schlaf aus den Augen waschen wollte und seine Finger in das Brunnenwasser tauchte, konnte er bis auf den tiefen Grund sehen und erblickte die Jungfer mit den goldenen Tropfen im Haar und an den Fingern und im Flachs der singenden Spindel.

Da wußte er sich nicht zu lassen vor Entzücken und fragte:

„Goldene Jungfer im Brunnengrund,
Was spinnst du?"

Antwortete das Mädchen und läßt die Spindel schnurren:

„Tau aus Tränen jahraus, jahrein –
Nie riß mein Faden!"

Fragte der Königssohn weiter:

„Goldene Jungfer im Brunnengrund,
Was blüht dir im Kleide?"

Antwortet das Mädchen:

„Es fiel eine Träne in meinen Schoß,
Daraus blühte Gold.
Küßt mich ein Königssohn,
Wär' ich ihm hold,
Ließ' Flachs und Spindel sein,
Wär' seine Königin fein!"

Da fingen der Mond, das Spinnrad und die Königskerzen an zu singen:

„Grisegraue Brunnenmaid,
Wo ist dein Hochzeitskleid?
Hol es aus der Truhen,
Darfst nun ruhen.
Darfst nichts Trauriges mehr sinnen
Und den Tau aus Tränen spinnen!
Grisegraue Brunnenmaid,
Wo ist dein Hochzeitskleid?"

Das sangen sie so laut, daß der Torwart das Ohrensausen bekam und sprach: „Hühnerloch wird etwas erleben." Denn oftmals hat ein Torwart bessere Ohren als ein Bürgermeister.

Damit hatte er auch diesmal recht. Denn der Bürgermeister und seine Tochter Giselinde lagen tief in ihren Federbetten und hörten nichts. Und außerdem gaben sie auch nichts auf Gesang, weil davon noch nie ein Braten braun geworden ist. Der Königssohn aber rief in den Brunnen hinein:

„Goldene Jungfer im Brunnengrund,
Möchte küssen deinen Mund!
Laß Flachs und Spindel sein,
Sei meine Königin fein.
Wird im Osten der Morgen grau,
Bist du eines Königs Frau."

Da geschah es, daß Neck und Nix aus ihrem grünen Brunnenschilf hervorkamen und lachten, daß ihre Froschaugen wie Hochzeitslampen funkelten. Und die verwunschene Königstochter wußte nicht, wie ihr geschah, als eine schöne Fee ihr das graue Kleid löste und ihr ein Gewand überwarf, daß aus den allerzartesten Sommerwolken gewebt war, und dazu sprach:

„Geh hinauf, Königskind. Aus den Tränen, die dein Vater nicht trocknen wollte, hat dein Fleiß Tau gesponnen, und Feld und Wiesen blühen wieder.

Wird im Osten der Morgen grau,
Bist du eines Königs Frau."

Und so geschah es.

Die liebliche Brunnenmaid stellte die Spindel beiseite und stieg in ihrem sommerwolkenartigen Hochzeitskleide hinauf an den Brunnenrand. Der junge König umarmte sie, und sie küßten sich bis die Sonne mit ihren lieben Händen morgens das Himmelstor aufschloß und zwei milchweiße Hochzeitsrosse daher gesprengt kamen, um den König und die Königin in ihr Reich zu tragen.

Die Jungfer Speckseit hatte zwar nicht den Duft der Königskerzen gespürt und auch nicht gehört, was Mond und Spindel sangen und die Blumen, die aus der Träne eines Königs um Mitternacht erblühen, aber ihr Schlaf war nicht gut gewesen, weil sich der Ärger über das Schreiberlein nicht vertragen hatte mit dem Spanferkel, den handfesten Klößen und den aufgeblasenen Pflaumen, welche die Jungfer zum Nachtmahl verzehrt hatte.

Darum erwachte sie schon in aller Frühe von dem lustigen Wiehern der milchweißen Hochzeitsrosse und legte sich zum Fenster hinaus, weil sie dachte, es käme endlich der feine Freiersmann, auf den sie schon so lange wartete.

Als sie nun aber sah, daß die armselige Brunnenjungfer mit einem König zur Hochzeit fuhr, und das der König niemand anderes war als der Schreiber Magerklee, erboste sie sich so, daß die Tür ihres Herzens ein für allemal zuflog, und ein handfester Kloß sich davor wälzte, daß die Tür nie wieder aufgehen konnte. Da mußte die Jungfer Speckseit elendig sterben an einem großen Kloß und einem gallengrünen Ärger.

Der König und seine Königin aber jagten auf ihren weißen Rossen in ihr Land, und wo die Stimme der Königin erklang, probten die Vögel einen neuen Singsang und suchten sich Wolle zu einem warmen Nest. Wenn aber Rosen oder Nelken oder Hyazinthen das liebliche Königinnengesicht sahen, erglühten sie vor Freude und Entzücken.

Da merkte der Königssohn, daß er die Rechte gewonnen habe, und führte sie zu seiner Mutter, der alten Königin. Die nahm die schwere Krone mit den dicken roten und blauen und grünen Edelsteinen von ihrem müden Haupte und setzte sie der Frau ihres Sohnes auf die weiße, junge Stirn. Und der Wein an den Mauern des Schlosses trieb Ranken um Ranken, damit er sehen könne, wie ein junger König und eine junge Königin glücklich sind.

Das war damals, als der liebe Gott noch Abend für Abend zum Monde sagte: „Herrgottsnachtwächter, häng dein silbern Horn über und zieh die leisen, weißen Filzschuhe an und klettere behutsam über die hunderttausend Berge in die Welt und sieh nach dem Rechten bei den Menschen." Ja – damals war es.

Das Bettel-Ei

Von

Eugenie Rosenberger

Es war einmal ein König und eine Königin, die lebten zusammen in einem Schlosse, das zwischen weiten Gärten in der Mitte ihres Reiches lag. Die Königin war eine sehr kluge Frau; sie sagte wenig, aber es hieß, daß der König nie etwas gegen ihren Willen täte und dabei wohl beraten wäre; sie besaß nämlich einen goldenen Zaubervogel, den ihr eine Waldfee, die ihre Pate war, geschenkt hatte. Dieses Vögelchen war so künstlich, daß es sich von einem lebenden nur dadurch unterschied, daß es nichts zu essen brauchte; das wunderbarste an ihm aber war, daß es in seinem Gesang jederzeit die Stimmung der Königin wiedergab und von jedem, der es wollte, im ganzen Schloß gehört werden konnte, so zart und sanft auch sein Stimmchen erklang. War die Königin ruhig und fröhlich, so hörte man ein leises zufriedenes Zwitschern, bedrückte sie aber etwas, so konnte der Gesang des goldenen Vogels so klagend und beängstigend werden, daß der König unwillkürlich alles tat, um aus dem Weg zu räumen, was seine Frau beunruhigen konnte. So erreichten sie in Friede und Einigkeit ein hohes Alter.

Als nun der König sein Ende herannahen fühlte, rief er seinen einzigen Sohn zu sich und sprach: „Versprich mir eins, damit ich sicher weiß, daß du glücklich sein wirst und ich ruhig sterben kann. Nimm keine Frau, die nicht, wie deine Mutter, einen Herzvogel hat. Was hilft dir die Schönheit einer Königin, wenn sie kein richtiges Herz hat, und wie willst du das Herz erkennen, wenn du keine Stimme hörst, die es dir kund tut? Darauf gib mir die Hand.“

Das tat der Sohn nach kurzem Zögern, und der alte König starb in Frieden.

Der Prinz erbte nun das Reich und begann zu regieren. Doch war er nicht freudigen Mutes, wie sonst junge Fürsten zu sein pflegen, sondern ging immer mit ernstem und manchmal mit finsterem Gesicht umher.

„Mein Sohn,“ sprach die alte Königin, „sage mir, was bedrückt dich?“

„Ich habe meinen guten Vater verloren,“ antwortete er, „wie sollte ich nicht um ihm trauern? Und in meinem Reich muß ich überall nach dem Rechten sehen, da bleibt mir zu Fröhlichkeit und Kurzweil keine Zeit wie in früheren Tagen.“

So sprach der junge König. Aber es war etwas ganz anderes, das Tag und Nacht an seiner Seele nagte.

Ihm lag ein Mädchen im Sinn, das schönste und sittsamste im Lande, aber armer Leute Kind; es wurde das Goldchen genannt, denn sein wundervolles Haar glänzte weithin wie fein gesponnenes Gold. Schon längst hatte er sich vorgenommen, es einst heimzuführen und zu seiner Gemahlin zu machen, denn er hatte gedacht: „Wenn ich einmal König bin, kann ich tun, was ich will“, und nun schied sie das Wort, das er seinem Vater hatte geben müssen, auf ewig voneinander, denn wenn es schon für eine Prinzessin kaum möglich erschien, sich einen Zaubervogel zu verschaffen, wie sollte ein armes Mädchen aus dem Volke zu einem solchen gelangen!

So ging er von Tag zu Tag betrübter umher und dachte: „Was nützt mir's nun, daß ich König bin? Mir kann doch niemand helfen.“

Aber auch die alte Königin war schweren Herzens und sann Tag und Nacht darüber nach, wie das Gemüt des jungen Königs zu erheitern sein möchte.

„Lieber Sohn,“ sagte sie eines Tages, „ich bin alt und des Lebens satt und sehne mich in die Gruft zu deinem Vater; du hast weder Bruder noch Schwester, und wenn ich sterbe, hast du niemand, der dir nahe steht. Deshalb sieh dich nach einer Gemahlin um, denn ich möchte dir dabei noch mit Rat und Tat zur Seite stehen.“

„Das fordre nicht von mir, liebe Mutter," sagte der junge König, „denn auf seinem Totenbette habe ich meinem Vater versprechen müssen, nie eine Frau zu nehmen, die nicht gleich dir einen Herzvogel besäße."

Die alte Königin erschrak, denn sie wußte nur zu gut, daß es keinen anderen solchen Vogel mehr auf der Welt gäbe. Nachdem sie die Sache lange überlegt hatte, beschloß sie, sich bei ihrer Pate, der Waldfee, Rats zu erholen, was sie nur sehr selten und in sehr ernsten Fällen zu tun wagte. Sie fuhr deshalb in den Wald, in dem die weise Frau wohnte, hieß ihren Wagen und ihr Gefolge warten und begab sich allein an einen tiefen, dunklen Weiher unter uralten, weit verzweigten Bäumen.

Dort rief sie mit leiser Stimme dreimal den Namen der Waldfrau und sagte den Spruch, der die Waldgeister herbeiruft. Ein Windstoß fuhr pfeifend durch die Wipfel, das Wasser wirbelte hoch auf, und die Waldfee trat aus den Zweigen einer mächtigen Eibe hervor.

„Ach, meine Tochter," sagte sie beim Anblick der Königin bekümmert, „wie bist du alt geworden! Wie weiß ist dein Haar, und wie gehst du gebückt! Wie schnell geht es doch mit euch Menschen! Euer Wachsen, Blühen und Welken dünkt mich nicht länger denn ein Sommertag!"

„Ja," sagte die Königin, „und wie ist diese kurze Spanne Zeit manchmal so schwer und traurig! Und wenn für uns selbst alles vorbei ist, sorgt man sich noch bis zum letzten Atemzug um seine Kinder." Und sie schüttete ihr Herz aus.

Die Waldfrau schwieg lange. „Da ist schwer raten", sagte sie. „Zweimal können wir den gleichen Zauber nicht anwenden, sonst verliert er die Kraft. Indessen läßt sich vielleicht doch eine Art und Weise finden, um deinen Zweck zu erreichen."

Sie besprachen sich lange und eingehend, und die Königin fuhr getröstet nach Hause.

Am nächsten Tage erließ sie Einladungen an die schönsten und angesehensten Prinzessinnen der Umgegend und hieß die Herolde sagen, der junge König habe zwar noch keine Wahl getroffen, doch hoffe sie, die bevorstehende Lustbarkeit mit einer fröhlichen Hochzeit beschließen zu können, und hocherfreut sagten die Fürsten und Herzöge der benachbarten Länder für ihre Töchter zu.

Es waren neun Prinzessinnen, die geladen waren, und an dem bestimmten Tage erklang beständig Musik und Trommelwirbel, womit die anfahrenden

Wagen schon am Stadttor empfangen wurden. Die vornehmste Prinzessin erschien zuerst; es war die stolze Prinzessin Ockreutina, in einem goldenen Wagen, gezogen von sechs prächtigen Rappen mit goldenem Zaumzeug und roten Federbüschen.

Dann kam die Prinzessin Rosetta, die aussah wie ihr Name, auch waren Pferde und Wagen über und über mit frischen Rosen bekränzt. Die letzte und jüngste Prinzessin war fast noch ein Kind, mit einem runden, fröhlichen Gesichtchen. Sie saß auf hellblauen, seidenen Kissen in einem niedlichen silbernen Wagen mit vier milchweißen Pferdchen, alles mit Vergißmeinnicht-Sträußen besteckt und verziert.

Der junge König begrüßte jede Prinzessin am Fuße der Schloßtreppe, reichte ihr den Arm und geleitete sie in den Spiegelsaal, wo die alte Königin ihre Gäste empfing. Als sie alle versammelt waren, begann die alte Königin: „Ich freue mich, euch bei uns zu sehen, ihr schönen Kinder! Eure lieben Eltern werden euch wohl gesagt haben, daß es mein Wunsch ist, dieses Fest mit einer fröhlichen Hochzeit zu beschließen, denn mein Sohn, der König, ist ja noch unvermählt. Da er sich indessen nicht entschließen kann, unter so vielen anmutigen und liebenswürdigen Fräuleins eins zu bevorzugen, so habe ich meine Pate, die Waldfee, um ihren Rat gebeten, und sie hat versprochen, derjenigen, die am besten für ihn passe, einen ebensolchen Wundervogel zu schenken, wie sie mir zu meiner Hochzeit gegeben hat. Dazu müßt ihr euch jedoch einer kleinen Probe unterwerfen. Es muß nämlich jede von euch allein in ein Haus gehen, und zwar jede in ein anderes, und um ein Ei bitten. Ihr dürft es nicht bezahlen, auch nichts dafür geben, noch etwas dafür versprechen. Das Ei müßt ihr hierher in diesen Saal bringen. Ihr seht, es sind ringsherum zehn große Spiegel. Diese Spiegel sind Türen, und jede führt in ein besonderes Zimmer, das ich so bequem und behaglich habe herrichten lassen, wie es sich für so vornehme Prinzessinnen geziemt. In jedes dieser Gemächer muß sich dann eine von euch auf drei Tage zurückziehen und das Ei ausbrüten, und diejenige, in deren Ei sich dann der Zaubervogel findet, wird hier Königin. Während dieser drei Tage aber wird niemand zu euch gelassen werden und um euch sein als meine eigne alte Kammerfrau."

Die Prinzessinnen schienen vor Schrecken und Scham zu verstummen, nur die jüngste sagte mit Tränen in den Augen: „Ich weiß aber gar nicht, wie das gemacht wird! Gebrütet habe ich noch niemals, und wenn ich mich auf das Ei setzen soll, geht es gewiß entzwei und verdirbt mir mein neues blausamtenes Mäntelein."

„So soll es auch nicht sein“, sagte die Königin. „Jede von euch erhält ein feines, seidenes Gewebe, das schlingt ihr um den Hals, legt das Ei hinein und wärmt es am Busen. So wird es wohl gehen. Ich verlasse euch nun auf eine Weile, und wenn ich zurückkomme, erklärt ihr mir, ob ihr die Bedingung annehmen wollt oder nicht!“

Sobald die Königin den Saal verlassen hatte, sahen sich die Prinzessinnen mißmutig an.

„Das ist doch eine starke Zumutung“, sagte die Prinzessin Ockreutina. „Warum läßt sie nicht jemand kommen, der sich auf solche Sachen versteht, eine Bäuerin oder einen Koch, mindestens um die Eier auszubrüten?“

„Und warum kann man nicht wenigstens einen Kammerherrn mitnehmen, um in das fremde Haus zu gehen? Man weiß ja gar nicht, wie man solche Leute anreden muß“, sagte eine der anderen Prinzessinnen.

„Ich habe nicht übel Lust, den Wagen vorfahren zu lassen und nach Hause zurückzukehren“, sagte wieder die Prinzessin Ockreutina.

„Ich auch!“ sagten noch einige Stimmen.

„Geht nur!“ rief eine der Prinzessinnen, die ein lustiges Stupsnäschen hatte. „Desto besser für uns, die wir dableiben!“

„Ich weiß, was ich tue“, sagte die Prinzessin Rosetta, „ich gebe der Kammerfrau etwas, daß sie mein Ei für mich trägt. Es kommt doch nur darauf an, daß das Ei gebrütet wird; wer es tut, kann der Königin einerlei sein.“

„O bitte, meine Gute, so geht das nicht!“ sagte die Prinzessin Ockreutina. „Was dem einen recht ist, ist dem anderen billig. Neun Eier auf einmal kann die Kammerfrau nicht am Busen tragen, und wenn wir unsere Eier selbst brüten, wird dir wohl auch keine Perle aus dem Krönchen fallen.“

So sprachen die Prinzessinnen hin und her, aber jeder stand doch heimlich der schöne, junge König vor Augen und das prachtvolle Schloß und der Wundervogel, den sie doch alle gern gehabt hätten, und als die Königin zurückkam, erklärten sich die Prinzessinnen sämtlich zur Probe bereit.

Nachdem sie sich zu dem wichtigen Werke mit Wein und Früchten und anderen guten Dingen gestärkt hatten, wurden sie auf den Marktplatz geführt, das Gefolge begab sich in das Schloß zurück, und die Prinzessinnen blieben allein. Etwas betreten und ängstlich standen sie dicht beieinander und überlegten bei sich, in welches Haus sie gehen wollten.

„Ach was,“ rief die Prinzessin Ockreutina, „was kann da sein! Ich sage gleich, wer ich bin und werde das Ei schon bekommen!“ Damit schritt sie auf das nächste Haus zu, ging durch den Flur und öffnete ein Zimmer. Dort saßen drei alte Damen; eine häkelte an einem wollenen Rock, eine strickte an einem dicken Strumpf, die dritte hatte eine runde Brille auf ihrer langen Nase und setzte einen blauen Flick auf eine grüne Hose. Sie sahen sehr erstaunt in die Höhe, als plötzlich die Tür aufgerissen wurde, ein hochgewachsenes, kostbar gekleidetes Fräulein hereintrat und gebieterisch sagte:

„Ich bin die Prinzessin Ockreutina und bitte um ein Ei!“

„Um was?“ fragten die drei Alten, die ihren Ohren nicht trauten.

„Ich bitte um ein Ei“, sagte die Prinzessin laut und bestimmt.

„Was will sie?“ fragte die Alte mit dem Flicken, die schlecht hörte.

„Ein Ei!“ wiederholte die eine und fügte leise noch etwas hinzu.

„Nicht bei Sinnen?!“ rief die taube Alte erschrocken. „Geschwind, gebt ihr, was sie will!“ Und eine der beiden anderen stand auf, öffnete einen Wandschrank, nahm ein Ei heraus und gab es der Prinzessin, die vergnügt damit fortging. Nicht zwei Minuten waren verflossen, seit sie das Haus betreten hatte und triumphierend mit dem Ei zurückkam.

„Sehr ihr?!“ rief sie. „Man braucht nur zu sagen, wer man ist und was man will! Weiter ist nichts nötig. Das Betteln ist wirklich kinderleicht!“

Das machte nun auch den Übrigen Mut. Eine nach der anderen wählte ein Haus, ging hinein und kam, die eine in kürzerer, die andere in längerer Zeit mit heißen Backen und verlegenem Gesicht, aber doch immer mit einem Ei zurück. Nur der vorletzten Prinzessin wollte es nicht glücken. Hochrot kam sie aus dem Hause, in das sie zuerst gegangen war, mit leerer Hand wieder; auch im zweiten erging es ihr nicht besser. Beim dritten Versuch hatte sie allerdings das Ei, aber sie weinte bitterlich.

„Niemals bettle ich wieder,“ schluchzte sie, „niemals! Und wenn ich nach Hause komme, bitte ich meine Mutter, daß jeder Bettelmann, der auf das Schloß kommt, gleich alles bekommt, was er haben will. Ach, es ist schrecklich, betteln zu müssen, ganz schrecklich!“

Hierüber bekam die kleinste Prinzessin einen solchen Schreck, daß sie nicht gehen mochte, bis ihr die anderen sagten: „Wir haben es alle getan, und du mußt es jetzt auch!"

Da ging sie zwar, aber wenn sie an einer Tür stand, entfiel ihr der Mut, und sie sah ein anderes Haus, von dem sie meinte, daß dort vielleicht noch freundlichere Leute wohnen möchten, und ging darauf zu.

So war sie die ganze Straße hinuntergegangen, bis an eine Ecke. Da sah sie ein kleines, ärmliches Häuschen, das ganz abseits in einem kleinen Grasgarten lag. Und in dem Gärtchen stand ein schönes Mädchen und band eben eine weiße Ziege an den Zaun. Das Mädchen war wunderlieblich von Gesicht und Art, und das Haar glänzte ihm wie gesponnenes Gold, denn es war niemand anders als das Goldchen, das der junge König im Herzen trug. Die kleine Prinzessin in ihrer Angst achtete jedoch nicht darauf, sondern schritt auf das Häuschen zu, denn sie dachte: „Die Leute, die dort wohnen, sind gewiß arm und betteln zuweilen selbst; die werden mir gern ein Ei geben."

Sie klopfte an, und eine so rauhe Stimme rief: „Herein!", daß die kleine Prinzessin zusammenfuhr und nur langsam wagte, die Tür zu öffnen. Da saß eine Familie um den Tisch, Vater, Mutter und Kinder, jedes mit einem Stück Schwarzbrot, und alle löffelten aus einer großen Schüssel saure Milch. Sie hielten erstaunt inne, als die kleine Prinzessin erschien, und das Goldchen sah zum Fenster hinein, denn es wollte auch hören, was die feine Fremde bei ihnen wolle.

„Guten Tag liebe Leute," sagte die Prinzessin schüchtern, „wollt ihr wohl so gut sein und mir ein Ei geben?"

„Was?" fragten der Mann und die Frau aus einem Munde.

„Ach bitte, ich möchte ein Ei", sagte die kleine Prinzessin ängstlich.

„Bekommt Ihr denn im Schlosse nicht genug, daß Ihr noch auswärts nach Essen suchen müßt?" fragte der Mann.

„O ja, aber ich muß ein Ei haben", sagte die Prinzessin.

„Sie hat vielleicht Hunger", sagte das Goldchen vom Fenster her.

„So gib ihr ein Stück Brot, Mutter", sagte der Mann.

„Ich bin nicht hungrig, ich möchte nur ein Ei", sagte die kleine Prinzessin.

„Ich verkaufe jetzt keine Eier“, sagte die Frau. „Wenn Gäste im Schloß sind, trage ich sie alle in die Hofküche zum Herrn Unterküchenmeister.“

„Ich will auch kein Ei kaufen, ich will es nur geschenkt“, sagte die Prinzessin.

„Da schlag doch Gott den Düwel tot!“ fuhr der Mann auf. „Kommt das Frätzchen hier herein, hinten und vorn ganz bestickt mit Klunkern und Flunkern und hängt überall voll Gold und Perlen und Karfunkeln, und wie all der Firlefanz heißt, und verlangt von unsereinem, der kaum das liebe Leben hat, noch Eier!“

„Nur ein einziges! Ach bitte, gebt mir's doch!“ sagte die Prinzessin, und zwei große Tränen rollten ihr über das Gesicht. Sie sah das Zeichen nicht, das ihr das Goldchen machte, indem es vom Fenster verschwand, denn auf Winke zu achten, hatte die kleine Prinzessin nicht gelernt. Der Mann war indessen nicht so böse, wie er schien, und als er die Prinzessin weinen sah, sagte er zu seiner Frau: „Meinetwegen gib ihr eins, und dann mag sie sich trollen.“

Die Frau suchte aus einem Korbe, der hinter ihr an der Wand hing, ein Ei heraus und reichte es der Prinzessin, die glückselig lächelte.

„Ich danke euch auch vielmals“, sagte sie und eilte so schnell die Straße wieder hinauf, daß sie bei den übrigen Prinzessinnen ankam, ehe das Goldchen sie einholen konnte, das mit einem Ei in der Hand hinter ihr hergelaufen war.

„Hier,“ sagte es, noch ganz außer Atem, „hier ist ein Ei! Die Nachbarin wollte mir's durchaus nicht geben, denn es ist das erste von ihrem weißen Huhn – darum ist es so klein – aber ich bat so lange, bis sie mir's ließ.“

„Ich danke, ich habe schon eins“, sagte die kleine Prinzessin.

„So, die Eier hätten wir nun,“ sagte eine der anderen, „aber wie bringen wir sie ins Schloß? Das ist die Frage.“

„Vielleicht können wir sie selbst tragen,“ meinte die Prinzessin mit dem Stupsnäschen, „schwer sind sie ja nicht.“

„Wir haben sie erbettelt, und brüten müssen wir sie auch noch; daß wir sie obendrein selbst tragen sollen, kann niemand von uns verlangen“, sagte die Prinzessin Ockreutina.

„Ich könnte sie vielleicht in meine Schürze nehmen“, sagte das Goldchen schüchtern.

„Ja, das geht", meinten einige der Prinzessinnen. „Nein, das geht nicht", sagte die Prinzessin Ockreutina. „Wie sollen wir denn die Eier brüten, wenn sie das Bauernmädchen vorher in der Schürze gehabt hat?"

„Das schadet nichts. Sie müssen doch alle vorher warm abgeseift und mit wohlriechendem Wasser begossen werden", sagte die Prinzessin Rosetta.

Daraufhin legten sie alle ihre Eier behutsam in die Schürze, die das Goldchen aufhielt, und gingen dem Schlosse zu, wo schon lange neun Hofdamen und neun Kammerherren unten an der Treppe standen, um sie in den Spiegelsaal zurück zu geleiten.

„Nun, liebe Kinder, habt ihr die Eier?" fragte die Königin.

„Jawohl, Majestät", antworteten die Prinzessinnen, und jede nahm ein Ei aus der Schürze.

„Hier ist noch eins", sagte das Goldchen, indem es das kleine Ei, das zurückgeblieben

war, in die Höhe hielt.

„Wie kommt denn das Goldchen hierher?" fragte die Königin, denn sie kannte natürlich auch das schönste Mädchen in ihrem Reich, wenn auch nur vom Ansehen. Die Prinzessinnen erklärten, wie es gekommen wäre, und die Königin sagte nach einigem Nachdenken: „Wir dürfen von dem, was die Fee bestimmt hat, nicht abgehen. Jedes junge Mädchen, das mir heute ein Ei bringt, soll es hier drei Tage lang brüten. Folglich bleibt auch das Goldchen hier, wohnt in dem zehnten Gemach und brütet mit euch."

Das Goldchen wurde vor Freude rot, als es begriff, daß es im Schlosse bleiben dürfe; es bemerkte die unfreundlichen Blicke nicht, die die Prinzessinnen ihm zuwarfen, und da es glaubte, es solle ihnen beim Brüten behilflich sein, so sagte es ganz zutraulich:

„Das ist nicht schwer. Als der Iltis uns die Glucke und die Küchelchen totgebissen hatte, habe ich das letzte Ei, das im Nest zurückblieb, in meinem Halstuch getragen, und es kam ganz gut aus."

Also blieb das Goldchen mit den Prinzessinnen im Schloß.

Da nun die drei Tage um waren, wurde der Thronsaal herrlich hergerichtet; der ganze Hofstaat versammelte sich, die Königin nahm auf dem Throne Platz, und der junge König stellte sich ihr zur Rechten. Die Prinzessinnen traten in feierlichem Zuge herein und verneigten sich tief vor der Königin, die ihnen einige Worte des Dankes sagte. „Und nun“, schloß sie, „wollen wir die Eier prüfen. Prinzessin Ockreutina, wollt Ihr den Anfang machen?“

In dem weiten Saal wurde es so still, daß man eine Nadel hätte fallen hören, als die Prinzessin langsam ihr Ei aufbrach, und alle sahen etwas zwischen ihren Fingern glänzen. Ungeduldig warf sie die Schalen zu Boden, und zum Vorschein kam – eine kleine Pfauenfeder, ganz aus Edelsteinen, wunderfein und funkelnd, aber der goldene Vogel war es nicht. Die Prinzessin Rosetta zog eine kostbare Rose aus ihrem Ei, mit Staubfäden aus Diamanten und kleinen, spitzen Dornen aus Rubin; so fand jede Prinzessin ein Schmuckstück, das Bezug auf sie hatte, der Vogel aber war keiner zuteil geworden. Zuletzt öffnete die kleinste Prinzessin ihr Ei und stieß einen Ruf des Entzückens aus, und es entstand eine große Bewegung im Saal; alles drängte vorwärts, denn man dachte nicht anders, als sie habe den Wundervogel in Händen. Es war aber nur ein kleiner, glänzender Schmetterling, der ganz natürlich auf dem Händchen der Prinzessin seine Flügel und Fühler bewegte, und der junge König, der schon ganz blaß geworden war, schöpfte wieder Atem.

So blieb nur noch das eine Ei übrig, das das Goldchen in der Hand hielt, und plötzlich hörte man ein sanftes Piepen, und aus dem aufbrechenden Ei erhob sich ein Vögelchen und flog dem Goldchen auf die Schulter. Es war schneeweiß und schillerte bei jeder Bewegung in den zartesten Farben. Schnäbelchen und Füßchen waren rosenrot, ebenso ein Schöpfchen, das es wie eine kleine Krone auf dem Köpfchen trug, und die Augen glänzten ihm wie schwarze Diamanten. Es zog langsam und unsicher einige leise Töne, als traue es sich noch nicht, sein Stimmchen frei erschallen zu lassen.

Und das Goldchen stand da, wie mit Blut übergossen, zitternd vor Glück und Freude, und wagte nicht, die Augen aufzuschlagen.

Der junge König aber trat mit leuchtenden Augen auf das Goldchen zu und faßte seine Hand.

„Gesegnet sei die weise Waldfrau, die mir ins Herz gesehen hat!“ rief er mit froher Stimme.

„Dich habe ich geliebt, seit wir als Kinder im Wald miteinander spielten! Jahr um Jahr bin ich an eurem Häuschen vorüber geritten, um nur dich zu sehen und zu grüßen! Ja, Dank sei der gütigen Fee, die mir so wunderbar das Glück meines Lebens beschert hat!“

Und die alte Königin umarmte das Goldchen als ihre liebe Tochter, und die kleine Prinzessin kam und küßte es. Da wünschten ihr auch die übrigen Prinzessinnen Glück, obwohl sie etwas sauersüß dabei aussahen, und der ganze Saal erscholl von Jubel und Hochrufen. Dann führte die Königin das Goldchen in ihr Gemach, damit ihm die königlichen Kleider angelegt würden, und der junge König hieß ihre Eltern und Geschwister herbeiholen.

Darauf wandte er sich an die Prinzessinnen und bat sie, die Hochzeit als Brautjungfern zu verschönen. Sie nahmen es gern an, denn sie konnten kaum erwarten, sich mit ihrem neuen Kleinod zu schmücken. Nur die hochmütige Ockreutina wandte sich ab, ohne ein Wort zu sagen, winkte ihrem Gefolge und schritt mit erhobenen Haupte aus dem Saal und die große Freitreppe hinunter, stieg in ihren goldenen Wagen und jagte, so schnell die sechs Rappen nur laufen konnten, durch das Stadttor und zum Reiche hinaus, während hinter ihr alle Glocken läuteten und die Kanonen donnerten und die Fahnen aufgezogen und Blumen gestreut wurden, und alles Volk lief und jauchzte, denn die Hochzeit wurde sogleich mit großer Pracht und Herrlichkeit gefeiert.

Krauskopf und Blondhärchen

Von

Therese Rösing

Wo der Wald licht wird und im Frühling die wilden Rosen blühen, steht ein kleines Haus. Auf dem Dache wächst Moos, durch die Fenster scheint die Sonne hinein, und drinnen wohnte Großmütterchen mit Blondhärchen. Den ganzen Tag lief tripp trapp die Kleine singend umher, bis in dem Häuschen alles so blitzblank war, wie Großmütterchen es gern hatte, und abends trug sie ihr Spinnrad herbei und spann den langen blonden Faden, der fast so blond war wie ihr eigenes Haar. Und wenn sie fleißig das Rädchen drehte und das Fädchen netzte, dann erzählte ihr Großmütterchen, die eine kluge Frau war und viel erlebt hatte, von der weiten Welt da draußen, die so groß und so schlimm sei. Aber der Pate, der ganz allein mitten im dunklen Wald wohnte, der sei gut, und wenn sie sich einmal keines Rates mehr wüßte, solle sie zu dem gehen, der würde ihr schon beistehen.

Blondhärchen blickte mit ihren großen, blauen Augen von der Schwelle ihres Häuschens in die Welt hinaus und fand sie sehr schön so weit sie nur sehen konnte, wunderte sich über Großmütterchens Worte und sang mit ihrer süßen Stimme ein Lied, das hatte sie von der Nachtigall gelernt. Und freute sich schon darauf, wenn sie wieder ein Körbchen mit blondem Flachsgarn ins Dorf bringen könne, zum Weber. Der behielt einen Teil für sich und von dem anderen Teil webte er Linnen und Gewand für sie und Großmütterchen. Dann lief Blondhärchen mit eiligen Schritten tripp trapp singend den Hügel hinab, und der Bach sprang als munterer Weggeselle nebenher, und den Hügel drüben herunter pflügte wohl gerade Krauskopf, des Nachbars Sohn, mit seinem Gespann Ochsen. Und wenn sich die beiden Kinder unten trafen, rief er seinen Ochsen „Hü!" zu. Dann wußten sie, so dumm sie auch aussahen, daß sie nun gute Weile hätten und fingen an, das saftige Gras am Wegrain abzuzupfen.

Krauskopf aber gab Blondhärchen die Hand und schaute ihr in die Augen. Und sie lächelte ihm zu, das hatte sie von der lieben Sonne gelernt, und wußte ihm viel zu erzählen. Sagte sie endlich: „Ich muß eilends ins Dorf, damit Großmütterchen nicht so lange allein ist", so wußten die Ochsen, daß es mit der angenehmen Rast ein Ende habe, schüttelten die dicken Köpfe und brummten „Muh!" und Krauskopf rief: „Hott!" und pflügte mit ihnen wieder hügelan.

So verging die Zeit. Die beiden Kinder wurden immer größer und stärker, Großmütterchen wurde immer kleiner und schwächer, und zuletzt kam sie zu sterben.

Als das arme Blondhärchen da gar so herzbrechend schluchzte, schlug Großmütterchen noch einmal die Augen auf, tröstete es mit schwacher Stimme und sprach: „Du bist immer ein gutes Kind gewesen, liebes Blondhärchen, und darum wird es dir auch im Leben gut gehen. Ich habe mir gedacht, du solltest des Nachbarn Sohn Krauskopf heiraten, und wenn du einmal nicht aus noch ein weißt, dann gehe zu deinem Paten im dunklen Walde, der wird dir beistehen." Dann schloß sie die Augen, tat noch einen Seufzer und war tot.

Das arme Blondhärchen weinte bitterlich, grub mit Krauskopf ein Grab unter dem Rosenbusch, wo im Frühling die Nachtigall sang, legte Großmütterchen hinein und begoß es mit ihren Tränen. Krauskopf aber sagte:

„Sei getrost, Blondhärchen, ich bin ja bei dir. Großmütterchen hat dich lieb gehabt, aber ich habe dich noch tausendmal lieber."

Blondhärchen nickte und sprach wohlgemut: „Großmütterchen hat noch im Sterben gesagt, wir beide sollten uns heiraten.“

Da zog Krauskopf ein langes Gesicht und meinte: „Mit der Zeit pflückt man Rosen. Wir sind beide noch so jung und ganz arm. Wir müssen warten und Geld verdienen. Es gibt so viel Gold in der Welt, ein wenig davon könnte uns glücklich machen.“

Da wollten Blondhärchen vor Schreck schon wieder die Tränen in die Augen steigen, aber sie schluckte sie hinunter, blickte auf das Ährenfeld, das in der Sonne wie eitel Gold glänzte, und sagte: „Sieh doch nur hin, Krauskopf! Gold, soweit du sehen kannst. Und mein Flachsfaden glänzt auch fast wie Gold.“

Er lachte und schüttelte den Kopf: „Solches Gold meine ich nicht. Aber schon recht. Spinne du nur fleißig weiter an deinem Rädchen, und wenn du dein ganzes Häuschen mit Goldgespinst angefüllt hast, dann komme ich wieder, alle Taschen voll Gold.“ –

„Laß mich mit dir gehen“, bat Blondhärchen. „Ich will auch ebenso große Schritte machen wie du.“

Er aber sprang davon, schnitt sich unten am Bach noch einen derben Stecken ab und lief in die weite Welt hinaus.

Blondhärchen schaute ihm trübselig nach, aber sie war ein tapferes Mädchen und dachte, sie wollte nur gleich mit dem Spinnen anfangen, dann wäre die Wartezeit am ehesten zu Ende, trug ihr Rädchen unter den Rosenbusch an Großmütterchens Grab und drehte es fleißig. Und als es Winter wurde, trug sie es in ihr Stübchen, kaufte sich ein Lämpchen und spann bei dessen Schein die halben Nächte hindurch.

Als der Frühling wieder kam und die Rosen blühten, sang sie mit der Nachtigall um die Wette und lächelte vor sich hin; denn ihr Herz war leicht geworden bei der Arbeit, und in ihrem Kämmerchen lag das Goldgespinst bis unter die Decke. Rüstig spann sie weiter, jeden Tag und allezeit, Sommer und Winter, und als der Frühling abermals ins Land kam mit Nachtigall und Rosen, lag auch in der Küche das Goldgespinst bis unter die Decke. Nur der Herd war frei, wo Blondhärchen ihr Mittagessen kochte, und ihr Bettchen am Herde, wo sie schlief.

Da setzte sie sich auf Großmütterchens Grab, faltete die Hände im Schoß und wartete auf Krauskopf, denn sie dachte, jetzt müsse er heimkommen. Ihr ganzes Häuschen war ja mit Goldgespinst angefüllt, wie er ihr geheißen hatte.

Die Nachtigall sang, baute sich ihr Nest und hörte dann auf zu singen, alldieweil sie ihre Jungen füttern mußte, die furchtbar hungrig waren, immer die Schnäbel aufsperrten und nach mehr schrien. Die Rosen dufteten Tag und Nacht, Blondhärchen saß auf Großmütterchens Grab und wartete.

Die Tage wurden länger und heißer, den jungen Nachtigallen wuchsen die Federn, das Nest wurde ihnen zu eng und sie flogen davon in die weite Welt. Blondhärchen schaute ihnen nach, saß auf Großmütterchens Grab und wartete …

Die Blätter an den Bäumen färbten sich gelb und rot, der Herbstwind riß sie herab und trieb sein Spiel mit ihnen, die letzten Rosen verblühten und Blondhärchen saß auf Großmütterchens Grab und wartete …

Aber als der Winter mit klirrendem Schritt und grimmigem Frost im Eispanzer daherkam, dachte Blondhärchen: Jetzt dauert mir die Geschichte zu lange. Ewig kann ich doch nicht hier sitzen und auf Krauskopf warten! Ich würde ein Eiszapfen werden und das hätte keinen Zweck. Es ist besser, ich gehe zum Paten im dunklen Wald. Der wird mir beistehen, wie Großmütterchen verhieß.

Sie nahm ihr Lämpchen in die Hand, um sich im dunklen Wald zu leuchten, wenn es Abend würde, und schürzte ihr Kleid. Da murmelte der Bach, der in der Winterkälte faul und schläfrig geworden war: „Mitten im Wald, mitten im Wald, wo meine Wiege steht, da wohnt der Pate.

Sie nickte ihm zu: „Schönen Dank liebes Bächlein“, und sprang davon, immer unter den Erlen und Weiden an seinem Ufer entlang.

Häschen, das sie springen sah, wunderte sich, machte ein Männchen und spitzte die Ohren, da war sie aber schon weit weg. Als sie durch die Schlehdornbüsche des Waldes schlüpfen wollte, hielten sie sie mit dornigen Fingern fest und knarrten:

„Wohin so geschwind
Du eiliges Kind?“

Sie bog ihnen vorsichtig die Zweige bei Seite und antwortete:

„Ich hab' keine Zeit,
Mein Weg ist noch weit!“

Der Rabe oben auf dem höchsten Baume war vor Alter schon ganz heiser geworden, drehte den Kopf, blinzelte mit einem Auge zu ihr hinüber und krächzte:

„Krah, Krah!
Wer rennt denn da?“ –

Sie hielt sich nicht auf, nickte dem Alten im Weiterlaufen nur einen Gruß zu und rief ihm hinauf:

„Immer schnelle,
Du schwarzer Geselle!“

Wo der Wald dunkel wird, steht ein alter Turm. Darin wohnte zu jener Zeit ein Uhu. Er hockte vor seiner Haustür, sträubte die Federn, rollte die gelben Augen und fauchte:

„Uhu, Uhu,
Was willst du?“

Sie blieb einen Augenblick bei ihm stehen, schöpfte nach dem schnellen Lauf Atem und antwortete:

„Zum Paten, zum Paten,
Der wird mir raten.“

Da ärgerte sich der Uhu, weil er bei Nacht sehen konnte, glaubte er, daß er allein klug sei, fauchte noch einmal, ging in sein Haus und schlug die Haustür hinter sich zu. Blondhärchen lief eilends weiter, immer am Bach entlang, und auf einmal sah sie einen hellen Schein. Der kam aus der Studierstube des Paten. Und dicht dabei stand die Wiege des Baches.

Der Pate war ein alter Mann mit einem langen, weißen Bart, einer großen, krummen Nase und einer Brille darauf. Aber durch die Gläser schaute er Blondhärchen freundlich an.

Sie gab ihm die Hand, machte einen Knicks und lächelte ihm freundlich zu. Da schlug er das große Buch zu, darin er gerade gelesen hatte und fragte: „Wen haben wir denn hier?“

Antwortete sie: „Ich bin Euer Patenkind Blondhärchen. Großmütterchen hat gesagt, Ihr würdet mir beistehen. Sie ließe schön grüßen und wäre bereits tot."

Da nickte er mit dem Kopfe, brummte allerlei in den Bart, was sie nicht verstand und fragte sie, warum sie zu ihm in den dunklen Wald gekommen wäre, und worin er ihr beistehen könne.

„Ich habe sehr lange auf Krauskopf gewartet", antwortete sie. „Wir wollen uns heiraten."

Fragte der Pate: „Wo ist den Krauskopf?" Antwortete sie behende: „Ei, wenn ich das wüßte, dann wäre ich nicht den weiten Weg zu Euch in den dunklen Wald gelaufen, sondern lieber zu ihm hin."

„So müssen wir einmal Umschau halten, ob wir ihn finden", meinte der Pate, nahm sie bei der Hand und stieg mit ihr den Turm hinauf, wo der Uhu wohnte. Der tat, als ob er schliefe, weil er sich über den Besuch ärgerte und keine Aufregung liebte.

Oben hielt der Pate Umschau: er schaute nach rechts und schüttelte den Kopf, er schaute nach links und schüttelte den Kopf, er schaute geradeaus und schüttelte den Kopf, drehte sich nach der vierten Seite, schaute auch dorthin und schüttelte abermals den Kopf, denn von Krauskopf war keine Spur zu entdecken. Und Blondhärchen machte es wie er, schaute nach allen vier Seiten aus und schüttelte viermal den Kopf, denn auch sie konnte keine Spur von Krauskopf entdecken.

Sprach da der Pate: „Liebes Kind, soweit die Sonne scheint, ist keine Spur von Krauskopf zu entdecken. Aber vielleicht ist er drüben auf der anderen Seite, wo es jetzt dunkel ist. Da scheinen sie die Straßenlaternen noch nicht angezündet zu haben. Reiche mir dein Lämpchen her, damit ich einmal hinüberleuchte."

Das tat Blondhärchen. Der Pate befestigte das Lämpchen an einen langen Stab und siehe: es warf einen hellen Schein in die weite Welt hinaus, über drei Berge und über drei Meere, gerade in ein Zimmer auf der anderen Seite der Erde hinein.

„Schau einmal hin, Blondhärchen", sagte der Pate. „Über drei Berge und über drei Meere. Meine Augen sind alt und trübe, deine sind jung und hell. Ist das Krauskopf, der dort sitzt, Schreibfeder in Händen?"

Blondhärchen schaute hin über drei Berge und über drei Meere und antwortete: „Ich weiß es nicht ganz gewiß. Der da sitzt, Schreibfeder in Händen, sieht aus wie Krauskopf und doch auch wieder nicht. Wenn ich nur seine Stimme hören könnte!"

„Wir wollen ihm Botschaft senden, damit er uns antworte", sagte der Pate. „Aber dazu brauche ich einen langen, langen Faden. Eile nach deinem Häuschen, liebes Blondhärchen, wickle dein Goldgespinst zu einem großen Knäuel zusammen, packe das auf einen Schlitten und bringe es her."

Blondhärchen ließ sich das nicht zweimal sagen, lief eilends davon, vorbei an dem Uhu hinter seiner Haustür und vorbei an dem Raben, der ein Auge zugemacht hatte, schlüpfte durch die Schlehdornbüsche, die sie diesmal gern durchließen, erschreckte durch ihren schnellen Lauf Häschen beim Kohl im Bauerngarten und holte einen Schlitten herbei. Dahinauf packte sie ein großes Knäuel von ihrem Goldgespinst, band es fest, damit es bei der eiligen Fahrt nicht herunterfalle, und machte sich wieder auf den Weg zum Paten im dunklen Wald, immer am Bächlein entlang.

Häschen war auf und davon, die Schlehdornbüsche knarrten verdrießlich, als sie mit ihrer Last vorbeikam, der Rabe hatte auch sein zweites Auge zugemacht, schlief aber nicht, sondern dachte nach, und der Uhu war aus dem alten Turm ausgezogen. Es war ihm dort zu unruhig geworden, und das konnten seine Nerven nicht vertragen.

Der Pate stand noch auf dem Turm und wartete auf sie, nahm das große Knäuel in die Hand und warf es in die weite Welt hinaus. Es flog über drei Berge und über drei Meere gerade in das Zimmer, dahinein auch das Lämpchen leuchtete.

„Nun sprich zu dem Manne", gebot der Pate, und Blondhärchen rief: „Bist du es Krauskopf, der dort sitzt, Schreibfeder in Händen, dann antworte mir, ich bin Blondhärchen."

Ihre Worte liefen an dem langen, langen Faden entlang, dessen eines Ende der Pate noch in der Hand hielt, über drei Berge und über drei Meere bis hin zu dem Manne, Schreibfeder in Händen. Er blickte auf und murmelte: „Zweieinhalb und dreieinhalb sind" ... „Es ist Krauskopf!" rief Blondhärchen. „Aber ich verstehe nicht, was er sagt. So sprach er früher niemals."

Der Pate schüttelte den Kopf und sagte traurig. „Ich verstehe seine Worte, denn ich kenne die Welt. Er liegt in einem bösen Zauber, und nur du allein kannst ihn retten."

Dazu war Blondhärchen gleich bereit und wollte alsbald die Reise antreten, aber der gute Pate hielt sie zurück: „Warte, daß ich dir ein Wägelchen baue, sonst kommst du nimmer an das Ende der Welt. In meinem großen Buche steht ein Rezept dazu."

Er suchte lange in dem großen Buche, schlug immer eine Seite nach der anderen um, und endlich fand er das Rezept. Las es einmal und zweimal, denn es war sehr schwer zu verstehen und baute danach für Blondhärchen ein Wägelchen. Dieses lief wie der Wind, sagte „Töff Töff" und stank fürchterlich, das konnte der gute Pate nicht heilen und Blondhärchen machte sich nichts daraus. „Nun fahre wohl, liebes Kind", sagte der Pate. Über die drei Berge wird dich das Wägelchen wohl bringen, dann mußt du sehen, wie du über die drei Meere kommst und halte dich recht fest und laß dein Lämpchen einen hellen Schein vor dir her werfen."

Die letzten Worte hörte Blondhärchen schon nicht mehr, denn das Wägelchen fing an zu rennen, den Faden entlang, über Stock und Stein, so schnell wie der Wind und noch schneller. Hopp! über den ersten Berg, – hast du nicht gesehen! über den zweiten Berg – daß die Funken stoben! über den dritten Berg, und da stand es am Meere.

Alle Leute, die es rennen sahen, schrien laut auf vor Schreck und schlugen die Hände über dem Kopf zusammen und wunderten sich über Blondhärchens Locken, die wie eine Fahne hinter ihr herwehten. Als sie dann bat: „Ihr lieben Leute helft mir doch über das Meer. Ich suche ja Krauskopf. Und bewahrt mir dieweil mein Wägelchen auf, bis ich des Weges wieder zurückkomme." Da riefen sie: „Wir wollen mit dem Untier nichts zu schaffen haben, das bringt uns alle zu Tode."

Als sie aber so inständig weiter bat, sagten die Leute endlich: „Wohlan, wenn du das Untier selbst in einen Stall sperren willst, so mag es sein. Aber was gibst du uns, daß wir dich auch noch über das Meer fahren? Wir sind arm, und umsonst ist der Tod."

„Ach, wie schlimm ist doch die Welt und wie sehr hat Großmütterchen recht gehabt", dachte da Blondhärchen, und laut sagte sie: „Liebe Leute, ich bin ein armes Kind und habe nichts, womit ich euch bezahlen könnte."

„Gib uns deine blonden Locken!" riefen sie da. „Es sah gar lustig aus, als sie im Winde so hinter dir herflogen."

„Nehmt sie hin“, sagte Blondhärchen, schnitt sich, eins, zwei, drei, mit einer Schere die schönen blonden Locken ab, band sich ihr Halstüchelchen um den kahlen Kopf, und die Leute führten sie in einem Schifflein über das erste Meer.

Drüben wanderte sie wohlgemut weiter, immer an dem Faden entlang, und ehe sie sich's versah, stand sie am zweiten Meere. Mit freundlichem Wort und Lächeln bat sie die Schiffer, die dort wohnten, sie an das andere Ufer zu fahren, sintemal sie Krauskopf suche. „Es ist unser Handwerk, die Leute hinüber zu fahren“, antworteten die Schiffer. „Aber was gibst du uns dafür?“

Da starb ihr das Lächeln auf den Lippen, und sie sagte ängstlich: „Ich armes Kind habe ja nichts euch zu geben.“

„Gib uns dein sonniges Lächeln!“ riefen die Schiffer. „Hier bei uns ist es rauh und nebelig, und die liebe Sonne scheint nicht oft, da soll uns dein Lächeln die Welt hell und sonnig machen.“

„Ich werde es doch nie wieder brauchen“, seufzte Blondhärchen. „Worüber soll ich denn lächeln? Die Welt ist ja so schlimm. Aber dafür müßt ihr drüben auf mich warten, bis ich wieder zurückkomme.“ Und sie ließ ihnen ihr sonniges Lächeln, und die Schiffer brachten sie hinüber. Und weil ihr anfing bange zu werden und sie sich gar so einsam fühlte, begann sie leise vor sich hin zu singen. Das machte ihr Mut, und sie sang lauter und lauter: Und es war das Lied, das sie von der Nachtigall im Rosenbusch gelernt hatte.

Auf einmal stand sie am dritten Meere, und als die Frauen, die dort ihre Wäsche wuschen, hörten, warum sie in die weite Welt zöge, weinten sie und waren gleich bereit, ihr zu helfen. „Bezahlung wollen wir dafür nicht,“ sagten sie, „denn wir tun es gern. Aber du könntest uns wohl etwas schenken. Unsere Männer müssen weit über Land ziehen, um Arbeit zu finden, da würde es ihnen solch ein Trost sein, zuweilen von uns und den Kindern zu hören. Unsere Stimmen reichen nicht bis zu ihnen, doch deine ist stark und jung, die werden sie vernehmen. Schenke uns deine Stimme.“

Das arme Blondhärchen wurde sehr betrübt, denn Krauskopf liebte ihre Stimme, und sie hatte sich gedacht, ihm den Heimweg durch ihre Lieder zu verkürzen. Aber es half nichts, über das Wasser mußte sie hinüber. So ließ sie ihre Stimme den Frauen. Die brachten sie an das andere Ufer und versprachen, dort auf sie zu warten.

Drüben geriet sie bald in eine große Stadt mit vielen hohen Häusern, Türmen und Schornsteinen, und viele, viele Menschen liefen, so schnell sie konnten an ihr vorüber, und kein einziger hatte Zeit, sie auch nur anzugucken oder gar ihr Guten Tag zu sagen

und sie zu fragen was sie wolle. Da fühlte sie sich verlassener als im dunklen Wald bei dem Raben und dem Uhu, und wenn nicht der Faden gewesen wäre, hätte sie nicht gewußt, wo aus und ein. Aber der führte sie vorbei an des Königs Schloß und durch breite Straßen und zuletzt durch enge Gassen, wo die Häuser hoch und dunkel sind. Und in das allerdunkelste Haus hinein leitete er sie, und wo er durch ein Schlüsselloch in das Zimmer schlüpfte, pochte sie an die Tür. Niemand rief herein, da wartete sie noch eine Weile und dann ging sie in das Zimmer hinein. Dort saß ein Mann am Tische, Schreibfeder in Händen, und murmelte: „Siebeneinhalb mal fünfunddreißig sind“ ...

Da erkannte sie Krauskopf, lief zu ihm hin, schlang die Arme um seinen Hals und sagte leise, denn laut konnte sie nicht sprechen, weil sie doch ihre Stimme verschenkt hatte:

„Endlich habe ich dich gefunden! Und nun wollen wir uns zusammen auf den Heimweg machen.“

Aber er sah sie an und kannte sie nicht.

Vor Schreck schlug Blondhärchen die Hände über dem Kopf zusammen und flüsterte: „Bin ich denn nicht Blondhärchen? Und hast du denn das Häuschen mit dem Rosenbusch und der Nachtigall, Großmütterchens Grab und deine Ochsen ganz vergessen?“

Da wunderte sich Krauskopf, daß er an das alles nie wieder gedacht hatte, und fragte: „Wenn du Blondhärchen bist, wo hast du denn deine schönen blonden Locken?“

„Ach du liebe Zeit,“ seufzte sie da, „die Leute am ersten Meere waren so habgierig. Ich mußte ihnen meine blonden Locken geben, damit sie mir das Wägelchen aufbewahren, das so schnell fährt wie der Wind.“

„Aber du siehst so traurig aus! Blondhärchen hatte solch ein sonniges Lächeln“, sagte er.

„Muß ich denn nicht traurig aussehen, wenn du mich nicht einmal kennst! Da brauche ich mein Lächeln überhaupt nicht“, antwortete sie. „Und da haben es die Schiffer vom zweiten Meere behalten, damit es ihnen Nacht und Nebel freundlich mache."

Sagte Krauskopf: „So singe mir mit deiner klaren Stimme das Lied von der Nachtigall im Rosenbusch, dann will ich dir glauben."

Antwortete Blondhärchen: „Meine klare Stimme gehört jetzt den Frauen vom dritten Meere, um ihren Männern Trost zu bringen." Da tauchte Krauskopf seine Schreibfeder in das allmächtige Tintenfaß, das vor ihm stand, und murmelte: „Zweiundachtzig von hundertunddrei sind ..."

Und Blondhärchen merkte, daß sein Herz zu hartem Golde geworden war und für nichts anderes Platz darin als für Zahlen, und begann zu weinen. Und die großen, heißen Tropfen fielen auf das goldene Herz und machten es ein ganz klein wenig weich. Und das war ein Glück, denn morgen würde es hart wie Stein geworden sein und durch nichts mehr zu erweichen gewesen.

Und auf einmal seufzte Krauskopf tief, ließ die Feder fallen, schaute Blondhärchen verwundert an und fragte: „Bist du es, Blondhärchen? Woher kommst du denn, und was willst du hier?"

Vor Freuden weinte Blondhärchen noch heißere Tränen, und die machten sein goldenes Herz wieder ein klein wenig weicher, und er fuhr sich mit der Hand über die Stirn, seufzte abermals und sagte: „Ich habe so lange nicht an dich gedacht. Wie ist es nur möglich, wir hatten uns doch in unserer Jugendzeit so lieb."

„Komm", sagte sie da. „Wir wollen nach Hause gehen, jetzt wird es erst gar über die Maßen schön werden."

Er aber schüttelte den Kopf: „Später, liebes Blondhärchen. Erst muß ich noch ein wenig rechnen. Das ist eine schwierige und wichtige Arbeit. Siebenundzwanzigmal fünfunddreißig sind" ...

Da machte Blondhärchen aber ein so betrübtes Gesicht und sah Krauskopf so flehend an, daß sich sein Herz umgedreht haben würde, wenn es nicht noch etwas golden gewesen wäre. Goldene Herzen können das nämlich nicht. Und er stand auf und sagte: „Gräme dich nicht so sehr, liebes Blondhärchen. Ich will mit dir zu Großmütterchens Grab unter dem Rosenbusch gehen und den ganzen Sommer bei dir bleiben. Wie sollen wir aber heimfinden?"

Antwortete Blondhärchen: „Der Faden wird uns heimleiten."

Da nahm Krauskopf aus der großen Truhe an der Wand viel gelbes Gold und steckte sich die Taschen voll. Das sah Blondhärchen nicht gern, denn sie fürchtete sich vor dem gelben Golde, und dann begann er, den Faden zu einem großen Knäuel aufzuwickeln, denn man soll nichts herum liegen lassen, weiß auch nie, wozu es noch nützlich sein kann.

Sie gingen die Treppe hinunter, durch die schmalen Gäßchen mit den hohen, dunklen Häusern und durch die breiten Straßen und vorbei an des Königs Schloß bis zum Meere. Dort warteten die Frauen auf sie und freuten sich, daß Blondhärchen Krauskopf gefunden hatte und mit sich heimführte, brachten sie über das Wasser und erzählten, daß ihre Männer bei der Arbeit so großen Trost durch Blondhärchens klare Stimme hätten.

Da kam Krauskopf ein guter Gedanke, denn er war sehr klug und sagte: „Seht, ihr Frauen, welch einen wunderbaren Faden wir hier haben. Daran ist Blondhärchens Stimme von dem Ende der Welt bis zu mir gelaufen. Nehmen eure Männer das eine Ende davon mit, so werden auch eure Stimmen sie überall erreichen und das würde sehr tröstlich für sie sein. Darum nehmt ihr den Faden und gebt uns dafür Blondhärchens Stimme zurück."

Das sahen die Frauen ein, nahmen den Faden, gaben Blondhärchens Stimme zurück und freuten sich über den Tausch. Blondhärchen aber rief: „O, du kluger Krauskopf!" und würde ihn dankbar angelächelt haben, wenn sie ihr Lächeln noch gehabt hätte. Dafür sang sie ihm das Lied, das sie von der Nachtigall im Rosenbusch gelernt hatte, und ihm wurde dabei sehnsüchtig und doch wohl zumute.

Am zweiten Meere standen die Schiffer noch bereit und sagten zu Blondhärchen: „Gut, daß du endlich kommst. Für dein bißchen Lächeln hätten wir wirklich nicht noch länger auf dich warten können."

Sprach Krauskopf, dem der Tausch soeben wohl behagt hatte, zu ihnen: „Liebe Schiffer, was wollt ihr überhaupt mit Blondhärchens Lächeln? Wie kann euch das wohl Nacht und Nebel erhellen? Seht dagegen, was wir hier mit uns führen. Es ist ein Lämpchen mit herrlichen Eigenschaften. Steckt ihr es auf einen hohen Stab, so wirft es seinen Schein weit hinaus und zeigt euch in Nacht und Nebel sicher den Weg durch die wilden Wasser nach Hause. Nehmt ihr das Lämpchen und gebt uns dafür Blondhärchens Lächeln. Mir däucht, ich schlage euch da einen Tausch vor, mit dem ihr wohl zufrieden sein könnt."

Das däuchte den Schiffern auch. Blondhärchen erhielt ihr Lächeln zurück und rief: „Nun bin ich wieder wie früher, nur mein Haar fehlt mir noch."

„Das werden wir auch noch kriegen!" sagte Krauskopf und war sehr stolz auf seine Klugheit.

Drüben am dritten Meer fuhren die Männer sie rauh an: „Kommt ihr endlich! Meint ihr etwa, wir hätten nichts Besseres zu tun, als Maulaffen feil zu halten und auf euch Landstreicher zu warten?"

Ängstlich sagte Blondhärchen: „Gab ich euch doch all meine Locken, auf daß ihr wartet."

„Ha!" riefen sie. „Armselige gelbe Locken! Es ist ein schlechter Lohn, den wir uns da ausbedungen haben."

Krauskopf spitzte die Ohren. „So gebt uns die gelben Locken zurück, und wir wollen euch mit etwas anderem bezahlen."

„Ihr seid Lumpengesindel und Spitzbubenvolk!" schrien die Männer erbost. „Und geht darauf aus, arme, ehrliche Menschen, die sich ihr täglich Brot kümmerlich verdienen müssen, ins Unglück zu stürzen. Schreckliches haben wir erlebt! Das Untier, das die Dirne uns hiergelassen hat, ist toll geworden und aus dem Stalle ausgebrochen. Wie rasend fuhr es umher, richtete großen Schaden an, rannte ehrbare Leute über den Haufen und füllte die Luft mit so höllischem Gestank, daß die Vögel betäubt zur Erde fielen. Mit Mühe und Not haben endlich die Mutigsten von uns das Untier totgeschlagen."

Da rang Blondhärchen vor großem Schrecken die Hände, und Krauskopf bedachte, was sie alles um seinetwillen ausgestanden hatte, ließ das Gold in seiner Tasche klingen und sagte: „Führt uns über das Wasser, ihr Männer! Und gebt uns Blondhärchens gelbe Locken heraus, die ihr doch nicht brauchen könnt, ich will euch gelbes Gold dafür bezahlen."

Die Männer stießen sich untereinander an und blinzelten sich zu, denn der Tausch schien ihnen sehr vorteilhaft. Als sie am anderen Ufer angelangt waren, griff Krauskopf in die Tasche und gab ihnen für die gelben Locken etliche gelbe Goldstücke, und sagte: „Das ist nun einmal so. Jetzt heißt es, die Füße in die Hand nehmen und tapfer darauf losmarschieren. Gar so weit kann es ja bis Großmütterchens Grab unter dem Rosenbusch nicht mehr sein", nahm Blondhärchen bei der Hand und marschierte mit ihr darauf los.

Den ersten Berg hinauf waren sie fröhlich und guter Dinge, und die andere Seite hinunter war es eine Lust, so rasch sprangen sie über Stock und Stein. Aber der zweite Berg war steil, und die Sonne brannte heiß hernieder, und Blondhärchen wurde müde und bat: „Geh du voran, Krauskopf. Ich will mich indessen auf diesen Stein setzen und ein wenig ausruhen, dann komme ich dir schon wieder nach."

„Das wäre mir eine schöne Geschichte!" antwortete er. „Du bist so klein und könntest mir in der großen Welt verloren gehen. Da will ich dich doch lieber den Berg hinauf tragen. Nachher geht's dann wieder ganz von selbst lustig bergunter."

Nahm Blondhärchen auf seine starken Arme und trug sie den Berg hinauf. Die andere Seite hinunter ging's dann wieder Hand in Hand, aber fein bedächtig, denn auch er war müde geworden. Nun stand der dritte Berg vor ihnen, hoch und sehr steil. Da klagte Blondhärchen: „Nimmer kommen wir da hinauf. Ach! Wie fuhr es sich doch so bequem in dem Wägelchen!"

Er aber sprach ihr Mut zu und nahm sie wieder auf seine starken Arme. Die Sonne brannte immer heißer, der Berg wuchs immer höher, helle Schweißtropfen rannen Krauskopf von der Stirn, und seine Knie begannen zu zittern. Er biß die Zähne zusammen und keuchte mit Blondhärchen noch etwas höher, dann ging's aber nimmer.

Da sagte er: „Ich glaube, es ist das Gold in meinen Taschen, das so schwer auf mir lastet und mir den Weg so sauer macht. Sitz ein wenig ab, Blondhärchen, indes ich meine Taschen umkehre. Später hole ich mir das Gold dann wieder."

Und er tat es, und das gelbe Gold gleißte höhnisch in der Sonne und lief den Berg hinunter, den Krauskopf es eben heraufgetragen hatte und sprang unten in einen tiefen Abgrund, also daß es verschwunden war, und man niemals wieder etwas davon gesehen hat.

Als Krauskopf das wahrnahm, seufzte er tief, denn er hatte das gelbe Gold sehr lieb gehabt. Aber das Seufzen half nichts. Dann nahm er denn Blondhärchen abermals in seine Arme, und siehe, ihm war so leicht zu Sinne ohne das Gold in seinen Taschen, daß er sie mühelos bis zur Spitze des Berges hinauftrug. Und von oben schauten sie gerade in das heimatliche Tal hinab und jauchzten laut und sprangen eilends den Berg hinunter.

Und unten im Tal sprang ihnen das Bächlein entgegen, hatte sich einen Kranz von Vergißmeinnicht aufgesetzt und hieß sie willkommen. Und über die Hügel wogte das gelbe Korn wie ein goldenes Meer, und die Rosen auf Großmütterchens Grab dufteten, und die Nachtigall sang, und die Ochsen sagten: „Muh!“ Und auf der Schwelle des Häuschens stand der Pate, lächelte freundlich und sprach:

„Seid mir gegrüßt in der Heimat, liebe Kinder. Aus dem dunklen Wald bin ich hierher gekommen, um euch das Häuschen instand zu setzen, wo ihr künftig miteinander wohnen werdet. Seht selbst, wie gut mir das gelungen ist.“

Und sie sahen mit Freuden, wie gut und reichlich der Pate alles instand gesetzt hatte. Es fehlte nichts, vom Schinken unter dem Dachbalken bis zum weißen Sand auf dem Fußboden. Und Blondhärchen küßte dem Paten die Hand für alles Gute, das er an ihnen getan hatte.

Und er deutete auf das Ährenfeld: „Seht wieviel Gold für euch gewachsen ist, indes ihr fort waret. Und den Flachs im Dachkämmerchen soll Goldhärchen auf ihrem Rädchen zu Goldgespinst spinnen, damit der Weber euch Linnen und Gewand davon webe.“

Da fischte Krauskopf in seinen Taschen umher, fand zuallerunterst in einer Ecke noch ein Goldstück, das zog er hervor und zeigte es dem Paten.

„Dieses Goldstück ist alles, was ich mir aus der weiten Welt mitgebracht habe. Aber es ist genug, um Blondhärchen ein goldenes Ringlein zu machen, zum Zeichen, daß ich ihr immer Treue halten und sie nimmer verlassen will.“

So geschah es, und alle waren wohl zufrieden damit, Blondhärchen, der Pate und Krauskopf auch.

Der kleine Junge und sein Pferd

Von

Georg Ruseler

Es war einmal ein ganz kleiner Junge, der hieß Friedel, der wohnte in einem Hause, das stand unten am Abhang eines Berges, nicht weit von einem dunklen Nadelwalde. Es war aus Fichtenstämmen erbaut und mit Schindeln gedeckt, und alle Ritzen waren so dicht mit Lehm verschmiert, daß der Wind nicht hinein konnte, mochte er's auch noch so pfiffig anfangen. Dann lachte das Häuslein ihn aus und rauchte ganz vergnügt dazu aus einem Schornstein, der war einmal ein Ofenrohr gewesen; bei sich selbst aber dachte es: „Stell du dich nur an, was kümmert's mich!".

Darüber ärgerte sich der Wind und machte sich hinter dem Rauch her; aber das war ein leichter Geselle, der tanzte ihm ganz keck auf der Nase herum. In dem Hause war nur eine Stube, und in der Stube ein einziges Fenster; aber die Sonne hatte es lieb und schien immer hinein, wenn der Tag am schönsten war. Dann war der kleine Knabe allein; denn sein Vater war schon tot, und die Mutter wusch bei fremden Leuten. Für das Geld, das sie dafür bekam, kaufte sie jeden Tag ihrem Büblein ein Stück Brot und ein wenig Butter und alle Jahre eine neue Hose oder ein Wams; aber soviel, daß sie Friedel in eine Schule schicken konnte, verdiente sie nicht. Doch das tat ihm durchaus nicht leid, und daß sie so arm waren, das wußte er eigentlich gar nicht. Im Sommer hütete er draußen seine Ziege, die hieß Meckerbart; ihr Futter suchte sie sich da, wo es am steilsten war, und lief immer weg. Aber Friedel wußte, daß sie zuletzt von selber wiederkam, darum setzte er sich derweil ruhig an den Bach, der im Zickzack vom Berge heruntersprang durch das dichte Gedränge schlanker Tannen hindurch; die hätten ihn gar zu gerne gefangen, aber dazu waren sie doch nicht flink genug. Nun wollte das Wässerlein geradewegs hinunter in eine große Stadt, die lagerte sich nicht weit davon im Tale, und es hüpfte dem kleinen Jungen keck über die nackten Füße hinweg und sagte: „Steh auf kleiner Friedel, lauf mit, lauf mit, sollst dem Korn- und Sägemüller sein großes Wasserrad drehen helfen."

„So dumm bin ich nicht," sagte Friedel, „der gibt mir auch nicht einen Groschen dafür; aber du könntest mir schnell noch ein paar Schaufeln voll Lehm losspülen, ja?"

Und aus dem Lehm knetete Friedel allerlei kuriose Sachen, Meckerbart, die Ziege, und Hans, den Müllerknecht, der ihn immer auf seinen Esel reiten ließ, oder den Esel selbst. Aber wenn er knetete, dann dachte er an nichts anderes; er sah nichts und hörte nichts, nicht einmal die Schwarzamsel, die ihr süßes Lied flötete. So war es im Sommer; kam der Winter, dann saß Friedel in der Stube auf einem Stuhl, den er sich selbst gezimmert, und im Ofen knisterte Tannenholz, das hatte er sich selber suchen müssen. Zu seinen Füßen lag Miez, die Katze, die war schon alt und so faul, daß sie kaum noch spinnen mochte, und wenn die Wolken es nur haben wollten, dann guckte auch die Sonne durchs Fenster und wunderte sich über den Jungen, der aus Bergahorn die schönsten Sachen schnitzte. Dazu gebrauchte er ein Messer, das hatte schon seinem Vater gehört und war so scharf, daß er auch Haar und Bart damit hätte schneiden können.

Nun war gerade der Tag vor Weihnachten, da arbeitete er an einem wunderschönen Pferde, das hob ein Vorderbein empor und warf ordentlich seinen Kopf zurück; man hätte glauben können, es müßte im nächsten Augenblick wiehern. Mit drei Füßen stand es auf einem glatten Brett, daran waren Räder, und so konnte es auch laufen. Einen Sattel hatte das Roß nun zwar nicht, wohl aber einen Zaum, das war ein schmaler, brauner Lederriemen, den hatte der Müllerbursch vor drei Tagen dem kleinen Jungen geschenkt. Als die Sonne unterging, war Friedel mit aller Arbeit fertig, und seine Augen leuchteten vor Freude. „Nun will ich ausreiten, alte Miez," sagte er, „willst du mit?"

„Nein," sagte die Katze, „es ist mir zu kalt draußen, und heute abend wird es noch schneien; dann kann ich gar nicht wieder nach Hause finden, wenn du vom Roß gefallen bist."

„Meinst du wirklich, daß ich herunterfalle?"

„Sicher," brummte die Katze, „du hast ja gar keine Krallen; womit willst du dich denn festhalten?"

Da kam die Mutter von der Arbeit heim und sagte: „Leg's Messer weg, Friedel, Heiligabend ist gleich, da darf man nicht schnitzen und drehen, sonst kommt der Hackelberg und nimmt dich mit."

„Nein, Mutter, wenn's dunkel wird, da machen zwei Englein ganz leise die Himmelstür auf, die ist da, wo die Sonne untergegangen ist, und das Christkindlein reitet hinab zur Erde auf einem silberweißen Pferd und besucht die artigen Kinder."

„Ja", sagte die Frau und wandte sich ab und zündete einen Kienspan an; dann öffnete sie den Schrank und stellte Brot und Butter auf den Tisch. Da sagte Friedel ganz nachdenklich: „Mutter, warum kommt es denn nicht zu uns? Ich bin doch auch immer artig gewesen."

Aber die Mutter senkte ihre Augen und flüsterte: „Weil wir zu arm sind. Christkind kommt nur zu Leuten, die Geld haben, und wir haben keins."

„Das ist aber schade", meinte der kleine Junge, und als die Mutter das hörte, fing sie an, bitterlich zu weinen. Da lief Friedel zu ihr, steckte den Kopf in ihren Schoß und sagte: „Weine nur nicht, Mutter, ich habe ein großes Pferd, das heißt

Huppdiwupp, das will ich verkaufen; dafür kriege ich viel Geld, und dann wird auch das Christkind kommen.“

Als er das gesagt hatte, nahm er sein Pferd und ging damit aus der Stube, und die Mutter weinte leise weiter und hatte nicht acht auf ihn; weil sie aber ganz müde war, sanken ihr sacht die Augen zu, und sie verfiel in einen tiefen Schlaf.

Der kleine Junge machte nun leise die Haustür auf, stellte sein Pferd hinaus, setzte sich darauf und rief: „Hü!“ Das verstand das Pferd aber gar nicht; denn es war noch zu jung; auch hatte es einen harten Kopf und mochte nicht laufen. „Hätte ich nur eine Peitsche!“ sagte Friedel, weil er aber keine hatte, stieg er ab und zog sein Roß am Zaum hinter sich her, und so mußte es ihm wohl folgen, es mochte wollen oder nicht. Wo die Sonne untergegangen war, stieg langsam ein dunkles Wolkengebirge herauf; aber der größte Teil des Himmels war noch frei. Da wandelte der liebe Mond, der leuchtete hell; aber er war lange nicht mehr ganz, er hatte von seinem Licht den jungen Sternen abgegeben, an denen er vorüberzog. Dafür mußten sie ihm erlauben, daß er sich zuweilen ein wenig an ihnen festhielt; denn es ist keine Kleinigkeit, dort oben dahinzuschreiten, viel höher als der höchste Kirchturm ist, und keinen Schwindel zu bekommen. In allen Lüften herrschte feierliches Schweigen; die dunklen Tannen standen ganz regungslos, sie hielten den Atem an, als warteten sie darauf, daß ein König vorüberziehen sollte. Aber die Erde zitterte leise; sie fror und hätte gern eine weiche, weiße Decke gehabt, um sich darin einzuwickeln und ruhig zu schlafen. Den kleinen Jungen fror auch, aber nur eine kleine Weile; bald wurde er vom Gehen warm, und dann schlug ihm auch das Herz vor Begier, sein liebes Pferd zu verkaufen. Als er nun so dahintrottete, begegnete ihm zuerst ein Fuchs.

„Wohin des Weges, Friedel?“

„Mein Pferd verkaufen. Willst du es haben? Ich höre, du bist ein reicher Mann und issest Gänsebraten jeden Tag. Da kannst du doch nicht immer zu Fuß gehen.“ „Freilich nicht,“ sagte der Fuchs, „aber ich sehe, was du dort an der Hand hast, das ist ein Schimmel; ich pflege nur mit braunroten zu fahren, die passen besser zu meinem neuen Pelz.“

„Ach so, dann entschuldige“, sagte Friedel und ging weiter. Da kam er an einem Raben vorbei, der trug einen dicken schwarzen Mantel und rief mit tiefer Stimme: „Trab, trab!“

„Ja,“ antwortete Friedel, „es will nur nicht, und ich habe leider keine Peitsche. Aber sag' mal, lieber Onkel Quarkschnabel, willst du mir nicht mein Pferd abkaufen?“

„Fällt mir nicht ein,“ krächzte der Rabe ganz beleidigt, „ich habe Flügel und kann fliegen.“

„Das ist etwas anderes,“ sagte Friedel, „das habe ich nicht gewußt.“

Eine Strecke weiter kam ihm ein Spatz entgegen, und er fragte wieder: „Meister Graukopf, du hast ja viel auf den Straßen zu tun; willst du mir nicht mein Pferd abkaufen?“ „Ja, wenn es Sommer wäre,“ sagte der Spatz, „da könnte ich noch wohl eins gebrauchen; jetzt im Winter habe ich Last, mein eigenes Zweigespann durchzufüttern. Aber weißt du was? Wir gehen hinunter in die Stadt, da kann man alle Tage solch einen Gaul loswerden. Siehst du, wie sie da heraufleuchtet mit ihren tausend Lichtern? Komm nur her, ich will dich begleiten. Ich habe doch sowieso noch ein paar Höfe zu besuchen, die unter meiner Aufsicht stehen.“ Da war Friedel von Herzen froh; denn wo hätte er sonst einen Begleiter finden können, der es so verstand, sich in die Welt zu schicken und mit allen Leuten fertig zu werden!

Die Straße senkte sich rasch. Der Spatz und Friedel schritten leicht dahin, und das Pferd war ihnen dicht auf den Fersen. „Nun sieht man, daß es ganz gut laufen kann, wenn es nur will“, sagte Friedel, und Meister Graukopf meinte ganz gelassen: „Ja, man muß viel Nachsicht haben mit solch unvernünftigem Vieh.“

Sie kamen an der Wassermühle vorbei; das große Rad machte Feierabend und stand still, und deshalb hatte auch der Bach nichts zu tun und rief Friedel zu:

„Geh nach Haus, geh nach Haus,
Kalt ist es hier drauß'.
Blumen sind zu Bett gegangen,
Frosch, der schläft im Schlamme tief,
Fledermäuse im Winkel hangen,
Kuckuck sang nicht, als ich ihn rief.
Hinter den Bergen wartet der Wind,
Nach Haus, geh nach Haus, liebes Kind!“

„Hörst du, was der dir weismachen will?“ fragte der Spatz. „Auf den mußt du nichts geben, das ist einer, der immer weiter herunterkommt. Wer höher hinauf will in der Welt, der muß sich den Wind um die Nase wehen lassen.“ Der kleine Junge nahm sich vor, diese guten Lehren zu behalten, als er aber die hellerleuchteten Fenster des Müllerhauses sah, dachte er doch: „Nun sitzen sie drinnen beim warmen Ofen und feiern Weihnachten.“

Es dauerte nicht mehr lange, so waren sie in der Stadt. Da standen hohe Häuser, die rückten einander manchmal so nahe, daß die Straße kaum hindurch konnte, und dem kleinen Jungen wurde ordentlich bang zumute. Ein paarmal hatte ihn die Mutter wohl schon mitgenommen, aber das war am hellen Tage gewesen. Allein hineinzulaufen hatte er niemals Lust gehabt; er war lieber dort, wo die Bäume rauschten und die Vögel sangen. Nun waren alle Fenster hell, und hinter blanken Scheiben standen die schönsten Sachen. Auf den Fußsteigen gingen viele Leute, die schienen es sehr eilig zu haben, und alle trugen Pakete und Bündel unterm Arm. Zum Glück fuhren keine Wagen mehr, und deshalb erwählte sich Friedel die Pferdestraße. Aber auch da blieb er nicht unangefochten. Zuerst segelte eine dicke Frau quer über den Weg; sie trug an jeder Seite eine große Schachtel, pustete wie eine alte Dampfmaschine und gab ihm einen solchen Stoß, daß er zu Boden fiel und sein Roß dazu. Aber er stand sogleich wieder auf und half auch Huppdiwupp auf die Beine. „Aus sowas muß man sich nichts machen“, sprach der Spatz, „das passiert unsereinem alle Tage.“ Aber dort hinten kommen einige, das sind gefährliche Gesellen; wir wollen sehen, daß wir uns ganz sachte an ihnen vorüberdrücken.“ Doch das wollte ihnen nicht gelingen. Drei Straßenjungen kamen daher, und die sehen mit einem Auge mehr als zehn andere Menschen mit zweien. Die beiden ersten faßten Friedel an der Jacke, und der dritte pflanzte sich ganz frech vor ihm auf und sagte: „Du, du Holzschuhfritze, du willst wohl mit deinem Roß zum Hufschmied? Das kannst du hier billiger haben; wir wollen dir's umsonst beschlagen helfen.“ „Das ist nicht nötig,“ meinte Friedel, „ich will es doch verkaufen,“ Da lachten die drei aus vollem Halse; aber dann nahm der Freche wieder das Wort: „Du, höre, verkaufen darfst du dein Pferd nicht, das wollen wir nicht haben. Schenk es mir, dann will ich nicht sagen, daß du es gestohlen hast.“ Und damit langte er nach dem Zaum und wollte dem armen Jungen das einzige entreißen, was er besaß. Da wisperte der Spatz: „Zieh deinen Holzschuh aus und gib ihm eins an den Kopf.“ Da dachte Friedel, das sei ein kluger Rat, und er tat also. Es begann eine große Schlacht, und wenn die anderen auch zu dreien waren, so ermangelten sie doch solcher Waffen und kriegten manchen Hieb. Vielleicht wäre es zuletzt dem kleinen Jungen doch schlecht ergangen, aber da schoß wie Blitz und Donnerwetter ein Mann dazwischen, der hatte einen blanken Helm auf dem Kopfe und einen Säbel an der Seite; dazu trug er unter der Nase einen spannenlangen Schnauzbart, der zitterte immer, als hätte er Angst vor den grimmigen Worten, die an ihm vorüberflogen. Er schalt: „Auseinander, ihr Buben! Friede gehalten, oder ich streu euch Pfeffer und Salz auf den Rücken! Wer hat angefangen?“ „Er!“ schrien die drei aus einem Munde. „Nein, sie!“ piepte der Spatz, aber niemand hörte auf ihn. „Sie sehen Herr Wachtmeister, er hat den Holzschuh noch in der Hand,“ sagte der Freche, „damit hat er auf uns losgeschlagen.“ „Still!“ donnerte der Mann, „wir werden schon Klarheit schaffen. Du, zieh deinen Holzschuh an und sag mir, was du hier mit dem Pferd auf der Straße willst!“ „Das Pferd hat er gestohlen!“ sagte der Freche. „Nein,“ rief Friedel ganz kühn und frei, „das Pferd gehört mir, das habe ich mir selbst gemacht.“ Das konnte der Mann aber nicht gut glauben und meinte: „Das ist mir sehr verdächtig. Folge mir nach, da werden wir bald Gewißheit haben.“ So mußte Friedel ihm folgen, und die bösen Buben frohlockten: „So, das hast du davon, nun wirst du eingesponnen!“ Sie machten ein Freudengeheul und wollten hinterherziehen; aber der mit dem Helm zeigte auf seinen Säbel, und da trollten sie sich doch lieber von dannen. Nun ging der Mann mit starken Schritten voran, und Friedel, der Spatz und Huppdiwupp, das Pferd, folgten ihm, so schnell ihr Beine sie tragen wollten. Dem armen Jungen war gar nicht wohl ums Herz, und er dachte, das sei ein schlimmes Abenteuer. Aber der Spatz sagte ganz leise zu ihm: „Das ist gar nichts, ich habe schon ganz anders in der Patsche gesessen“, und bei der nächsten Querstraße gab er Friedel einen Wink, und unbemerkt schwenkten sie rechts ab und ließen den Mann des Gesetzes geradeaus gehen, und der merkte nichts; er hörte immer nur auf seine eigenen Schritte. „So muß man mit solchen Leuten umspringen,“ sagte der Spatz, „du mußt dich nie an ihre Vorschriften kehren, wenn du ein tüchtiger Kerl werden willst. Aber wart einmal, hier sind wir gleich am richtigen Ort. Hier in diesem alten Hause wohnt ein Kaufmann, der handelt mit Katzen und mit Hunden, mit Eseln und mit Pferden. Siehst du wohl? Sein ganzes Fenster steht voll davon. Da gehe hinein und probiere dein Glück.“ Da machte der kleine Junge die Tür auf, ging in den Laden und fragte den Kaufmann: „Hier ist mein Pferd Huppdiwupp, das möchte ich gern verkaufen. Willst du mir's abnehmen?“ „Warum nicht!“ sagte der Kaufmann. „Was soll es denn kosten?“ – „Tausend Taler.“ – „Das ist mir aber zu teuer“, sagte der Kaufmann und machte ein ganz bedenkliches Gesicht; „siehst du, meine Pferde sind viel schöner als deins und doch noch billiger als tausend Taler.“ „Ja,“ sagte Friedel, „das glaube ich wohl. Deine Pferde sind auch tot, und meins ist lebendig; das muß ich wissen, ich hab es selber gemacht. Aber sag mal, was willst du mir denn geben?" – „Einen halben Pfennig." – „Das ist mir doch gar zu wenig", sagte der kleine Junge und ging rasch aus der Tür, und Huppdiwupp machte ordentlich einen Sprung über die Schwelle, so empört war es; auch der kleine Graukopf ärgerte sich, als er das hörte, und piepte ganz vernehmlich: „So'n gemeiner Kerl! Es ist schade, das ich nicht mit drinnen war, dem hätte ich meine Meinung gesagt. – Aber wart' einmal! Bemerkst du den drolligen Herrn, der dort heranwippt? Schau nur, seine Spinnenbeine knicken immer ein wenig ein. Sein Leib ist so dürr, daß er gar keinen Schatten wirft, und sein Gesicht sieht aus, als wär's mit Kupfergeld gepflastert. Den frage, das ist sicher ein Reitersmann. Ich sage dir, den besten Pferdehandel macht man immer auf der Straße." Da wartete Friedel, bis der Herr herankam, und dann sagte er ganz bescheiden: „Lieber Herr, willst du mir nicht mein Rößlein abkaufen? Meine Mutter und ich haben gar kein Geld." Aber der Herr sagte bloß „Bettelpack!" und vorüber war er, und da standen nun alle drei, Friedel, sein Pferd und der Spatz, und wußten erst gar nicht, was sie davon halten sollten. „Weine nur nicht," sagte der Sperling, der sich am schnellsten gefaßt hatte, „so sind die Menschen. Ich kenne sie von meinem Getreidehandel her." –

„Ich weine auch gar nicht", sagte Friedel ganz tapfer, aber dabei war ihm so weh ums Herz wie einem Roß, das im Rennen gesiegt hat und vergeblich darauf wartet, daß ihm sein Reiter den Hals tätscheln soll. „Ich mag gar nicht mehr in der Stadt bleiben, und mit den Leuten hier will ich fürder nichts zu tun haben. Ich weiß auch ganz gut, was ich anfangen muß. Sag einmal, Meister Graukopf, hast du heut abend das Christkind schon gesehen?"

„Das will ich meinen, das seh' ich jedes Jahr, und aus seinem Sack fällt allerlei heraus, was man ruhig aufpicken darf. Heute ist es beim Ostertor hineingeritten und kommt am Westerende wieder heraus. Wenn du es sprechen willst, müssen wir uns sputen, daß wir die Bank am Springbrunnen da draußen erreichen, da kommt es gleich vorbei."

Und nun gingen die drei zusammen aus der Stadt hinaus. Da war kein Mensch mehr zu sehen, und Friedels Holzschuhe machten „klapp, klapp" auf der hartgefrorenen Landstraße. Und weil den kleinen Jungen fror, zog er seine Pudelmütze über die Ohren, und steckte die Hände in die Hosentaschen. Er sagte: „Meister Graukopf, soll ich dir auch mein Schnupftuch leihen? Daraus kannst du dir Strümpfe machen für deine nackten Beine." Aber der andere lachte: „Das laß nur, das macht mir gar nichts aus; auch im Winter bekommt mir das Barfußlaufen ausgezeichnet. Doch nun schau dich um, hier sind wir am Ort. Setz dich nur auf die Bank und ruh dich aus; aber gib acht, daß du nicht einschläfst. Derweil will ich aufpassen und dir sagen, wenn das Christkind kommt."

Da saß nun der kleine Knabe und der Himmel ward dunkler und dunkler; die Sterne löschten alle ihre Lichter aus, und auch der Mond verschwand. Da deuchte es Friedel, als ob die Welt immer stiller und er selber immer müder würde, und zuletzt kam es aus der Luft herabgeflogen, leise, ganz leise, als wären es hunderttausend Schmetterlinge. Die setzten sich auf die kahlen Zweige der Bäume, und als sie dort keinen Platz mehr hatten, flatterten sie hinab auf Straße und Rasen und bedeckten die ganze Erde. „Nun haben sie ein weißes Tuch gewebt", sagte der Sperling; „das ist eigentlich schade! Aber was will man machen? Christkind hat zuletzt Roß und Strumpf und Schuh verschenkt und darf doch nicht auf bloßer Erde gehen. Siehst du, da kommt es schon."

Du lieber Gott, da war Friedel wirklich eingeschlafen! Aber er mußte seine Augen doch wieder öffnen können! Er sah ein schimmerndes Licht, das kam näher und näher. Da stand Friedel auf, und das Gehen ward ihm leicht, so wunderbar leicht, und er strebte immer dem Lichte entgegen. Zuletzt war's ein mildes Engelskind mit langen Locken und blauem Gewand, das hatte nichts in den Händen und ging mit bloßen Füßen und schritt so leicht dahin, daß im Schnee auch nicht eine Spur davon zurückblieb. Und all das Licht, das Friedel gesehen hatte, kam aus seinen beiden Augen, und um seinen Mund spielte ein Lächeln, als hätte Mutter Maria soeben erst seine Lippen geküßt. „Bist du das Christkind?" fragte Friedel. „Ja", antwortete es und sah ihn ganz lange an, daß es ihn warm durchrieselte bis in Zehen und Fingerspitzen hinein.

Da faßte sich der kleine Junge ein Herz bat recht innig: „Liebes Christkind, die Menschen wollen nichts von mir wissen, und keiner sieht meine Not. Kauf du mir doch mein Rößlein Huppdiwupp ab, das habe ich selbst geschnitzt. Du wirst doch nicht zu Fuß wieder in den Himmel gehen wollen. Du kannst dafür bezahlen, was du willst."

„Ach," sagte das Christkind, „ich habe gar kein Geld." Da erstaunte Friedel: „Kein Geld? Und bringst den Kindern so viel schöne Sachen? Jedes Jahr bist du beim reichen Müller gewesen; freilich, wo wir armen Leute wohnen, das hast du nie gewußt!"

„Ja, kleiner Junge,“ sagte das Christkind und lächelte dabei ganz eigen, „wie das kommt, kann ich dir nicht sagen, und dann bist du auch gar nicht arm.“

„Die Mutter sagt es aber.“

„Gib mir deine Hand. Mit dieser Hand hast du das schöne Pferd geschnitzt?“ „Ja.“

„Es ist eine Gabe in deiner Hand,“ sagte das Christkind, „die kann ein reicher Mann nicht kaufen für einen ganzen Sack voll Geld“, und es streichelte ihm seine Hand und segnete ihn. Aber Friedel war gar nicht zufrieden und klagte: „Hast du denn keine Nuß mehr in deiner Tasche oder wenigstens eine Feige oder einen Kuchen?“ Da sagte das Christkind traurig: „Ich habe wirklich nicht an dich gedacht und alles ausgegeben. Aber wenn du mir dein Rößlein Huppdiwupp leihen willst, dann sollst du einen solch schönen Tannenbaum sehen, wie kein Kind auf Erden ihn heut bekommen hat.“

Das war Friedel recht, und Christkind setzte sich auf das Pferd und nahm den kleinen Jungen in den Arm, und vorn zwischen die Ohren des Pferdes durfte sich Meister Graukopf setzen, weil er Friedel nicht verlassen hatte. Und nun war es ein Wunder zu sehen, wie das Roß größer und größer ward, und es war, als ob ihm Flügel wüchsen, und es hob sich sacht empor und ließ die Erde unter sich. Es schneite nicht mehr, der Himmel war wieder klar geworden, und die Sterne leuchteten sieghaft wie Diamanten im dunklen Haar einer Königin. Und als ob sie nun schwebten und immer höher stiegen, da hob sich das Herz des armen Jungen mit; es ward ihm weit vor Freude, doch es war merkwürdig, daß er es gar nicht mehr schlagen fühlte, und seine Glieder waren so leicht, daß er bis an die Sterne hätte hüpfen können; aber er spürte es auch gar nicht, als er mit seinem Fuß an den Hals des Rosses stieß. Doch daran dachte er nicht weiter, er war selig; denn sein eigenes Werk trug ihn empor zu funkelnden Höhen. Tief unten sah er Wiesen und Wälder, die leuchteten weiß herauf; da weitete sich das Gebirge, und die Felsen reckten sich aus wie Riesen und konnten doch nicht zu ihnen empor. Aus der Ferne tönten ganz leise die Glocken, so leise, als wären ihre Klöppel mit Samt umwickelt, die läuteten zum heiligen Fest. Und immer höher flogen sie, und die Erde ward immer kleiner, so klein wie das Rad der Wassermühle und noch kleiner. Zuletzt kamen sie am Monde vorbei, der putzte soeben seine Laterne, die war ihm beinahe ausgegangen, und er nickte Friedel ganz freundlich zu: „Brav, wirst bald selber fliegen können!“

Und dann kamen sie in den Himmel, der war so prächtig, daß man es nicht beschreiben kann. Da erhob sich ein Palast, so groß, wie keiner auf Erden steht, der war aus durchsichtigem, blauem Kristall erbaut, und in diesem Palaste war ein schöner Saal, dessen Wände bestanden aus weißem Marmelstein, und in dem Saale war ein Tisch, der leuchtete, als wäre er ein einziger Demant; aber darauf erhob sich ein grüner Tannenbaum, daran hingen als Lichter tausend Sterne, fünfhundert, die brannten mit ruhigem Schein, und andere fünfhundert, die glitzerten und flammten, als wären sie die Kinder der Sonne.

„Ist das nicht herrlich, Meister Spatz?" fragte der kleine Junge.

Der aber antwortete: „Na ja, aber ein voller Kirschbaum, wo die Früchte dunkelrot aus dem grünen Laube glänzen, ich weiß nicht, ob mir der nicht doch noch lieber wäre!"

Dann führte das Christkind sie zu Tisch; denn unter dem Tannenbaum saß in einem ganz einfachen, hölzernen Lehnstuhl der liebe Gott, der war steinalt; aber er schaute so gütig drein, wie ein Vater seine Kinder anschaut, und auf dem linken Knie schaukelte er ein Engelchen, das sang mit süßer trauriger Stimme:

„Schlaf nicht, Kindlein, arm und klein!
Willst du nach der Scheibe zielen?
Willst du mit mir Murmel spielen,
Oder hast du Flügelein?
Bäschen schenkt dir eine Puppe,
Mutter kocht dir Hühnersuppe,
Aber ach, sie ißt allein.
Schnee ist deine Lagerstätt' –
Stehst nicht auf vom kalten Bett,
Wirst du bald im Dunkeln sein."

Friedel wußte nicht, was das bedeuten sollte, und sein Herz war auch bei ganz anderen Gedanken.

„Ach, lieber Gott," sagte er ganz bescheiden, „nun ich doch einmal hier oben bin, möchte ich gar zu gern meinen Vater wiedersehen."

„Ja," sagte das Christkind, „ich glaube, der ist gar nicht hier, der ist an einen anderen Ort gekommen, weil er deine Mutter gescholten und geschlagen hat."

„Oh," sagte Friedel, „das macht nichts, mich hat die Mutter auch schon geschlagen; aber darum habe ich sie doch lieb."

„Das ist etwas ganz anderes," meinte das Christkind, und der liebe Gott lächelte ein klein wenig. Dem kleinen Jungen waren die Tränen nahe; aber er faßte sich doch ein Herz und sagte: „Sieh, lieber Gott, ich habe ein schönes Pferd mitgebracht, das heißt Huppdiwupp. Es steht draußen vor dem Tor; denn hier drinnen ist es ihm zu glatt, weil es noch keine Hufeisen hat. Es ist aber kein gewöhnliches Roß; denn es hat uns alle hergetragen in den Himmel. Die Menschen wollen mir mein Pferd nicht abkaufen, die wissen nicht, was es wert ist, Christkind hat kein Geld, so nimm du es mir ab und tu mir dafür, um was ich dich bat."

Und als Friedel geendet hatte, da setzte der liebe Gott das Engelchen auf den Fußboden, daß es wegtrippeln sollte; dann streckte er seine rechte Hand aus und zog den kleinen Jungen an sich, und da wußte Friedel, daß seine Bitte in Erfüllung ging. – –

Um zehn Uhr klopfte ein starker Bursch an das Fenster bei Friedels Mutter. „Wasch-Margaret, auf, macht auf! Ich bin's, Müllers Hans. Ich habe Euren Jungen unten beim Springbrunnen gefunden; beinahe zu Eis ist er gefroren." War da die Mutter erschrocken! Aber sie rieben das Büblein mit Schnee, und da ward's nach und nach wieder warm, und die Mutter hielt es die ganze Nacht auf dem Schoße und sagte immer: „Mein armer Junge!" Aber Friedel lallte ganz schlaftrunken: „Ich bin gar nicht arm. Ich kann das Christkind bilden aus weißem Stein, und das wird leuchten wie die Sonne."

Die arme Frau wußte nicht, was sie dazu sagen sollte, aber sie umschlang ihr Kind mit beiden Armen, um es zu wärmen; denn draußen war der Wind aufgewacht und rüttelte an dem Dache. Endlich schliefen beide ein, Mutter und Sohn, und zur Rechten stand die Not und zur Linken die Sorge, die wachten bei ihnen. Das sind die Engel der armen Leute, und wen sie emporheben wollen, den machen sie stark und fest, auf das er ein Held und Sieger werde im Kampfe mit der ganzen Welt.

Aber nicht weiter sagen

Von

Anna Schieber

Es hatte einmal ein Mann ein Töchterlein, daß war taub und stumm von Geburt an, saß so in einer Ecke und sah vor sich hin, wußte nicht, was es tun sollte den ganzen Tag lang. Und wenn der Abend kam, dann kroch es in sein Bettchen und schlief ein, und dann dachten alle, die im Hause waren: „Es hat's am besten, wenn es schläft; denn was soll es tun, wenn es wach ist?"

Eine Mutter hatte das Kind nicht mehr, aber da war eine alte Muhme, die kochte und wusch und hielt das Haus rein, und wenn sie den Staub aus allen Ecken gefegt hatte, dann setzte sie sich in den Großvaterstuhl vor das Spinnrad, und alle Kinder, die im Haus waren, und dazu die Nachbarskinder, die setzten sich rings im Kreise. Da kriegten sie Geschichten erzählt, immer eine schöner als die andere.

Das taubstumme Kind aber saß in einer Ecke und guckte heraus und hätte so gern, so gern auch Geschichten gehört, und jeden Tag wurde es ein bißchen trauriger darüber, daß es von allem nichts haben sollte, aber das konnte es auch nicht sagen.

Da wachte es eines Morgens früh, früh auf in seinem Bettchen und sah, daß eine Schwalbe am Fenster vorbeiflog und noch eine und noch eine. Und es dachte: „Willst einmal hinausgehen und zusehen, wie die Schwalben fliegen." Stand also auf, zog sein Röckchen an, band ein Tüchlein um und ging hinaus. Die anderen schliefen alle noch, und auf den Gassen war keine Menschenseele lebendig. Aber die Schwalben schwirrten hintereinander drein und flogen um die Ecke. Da ging das Kind ihnen nach, und je weiter sie flogen, je weiter ging es und sah ihnen nach. Und es kam aus einer Straße in die andere und zuletzt aufs freie Feld. Da stand es still und sah sich um, denn es war noch nie hier draußen gewesen. Da stieg die Sonne hinter dem Walde herauf, ganz groß und ganz golden, und schickte viele tausend Strahlen über die Welt hin. Und einer flog zu dem Kinde hin, das machte die Hand auf und wollte ihn haschen. Aber der war flinker, huschte hin und her und sprang mit gleichen Füßen in ein goldenes Schüsselchen, das am Boden stand. Da bückte sich das Kind und hob das Schüsselchen auf und staunte. Denn so etwas Goldenes, Glänzendes hatte es noch nie gesehen. Derweil sprang der Sonnenstrahl wieder weiter, weiß nicht, wohin. Da kam übers Feld her ein Engel gegangen, der bückte sich, sah dahin und dorthin auf die Erde. Endlich sah er das Kind und das Schüsselchen in seiner Hand. „Ach," sagte er, „da such und such ich, und du hast es. Das ist ein Regenbogenschüsselchen, das hab ich gestern auf die Erde gestellt, daß der Regenbogen darein zu stehen kam, denn der darf niemals auf der bloßen Erde aufstehen. Jetzt soll ich wieder einen neuen aufspannen drüben hinter dem Wald und hab' vergessen, ein neues Schüsselchen dazu mit vom Himmel herunter zu nehmen. Flieg' ich noch einmal hinauf, so schilt mich der Petrus. Gibst du mir das Schüsselchen, so geb' ich dir auch etwas."

Aber das Kind schüttelte nur den Kopf, denn es hatte von allem nichts verstanden. „Was willst du dafür haben?" fragte der Engel. „Sag's doch." Da sah er, daß das Kind stumm sei und taub, und er sagte: „So will ich dir etwas schenken, obgleich du dir nichts gewünscht hast. Du sollst heut den ganzen Tag lang hören können, was die Tiere reden und die Pflanzen und der Wind, und sollst mit ihnen sprechen können. Heut ist mein Geburtstag, da hab' ich beim lieben Gott einen Wunsch frei, und für mich selbst brauch' ich nichts."

Und er strich dem Kind ganz sacht über das Haar, nahm das Schüsselchen und flog davon.

Da hörte das Kind ein Schwirren und Singen und Klingen und wußte nicht, woher es kam, stand und mochte sich nicht vom Fleck rühren, aus Furcht, es könne wieder aufhören.

Da sprachen die grünen Halme miteinander, die der Wind hin und her wehte, und das Gras sagte zu den Blümlein: „Macht eure Augen auf, die Sonne ist schon da."

Und auf dem Birnbaum war ein Starennest, da riefen die jungen Stare nach Futter, und ihre Mutter sagte: „Gleich, Kinderchen, gleich, der Vater ist schon eine ganze Weile fort, eben kommt er und hat einen Wurm im Schnabel."

Und als das Kind eine ganze Weile zugehört hatte, da ging es über das Feld hin und kam an einen niedrigen Zaun, und hinter dem Zaun, da weideten auf einem grünen Anger zwei Pferde, ein altes und ein junges, und waren beide schwarzweiß gefleckt. Und das junge, das machte lustige Sprünge, aber das alte, das stand und hatte den Kopf gesenkt und hatte traurige Augen.

„Guten Morgen, Mohrenschimmel," sagte das Kind und staunte selber, daß es sprechen konnte, „willst du mir eine Geschichte erzählen?"

Da hob der Mohrenschimmel den Kopf und sah das Kind an und sagte: „Eine Geschichte weiß ich wohl, aber nur eine, und eigentlich sollte sie in unserer Familie bleiben, denn da hat sie sich zugetragen. Wenn du sie aber nicht weitersagen willst, so will ich sie dir erzählen.“

Sprach das Kind: „Ich will sie nicht weiter sagen.“

Sprach der Mohrenschimmel: „So hör', ich weiß die Geschichte von meinem Großvater. Der wohnte weit, weit hinten im Zigeunerland und sprang frei umher und hatte eine flatternde Mähne und hatte noch nie einen Menschen gesehen und war schneeweiß. Und da war auch eine schöne, junge, schwarze Stute, die hatte einen weißen Stern an der Stirn, die hatte er so lieb, daß man's nicht sagen kann, und er wollte gern mit ihr über die Steppe springen. Aber die Stute wollte nicht, sie wollte lieber allein springen.

Und einmal, da kam eine wunderschöne Frau gegangen, die hatte ein goldenes Krönlein auf und hatte eine weiche, feine Stimme und setzte sich auf einen Stein, klatschte nur einmal in die Hände und rief:

„Schimmelchen fromm, Schimmelchen, komm,
Trag mich geschwind, schnell wie der Wind
Dahin, wo mein Vater und meine Brüder sind.“

Und meines Großvaters Urgroßvater, der war damals noch ein junger, schneller Schimmel, und er hörte es und mußte herbei, er mochte wollen oder nicht. Sie strich ihm aber ganz fein über den Rücken, da ließ er sie aufsitzen – er wollte nicht, er mußte. Da trug er sie ein weites Stück, und als er sie soweit getragen hatte, sprach er:

„Steig ab, schöne Frau, steig ab,
Mein Rücken will nicht tragen,
Frei muß ich über die Steppe jagen!
Trab, trab, trab“

Da sprach sie:

„Nur zu mein Schimmel, zu
Ich schenk dir goldne Schuh,

Die sollen glänzen und gleißen,
Goldschimmel sollst du heißen."

Und sie stieg ab und tat ihm goldene Schuhe an die Hufe, da trabte er wieder ein Stück mit ihr und dachte: „Wenn ich heimkomme und meine junge, schöne, schwarze Stute sieht, wie ich glänze, so springt sie mit mir über die Steppe." Und als er daran dachte, da flog er dahin wie ein Pfeil, und als er noch eine lange Strecke getrabt hatte, da sah er Türme und Mauern und erschrak so, daß er kerzengerade in die Höh stieg und sagte:

„Steig ab, steig ab, o Fraue,
und laß mich springen über die Aue,
Und willst du nicht, so werf' ich dich ab!
Trab, trab, trab."

„Ach", sagte sie und stieg ab und sah ihm gerade in die Augen.

„Nun trage mich, du wildes Roß,
In meines Vaters Stadt und Schloß,
Dort hängt ein Zaum, vom Golde schwer,
Heia, mein Rößlein, wie schmückt dich der!"

Und als sie ihm so in die Augen sah, da mußte er sie aufsteigen lassen, ob er wollte oder nicht. Da kamen sie an das Stadttor und ritten hinein, und als sie drinnen waren, da schlugen die Wächter das Tor zu und führten den Schimmel in den Stall, da konnte er nicht mehr in die wilde Freiheit hinaus, mußte einen goldenen Zaum tragen, und den Zaum, den hielt die Prinzessin, die ihn eingefangen hatte, in den Händen, und er mußte sie tragen, wohin sie wollte. Da fing er an, den Kopf zu hängen, und wenn er an die weite Steppe dachte, da wieherte er laut vor Heimweh. „Siehst du," sagten die Leute dann zueinander, „wie es ihm wohl ist"; denn sie verstanden seine Sprache nicht.

Nun sprang die schwarze Stute allein über die Steppe. So hatte sie es ja gewollt. Aber es war lange nicht so schön, wie sie geglaubt hatte, und die Zeit wurde ihr lang, als der schöne Schimmel gar nicht mehr kommen wollte.

Und eines Tages, da kam ein fahrender Schüler des Weges daher, der hatte wunde Füße, und die Sohlen an seinen Schuhen waren ganz durchgelaufen, und als er die schwarze Stute sah, dachte er: „So ein Rößlein, das käme mir recht.

Aber das ist ein freies Tier, das läßt sich nicht fangen", und pfiff so ein wenig vor sich hin.

Da kam das schöne Tier gelaufen und sagte: „Tu ich dir einen Gefallen, tust du mir auch einen. Trag' ich dich auf meinem Rücken in die Stadt, so schaffst du mir meinen Schimmel wieder. Der muß dort drinnen sein, und ich muß ihn haben: ich muß mit ihm über die Steppe springen."

Des war der fahrende Schüler wohl zufrieden, denn er dachte: „So ein Schimmel, wenn er in der Stadt ist, wird ja wohl zu finden sein."

Und ritt und ritt, daß es stob, und kam an das Tor; da stießen die Wächter ins Horn, und die Prinzessin ritt heraus auf ihrem Schimmel und reichte dem Schüler die Hand. Denn es ging schon lang die Sage: Wenn ein solcher Reiter auf einem solchen Pferde geritten komme, der solle die Prinzessin heiraten. Und das geschah nun auch – der Schüler wußte nicht, wie ihm geschah. Und als er neben seiner Braut am Tische saß, da streckte die Stute den Kopf in den Saal und sagte: „Tu ich dir einen Gefallen, tust du mir einen, nun laß mich mit meinen Schimmel über die Steppe springen."

Sprach die Prinzessin: „Erst wollen wir in die Kirche reiten; ihr müßt noch warten."

Und nach einer Zeit kam die Stute wieder und hielt ums Fortgehen an.

Sprach die Prinzessin: „Erst wollen wir auf die Jagd reiten; ihr müßt noch warten."

Da warteten sie abermals eine Zeit, der Schimmel und die Stute, und standen nebeneinander im Stall und trabten nebeneinander her, und nach einer geraumen Zeit kriegten sie ein Füllen, das war schwarz und weiß gefleckt und war ein Mohrenschimmelchen.

Da sprach die Prinzessin: „Nun könnt ihr auf die Steppe springen. Aber das Mohrenschimmelchen bleibt hier, darauf soll mein Söhnlein reiten, wenn ich eins habe."

Da gingen sie miteinander aus dem Stall und wollten zum Tor hinaus und über die Steppe springen. Aber da wandte die Stute wieder um und konnte nicht von ihrem Mohrenschimmelchen fort, und der Schimmel wandte wieder um und konnte nicht von seiner Stute fort. Und blieben in der Stadt und trugen goldene Zäume, mußten sich nach der Freiheit sehnen und konnten doch nicht hinaus. Und ihre Kinder und Enkel und Urenkel, das waren lauter Mohrenschimmel, und keiner kam mehr auf die weite Steppe, und tragen alle Zäume, und wird keiner mehr frei."

Da sah das Pferd vor sich hin und hängte den Kopf.

„Das ist eine schöne Geschichte, aber sie ist ein bißchen traurig", sagte das Kind; „weißt du keine andere?"

„Nein, aber sag sie meinem Füllen nicht, das weiß noch nichts davon."

Da ging das Kind weiter und kam an einen alten Holunderbaum, der hängte seine Zweige bis auf die Erde, und es setzte sich unter sein grünes Dach und sagte: „Holunderbaum, weißt du mir keine Geschichte? Aber wenn's sein kann eine lustige."

„Eine Geschichte weiß ich wohl", sagte der Holunder. „Sie ist mir sozusagen aus dem Leib geschnitten. Aber natürlich mag man nicht gern, daß dergleichen unter die Leute kommt. Wenn du sie nicht weitersagen willst, so will ich sie dir wohl erzählen."

Sprach das Kind: „Ich will sie nicht weitersagen."

Sprach der Holunder: „Das ist nun so hundert Jahre her, da war ich noch ein junger Baum. Da kam ein Bauernjunge gegangen, der hatte ein lustiges Gesicht und braunes Kraushaar, so wie ich's gern leiden mag, und pfiff vor sich hin. Machte nicht lange Federlesens, zog ein Messer aus der Tasche und schnitt mir einen schönen Ast ab. „Halt, du," sagte ich, denn das Ding tat weh. Aber er hörte nicht darauf, setzte sich ins Gras und fing an zu schnitzeln und schnitzelte aus dem Mark, das in dem Ast war, ein possierliches Männchen, das hatte einen großen Kopf und eine mächtige Nase im Gesicht und dazu ein kleines Körperlein. Das ließ er sich auf der Hand tanzen, und es fiel alle Augenblicke auf die Nase, weil es der Kopf vornüberzog, und stand ebenso oft wieder von selber auf. Da hatten wir beide unseren Spaß, der Bauernjunge und ich, denn das Männchen war doch Mark von meinem Mark, das ging mich wohl etwas an. Sprach der Bauernjunge: „Ich wollt', er wär' lebendig und könnte in die Welt hinaus und etwas erleben, wenn auch nur sieben Tage lang."

Da reckte und streckte sich der Stehauf und wuchs vor meinen Augen und hüpfte dem Jungen von der Hand, wurde ein Männlein von artiger Größe, schnitt eine Grimasse wie ein Nußknacker und sprach: „Ich bedank' mich, und heut über sieben Tage komm ich wieder." Sprach's und purzelte davon, fiel auf die Nase, stand wieder auf, fiel wieder hin, stand wieder auf und kam so mit Fallen und Aufstehen aus unseren Augen.

Es war aber am Morgen der Bauernjunge auf eine Wunschwurzel getreten und wußte es nicht, und da war ihm sein erster Wunsch dieses Tages in Erfüllung gegangen.

Der Stehauf aber kam in eine Stadt und purzelte so über den Markplatz hin. Da fingen die Schusterjungen an zu lachen, und der dicke Bäcker, der unter der Haustür stand, lachte, daß er sich den Bauch halten mußte, und es lachte der Schweinehirt, der am Austreiben war, und der Henker, der einen Schelmen henken wollte, und der Amtmann, der am Rathausfenster stand und eben eine Prise nehmen wollte. Da lachte die ganze Stadt, und als das die verdrießliche Tochter des reichsten Mannes in der Stadt hörte, da trat sie ans Fenster und wollte sehen, was es gebe, und sie mochte wollen oder nicht, sie mußte lachen und lachte noch, als ihr Vater heimkam. Sie hatte aber in Jahren nicht gelacht: das machte, sie hatte als kleines Kind in einen Essigtopf gerochen, da hatte sie ein saures Gemüt bekommen. Und ihr Vater hatte sie dem zur Frau versprochen, der sie zum Lachen brachte.

Da ging er hinunter und holte den Stehauf und führte ihn zu seiner Tochter und sagte: „Das ist dein lieber Mann, der soll dich alle Tage dreimal zum Lachen bringen.“

„Ach,“ sagte die Tochter zum Stehauf, „was hast du für einen großen Kopf!“

„Ja“, sagte der Stehauf, „da ist aber auch was drin.“ Sprach die Tochter: „Was ist denn drin?“ „Holundermark,“ sprach Stehauf, „das macht die Leute klug und lustig und reich.“ Sprach sie wieder: „Ach, was hast du für eine große Nase!“ Sprach er: „Ja, die Nase, die wittert das Glück auf achtzehn Meilen.“ Sprach sie: „Was hast du für ein kleines Körperlein!“ „Ach,“ sagte er, „das ist in einer

Stunde um das zehnfache gewachsen, das laß du nur, das kommt noch alles, ich bin noch jung, ich werde noch siebenmal so alt.“

Da feierten sie am selben Tage noch die Hochzeit, und als die Verwandten kamen, da sollte Stehauf sagen, wo er her sei.

„Mein Vater ist der Herr von Holunder,“ sagte er, „und meine Mutter hab ich nie gekannt. Mein Vater sitzt auf seinem eigenen Grund und Boden, und in unserer Gegend kennt ihn jedermann.“ Da schwiegen sie still, denn sie dachten, er sei ein vornehmer Herr, und sie wollten ihn nicht erzürnen.

Am ersten Tag aber, da lachte die Frau siebenmal, am zweiten nur noch sechs, am dritten nur noch fünf, und das ging so herunter bis zum siebenten. Da wollte sie nicht mehr lachen, und das saure Gemüt gewann wieder die Oberhand. Denn Stehauf wollte nicht mehr purzeln und springen, fühlte ein Ziehen und Schrumpfen in seinen Gliedern, fühlte, daß er sterben müsse. „Aber alles mit Ehren", dachte er.

Sprach zu seiner Frau: „Frau, wenn du nicht mehr lachen kannst, so bleib' ich nicht bei dir, dreimal am Tag, das ist das wenigste." Sprach sie: „Ich kann nicht lachen, du siehst mir auch so grau aus und wirst immer kleiner." Sprach er: „Das macht der Kummer über dein saures Gemüt. Ich habe mir eine lachende Frau genommen, eine verdrießliche will ich nicht. Ich will gehen und meinen Vater, den Herrn von Holunder, besuchen." Sprach's und ging, purzelte über den Marktplatz, aber nicht so flink wie vor sieben Tagen, purzelte zur Stadt hinaus und fiel auf die Nase und stand wieder auf, bis er zu meinen Füßen ins Gras fiel. Da fehlte noch eine Viertelstunde zu den sieben Tagen, die er leben sollte, das reichte gerade, um mir die Geschichte zu erzählen, und als die Viertelstunde um war, da machte er noch einen Sprung und schrumpfte zusammen und schrumpfte, bis er noch fingerslang war und so dürr wie ein Froschgerippe. Und als am nächsten Tag der Bauernjunge kam, da fand er das Ding im Grase und sagte: „Da liegt etwas, man meint, es sei ein Stehaufmännchen gewesen."

Aber ich konnte ihm die Geschichte nicht erzählen, wir sprechen nicht einerlei Sprache."

„Ach," sagte das Kind, „das war hübsch. Ich wollte, ich wüßte, was die saure Frau getan hat, als ihr Mann nicht wiederkam."

„Ja," sprach der Holunder, „das weiß ich auch nicht. Aber mein Vater pflegte zu sagen: Es muß immer noch etwas zu raten übrig bleiben."

Da ging das Kind weiter und kam an einen Morast, dabei war ein grüner Plan, da weideten die Schweine. Und eins von ihnen das lag abseits von den anderen in einer weichen Pfütze und grunzte so recht behaglich vor sich hin.

„Guten Tag Schwein", sagte das Kind. „Weißt du mir nicht eine Geschichte?" „Eine Geschichte?" grunzte das Schwein. „O ja, ich weiß wohl eine, die ist ehrenvoll für unsere Familie, aber du mußt sie nicht weiter sagen, sonst denken die Leute, daß ich groß tun wolle."

Sprach das Schwein: „Das ist schon tausend Jahre her, da lebte mein Ahn, das war der berühmte Eber mit den goldenen Borsten, dort hinten in dem Wald. Und eines Tages hatte er das Unglück, daß er sich mit den Hauern in einer Eiche verrannte und stecken blieb. Und hätte müssen elendig umkommen, wenn nicht ein Junge des Weges gekommen wäre. Der sang und pfiff und hatte einen Sack auf dem Rücken.

„Junge," rief mein Ahn, „hilf mir heraus, ich will es dir danken."

„Das kann geschehen", sagte der Junge, warf den Sack auf die Erde, tat sein Messer heraus uns schnitt rings das Holz um die Hauer meines Ahns heraus, ein Stückchen um das andere, bis er frei war.

„Sollst bedankt sein," sprach mein Ahn, „wenn ich dir einen Dienst tun kann, so komm heraus und ruf dreimal „Hiu", so komme ich und helfe dir."

„Will mir schon selber helfen," sprach der Junge, „aber man kann es freilich nicht wissen", nahm seinen Sack wieder auf und wollte weiter schreiten, da rumpelte es in dem Sack, holterdipolter.

„Wenn's nicht unbescheiden ist," sprach mein Ahn, „was hast du da drin?"

„Bürstenhölzer", sprach der Junge. „Ich bin ein Bürstenbinder, habe drei Jahre gelernt, nun will ich mein Glück suchen."

„Da, nimm drei goldene Borstenhaare von mir, die können dir Glück bringen", sagte mein Ahn. Da nahm sie der Junge und zog weiter. Und als er in eine Stadt kam, da fand er Arbeit bei einem Meister, und weil er ein geschickter Geselle war, so kriegte er die allerfeinste Arbeit zu machen. Da kam eines Tages die Königstochter, die das Land regierte, seit der alte König gestorben war, und sah den hübschen Jungen und wollte eine feine, schöne Bürste für ihr seidenes Haar von ihm gemacht haben. Da machte der Junge die Bürste, die war so zart und fein, wie man sonst keine finden konnte, und tat eine goldene Borste hinein und brachte sie der Königstochter.

Sprach die Königstochter: „Woher hast du die goldene Borste? Wo die war, müssen noch mehr sein. Mach mir eine Bürste mit zwei solchen. Machst du sie, so bekommst du hundert Goldgulden, machst du sie nicht, so laß' ich dich in den Turm werfen."

Da ging der Bürstenbinder hin und machte eine neue Bürste, da waren die zwei anderen goldenen Borsten drin, und sie war noch feiner als die erste, und brachte sie der Prinzessin.

Sprach die Prinzessin: „Wo drei sind, müssen noch mehr sein. Mach mir eine Bürste aus lauter goldenen Borsten, so sollst du mein Gemahl werden; machst du sie nicht, so sollst du sterben."

Da ging der Bürstenbinder hinaus in den Wald und rief dreimal „Hui!" Und als mein Ahn erschien und nach seinem Begehren fragte, da sprach er: „Hab ich dich vom Tode errettet, kannst du mich auch vom Tode erretten. Gib mir goldene Borsten, genug zu einer ganzen Bürste, sonst muß ich sterben."

Da rief mein Ahn alle Glieder der Familie zusammen – denn das konnte er nicht allein beschließen – und fragte: „Was wollt ihr lieber? Daß ich elendiglich in einer Eiche umgekommen wäre, oder daß ich keine goldenen Schwanzborsten mehr habe?" Da sprachen sie einmütig: „Daß du keine goldenen Schwanzborsten mehr habest." Da ließ sich mein Ahn die Borsten ausreißen, soviel man ihrer zu einer Bürste brauchte, und der Junge ging hin und machte die Bürste und brachte sie der Königstochter.

Sprach die Königstochter: „Dein Leben hast du errettet, aber mein Gemahl sollst du nicht eher sein, als bis ich sehe, woher du die goldenen Borsten hast."

Sprach der Junge: „Willst du mir's vor allem Volk geloben, daß ich dein Gemahl werde, wenn ich dir zeige, woher ich die Borsten habe?"

Da gelobte sie es vor allem Volk. Und er ging wieder in den Wald und rief meinen Ahn und sprach: „Laß mich auf dir reiten bis ins königliche Schloß. Die Prinzessin will mich nicht eher heiraten, bis sie sieht, woher ich die goldenen Borsten habe."

Sprach mein Ahn: „Was ist da viel zu besinnen? Sitz immer auf, ich trage dich hin!"

Da waren ihm die goldenen Schwanzborsten wieder gewachsen, und der Bürstenbinder steckte sich einen grünen Maien auf seinen Hut, setzte sich auf meinen Ahn und ritt ins Königsschloß. Da wurde die Königstochter zornig und sprach: „Einen Schweineritter nehme ich nun und nimmer zum Gemahl; geh hin, wo du herkommst."

Aber mein Ahn fing laut an zu grunzen und grunzte immer lauter, da lief alles Volk zusammen und stellte sich um das Schloß her und fragte, was es gebe. Und der Bürstenbinder trat vor und fragte das Volk, was man dem tun solle, der sein Versprechen nicht halte. Da sprach das Volk einmütig: „Der kann das Land nicht mehr regieren, sondern soll in den Wald hinaus geführt werden und von Eicheln leben, bis er sich bessert.“ Da führten sie die Königstochter in den Wald hinaus, und ich weiß nicht, was aus ihr geworden ist. Der Bürstenbinder aber wurde König und hielt alles, was er versprach, und was er nicht halten konnte, das versprach er nicht, und so muß man's immer machen. Meinen Ahn aber behielt er als Reittier, bis er starb, und als er starb, da setzte er einen goldenen Eber in sein Wappen, und das führen seine Nachkommen heute noch.“

Da ringelte das Schwein sein Schwänzlein und machte kleine, vergnügte Äuglein, denn es war eine Familiengeschichte gewesen, und es tat ihm wohl, dergleichen erzählen zu können.

Sprach das Kind: „Sollst Dank haben, ich möchte nur noch wissen, was aus der Königstochter geworden ist, aber da du es nicht weißt, so will ich weitergehen.“

Und es ging weiter und traf einen schönen großen Apfelbaum: „Du weißt gewiß eine schöne Geschichte. Willst du sie mir erzählen, so dank' ich's dir.“

Sprach der Apfelbaum: „Geschichten genug, alte und neue. Bei einer solch alten Familie, die bis ins Paradies zurückreicht, fehlt es nicht an Geschichten. Aber natürlich, man erzählt sie nicht jedermann. Auch bin ich nicht in der Stimmung zum Erzählen. Da hab' ich den ganzen Sommer einen Apfel gereift, der setzte sich schon von Anfang keck und vorwitzig auf die alleräußerste Zweigspitze. Da saß er und lachte ins Leben hinein, wurde rund und voll und kriegte rote Backen. Und heute morgen, da bläst mir der Wind so durch die Zweige und ich sage: „Kinder, haltet euch fest, und wenn je eins fallen will, so fallet mir hübsch nah zum Stamm, denn das gehört sich für einen wohlerzogenen Apfel.“

Aber mein Leichtsinn da oben, der tanzt mit dem Zweig hin und her und hält sich nicht fest und fällt und rollt mir den Abhang hinunter, hinunter bis an den Bachrand. Siehst du, da liegt er. Wenn ihn jemand findet, weiß kein Mensch, wo er her ist. Und so etwas ist mir zuwider. Siehst du, das ist meine Geschichte. Aber du mußt sie nicht weiter sagen. So etwas behält man gern unter sich.“

Sprach das Kind: „Ich will sie nicht weiter sagen, ich will dir den Apfel wieder holen und nah an den Stamm legen.“

„Das fehlte mir noch“, sprach der Apfelbaum. „Ich will ihn nicht mehr haben, ich schenk' ihn dir.“ „Schönen Dank“, sagte das Kind und lief den Abhang hinunter, bis es zum Apfel kam, setzte sich an den Bachrand und biß hinein. Da sprang ein Fischlein im Wasser in die Höh', das glänzte in der Sonne wie Silber und schnalzte und tauchte wieder unter. Und das Kind meinte, das Fischlein schnalze, weil es von dem Apfel wolle, biß ein Bröcklein ab und warf's ins Wasser. Da tauchte das Fischlein wieder auf, schnalzte noch einmal und sagte: „Du meinst mir's gut, Kind, aber ich esse keine Äpfel. Ein Mücklein, wenn ich's erschnappen kann, oder ein Würmlein, das taugt mir besser."

Sprach das Kind: „Warum schnalzest du denn? Weißt du mir vielleicht eine Geschichte zu erzählen?"

„Ei," sagte das Fischlein, „Geschichten, wie sie bei uns hier unten passieren. Aber die Wasserfrau hat's nicht gern, wenn man sie weitersagt, du mußt sie niemand sonst sagen."

Sprach das Kind: „Ich will sie nicht weitersagen."

Sprach das Fischlein: „Wohnt da unten in dem hohlen Stein ein Einsiedler Krebs, der ist weit herumgekommen, hat viel Schabernack getan in seinem Leben, muß nun alles büßen, hat ein Schneckenhaus an sich hängen, das muß er immer herumtragen, weiß nicht warum. Sitzt gestern abend ein grüner Frosch auf dem platten Stein, fängt an zu singen, denkt nichts böses. Kommt der Einsiedler: „Frosch, Frosch, der Stein ist mein, pack dich."

Sagt der Frosch: „Laß mich erst mein Lied zu Ende singen." Sagt der Einsiedler: „Ich zwicke dich zu Tode." Packt ihn mit den Scheren, da schreit der Frosch, was er kann. Kommt der Hecht geschwommen, der graue Sünder mit dem Moos auf dem Rücken, denkt: „Ihr seid mir gerade recht." Läßt der Einsiedler vor Schrecken sein Schneckenhaus fahren, beißt ihn der Hecht in den nackten Leib, will ihn schlucken. Schluckt und schluckt, würgt und würgt, da läßt der Krebs den Frosch los, der hüpft davon und schreit. Packt der Krebs den Hecht mit den Scheren, beißen sich beide aneinander fest, schlucken, zwicken und würgen, bis sie beide tot sind. Sind miteinander den Bach hinabgeschwommen und in den Fluß gekommen. Bleiben sie nirgends hängen, so schwimmen sie wohl ins Meer. Siehst du, darum schnalze ich, weil nun Ruhe ist vor dem Hecht."

Sprach das Kind: „Das ist eine merkwürdige Geschichte. Ich möchte wohl wissen, was nun mit dem Frosch ist."

Sprach das Fischlein: „Länger darf ich nun nicht mehr schwatzen, ich muß hinunter zu Vater und Mutter."

Ging das Kind weiter und kam an eine weite Halde, da blühte der Ginster wie Gold, und die Sonne lag darauf, und ein leiser Lufthauch wehte, und die

Schmetterlinge flogen hin und her und die Bienen summten. Und weil das Kind müde war, streckte sich's aus, hörte zu, was die Falter sich mit dem Wind erzählten und was die Hummeln summten. Nach einer Weile sagt's zum Ginsterbusch: „Ginsterbusch, weißt du mir keine Geschichte?"

„Nur eine," sagte der, „die ist bald erzählt." Aber du mußt sie nicht weiter sagen, sie betrifft jemand aus unserer Familie, das läßt man nicht gern ins Weite kommen."

Das Kind sagte: „Ich will's nicht weiter sagen." Sagt der Ginsterbusch: „Es ist die Geschichte vom Besen, der vor allen Türen kehren wollte. Da kam einmal ein Weib, das sammelte Ginsterruten, wollte Besen daraus machen und sie verkaufen. Als es genug beisammen hatte, setzte sich's hin, zog sein Brot aus der Tasche und fing an zu essen. Kam der Kobold Zizegäg aus dem Wald, machte ein frommes Gesicht und sagte: „Weiblein, gib mir ein bißchen von deinem Brot." Sprach das Weib: „Ich bin eine arme Witfrau und habe nichts zu verschenken, da könnte mir jeder gelaufen kommen."

Sprach Zizegäg: „Hast du nichts zu verschenken, so schenk' ich doch dir was. Da hast du einen Besen, der kehrt von selbst. Den mußt du nicht verkaufen, so kehrt er dir Stube und Kammer, im Haus und vor dem Haus. Geh nur hinter ihm drein und laß ihn kehren, wo er will, so wirst du schon sehen, wozu er dir nutz ist." Und gab ihr einen neuen, stattlichen Ginsterbesen.

Da ging das Weib nach Hause, verkaufte seine Besen alle bis auf den einen, den behielt es, stellte ihn vor die Tür und ging zu Bett. Und früh am Morgen erwachte es, da fuhr der Besen hin und her, polterte an die Haustür und rief: „Laß mich hinaus, hinaus."

Sprach das Weib: „Erst kehrst du hier drinnen, nachher kannst du hinaus." Da rief der Besen: „Laß mich hinaus, das tu' ich nachher." Da ließ sie ihn hinaus, und er fuhr ums Haus herum, fegte hier und da ein bißchen Schmutz zusammen, aber nicht viel, hoppelte vors Nachbarhaus und fing an zu fegen und zu kratzen. Rief dazu überlaut: „Ach, was liegt da für ein Schmutz, haufenweise und innen erst! Macht mir die Tür auf, ich will innen kehren."

Da streckte der Nachbar seinen Kopf aus dem Fenster und sagte: „Was ist das für ein Lärm? Fege jeder vor seiner Tür!"

„Ach," sagte das Weib, das hinten drein gelaufen war, „ich bin's nicht, es ist mein neuer Besen, ich kann nichts dafür." Mit dem ging der Besen weiter, wirbelte Staub auf, kratzte die Ecken aus, fegte überall scharf aus und das Weib immer hinterdrein, dachte, was es wohl für einen Lohn kriege, wenn sein Besen überall sauber mache. Und überall kriegte es Schelte genug, und einmal kam ein Spitzer heraus und zerrte das Weib am Rock, daß er zerriß.

Da kamen sie vor des Schulzen Haus, der Besen und das Weib. Da zeterte der Besen am ärgsten: „Das will der Schulz sein, und überall steubt's bei ihm und innen erst, innen! Laßt mich hinein, ich muß kehren."

Da kam der Schulze heraus, das war ein handfester Mann, und packte den Besen und sprach zu dem Weib: „Was kriegst du fürs Kehren? Jetzt sollst du deinen Lohn haben."

Und als das Weib sah, wo es hinauswollte, da lief es, was es laufen konnte, und schrie immer: „Ich bin's nicht, mein Besen ist's", und kam bis an sein Haus und schloß sich da hinein und ist nicht wieder zu uns da heraus gekommen. Zizegäg aber saß hinter des Schulzen Haus und lachte, daß es dröhnte, und als der Schulze den Besen wegwarf, da ist er

hervorgekommen und hat sich darauf gesetzt und ist darauf geritten gekommen. Das ist meine Geschichte."

„Die ist lustig," sagte das Kind, „ich möchte nur noch wissen, was das Weib jetzt in seinem Hause tut."

Aber der Ginsterbusch gab keine Antwort mehr, denn inzwischen war die Sonne hinter dem Wald hinuntergegangen, und die Falter waren fortgeflogen, und alles wurde still und wollte einschlafen.

„Kann ich hier übernachten?" fragte das Kind. Da kam der Wind geflogen und küßte und streichelte es, und ein Vöglein saß auf einem Ast und sang ihm ein Schlaflied. Und es wurde so allmählich dunkel, und als das Kind so lag und in den Himmel sah, da glänzte fernher ein Sternlein, lieblich und milde.

„Sternlein, weißt du mir eine Geschichte?" fragte das Kind.

„Erst mußt du einschlafen", sagte der Wind. „Die Sterne, die können ihre Geschichte nur im Schlaf erzählen."

Da schlief das Kind ein, und als es schlief, da wurde das Sternlein größer und größer und senkte sich herab, und als es auf der Wiese stand, da war es des Kindes Mutter, die im Himmel wohnte, und küßte und liebkoste es und sagte: „Warte noch ein Weilchen, mein armes Kind. Im Himmel, da erzähl' ich dir

Geschichten, die sind noch tausend-tausendmal schöner als alle zusammen, die es hier unten gibt."

Und das Kind lächelte im Traum und lächelte noch, als es am Morgen erwachte, da standen sein Vater und die Muhme und die Nachbarsleute rings umher und schalten und sagten: „Gottlob, daß es da ist! Es hätte den Tod haben können, so ganz allein da draußen. Wie ist es nur hinausgekommen?"

Da ließ es sich still nach Hause führen und saß wieder in seinem Eckchen und sah vor sich hin und lächelte und verlangte nicht mehr nach den Geschichten der Muhme, denn es erzählte sich selbst immer wieder aufs neue, was es draußen gehört hatte, das war ihm auf lang hinaus genug. Und die schönste Geschichte, die sollte ja noch kommen.

„Blöd' ist es auch noch geworden," sagte die Muhme, wenn sie es immer lächeln sah, „das ist vom Draußenschlafen. Wenn's nur seine Mutter bald holen wollte."

Aber die Muhme wußte ja nicht, was das Kind erlebt hatte, denn es konnte es ihr nicht sagen, und wenn es gekonnt hätte, so hätt's nicht gedurft. Denn Versprechen muß man halten, das sieht man an der Geschichte vom Eber mit den goldenen Borsten.

Inge, die Möwe

Von

Helene Freifrau von Schrötter

Weit draußen in der Elbmündung liegt eine schmale Sandbank, die bei Ebbe hoch aus dem Wasser ragt.

Dort lagen an einem Nachmittag im Hochsommer ein großer, dunkelgrauer Seehund und mehrere junge Hunde im silberglänzenden Fell und sonnten sich.

Der Tag war schön, der Strand warm, kein Jäger in Sicht, also war die ganze Gesellschaft guter Laune.

„Erzähl uns doch was, Gevatter," baten die jungen Seehunde, „du hast so viel von dem Leben und den Menschen gesehen. Du mußt doch wundervolle Geschichten wissen!"

„Wie alt bist du eigentlich?“ fragte der jüngste Seehund, der immer ein bißchen fürwitzig und neugierig war.

Der alte Seehund mit den langen Barthaaren, die wie spitze Nadeln um seine Schnauze standen, ließ sich erst ein Weilchen bitten.

„Uralt bin ich, uralt und ewig muß ich noch die Flut durchkreuzen. ... Viel erlebt habe ich wohl, und erzählen könnte ich schon. Wißt ihr eigentlich, daß ich einmal in meinen Leben zu etwas nütze gewesen bin und beinahe erlöst worden wäre?“

„Ach, fang doch endlich an!“ rief der fürwitzige junge Hund, und die andern rollten sich schwerfällig näher, um ja kein Wort zu verlieren.

Der alte Seehund lugte mit seinen traurigen, sprechenden Augen, die wie die Augen aller Seehunde den Blick von Menschen hatten, hinauf auf das glitzernde Meer, legte sich auf die Seite, daß die warmen Sonnenstrahlen seinen alten Rücken wärmten, und begann:

„Ihr habt doch gewiß schon einmal gehört von den zahlreichen Möwenscharen, die zur Winterzeit weit her von der See und der Marsch, von den Elbinseln und den Sümpfen herein gezogen kommen in die alte, vieltürmige Hansestadt Hamburg?

Dort fütterten sie mildtätige Herzen und offene Hände auf der schönen Promenade an der Alster am neuen Jungfernstieg.

Pfeilschnell fliegen die zutraulichen Tiere hin und her. Sie kreisen in ununterbrochenem Flug über den Häuptern der zuschauenden Menge und erhaschen in rasendem Dahinsausen gewandt den Leckerbissen, den ihnen die Vorübergehenden zuwerfen. Wie Silber leuchtet das weiße Gefieder gegen den blauen Himmel.

Von diesen schlanken, weißen Möwen, deren Flügelrauschen klingt, wie wenn der Frühlingswind sich aufmacht zum Tanz, will ich euch etwas erzählen.

Es war einmal ein mächtiger Deichgraf, der herrschte weit über das friesische Land, über Marsch und Strand bis dahin, wo die Wellen der Nordsee schäumend das grüne Land umschmeicheln.

Weit ragte sein Besitz, und seine Sensen surrten auf grünen Wiesen, und auf seinen Äckern wogte goldne Saat. Er war ein schwerreicher Mann. Aber sein größter Reichtum war seine Tochter Inge, eine gar schöne Jungfrau, schlank und hochgewachsen, wie echte Friesinnen sind. Ihr Haar gleißte und glänzte in der Sonne wie eitel Gold.

Der Deichgraf war ein ernster Mann, der wortkarg seinen Geschäften nachging und den nur selten ein Mensch lächeln sah, denn auf ihm lastete seit Jahren eine große Angst und Sorge:

Das Elbweib, die große, mächtige Wasserfee des Elbstroms – die ihr Jungen freilich nicht so kennt wie ich – zürnte ihm, und ihre Macht war so groß und reichte so weit, daß er beständig auf seiner Hut sein mußte.

Vor langen Jahren, als er noch ein schmucker, junger Bursch gewesen, da war ihm eines Abends im Frühling, als der Vollmond die Fluten des Flusses mit seinen Strahlen in flimmerndes Metall verwandelte, ein wunderschönes Weib begegnet. Glitzernde Perlenschnüre hielten das feuchte, blonde Haar, in dem blasse Wasserrosen nickten, und grüne Schleier wehten um die schlanken Glieder.

Das Weib hatte ihn gebeten, sie hinauszurudern in den silbernen Mondschein, dorthin, wo das flimmernde Wasser sich einte mit dem leuchtenden Himmel.

Ihn aber hatte ein Grauen erfaßt, als die kalte Hand des Weibes sich beschwörend auf die seine legte, und er war davongeeilt, und hatte den Spruch gegen die bösen Geister vor sich hingemurmelt, der am Roland auf dem Markt eingemeißelt stand:

„Alle guten Geister
Loben Gott den Meister „ ...

Scheu nur hatte er sich umgeblickt. Da war die ruhige Flut auf einmal in Aufruhr. Laut schlugen die weißköpfigen Wogen auf den gelben Strand, und eine große, mächtige Welle rauschte in weitem Bogen von der Stelle zurück, auf der das Wasserweib mit den Wasserrosen eben mit ihm gesprochen.

Und seit diesem Augenblick hatte der Deichgraf eine unüberwindliche Abneigung gegen das Wasser. Wo er konnte, ließ er Dämme aufrichten gegen die nagende Flut und ließ Land aufschütten und drängte das gierige Naß zurück in sein eigenes Reich. So gewann er dem Festland gar vielen urbaren Boden, der herrlich trug; denn die Wasser hatten ihn jahrhundertelang gedüngt.

Aber sein Haus baute er weitab von der Elbe: drinnen zwischen der jungen Saat, wo der Blick auf einem Meer von wogenden Ähren ruhte. Und seinem Weib und seiner Tochter verbot er aufs strengste, gen Westen zu gehen, wo der Boden sich zum Strand senkte. Denn er fürchtete der Elbnixe Zorn gegen seine Sippe. Die Elbnixe hatte laut getobt und gerast, als sie an jenem Abend von dem Erdensohn verschmäht worden war.

Die Bewohner der Elbufer, die wackeren Fischer von Övelgönne und Blankenese, die Schiffer von Schulau und die Deichbauern drüben in den alten Landen hatten ihren Zorn gefühlt. Laut auf hatte die Stimme der Elbe begehrt gegen den erlittenen Schimpf. Den Sturm hatte sie herbeigerufen, den finsteren Gesellen. Der gürtete sich rasch und sprang auf den weißen Kamm des Wellenrosses und jagte gegen die Ufer. Laut schallte sein gellendes Lachen über die tobenden Fluten, und die erschrockenen Strandbewohner schürten das Herdfeuer und drängten sich um das Licht der Flamme und suchten einer am anderen Rat und Stütze. – Die Elbe aber rauschte hinunter nach dem Meer, stürzte sich in die Arme des Meergottes, der sie schon lange in heißem Flehen umworben hatte, und unter dem donnernden Brausen der Brandung feierte das Elbweib die Vereinigung mit dem Meergott.

Noch heute wissen die Menschen zu erzählen von den Schrecken jener Nacht, wie das wilde Meer dahingebraust sei auf den Flügeln des Nordwindes und wie die wogende, brauende Wasserfläche alles Land weithin überschwemmt habe.

Jahrzehntelang rang der Deichgraf in stetem, stillem Kampfe mit dem Elbweib und dem Meergott und gewann ihnen allmählich immer mehr Land ab in emsiger Arbeit.

Inge, des Deichgrafen einziges Kind war heimlich versprochen mit einem jungen Schiffer, der mit seinem Ewer, der „Angelica“, die seltenen Zwiebelgewächse und die Reisfrucht des fernen Japan aus Holland nach Hamburg brachte.

Bei dem Hünengrab auf der Heide, als das Osterfeuer brannte, hatte sie ihn kennen gelernt, und wie der „heilige Brand“ aufflammte und leuchtete weit durch das Land, da war auch die Flamme der Liebe eingezogen in ihr Herz.

Sie gelobte, ihm zu folgen hinaus in die weite Welt, und er schenkte ihr einen goldenen Reif, den sie fortan am Arme trug.

Aber dem Deichgrafen hatten sie noch nichts gesagt von ihrem Verspruch, denn sie wußten, daß er gegen das Wasser war und einen seebefahrenen Mann nicht als Tochtermann haben wollte.

Seben Dierks aber – so hieß der junge Schiffer – wußte gar wundervoll zu erzählen von der schmeichelnden Flut, die seinen Ewer so gefällig an die friesische Küste brachte, und von den grünen Wogen der Elbe, deren jede einzelne ihr weißes Schaumkrönlein so stolz trug. Inge wurde nicht müde zuzuhören.

Eines Tages übermannte sie die Sehnsucht, diesen grünen, schweren Ewer zu sehen mit seinen rostbraunen Segeln, die wie mächtige Flügel über dem trägen Kahn in den Lüften flatterten. Heimlich stahl sie sich von ihres Vaters Hof. Hin durch die Fluren eilte sie immer dem Winde entgegen, der sie mit kühlem Salzhauch grüßte und ihr zurief: „Komm, ich führe dich, ich führe dich!" – Und wie sie so atemlos die sandige Anhöhe erklommen, da lag sie vor ihr, die breite Wasserfläche der Elbmündung. Kecke Sonnenstrahlen tanzten auf der Flut, und das Wasser blitzte und blinkte so wunderbar, wie Inge noch nie etwas gesehen. Hunderte von leuchtenden Edelsteinen schienen über das Wasser gestreut zu sein. Gar nicht losreißen konnte sie sich von dem Anblick. Das war also das Wasser, von dem ihr Seben so begeistert gesprochen und das ihres Vaters Verbot ihr so gefahrdrohend geschildert! Der Vater mußte sich irren, vielleicht hatte er nie diese goldene Flut gesehen! Gleich heute abend wollte sie ihm davon erzählen. – –

Weiter aber kam Inge in ihren Plänen nicht. Ihr Ungehorsam gegen des Vaters Verbot wurde furchtbar an ihr gestraft. Jahrelang hatte der Deichgraf sie von dem Machtgebiet des Elbweibes entfernt gehalten. Und nun war sie in ihren Bannkreis gekommen und war ihr verfallen."

Der Seehund hatte sich warm geredet und tauchte seinen spitzen, kleinen Kopf erst einmal in die Flut und schüttelte ihn, daß das Wasser weithin spritzte, ehe er fortfuhr:

„Dort, wo noch eben die schöne Friesin gestanden, flatterte in unsicherem, ängstlichem Flug eine kleine, weiße Möwe, das Köpfchen zitternd in den silbernen Federn versteckend.

Weit draußen im Meer, wo die grünen Wasser des Elbufers sich vermischen mit den grauen Wellen des Meeres, ragt ein zerklüftetes Eiland aus den Fluten, das „hyllige Land", von dem der Volksmund singt:

Rot ist die Kant'
Grün ist das Land,
Weiß ist der Sand –
Das sind die Farben
Von't hyllige Land.

Das habt ihr jungen Seehunde doch schon einmal aus der Ferne liegen sehen, wenn ihr zum Heringsfang ausgezogen seid?

Also denkt euch, das war in alten Zeiten das Schloß des Elbweibes, wo es mit dem Meergott hauste. Die roten Klippen, die ihr heute noch seht, das waren Riesen, die als Wächter bestellt waren. Und heute noch könnt ihr ihre Gesichtszüge im Stein erkennen.

Diese Wächter verkündigten dem Elbweib das Nahen der Schiffe, und je nachdem die Schiffer der Elbe genehm oder unlieb waren, ließ sie dieselben mit ruhigem Wasser in die Elbmündung ziehen, oder sie machte sich auf und eilte mit dem Sturm herbei und türmte ihnen schwere Wogen vor den tiefgehenden Kiel.

Dort, auf dem „hylligen Lande“ war fortan Inges, der Möwe, Heimat. Von hier aus sandte sie das Elbweib als flinke Botin hin zu den Nixen des Alsterflusses, der durch die alte Hansestadt Hamburg zieht, zu den Wasserjungfern, die in der Elbe und in der Lühne hausten, und ihnen allen mußte sie Bescheid und Botschaft von der Herrin bringen, wenn es galt, Schiffe zu geleiten oder zu verderben oder sie gar vor mir zu warnen, wenn ich von meiner Hallig manchmal eine kleine Vergnügungsfahrt in die Elbe antrat.

Ihr wißt ja, die lustigen, kleinen Nixlein wollen von uns plumpen Gesellen nicht viel wissen!

Seben Dierks aber war traurig, als das Verschwinden seiner Inge im Lande bekannt wurde, und der Deichgraf ließ Tag für Tag ausschellen durch den Dorfschullehrer, daß er einen Goldgulden jedem gäbe, neben freien Essen für ein ganzes Jahr, der ihm Nachricht von dem Verbleib seines Lieblings geben könne.

Aber so viele sich auch einbildeten, etwas zu wissen, und ganze Geschichten erdachten, immer erwies es sich, daß niemand etwas Ernstliches wußte. Der Deichgraf wurde immer verschlossener und hatte an nichts mehr Freude, und als eines Tages eine schneeweiße, kleine Möwe um das strohbedeckte Giebeldach flatterte und sich auf das Fenstersims niederließ, ängstlich mit den

Flügeln schlagend und klagende Töne ausstoßend – da scheuchte er das zierliche Tierchen mit rauher Hand weg, nicht ahnend, daß er damit sein Liebstes von der Schwelle vertrieb.

Seben Dierks aber fuhr weiter auf dem Wasser mit seinem breitbauchigen Ewer – der „Angelica" – dem die Wogen nicht so leicht Schaden antun konnten, denn er war arm und mußte sich sein Brot selbst verdienen. Und immer, wenn er von Holland an der Küste entlang nach der Elbmündung steuerte, und das „hyllige Land" in Sicht kam, dann kam pfeilschnell durch die Luft eine schneeweiße Möwe und setzte sich auf den Klüverbaum und sah mit aufmerksamen Augen zu, wie er die Segel zum Winde stellte. Und die ganze Reise elbaufwärts blieb die kleine Gefährtin ihm treu; nur dann und wann flatterte sie auf kurze Zeit davon, um am Ufer den Nixen Botschaft zu bringen, daß sie die „Angelica", den grünen Ewer, verschonen möchten mit ihrem neckischen Spiel.

Seben Dierks aber hatte die gefiederte Begleiterin bald lieb gewonnen. Er gab ihr Fische, die der Bootsjunge mit dem Netz fing, und freute sich, wenn die weiße Möwe sie verspeiste und mit ihrem kleinen Köpfchen so zierlich zu ihm hin grüßte, als wollte sie sagen:

„Schönen Dank, schönen Dank." Fuhr der Ewer, nachdem er seine Ladung gelöscht, wieder seewärts, flugs kam wie ein Blitz die silberne Möwe durch die Lüfte, setzte sich auf den Klüverbaum und flog erst langsam, zögernd, ängstlich mit den Flügeln schlagend davon, wenn die rote Kant' in Sicht kam!

Aber eines schönen Tages kam Inge zu spät heim nach dem Seeschloß. Sie hatte ihren Seben elbaufwärts begleitet. Das Elbweib zürnte gar sehr und gab der armen Möwe gar böse Worte. Von der Krähe, dem Unglücksvogel, der immer auf andere Vögel hackt und ihnen nichts gönnt, hatte sie gehört, daß Inge ihren Verlobten auf seiner Fahrt begleitet hatte. Und wenn die Elbe zürnt, dann rast sie auch, das wissen wir Seehunde ja auch. Wild auf schäumt sie im Zorn, daß die Schiffe tanzen wie Nußschalen und die Leute am Ufer ihr Hab und Gut zu bergen beginnen. Hochwasser! Horch, wie das donnert und stürmt! Im Eillauf stürzen die Wellen mit ihren Schaumköpfen heran, eine will flinker sein als die andere, sie überstürzen sich, daß der weiße Gischt hoch aufspritzt, wie ein Springbrunnen! Wie gewaltige Rosse rauschen die Wogen heran – ihre weißen Mähnen zerflattern im Winde – hoch auf den gelbweißen Sand leckt die

Wasserflut. Ja, machtvoll ist das Wasser! Was ihm in den Weg kommt, reißt es nieder!

Inge hatte kaum die Absicht des Elbweibes, ihren Geliebten zu vernichten, gemerkt, als sie trotz Dunkelheit und Sturm dahinflog, um ihn zu warnen. Auf der Höhe von Neumühlen erkannte die arme Möwe endlich die Lichter des auf- und abschwankenden Ewers. Schwer rollte er von einer Seite zur anderen, und die wütenden Fluten ergossen sich in Sturzseen über die Reling.

Inge flog auf ihren alten Platz am Klüverbaum. Seben Dierks stand in hohen Wasserstiefeln und gelben Ölzeug breitspurig auf dem Verdeck. Das brave Schiff wehrte sich, so gut es konnte, gegen die Fluten.

Als er die treue Möwe erkannte, flog der Sonnenschein eines Lächelns über sein bekümmertes Gesicht. „Na, bist all wedder da, min lütt Vagel! Na, heut ist es ungemütlich, min söte, kleine Deern, was willst du heute hier? Flieg lieber schnell ans Land!“

Aber die Möwe flatterte ängstlich hin und her und zeigte ihre Unruhe so deutlich, daß Seben aufmerksam wurde. Sie ruhte nicht wie sonst auf ihrem Lieblingsplatz, sondern flog landeinwärts und wieder zurück zum Kahn, setzte sich auf des Schiffers Schulter und schlug das glitzernde Gefieder ängstlich zusammen. Kopfschüttelnd schaute Seben dem Treiben des kleinen Tierchens zu.

„Willst mich wohl warnen, du Sturmvogel?“ fragte er. Die Möwe stieß den gellenden Schrei aus, der den Möwen eigen, und nahm ihren Flug hinüber nach Övelgönne, wo in den Fischerhäuschen die Lichter winkten. Eine aufkommende Bö stieß schwer in das Großsegel, und das Brausen und Toben des Sturmes nahm überhand.

Mitten in der Dunkelheit sah Seben die weißen Flügel flattern.

Er riß das Ruder herum und ließ das Schiff platt vor dem Winde auf das Ufer laufen.

Kaum hatte er dies gefahrvolle Manöver ausgeführt, so setzte sich die weiße Möwe wieder auf ihren Platz auf seiner Schulter.

„Nun bist du zufrieden, daß ich dir folge?“ Die Möwe nickte lebhaft mit dem zierlichen Köpfchen, flog dann wieder auf, mitten im Sturmgebraus die Richtung auf das Ufer zeigend.

Von der Flut getragen, schob sich der breite Ewer auf den Sand, Seben sprang hinaus und vertäute das Boot.

Die Möwe blieb jetzt ganz ruhig auf seiner Schulter sitzen und folgte, sich an ihn schmiegend, allen seinen Bewegungen. „Bist mir ja zur Retterin geworden, du schlanker Seevogel", sagte Dierks und streichelte ihr Gefieder. Und der Vogel sah ihn so verständnisvoll an, daß Dierks, den Kopf schüttelnd, vor sich hinbrummte: „Nun sag einer, daß Vögel nicht vernünftig wie Menschen sind. Meine Silbermöwe hat mehr Verstand als manches zweibeinige Getier, das unter uns einhergeht."

Es war die höchste Zeit gewesen, daß Dierks sich ans Ufer rettete; die Flut raste hinter ihm her, daß ihm Hören und Sehen verging und sein Ewer wankte, und die Wellen versuchten immer wieder, ihn mitzureißen, aber die schwere Ankerkette hielt den Elementen stand.

In dem kleinen Fischerdorf Övelgönne, dessen Häuschen wie Vogelnester an dem steilen Elbufer angeklebt sind, fand Seben mit seiner seltsamen Begleiterin freundliche Aufnahme und blieb auf das Zureden der Schiffer in dem Fischerdorf. Da er des Elbweibs Launen jetzt fürchtete, verkaufte er seinen Ewer an einen Lotsen und tauschte dafür ein kleines Häuschen ein, das in halber Höhe am hohen Ufer lag und zu dem eine ganze Kette von steilen Stufen emporführten. Aus den Fenstern konnte er sein geliebtes Wasser sehen. Rote Schindeln deckten das Dach, und hellgrün blinkten die Fensterläden. Und in seinen Fenstern standen gar mancherlei Raritäten, die er aus dem fernen Holland mitgebracht hatte: bunte Kacheln und Muscheln und selbstgeschnitzte Schiffchen, so kunstvoll und fein, daß alle Vorübergehenden stehenblieben und seine Fenster betrachteten. In diesem Häuschen hauste nun Seben mit seiner lieben Möwe. Sie flog frei umher, setzte sich zierlich auf den Tisch, wenn er speiste, und schaute ihm aus klugen Augen zu, wenn er im Hause herumhantierte. Ging er frühmorgens, ehe der Tag dämmerte, nach Neumühlen in Tagelohn, zu dem Bootsbauer Krüger, so begleitete ihn die treue Möwe und flog dann eilig zu dem Berghäuschen zurück und hütete das Haus. So lebte Seben in steter Arbeit. Seine Gedanken wanderten aber täglich zu Inge, und es verging kein Tag, wo er nicht hoffte, Kunde von ihr zu bekommen.

Kam ein Händler durch das Fischerdorf – die fahrenden Leute waren damals noch die Überbringer aller Nachrichten – so ließ Seben alles im Stich und eilte, Neues zu hören, aber er vernahm auf all sein Fragen nur, daß der Deichgraf ein finsterer Mann geworden sei und das niemand im Marschlande je wieder Schön-Inge gesehen habe.

Die Möwe war Sebens einzige Freude, und er gewöhnte sich so daran, mit dem lieben Tierchen zu sprechen, als sei es ein Mensch, daß ihn seine Nachbarn im Spott den „Vogelnarr“ nannten.

Eines Tages, als sie ihn wieder neckten und hänselten, rief er aus: „Und meine Möwe ist doch zehnmal klüger als ihr. Wenn sie nur sprechen könnte, da solltet ihr mal hören, wie gescheit sie ist.“

„Wenn's weiter nichts ist,“ meinte Jakob Extra, Dierks' nächster Nachbar, „dem kann ja abgeholfen werden!“

„Was meinst du damit?“

„Trag doch deinen Schatz einmal nach Teufelsbrück zur Strandmutter –“

„Wohin? Nach Teufelsbrück?“

„Nun ja, du kennst doch den Weg, hier immer weiter den Strand elbabwärts, bis du nach dem Quellental kommst, von wo sich ein kleiner Bach in die Elbe ergießt. Die Gegend heißt Teufelsbrück, weil früher da des Teufels Baumgarten gestanden, und dort in dem Borkenhaus unter der Rüster wohnt die Strandmutter.“

„Wer ist denn eigentlich die Strandmutter?“

„Ist es möglich, du kennst die Strandmutter nicht? Die Strandmutter ist eine gar weise Frau. Die sagt Wind und Wetter voraus, und wenn die Elbe heult und schäumt, dann steht sie am Ufer, und ihr schneeweißes Haar flattert im Sturm, und mit ihrem Krückstock macht sie den Wellen ein Zeichen, daß sie zurückfließen und ihren Fuß nicht netzen.“

„Und was soll die Strandmutter mit meiner Möwe machen?“

Jakob machte ein pfiffiges Gesicht, schaute sich vorsichtig um und sagte leise: „Strandmutter kann hexen, sie macht die Kinder gesund und heilt die Kranken und Siechen, und es heißt sogar, daß sie den Vögeln das Zungenband löst, daß sie sprechen können wie wir Menschen.“

Seben war Feuer und Flamme für den Rat und machte sich noch desselben Abends auf! Wie herrlich wäre es, wenn seine treue Gefährtin reden und er mit ihr plaudern könnte von seiner Inge! Wenn er jetzt ihr erzählte, wie schön sie gewesen und wie lieb sie ihn gehabt hatte, und dann sagte: „Ja, eine Inge, die vergißt man im ganzen Leben nicht“, dann lachte die Möwe nur gellend: „Hahahaha!“ und Dierks schalt: „Spottlustiges Tier“, bis ihm einfiel, daß ja die Möwen keinen anderen Laut von sich geben können als das häßliche Lachen, das so gar nicht paßt zu ihrem hübschen, zierlichen Aussehen.

Als er zur Strandmutter kam, war sie gerade beschäftigt, ihre Abendsuppe aus Rapunzeln und Hopfenkeimchen, die sie im Wald gesammelt, zu kochen. Ein gar lieblicher Geruch von Frühlingskräutern zog durch den Raum.

„Schön guten Abend“, sagte Dierks höflich – denn wenn man von jemand etwas erbitten kommt, ist man immer höflich – und machte einen Kratzfuß. „Würde die geehrte Strandmutter meinem Vogel hier wohl das Zungenband lösen wollen? Viel kann ich ihr dafür nicht geben, aber dieser Sack mit Reis, den ich von Holland mitgebracht, soll ihrer sein.“

Die Strandmutter sah durch ihre große Hornbrille, die aus dem Zahn eines Walrosses geschnitzt war, Seben aufmerksam an und ließ sich des langen und breiten erzählen, wie es ihm ergangen war, und betrachtete währenddessen das Tierchen, das sich wieder auf Sebens Schulter niedergelassen hatte. „Das Eure Möwe keine gewöhnliche Möwe ist, sehe ich auf den ersten Blick“, sagte sie; „seht doch das gelbe Ringlein hier um den Fuß Eurer Gefährtin. Das hat keine andere Möwe. Ist Euch das noch nicht aufgefallen? Eure Möwe ist sicherlich ein verzauberter Mensch, der an der Stelle einen Goldring trug, und Gold kann man wohl verzaubern, aber eine Spur hinterläßt es immer.“

„Meine Möwe eine verzauberte Prinzeß, meint Ihr?“ Seben sprang vor Erstaunen auf. Die Möwe schlug wie zustimmend mit den Flügeln hin und her. „Da löst ihr nur flink das Zungenband, damit sie uns erzählen kann, wer sie ist.“

Die Strandmutter humpelte nach einem kleinen Wandschrank, der neben der Feuerstelle hing. Da kramte sie zwischen allerlei Dosen und Schächtelchen umher, und Seben sah es manchmal blitzen und funkeln, als ob da Messer und Klingen verwahrt wären. Endlich hatte sie gefunden, was sie suchte. Seben mußte die Möwe zwischen die Knie nehmen, die geduldig still hielt und mit ihren Augen die beiden abwechselnd in heißem Flehen ansah, als ob sie begriffe, was ihr bevorstände.

Die Strandmutter hielt mit einer Hand den Schnabel auf, zog die kleine Zunge heraus, und blitzschnell machte sie mit einem winzigen Messerchen einen Schnitt durch das kleine Hautbändchen, das die Zunge des Vogels festhielt. Ein einziger roter Blutstropfen viel auf das weiße Gefieder und leuchtete dort wie ein Rubin.

Die Möwe aber machte sich mit einem Flügelschlag frei aus der Gewalt des erstaunten Seben, flatterte voll Lust in dem engen Raum hin und her und rief dabei. „Dank Euch, gute Strandmutter, und Dank dir, mein treuer Seben, ihr habt mir die Sprache wiedergegeben; ich bin Inge, die das Elbweib verzaubert hat an dem Tage, als ich ausging gegen des Vaters Verbot, um den Elbstrom und dein Schiff zu sehen."

Nun hättet ihr die Freude von Seben sehen sollen!

Fast hätte er das zierliche Tierchen zerdrückt vor Entzücken: er war nahe daran, der Strandmutter vor lauter Seligkeit und Dankbarkeit um den Hals zu fallen. Doch erinnerte er sich glücklicherweise noch im letzten Augenblick an ihre Haut, die wie Leder aussah, und an die Mütze aus Otternfell, die nach Tran duftete.

Glückselig machte er sich mit seiner Möwe auf den Heimweg. Aber er war noch keine zehn Schritt gegangen, da fiel ihm ein: „Du hast ja vor lauter Freude vergessen, zu fragen, wie du Inge aus dem Möwengefieder erlösen kannst."

Und er fragte Inge, die Möwe, aber die konnte sich auf nichts besinnen. Sie wußte nur, daß eine mächtige Welle sie bei ihrer Verzauberung überflutet und betäubt hatte, und das sie sich beim Erwachen im Wasser im Bilde als Möwe erblickt hatte.

Sofort kehrten sie nun um nach der Strandmutter Borkenhaus. Nachdem ihr Seben seinen neuen Kummer geklagt hatte, sagte die Alte kopfschüttelnd: „So sind nun die Menschen! Immer wollen sie mehr haben! Statt daß du nun hübsch dankbar bist, daß deine Möwe sprechen kann, kommst du schon wieder mit einem trübseligen Gesicht! „Na, na", beschwichtigte sie, als Seben auffahren wollte, „man immer tranig Blut, das bekommt am besten. Ich kann dir leider nicht helfen, mein guter Junge, denn die Künste der Strandmutter sind gar gering. Aber soviel höre: gerade als du weggingst, hat mir die Krähe, die bei mir ihr Nest hat, ins Ohr geraunt, daß du von einem Seehund das Mittel erfahren wirst, durch das du deine Inge erlösen kannst. Dieser Seehund war der Diener des Elbweibes und wurde von ihm zu allerhand Diensten herbeigezogen. Nun ist er gefangen worden, und sein Herr zieht auf den Jahrmärkten im Land herum und läßt ihn für Geld sehen. Von diesem Seehund kannst du Näheres hören. Und das nimm zum Zeichen, der Seehund, der die Hilfe bringen kann, ist auch einmal verzaubert worden und trägt auch einen feinen, goldgelben Strich am Vorderfuß.“

Seben dankte der Strandmutter von Herzen und machte sich auf den Weg. Er legte die grünen Fensterläden vor die Fenster seines Häuschens, riegelte die Tür zu, nahm die Möwe unter seinen Arm und wanderte, seine ganze Barschaft von 5 Hamburger Schilling im Brustbeutel, elbaufwärts nach Hamburg. Dort waren auf dem Berg gar viele Schaubuden mit fremden Getier, Schlangen aus dem heißen Indien und bunt schillernde Papageien. Dicke, schwerfällige Schildkröten watschelten im Käfig, wo das Lama, Robinsons braves Haustier, zu sehen war. An all diesen Buden schlich Seben vorbei und spähte nach dem Seehund mit dem goldenen Streifen um die rechte Vorderflosse. Und wenn er mutlos wurde, dann flüsterte die Möwe ihm zu: „Nur Geduld, nur Mut!“ Ganz leise sagte sie das; denn sie hatten verabredet, daß niemand merken sollte, daß die Möwe eine menschliche Sprache führte. Aber so leise sie auch geflüstert hatte, der Herr neben Seben hatte es doch gehört. Es war Hagenbeck, der berühmte Tierbändiger, der mit seinen gelehrigen Schülern viel Ehre einlegte beim hohen Rat wie in der ganzen Umgegend. Dem hätte so eine sprechende Möwe gerade gepaßt, und er machte Seben den Vorschlag, ihm das Tier zu verkaufen.

Aber Seben schüttelte nur heftig den Kopf und drängte sich hastig durch das Gewühl und rannte, was er konnte. Er hörte noch, wie die Menge hinter ihm schrie: „Haltet den Gänsedieb!“ denn seine hübsche Möwe hielten die dummen Leute für eine einfache Hausgans. So geht es nämlich manchmal in der Welt: die Leute halten das, was einem das Schönste und Liebste ist, oft für was ganz gewöhnliches. Und da er gute Beine hatte und eine gesunde Lunge, so rannte er wie toll, sprang mit einem Satz durchs Millerntor, ehe der dicke Torwart seinen Krug mit Einbecker Bier niedersetzen konnte, und rannte immer weiter ins Land hinein, das sich elbaufwärts hinzieht.

Da kam er denn in einen wahren Blumengarten. Ganze Wiesen voll süßduftender Maiblumen und Felder voll Levkoien und Rosen taten sich vor ihm auf. Auf den Äckern standen Erdbeerbüsche, mit dicken, saftigen, roten Früchten behangen, so groß wie ein Ei. Und wohin das Auge sah, nichts als Blumen und Beeren und Beeren und Blumen. „Bin ich denn im Schlaraffenland?“ fragte er seine Möwe.

Aber die antwortete: „Aber das sind doch die gesegneten Vierlande, kennst du die nicht? Da ist der Boden gar fruchtbar, und seit Jahrhunderten ist dies der Garten Hamburgs, der die ganze Stadt mit Blumen und Obst versieht. Hast du noch niemals die schmucken Vierländerinnen gesehen mit ihren gelben Hüten und den trangestärkten, schwarzen Schleifen daran, die weit abstehen, wie die Flügel einer Windmühle?"

Und als gerade eine freundliche Frau kam in der beschriebenen Tracht, bat Seben, ob er sich ein paar leuchtende rote Beeren pflücken dürfe, und die Frau erlaubte ihm, sich satt zu essen.

Mitten zwischen den Blumenfeldern stand das Dorf mit seinen strohbedeckten Häusern. Auf dem Markt drängten sich Frauen und Kinder um eine Schaubude, und Seben hätte beinahe laut aufgeschrien vor Freude; denn da plätscherte in der Bütte mit Wasser ein Seehund, und der Seehund hatte, das war das beste, einen goldgelben Streifen an der Vorderflosse.

Aber nun galt es vorsichtig zu sein. Still setzte er sich in den Schatten des Brunnens und schloß die Augen. Er wollte sich schlafend stellen, bis die Menschen sich zerstreut hätten. Und mäuschenstill saß er da, und die Möwe regte sich auch nicht; denn sie wußten ja beide, daß sie kein Aufhebens machen durften.

Und nicht lange, da stieg feiner Rauch aus dem Schornstein in den blauen Himmel und die alte Kirchenuhr schlug mit ihrer blechernen Stimme, die schon ganz heiser war vom Alter, zwölf Schläge. Da liefen die Kinder eiligst nach Hause; denn sie wußten, es gibt Strafe, wenn man nicht pünktlich zum Essen nach Hause kommt, und die saumseligen Frauen rannten so schnell, wie sie konnten, sich um das Essen zu kümmern; denn darin verstehen die Eheherren keinen Spaß.

Leise schlich Seben an die Bude. Der Besitzer des Seehunds machte auch gerade seine Mittagspause und war hinüber zum sprudelnden Brunnen gegangen, um sich zu laben. „Ergebenster Diener, hochverehrter Herr Seehund", begann Seben; denn er bekam allmählich schrecklichen Respekt vor allen Tieren, und wer weiß, dieser Seehund konnte wohl gar ein verzauberter Königssohn sein. Auf keinen Fall wollte er ihn erzürnen.

„Die hochgeehrte Frau Strandmutter in Teufelsbrück hat mich an dich gewiesen, und wir suchen dich mit großer Sehnsucht. Du allein kannst mir meine liebe Möwe, die Tochter des Deichgrafen meine verlobte Braut, erlösen helfen. Ich bitte dich von Herzen, hilf uns, guter Seehund!"

Der Seehund – natürlich habt ihr längst gemerkt, ihr klugen, jungen Hunde, daß ich das war – also ich schaute mir den jungen Schiffer prüfend an, und als er mir gut gefiel in seiner Bescheidenheit, sagte ich: „Freilich bin ich der, den ihr sucht! Und ich kann euch helfen, aber erst soll eure Möwe herfliegen und mir den goldgelben Streifen zeigen, wo der Ring saß, den sie als Menschenfräulein getragen, dann will ich euch sagen, was ich weiß."

Die Möwe kam gehorsam herbeigeflogen, und ich ließ mir ihr rechtes Füßchen zeigen. Wirklich, da war der feine, goldgelbe Streifen an der Stelle, an der sie als Menschenfräulein den goldenen Armreif ihres Verlobten getragen hatte an dem Tage, als sie verwandelt wurde. Ich erinnerte mich der Sache ganz gut, denn ich selbst hatte damals auf meinem Rücken das Elbweib herbeitragen müssen, und so konnte ich denn dem armen Seben und seiner Inge helfen.

„Halt, Kinder, einen Augenblick Geduld", sagte ich, als mich beide in ungestümer Zärtlichkeit bedrängten. „Ich habe soviel in meinem langen Leben gehört, ich muß mich erst besinnen" – wie tat das gut; wie sie mich beide so freundlich streichelten und die Möwe mir mit ihren Flügeln Kühlung zuwehte! – Also hört: das Elbweib sprach: „Nicht eher sollst du wieder menschliche Gestalt erlangen, als bis dich eine treue Seele um Mitternacht auf die Schwelle deines Elternhauses niederleget." Ich höre noch das höhnende Lachen des Elbweibes; denn es glaubte natürlich, daß niemand seinen Zauberspruch vernommen hätte und Inge für ewige Zeiten Möwe bleiben müsse. Die Dankbarkeit der beiden kannte keine Grenzen. Der gute Seben wollte mich durchaus mitnehmen; denn er meinte, mich vielleicht auch erlösen zu können. Er holte mich vorsichtig – ich war damals noch lange nicht so schwer und groß wie jetzt – aus meinem Wasserbad heraus; ihr könnt euch denken, daß ich froh war, aus der Gefangenschaft zu entrinnen.

„Trink dich noch einmal ordentlich satt, guter Seehund," sagte Seben, „denn nun geht's über Land, und es kann lange dauern, ehe du wieder in dein Element kommst." Und dann hob er mich hoch, wickelte mich in seine Jacke, nahm das wunderbare Bündel über seine Schulter und stahl sich vorsichtig im Schatten der Häuser davon.

Vorher aber hatte er in die Bütte an meiner Stelle seine ganze Barschaft von 5 Hamburger Schilling gelegt; denn zum Dieb wollte er nicht werden, und lieber wollte er unterwegs hungern, als daß er den Händler um sein Gut betrügen wollte."

Ein schrilles Pfeifen unterbrach hier die Erzählung des alten Seehundes. Es war die Dampfpfeife des weißen Schiffes, das die Badegäste zu den friesischen Inseln führt. Im Nu waren die Seehunde in den Fluten verschwunden, und erst als die Wellen sich wieder beruhigt hatten und das Dampfschiff weit hinten am Horizont nur noch wie ein weißes Pünktchen aussah, krochen sie, unwillig über die Störung, wieder auf den warmen Sand.

„Diese dummen Neuerungen," brummte der alte Seehund, während er sein Fell schüttelte, „warum lassen uns die Menschen nicht unsere Ruh'? Da muß der olle Kaptain richtig die Dampfpfeife ertönen lassen, nur damit wir uns aufmachen und die Menschen auf dem Schiff renommieren können, sie hätten leibhaftige Seehunde ins Wasser gehen sehen, zu dumm", und er brummte noch eine ganze Weile vor sich hin.

„Aber die Geschichte, Gevatter, die Geschichte!" rief der junge Seehund.

„Ja so, wo war ich denn gleich stehen geblieben? Bei unserer Wanderschaft zu dreien! Also, die Möwe flog immer vor uns her und zeigte uns den Weg und erzählte mir dabei, was ich von ihrer Geschichte noch nicht wußte.

Seben vermied die großen Straßen und ging allen Leuten aus dem Weg; denn wenn man einen Menschen mit einem sprechenden Seehund auf den Schultern und einer

sprechenden Möwe im Gefolge begegnet, dann hält man ihn entschieden für einen Zauberer und Hexenmeister, und dafür wollte Seben doch nicht gelten.

Am Tage lagerten wir hinter den dichten Hecken, die hierzulande die Äcker einfrieden, und ruhten uns aus. Wenn der Mond aufging, dann machten wir uns auf den Weg und wanderten fürbaß über die weite Heide und hin über das Moor, wo ich mich wieder wohler fühlte, denn ich witterte das Wasser und konnte meinen Durst stillen in den Wasserlachen zwischen den Erdschollen. Seben nährte sich von den Moosbeeren, die er auf der kahlen Heide fand, und von Eiern, die die Möwe in einsamen Nestern aufspürte und zu denen sie ihn hinführte.

Aber gar beschwerlich war die Reise, besonders für mich, und ich begann schon ordentlich nach Wasser zu schnappen; denn es taugt nichts, wenn man aus seiner gewohnten Lebensweise gerissen wird. Da sah Seben ein, daß es mit mir nicht so weiterging, und er entschloß sich, die letzte Strecke der Reise auf dem Wasserwege zu machen. Wir beratschlagten, daß wir uns mit unserem Kahn dicht am Ufer halten wollten, damit uns die Wasser nichts antun könnten.

Seben erhielt von seinem früheren Nachbar Jakob Extra ein gutes Ruderboot geliehen – zwar hätte der lieber gesehen, wenn wir einige Tage bei ihm Rast gemacht hätten. Er war schrecklich neugierig, von mir etwas näheres zu hören, aber Seben drängte vorwärts, denn er konnte die Zeit nicht erwarten, wo Inge wieder als seine liebe Braut neben ihm stände. Seben barg die Möwe unter seiner Jacke, und ich kam im Boot unter der Bank zu liegen. Wir waren auch mit der Ebbe rasch elbabwärts gekommen, ohne daß uns etwas Besonderes passiert wäre. Der Abend dämmerte stark, als wir von weitem den hohen Kirchturm auf einsamer Werft herübergrüßen sahen, der zu des Deichgrafen Reich gehörte. Da plötzlich hörten wir ein Flügelrauschen über uns. Ich blickte auf. Die Krähe, der Unglücksvogel, hatte uns gewittert. Und als sie hastigen Flugs hinwegschoß, wußten wir sogleich, daß sie das Elbweib benachrichtigen würde und daß Gefahr im Anzuge sei. Mit ein paar kräftigen Ruderschlägen trieb Seben das Boot auf den flachen Strand und sprang heraus, die Möwe zu freiem Flug ins heimatliche Land loslassend. Nun wollte er auch mir heraushelfen, der brave Gesell, und richtig hatte er mich unbeholfenes Geschöpf schon herausgehoben und auf den Strand gesetzt. Da kam plötzlich eine große, mächtige Welle und überschwemmte uns. Ehe Seben daran denken konnte, mich festzuhalten, hatte das zurückkehrende Wasser mich weit hinweggerissen in des Elbweibs Bereich. So kam's, daß ich weiter leben mußte in meiner bisherigen Gestalt und wohl auch in Ewigkeit ein unbeholfener Seehund bleiben muß; denn treue Menschen, die sich um eines Seehunds willen so plagen, sind heutzutage rar.

Was aus Seben geworden ist, wollt ihr wissen? Ja, das weiß ich zufällig ganz genau von einer jungen Nixe, die den beiden gefolgt ist, bis weit hinauf in den Wassergraben, der die Marschlande durchzieht.

Inge, die Möwe, flatterte ihrem Seben voraus, und wenn er nicht mehr weiter konnte – denn er war müde vom Weg und dazu traurig über mein Schicksal –, dann sah er hinauf nach der Möwe, deren blinkendes Gefieder wie ein silberner Stern am nächtlichen Himmel leuchtete, und es überkam ihn ein neuer Mut und neue Ausdauer.

Gerade als er in die Dorfgasse einbog, begann die alte Kirchenglocke die Mitternachtsstunde zu verkünden. Dumpf hallten die Klänge durch die Nacht, und die Möwe kam nur zitternd und zögernd herbeigeflogen. Seben aber nahm sie fest in den Arm, lief, so schnell er laufen konnte, sprang über die blühende Hecke um des Deichgrafen Haus, und gerade als die Glocke zum zwölften Male zu tönen anhub, legte er seine liebe Möwe auf die Schwelle ihres Vaterhauses nieder.

Er selbst aber sank in die Knie und betete so recht aus Herzens Grund.

Und mit dem letzten, tiefen Glockenklang war der Zauber des Elbweibs gebrochen. Auf der Schwelle ihres Vaterhauses stand Inge in ihrer friesischen Tracht und mit dem Armreif, genau so, wie Seben sie in der Erinnerung hatte, und streckte selig lächelnd die Arme aus, und er stürzte mit einem Jubelruf zu ihr.

Und als sie sich genugsam gefreut hatten, gingen sie Hand in Hand in des Deichgrafen Haus. Der war schon auf; denn zur Erntezeit heißt's früh aufstehen in der Marsch – etwas, was die Menschen, besonders die jungen, nicht recht mögen – und die Freude war groß, und der finstere Deichgraf lächelte wieder und ließ die beiden nicht wieder von sich ziehen.

Und wenn sie nicht gestorben sind, dann leben sie noch heute."

Der Seehund hatte sich müde geredet: er schloß die Augen, watschelte schwerfällig in die steigende Flut und schwamm der roten Abendsonne zu, die das Wasser weithin vergoldete.

„Ja, ja, wenn man doch einmal so etwas erleben könnte!" seufzten die jungen Seehunde. „Heutzutage ist's wirklich zu langweilig", und sie gähnten, daß ihr kleines Mäulchen ganz groß wurde, und stürzten sich dem alten nach in das flimmernde Wasser.

Die verlorenen Flügelchen

Von

Else Siegfried

Am Ende der Welt – dort wo Himmel und Erde zusammenstoßen, stand ein kleines Fischerhaus. Es war ein armes, kleines Hüttchen, aber die jungen Leute, die darin wohnten, meinten, es sei das schönste auf der Welt. Die Sonne schickte ihre ersten warmen Strahlen in die Fenster und lachte so heiß auf den

Rosenbusch vor der Tür herab, daß seine Blühten röter glühten und süßer dufteten als alle anderen Rosen. Kein Sternlein konnte vorübergehen, ohne herabzunicken, und selbst der kühle Mond strahlte und blinkte vor Vergnügen, wenn er das Häuschen und die glücklichen Leutchen sah.

Wenn der Tag in fröhlicher Arbeit vergangen war, saß die junge Frau oft vor ihrer Tür und sah zu, wie die Sonne unterging, wie sie ihr schönstes rotes Gewand anzog, wie sie ihr Haar löste, daß es wie lange, goldene Strahlen hinter ihr herfloß, wie sie langsam die Himmelstür öffnete und dann rasch dahinter verschwand. Aber eines Abends vergaß sie das Tor zuzumachen, und es dauerte gar nicht lange, so guckte ein allerliebstes, übermütiges Engelchen durch die Spalte. O, wie nah die Erde unter ihm lag, mit den grünen Wiesen und dem blinkenden Bach, und dort die Rosen, die wunderschönen roten Rosen! Die waren ja viel herrlicher und lockender als die Sterne, die alle Abend den Englein zu Bett leuchteten, und ganz nahe schienen sie zu sein: nur über die häßliche graue Dämmerung brauchte man zu fliegen!

Langsam und vorsichtig drängte sich das Englein durch die Spalte; es war zwar aufs strengste verboten, aber es wollte ja gar nicht lange bleiben, und wer weiß, wann die Himmelstür einmal wieder offen war. Ganz leise trat es auf die Wolkenschwelle, breitete die goldig schimmernden Flügelchen aus und schwebte lautlos durch die Luft.

„Sieh nur, eine Sternschnuppe," sagte die junge Frau auf der Erde, „ich wünsche mir ein Engelchen." Da stand es schon neben ihr und sah sie zärtlich an mit seinen glänzenden Sternenaugen, und die junge Frau herzte und küßte es, zeigt ihm das Häuschen und den Garten, pflückte ihm die schönsten Rosen vom Strauch, und als es müde wurde, nahm sie es in ihre Arme, bis ihm die Augen zufielen.

Als aber das Engelchen am nächsten Morgen erwachte, da gefiel ihm die Welt nicht mehr. Die Sonne war nicht zu sehen – sie durfte wohl nicht ausgehen, weil sie die Tür nicht ordentlich zugemacht hatte – es regnete alle die Tränen, die die anderen Engel um ihr verlorenes Schwesterchen weinten, die Rosen senkten traurig die Köpfchen, und unser Engelein fror in seinem dünnen Nebelhemdchen.

„Leb wohl und vielen Dank," sagte es sanft und leise zu der jungen Frau, die weinend neben ihm kniete, „ich muß jetzt rasch zurück in den schönen, warmen

Himmel“, und es wollte davonflattern; aber o weh, wie es sich auch mühte und mühte, es konnte nicht mehr fliegen: seine Flügelchen waren verschwunden!

Nun mußte es auf der kalten Erde bleiben, und es weinte bitterlich. Die jungen Fischersleute aber freuten sich über das schöne Englein und pflegten es wie ihr eigenes Kind.

So verging die Zeit, das Englein wurde groß und schön, und wer es sah, mußte es lieb haben. Oft war es aber gar traurig, dann saß es unter dem rotblühenden Rosenstrauch, starrte sehnsuchtsvoll hinauf in den Himmel und sang wundersame, süße Lieder, so schön, wie sie kein wirkliches Menschenkind singen kann, und wenn man es fragte, wo es das alles gelernt habe, dann antwortete es: „Droben im Himmel.“ Dann lächelten die Leute, aber sie glaubten es nicht; doch weil es wirklich so gut und schön wie ein Englein war, nannten sie es: Angeletta.

Im Lande aber herrschte Sorge und Betrübnis, denn der alte König war krank und traurig, und kein Arzt konnte ihm helfen. Da hörte er von der jungen Fischerstochter, die die Herzen froh und glücklich mache, weil sie schöner singen könne als alle Nachtigallen, und er sandte seinen ältesten Sohn zu ihr und ließ ihr Schätze und Edelsteine versprechen, wenn sie zu ihm komme, um ihm vorzusingen. Aber sie verschmähte alle die kostbaren Geschenke. „Nur ein Paar Flügel wünsche ich mir, um einmal wieder in den Himmel fliegen zu können,“ antwortete sie, „dann will ich kommen.“

„Die sollst du bald haben“, sagte der Prinz und ließ von nah und fern die geschicktesten Arbeiter herbeirufen. Die mußten aus Gold und Silber ein Paar köstliche Flügelchen so kunstvoll arbeiten, daß sie wie ein Fächer auf- und zuklappen konnten. Aber vergebens versuchte Angeletta damit zu fliegen: sie klappten auf, sie klappten zu, aber ihre Füßchen standen fest wie vorher auf dem Erdboden.

Da sandte der König seinen zweiten Sohn, der war der stärkste und kühnste Mann im ganzen Reiche, und als er Angeletta sah, schien sie ihm so reizend, daß er selbst sein Leben wagen wollte, um ihr die ersehnten Flügel zu beschaffen.

Er zog mit seinem Gefolge tief hinein in die Wälder bis zu einem schroffen, hohen Felsen, den niemand zu erklimmen wagte. Der Prinz aber stieg ganz allein höher und höher hinauf; über furchtbare Klippen und Abgründe führte sein Weg zu dem steilen, gefahrdrohenden Gipfel. Da hing dicht über der schwindelnden Tiefe ein Adlernest. Die jungen Adler hackten mit ihren scharfen Schnäbeln nach dem Feind, der Prinz aber zog sein blankes Schwert, tötete den größten und schnitt ihm mit scharfen Schnitt die Flügel ab. Dann eilte er zurück, verfolgt von dem heiseren Geschrei der geängstigten Vögel, über zackige Felsen, über Spalten und Trümmer, bis ihn endlich wieder mildere Luft umgab und er das Tal und die Fischerhütte erreichte.

Mit seidenen Bändern befestigte er die Flügel an Angelettas Schultern, aber sie hingen tot und schwer herab, und wie sie sich auch mühte, sie konnte nicht fliegen.

Da aber der König immer trauriger und kränker wurde, aus Sehnsucht nach des Fischerkindes wundertätigem Gesang, zog endlich sein jüngster Sohn aus, um sie zu holen. Er war jung und schön und frohen Mutes und erreichte gerade die Fischerhütte, als Angeletta heraustrat, um ihren Rosen Wasser zu bringen. Da schwang er sich vom Roß und fragte sie, ob sie die kleine Nachtigall sei, nach deren Liedern der König sich sehne, und ob sie mit ihm kommen wolle. Und als Angeletta die Augen zu dem schönen Königssohn aufschlug, vergaß sie zum ersten Mal ihren Wunsch, Flügel zu haben, und als er ihr erzählte, wie schön und herrlich draußen die Welt sei, vergaß sie alle Sehnsucht und Traurigkeit; er aber hob sie auf sein weißes Roß und führte sie wie eine Königin über die blühenden Wiesen, bis in die große Stadt und das Königsschloß.

Dort wurde sie mit Jubel empfangen, und die Tage vergingen in Lust und Freude. Sie wohnte in köstlichen Zimmern, blondgelockte Pagen trugen ihre seidene Schleppe, bei der Tafel saß sie an des Königs Seite, und wenn des Abends alle Räume des Schlosses im hellsten Lichterglanz erstrahlten, sang sie ihre schönsten Lieder, und der König und wer sie immer hörte, wurde froh und glücklich wie sie selbst.

„Du mußt immer bei uns bleiben," sagte der Königssohn und küßte ihre roten Lippen, die so schön singen konnten, „es ist ein Glück, daß du keine Flügel hast und nicht davonfliegen kannst."

Eines Tages sah der Königssohn auf der Jagd einen seltenen, bunten Vogel, den er gern für Angeletta erjagen wollte, und er folgte ihm so eifrig, daß er des Weges nicht achtete und sich im Walde verirrte. Vergebens ließ er sein Hifthorn ertönen; sein Gefolge war weit zurückgeblieben, so daß ihn niemand hören konnte. Der Wald wurde dichter und dichter, die Zweige hingen so tief herab, daß sich der Prinz mit dem Schwerte einen Weg bahnen mußte; Totenstille herrschte rings umher, und alles Leben schien erstorben, kein Lüftchen bewegte die Blätter, kein Vogel zwitscherte in den Zweigen. Die Sonne ging unter, es wurde immer dunkler und kälter, da schien plötzlich die Welt zu Ende zu sein, wie eine hohe, starke Mauer versperrte ein riesiger Felsblock den Weg, und dicht an den Felsen gedrückt, so daß man sie in ihren farblosen Lumpen kaum erkennen konnte, hockte eine alte Hexe.

Der Königssohn war froh, in dieser Wildnis endlich ein menschliches Wesen zu treffen, und bat sie, ihm den Weg aus dem Walde zu zeigen.

„Den Weg hinaus willst du wissen? Das ist klug, junger Prinz“, lachte die Alte höhnisch. „Ich dachte, es wäre schon wieder einer gekommen, um für die schönste Königstochter zu Stein zu werden.“

„Was ist es mit der schönsten Königstochter?“ fragte der Prinz neugierig. Da erzählte ihm die Alte, daß in diesem Felsen eine wunderschöne Königstochter verzaubert sei. „Schenk mir deine goldene Kette, und ich will dich zu ihr führen“, sagte sie und streckte gierig die Hände nach dem glänzenden Geschmeide aus, und kaum hatte der Prinz die Kette vom Halse gelöst, so berührte sie dreimal mit ihrem Krückstock den Felsen.

Mit schwerem Krachen öffnete sich ein dunkles Tor wie durch einen Zauberschlag, und die Hexe führte den Prinzen eine hohe Treppe hinauf in einen düsteren Saal. Ein riesiges Untier bewachte den Eingang und starrte dem Eindringling drohend entgegen; es reckte seine mächtigen Glieder, wütend peitschte es mit dem Schweife um sich und stürzte sich mit wildem Sprunge auf seinen Feind. Der Prinz aber schritt mutig vorwärts, blitzschnell sauste sein Schwert durch die Luft und durchbohrte das Ungeheuer, daß es mit furchtbarem Gebrüll zusammenbrach. Verwundert blickte sich der Königssohn in dem mächtigen Saale um. Dicke, graue Säulen trugen die schwere, steinerne Decke, der Fußboden, die Wände, alles war aus demselben grauen, eintönigen und erstarrend kalten Gestein. Mattes Licht fiel durch ein einziges hohes Fenster und beleuchtete in der Mitte des Saales drei ganz gleiche weibliche Gestalten aus wunderbar weißem Marmor.

Der Prinz starrte sie wie verzaubert an; sie waren so schön, wie er nie etwas zuvor gesehen hatte, und er konnte sich von ihrem Anblick nicht losreißen.

Das Kichern der Alten weckte ihn aus seinen Träumen. „Nun, gefällt sie dir, die schöne Prinzessin, so hole sie dir doch, aber nimm nicht die falsche. Die drei schönen Gestalten dort sind ganz gleich. Du kannst sie noch so lange anstarren, du wirst keinen Unterschied an ihnen entdecken, aber nur eine von ihnen hat ein Herz, und das ist die Prinzessin. Wenn ein Königssohn sie küßt in der ersten Vollmondnacht des Jahres, dann ist sie erlöst und der Zauber gebrochen; aber wehe, wenn er sich täuscht und die falsche küßt! Dann muß er sterben, sein Herz erstarrt, und er wird zu Stein wie die Prinzessin. Siehst du die grauen Steinbilder dort an der Wand? Die alle haben sich schon geopfert. Hüte dich, hüte dich!"

Sie schwang ihren Krückstock, das bleiche Licht verlosch, alles war verschwunden, und als der Prinz sich von seinem Staunen erholte, ging der Mond am dunklen Himmel auf, er stand vor seines Vaters Schloß, und was er erlebt hatte, schien ihm ein Traum.

Aber er konnte die schöne Marmorprinzessin nicht vergessen und irrte so lange umher, bis er endlich tief im Walde den grauen, toten Felsen wiederfand. Wie das erste Mal beschenkte er die Alte, und sie öffnete ihm das Felsentor; wie das erste Mal bekämpfte und besiegte er unerschrockenen Mutes das furchtbare Untier, welches ihm den Eintritt verwehren wollte, und dann stand er inmitten des Saales und schaute unverwandt die schönen Marmorgestalten an.

Nun kam er jeden Tag wieder, und immer von neuem begann er sich zu quälen und zu forschen, welches wohl die wahre Prinzessin sein könne.

Einmal glaubte er, es müsse die mittelste sein, weil ihre Locken goldig glänzten; als er aber genauer hinsah, war es nur ein Schimmer des Abendgoldes, der durch das Fenster fiel; dann wieder schien es ihm, als ob die linke die schönste sei, und im nächsten Augenblick, als ob die rechte noch stolzer und königlicher aussähe; einmal dünkte ihm das Gewand der einen am reichsten, dann wieder das Diadem in den Locken der anderen am kostbarsten. Aber immer war es eine Täuschung. Ganz gleich, mit geschlossenen Augen standen die Marmorbilder vor ihm in starrer, unbeweglicher Schönheit, und je näher die Vollmondnacht kam, in welcher er sich die Prinzessin erringen wollte, um so verzagter und unentschiedener wurde der Prinz.

Immer unruhiger und verzweifelter kehrte er von dem Felsenschloß zurück, und selbst Angelettas schönste Lieder konnten ihn nicht mehr trösten und erheitern.

Sie aber bat ihn so lange und flehentlich, ihr seinen Kummer zu entdecken, bis er ihr erzählte, wie er in das Felsenschloß gekommen sei, wie er vergebens zu erraten suche, welches die wahre Prinzessin wäre, und daß er nur noch den einen Wunsch habe, sein Leben für sie zu wagen, sie zu erlösen und zu seiner geliebten Königin zu machen.

Da wurde Angelettas Herzchen noch trauriger und müder als an dem Tage, wo sie ihre Flügel verloren hatte, und als es anfing dunkel zu werden, zog sie ihre prächtigen Gewänder aus, hüllte sich in ihr dunkles Kleid, welches sie als Fischertochter getragen hatte, und schlich leise die Treppe hinab aus dem Schloß in den nahen Wald.

„Ich muß ihm helfen“, flüsterte sie vor sich hin. „Ihr Blümlein, ihr Vöglein könnt ihr mir nicht sagen, welches die Prinzessin ist?“

Die Blumen schüttelten die Köpfchen: „Wir wissen's nicht.“ „Wir wissen es nicht,“ zwitscherten die Vögel, „es ist zu kalt, wir sind nie dort gewesen.“

„Ihr schönen weißen Wölkchen dort oben, ihr seid gewiß schon vorbeigezogen. Welche von den Marmorprinzessinnen hat ein Herz?“

„Sagt es nicht!“ rief grimmig eine böse schwarze Wolke und kam eilend heraufgezogen. „Das ist ja das ungehorsame Engelchen!“ Und – husch! – jagte sie die freundlichen Wölkchen davon.

Da tanzten die letzen Strahlen der Abendsonne durch die grünen Blätter. „Die Linke ist es,“ flüsterte der eine, „ich blickte den ganzen Tag in ihr schönes Gesicht, und sie blieb so kalt und bleich wie vorher: so stolz kann nur eine wahre Prinzessin sein.“ „Nein, die mittlere ist es,“ sagte eifrig ein anderer, „ich schien auf den Edelstein in ihrer Krone, und er leuchtete wie in Feuer getaucht.“ „Nein, die rechte ist es,“ rief ein dritter dazwischen, „ich küßte sie auf die Stirn und sie lächelte ein wenig.“

„Das ist nicht wahr,“ riefen sie alle durcheinander, „das ist nicht wahr“, und sie stritten sich so heftig, als ob sie selbst die Prinzessin erlösen wollten.

„So lange kann ich nicht warten“, dachte Angeletta und ging weiter, bis sie endlich ganz erschöpft und müde die dunkle Höhle des mächtigen Waldzauberers erreichte; leise trat sie durch die niedere Tür in eine düstere Halle. Sie zitterte und bebte, sie fürchtete sich vor den glitzernden Schlangen, die auf dem Erdboden spielten und ihre spitzen, schmalen Zungen nach ihr ausstreckten, und noch mehr vor den finsteren Augen, dem langen Bart und der rauhen Stimme des Zauberers, der, in einen bunten Mantel gehüllt, auf einem wundersam mit Muscheln und Perlen verzierten Throne saß.

„Was willst du hier?“ schrie er das arme Englein an. „Aber faß dich kurz ich habe nicht lange Zeit. Ich weiß schon, daß euch meine Feindin, die alte Hexe, die ganze Geschichte von dem Felsenschloß und der Prinzessin verraten hat, aber was willst du dabei von mir?“

Angeletta nahm allen Mut zusammen. „Ich wollte dich bitten, dem Königssohn zu helfen und mir zu sagen, welche von den drei Marmorgestalten die Prinzessin ist.“

„Weiter nichts?! Ha, ha“, lachte der Zauberer. „Ich will dir aber nicht helfen, ich will das Herz der Prinzessin behalten, es macht mir Spaß, recht viele Menschenherzen zu haben, und wenn ich ein Fest gebe, so leuchten sie wie die schönsten Lampen; sieh da!“ Er fuhr mit der Hand durch die Luft, und es wurde tageshell in der Höhle, und als sich Angeletta an den blendenden Glanz gewöhnt hatte, sah sie, daß es lauter Herzen waren, die an der goldenen Decke strahlten. „Dieses,“ sagte der Zauberer und zeigte auf das schönste und leuchtendste, „dieses ist das Herz der Prinzessin. Was willst du mir denn dafür geben, du armer, kleiner Wicht?“

„Kannst du nicht mein Herz dafür nehmen?“ fragte das Englein ganz angstvoll und leise.

Da lachte der Zauberer laut und höhnisch auf: „Dein Herz, dein armes trauriges Herzchen für dieses schöne, strahlende? Und ein kleiner Flecken ist auch schon daran, was ist es damit? Heraus mit der Sprache!“

Das Englein wurde ganz blaß und kalt vor Schreck, wie grimmig es die Augen des Zauberers anfunkelten!

„Ich bin zur Himmelstür hinausgeflogen, obgleich es so streng verboten war, und habe meine Flügelchen verloren.“

„So, so,“ brummte der Zauberer, „und dafür hast du ein Menschenherz bekommen, damit kann man natürlich nicht fliegen.“

„Nimm es, ich bitte dich,“ schluchzte das Englein, „es ist so müde bei mir geworden, aber du wirst sehen, wie es bei dir wieder leuchten und strahlen wird. Du sollst gewiß mit mir zufrieden sein“, und es hörte nicht auf zu bitten und zu flehen.

„Nun denn,“ sagte endlich der alte Zauberer, und seine Stimme klang fast ein wenig gerührt, „ich will es versuchen; bis heute Nacht gebe ich dir Bedenkzeit, ob du dein Herz behalten oder für das der Prinzessin geben willst, aber überlege es dir wohl, du kannst es nie wieder bekommen; wenn du also den Mut hast, so sei am Felsenschloß, wenn der Mond aufgeht.“

„Ich werde da sein,“ sagte Angeletta, „mein schöner Königssohn soll nicht sterben; ich danke dir“, und sie machte sich auf den Weg. Sie war gar nicht mehr müde, es ging sich so herrlich in dem kühlen Wald, und die Glühwürmchen tanzten mit ihren Laternchen vor ihr her. „Leb wohl,“ winkte sie herauf zu dem hellerleuchteten Königsschloß, „leb wohl, du guter König“, und sie eilte vorüber; sie ging immer schneller und schneller. Es wurde so kalt und dunkel und totenstill um sie her, sie war so allein in dem finsteren, verzauberten Wald; die Tränen liefen ihr über die blassen Wangen, und sie schluchzte leise vor Angst und Grauen; aber sie ging immer weiter, und als gerade der Mond aufging, war sie am Felsenschloß. Sie setzte sich unter das hohe Bogenfenster und wartete. Der Königssohn ging an ihr vorüber, die Treppe hinauf in den steinernen Saal. Er dachte an die schöne Königstochter und sah Angeletta nicht. „Leb wohl, leb wohl“, flüsterte sie.

„Es wird zu spät werden,“ dachte das Englein plötzlich angstvoll, „vielleicht findet mich der Zauberer nicht, ich muß ihm ein Zeichen geben, daß ich da bin“, und leise und süß fing es an zu singen. Die bleichen Mondstrahlen küßten ihm die Töne von den Lippen und trugen sie weiter und weiter.

Da war es, als wenn der ganze verzauberte Wald zu neuem Leben erwachen wollte: Die toten Bäume reckten ihre mächtigen Zweige, es säuselte und rauschte in den grünen Blättern, die Rosenbüsche öffneten tausend duftende Blüten, und leise, leise läuteten die Schneeglöckchen im grünen Moos. Lockend und sehnsuchtsvoll fingen die Nachtigallen an zu schlagen, ein Singen und Klingen erfüllte die Luft, und

Hirsche und Rehe schlichen neugierig durch das blühende Gebüsch, um dem holden Klange zu lauschen.

Und höher und höher stieg der Mond, schon zitterten seine ersten Strahlen durch das hohe Bogenfenster, und noch immer stand der Prinz in ratloser Qual und wußte nicht, für welche der Marmorprinzessinnen er sich entscheiden sollte.

Das Englein aber sang immer weicher und schöner, als ob ihm das Herz brechen müßte; es sang von dem warmen, blauen Himmel, von der goldenen Sonne, von der kleinen Fischerhütte und dem roten Rosenbusch; es sang von dem herrlichen Königsschloß, von Pracht und Glück, von dem schönen Königssohn und seiner Liebe.

Da zitterte ein banger Seufzer durch den Saal, und die mittelste der drei Marmorgestalten schlug langsam die Augen auf, so strahlend und hell, daß sich der ganze Saal mit Wärme und Licht zu füllen schien; der Prinz aber schlang jubelnd seine Arme um sie und küßte sie auf die kalten Lippen.

Da war der Zauber gebrochen und die schöne Prinzessin erlöst. Freude und Lust erfüllten die Hallen, die Glocken läuteten, die Kanonen donnerten, die Fahnen flatterten, und jubelnd begrüßten alle die liebliche Braut.

Angeletta aber war und blieb verschwunden. „Vielleicht war sie wirklich ein Englein und hat ihre Flügelchen wiedergefunden", meinte die schöne Prinzessin, und die Sterne am Himmel strahlten und nickten, als ob sie recht hätte.

Die Schlafkönigin

Von

Helene Spieker

Der kleine Fritz lag im Bett, aber er konnte nicht einschlafen. Das war etwas ganz Ungewöhnliches. Sonst hatte er, nachdem Mutter mit ihm gebetet hatte, kaum noch Zeit „Amen – gute Nacht – schlaf schön" zu sagen, alles in einem Atem – da schlief er auch schon.

Aber heute wollte es nicht gehen. Unruhig warf er sich hin und her; irgendwo zwickte es ihn – er glaubte im Herzen, aber es war im Magen, da lagen zwölf wohlgezählte Pellkartoffeln, die drückten wie Wackersteine.

Zuerst fand es Fritz übrigens ganz interessant, ein bißchen länger wach zu liegen, – dann hatte man Zeit, über allerlei nachzudenken. Wichtig genug war es doch gewiß, einen Plan darüber zu machen, wo morgen die große Indianerschlacht, die er mit den Jungens aus seiner Klasse verabredet hatte, geschlagen werden sollte. Und dann, ob er wohl wirklich dem Hans das lange Stück Bindfaden, den Feuerstein und das alte Taschenmesser für den gelbgefleckten Salamander geben sollte? Das wollte überlegt sein. Das Taschenmesser hatte freilich nur noch eine Klinge und die war schartig, und der Bindfaden war zusammengeknotet, aber immerhin –

Da kam ihm plötzlich ein unangenehmer Gedanke; die Rechenstunde morgen in der Schule fiel ihm ein, zwei Aufgaben fehlten ihm noch.

Nein, jetzt wurde es langweilig, nun wollte er nicht mehr nachdenken, sondern schlafen. Wenn er die Augen recht fest zukniff, mußte es doch gehen. Aber auch das half nichts. Im Bettchen neben dem seinen hörte er die leisen regelmäßigen Atemzüge des Brüderchens, während er selbst den Kopf immer unruhiger in die Kissen hineinbohrte.

Nun wollte er noch einen letzten Versuch machen, und zwar mit Fluchen. Er knirschte mit den Zähnen, wie er es von dem betrunkenen Schuster aus der Kellerwohnung gehört hatte, und stieß ein wildes „potolok i poll" hervor. Mehrmals hintereinander. Das war Russisch und ein fürchterlicher Fluch.

Fritz hatte nämlich Freundschaft mit einem russischen Sprachlehrer, der oben im Hause wohnte, geschlossen, und ihn flehentlich gebeten, ihm einen schweren russischen Fluch zu lehren, mit dem er Schulfreunden imponieren wollte. So hatte der Russe ihm beigebracht: „potolok i poll" zu sagen und gehörig mit den Augen dabei zu rollen, und nun glaubte Fritz, fluchen zu können wie der wildeste Kosak, und war sehr stolz darauf.

Dem guten Russen war es natürlich gar nicht eingefallen, einen kleinen Jungen fluchen zu lehren, denn er wußte, daß das nicht recht ist; „potolok i poll" waren drei harmlose Worte und hießen „Stubendecke und Fußboden". Aber das ahnte Fritz nicht, er fand, daß es schauerlich schön klang.

Als nun auch sein geliebter Kosakenfluch den Schlaf nicht herbeizwang, gab sich Fritz einer gelinden Verzweiflung hin, und wenn es für einen zehnjährigen Jungen nicht eine zu große Schande gewesen wäre, dann hätte er geweint. Die Tränen saßen ihm schon im Halse und stiegen in die Augen, aber nein! Herunterpurzeln sollten sie nicht! Er riß daher die Augen weit auf und richtete sie starr auf die gegenüberliegende Wand.

Der matte Schein der Nachtlampe, die wegen des kleinen Bruders brannte, fiel gerade auf ein Bild, das dort hing, und das Fritz sehr liebte. Es stellte ein Stück aus einem schönen grünen Walde vor, auf dessen Moosboden die herrlichsten bunten Blumen wuchsen, hochragender Fingerhut und stolze gelbe Königskerzen. Aber das Hübscheste auf dem Bilde war, daß unter einem großen feuerroten Fliegenpilz behaglich ein kleines Männchen saß, wie unter einem Regenschirm. Es trug ein verschossenes Wämslein und einen grauen Mantel, dessen spitze Kappe ihm den Kopf bedeckte, und hatte einen langen weißen Bart, der fast bis zur Erde niederreichte. Das war ein richtiges Waldmännchen, so wie sie sein müssen, Fritz wußte das wohl.

Aber, nanu! Was war denn da los?! Fritz sperrte die Augen noch weiter auf, um besser sehen zu können – nein, es war wirklich so: der Platz unter dem Pilz war leer – das Waldmännchen war verschwunden.

Fritz hatte sich noch nicht von seinem Erstaunen erholt, als ihn etwas am Arm zupfte, und wahrhaftig, da saß das graue Männlein aus dem Bilde auf seinem Bettrande. Aber seine Augen blickten nicht lustig und freundlich, wie sonst immer, sondern sahen Fritz halb zornig, halb traurig an.

„Ja," sagte der Zwerg mit feiner Stimme, „und du wunderst dich noch, daß sie heute nicht zu dir kommt? Weißt du denn nicht, daß sie zu ungezogenen Kindern überhaupt nicht kommt?"

„Ich bin nicht ungezogen", antwortete Fritz trotzig, aber es war ihm nicht wohl dabei, und sein Herz klopfte.

„Mir machst du nichts vor," fuhr der andere unbeirrt fort, „ich weiß alles. Zwölf Pellkartoffeln und ein schlechtes Gewissen – au! Das muß drücken! Bin froh, daß ich's nicht bin! Warum hast du denn deine gute Mutter angelogen?"

„Sie fragte – und da sagte ich – und da" – stotterte Fritz verwirrt.

„Ja, sie fragte dich gestern abend, wieviel Pellkartoffeln du schon gegessen hättest, und du sagtest: „fünf", und es waren doch schon zehn. Und daraufhin gab sie dir noch zwei. War's nicht so?" „Aber", – wollte Fritz sich entschuldigen, jedoch der kleine Graue schnitt ihm das Wort ab.

„Du bist ein ungezogener Junge," sagte er streng, „und deshalb ist sie auch heute nicht zu dir gekommen."

„Wer denn?" fragte Fritz mehr neugierig als reuevoll. „Wer anders als die Schlafkönigin", brummte das Waldmännchen. „Die Schlafkönigin?" Fritz machte große Augen und sah dabei sehr dumm aus.

„Das du ungezogen gewesen bist, ist um so mehr schade, als ich mir gerade heute etwas Hübsches für dich ausgedacht hatte," fuhr der andere fort. „Jetzt geht es natürlich nicht." Er machte ein bekümmertes Gesicht. „Wir kennen uns nun doch schon so viele Jahre, du und ich, und wir sind bisher immer gut miteinander ausgekommen, daß ich fast sagen kann, wir sind Freunde. (Fritz nickte stumm.) Da hatte ich gemeint, es würde dir Spaß machen, mal mitzukommen, wenn ich die Schlafkönigin besuche. Schade!"

„Kennst du sie?“ fragte Fritz mit brennendem Interesse. „Natürlich“, antwortete das Waldmännchen stolz und strich sich den langen weißen Bart. „Ich bin sogar noch entfernt mit ihr verwandt durch den Waldkönig, der die Blumenfee geheiratet hat, aber das ist ein bißchen zu weitläufig, um es dir jetzt auseinanderzusetzen.“

„Wohnt sie weit von hier?“ forschte Fritz atemlos. „Sehr weit, aber das schadet nichts. Nur daß du unartig gewesen bist, macht die Sache unmöglich. Denn das kannst du dir doch wohl selbst denken, daß eine so hohe Persönlichkeit wie die Schlafkönigin nichts mit Jungen zu tun haben will, die ihre Mutter belügen, um zwölf Pellkartoffeln essen zu können.“

„Nimm mich mit! Nimm mich mit!“ bettelte Fritz mit glühenden Wangen. „Ich will dir ein schönes Taschenmesser, ein furchtbar langes Stück Bindfaden und einen Feuerstein, der prachtvolle Funken sprüht, geben; denn ich mache mir mehr aus der Schlafkönigin als aus Hans seinem ollen Salamander.“ Daß der Bindfaden aus vielen Stücken zusammengeknotet, das Taschenmesser schartig war und man oft eine halbe Stunde lang auf den Feuerstein schlagen mußte, ehe ein Funke kam, verschwieg er wohlweislich. Der kleine graue Mann antwortete nicht, er schien in Gedanken versunken zu sein. Ich möchte dir ja gern den Gefallen tun,“ sagte er endlich gutmütig, „aber es geht nur unter einer einzigen Bedingung. Nämlich, daß du mir heilig und fest versprichst, es deiner Mutter selbst zu sagen, daß du gelogen hast, und daß du es nie wieder tun willst, und“

Aber da saß Fritz schon aufrecht im Bett, machte ein feierliches Gesicht und sagte langsam und ernsthaft: „Bei Gott, ohne jeden Kniff und Pfiff!“ Dabei hielt er dem Waldmännchen beide Fäuste dicht unter die Nase, damit der sehen konnte, daß die Daumen steif in die Höhe standen. Wären sie eingekniffen gewesen, hätte der ganze Schwur natürlich nichts gegolten. Das weiß ja jeder Schuljunge.

Aber sei es, daß der Alte seine Schulzeit schon zu lange hinter sich hatte, um in solchen Sachen noch genau Bescheid zu wissen, oder ob ihm sonst welche Bedenken aufstiegen, jedenfalls wiegte er den Kopf hin und her, als sei er nicht ganz überzeugt, und fragte zweifelnd: „Ist es dir auch wirklich ernst?“ Da schritt Fritz zum Äußersten. „Ich schwöre es, potolok i poll!“ schrie er mit rollenden Augen. „Das verstehe ich nicht“, sagte das Waldmännchen.

„Glaub' ich wohl!“ Fritz triumphierte. „Das ist Russisch und ein schrecklicher Fluch. Wer etwas dabei verspricht und dabei nicht hält, dem passiert etwas ganz Entsetzliches.“

„Dann genügt es“, sagte das Waldmännchen, das im Russischen nicht mehr bewandert war als Fritz, ernsthaft. „Nun komm!“

Das ließ sich Fritz nicht zweimal sagen, und er griff freudestrahlend nach seinen Strümpfen, um sich rasch anzuziehen.

Jedoch der kleine Graue wehrte ihm. „Nicht nötig“, sagte er, „ich nehme dich unter meinen Mantel.

Fritz mußte lachen bei dem Gedanken, daß das winzige Mäntelchen des Kleinen ihn, den großen Fritz bedecken sollte, aber ehe er es ahnte, flog ihm ein dunkles Etwas über den Kopf und hüllte den ganzen Jungen ein, so daß er weder sehen noch sich bewegen konnte. Dann war es ihm, als würde er durch die Luft getragen, weit, weit, lange, lange.

Plumps! Nun stand er endlich wieder auf den Füßen. Das gab einen ordentlichen Ruck, gerade wie vor ein paar Tagen, als er im Schlaf aus dem Bett gefallen war. Aber als er wieder um sich blicken konnte, war er gar nicht mehr in seinem Schlafzimmer, sondern mitten in einem wundervollen Walde, und es war nicht Nacht, sondern heller Tag, freilich schon gegen Abend, denn die untergehende Sonne schimmerte glutrot durch die Bäume.

Fritz wunderte sich nicht im geringsten über diese plötzliche Verwandlung; seit er das graue Männlein auf seinem Bettrand anstatt auf dem Bilde gefunden hatte, wunderte er sich über nichts mehr. Und darin hatte er recht.

Er sah sich nun sehr vergnügt und neugierig um, und plötzlich kam ihm der Wald so merkwürdig bekannt vor. Richtig, da waren ja die hohen gelben Königskerzen, der prächtige Fingerhut mit den vielen roten Glocken und die leuchtenden Fliegenpilze von dem Bilde daheim. Und neben ihm stand sein alter Freund, das Waldmännlein, und blinzelte ihm lustig zu.

„Nun sind wir in meiner Heimat,“ sagte er, „hier herrscht der Waldkönig, der eine Art Vetter von mir ist. Nicht wahr, es ist schön hier?“ „Famos!“ schrie Fritz entzückt, und sprang einem Eichhörnchen nach, das vor ihnen flink über den Weg lief. Aber es floh nicht, sondern ließ sich von Fritz greifen und setzte sich ihm zutraulich auf die Schulter. Im Unterholz rauschte es: ein schlankes Reh trat hervor und leckte Fritz sanft die Hand, und ein mächtiger Hirsch mit stolzem

Geweih schritt ihm zur Seite und äugte ihn freundlich an. Leise flüsterte der Abendwind in den Baumkronen.

Sie schritten auf dem grünen Moose dahin, und viele andere graue Männlein begegneten ihnen, die alle so aussahen, wie Fritzens Waldmännchen. Der nickte seinen Landsleuten fröhlich zu und bat sie, vorläufig den Waldkönig von ihm zu grüßen. Er käme nachher noch selber vor, nur müsse er erst Fritz zur Schlafkönigin begleiten, das hätte er versprochen.

Da erklärte Fritz, daran läge ihm nicht mehr viel, denn schöner als hier könnte es dort auch nicht sein, und es wäre ihm ganz recht, hier zu bleiben, denn ein Eichhörnchen und ein Reh hätte er sich so wie so längst gewünscht.

Aber das Waldmännchen sagte, das ginge nicht, weil er schon bei der Schlafkönigin angemeldet wäre, nahm Fritz bei der Hand und zog ihn mit sich fort. Im Vorbeigehen brach er von einer Edeltanne ein Stück Harz, das er in die Tasche steckte.

„Jetzt kommen wir gleich in das Reich der Blumenfee," erzählte er, „hier ist die Grenze; aber wir dürfen ohne Paß und Zoll hinüber, weil doch die Blumenfee mit dem Waldkönig verheiratet ist – da ist alles eins. Dahinter liegt dann das Land der Schlafkönigin; auch dorthin kommen wir unangefochten, da die Blumenfee und die Schlafkönigin durch die rote Mohnblumenelfe ein bißchen miteinander verwandt sind, und es deshalb nicht so genau nehmen, besonders wenn ich dich führe" – er reckte seine kleine Gestalt stolz in die Höhe.

Der Wald lichtete sich, und von den Strahlen der scheidenden Sonne feurig umleuchtet, wanderten sie durch den herrlichen Garten, in dem die Blumenfee wohnte. Überall wiegten sich wunderschöne, farbenprächtige Riesenblumen auf schlanken Stielen ihnen entgegen, und in ihren Kelchen saßen die lieblichen Blumenelfen, spielten auf kleinen goldenen Harfen und sangen weiche, süße Lieder dazu.

„Das klingt fast so schön, wie wenn meine Mutter abends dem Brüderchen vorsingt, „Sum, sum, der Sandmann geht um", aber ich glaube, Mutter singt doch noch besser", sagte Fritz und faltete unwillkürlich die Hände, als wolle er sein Nachtgebet sprechen.

Je weiter sie gingen, je näher sie der Grenze des Reiches der Schlafkönigin kamen, desto leiser und müder wurde der Gesang der Elfen, und die Blumenkelche schlossen sich zu; es war, als ob alles schlafen gehen wollte.

Und dann waren sie im Reiche der Schlafkönigin, gerade als der letzte Schein der goldenen Sonne wie ein glänzendes Fünkchen hinter dem Horizont verschwand und weiche graue Dämmerschatten sich ausbreiteten. Eine große wundervolle Ruhe und Stille lag über allem.

Behutsam führte das kleine Männlein Fritz durch ein weites Feld von hochstengeligen Blumen, deren feuriges Rot noch in der Dämmerung zu leuchten schien.

„Das ist Mohn," sagte Fritz, ganz stolz auf seine Kenntnisse, „den haben wir bei uns im Garten auch. Nur ist er da nicht so groß und riecht nicht so stark wie hier."

Schnell zog das Waldmännlein das duftende Harzstück aus der Tasche, das er im Walde abgebrochen hatte, und gab es Fritz. „Rieche daran," mahnte er, „sonst wird dir der Duft hier zu stark und du schläfst ein."

Höher und höher, wie herrliche schlanke Säulen, ragten die Stengel der Mohnblumen in die Luft; sie rankten sich ineinander und bildeten blühende Wände und Kuppeln, und wenn man genau zusah, so bemerkte man, daß es ein wundervolles, über alle Maßen schönes Schloß war.

Darin lag die Schlafkönigin und schlief. Sie ruhte auf weichen dunklen Kissen, die ihr die Nachtfee, mit der sie eng befreundet war, über und über mit goldenen Sternen bestickt hatte, und ihre langen schwarzen Haare breiteten sich wie ein königlicher Mantel um sie her.

Ach, war sie schön! Ihr süßes liebliches Gesicht war weiß wie Schnee, nur die Lippen schimmerten brennend rot, und die schwarzen Augenwimpern lagen wie feingezeichnete Schatten auf den Wangen. Ihre Brust hob und senkte sich regelmäßig, sie atmete leise und ruhig.

Um das Lager der Schlafkönigin herum lagen wie eine Wache die drolligsten kleinen Murmeltiere in tiefem Schlaf.

Das Waldmännchen stand bewundernd und ehrerbietig vor seiner schönen schlafenden Freundin. Aber Fritz wurde die Sache auf die Dauer langweilig; er hatte sich die Schlafkönigin amüsanter gedacht.

„Eben ist die Sonne untergegangen und die schläft schon," meinte er fast verächtlich, „gerade wie mein kleiner Bruder zu Hause." Das Waldmännlein runzelte die Stirn und sah ihn streng an.

„Weißt du nicht, daß alle Leute, die nachts zu arbeiten haben, am Tage schlafen, um sich neue Kraft zu holen? Denke doch an den Bäcker bei euch im Hinterhause, oder den Nachtwächter, der euch gegenüber wohnt." „Ja," sagte Fritz, „aber ich meinte" –

Eben ging am dämmrigen Himmel der erste Stern auf. Mit einem Male waren plötzlich alle Murmeltiere auf den Beinen und rieben sich mit ihren kleinen Pfoten den Schlaf aus den Augen. Das sah so possierlich aus, daß Fritz laut lachen mußte.

Da öffnete auch die Schlafkönigin ihre wunderbaren, nachtdunklen Augen, richtete sich auf und sah Fritz freundlich an.

„Guten Tag", sagte Fritz, obgleich er ja eigentlich „Gute Nacht" hätte sagen müssen, und streckte ihr treuherzig die Hand hin. Aber sie nahm sie nicht, sondern nickte ihm nur zu. „Wenn ich dich anrühre, schläfst du ein, und wir wollen uns doch erst ein wenig kennenlernen, denn bis jetzt habe ich dich ja nur im Schlafe gesehen. Aber dein Freund, das Waldmännchen, hat mir viel von dir erzählt." „Ja," fiel der ein, „und beinahe wäre doch aus dem Besuche heut nichts geworden, denn" – und er war im besten Begriff, die Geschichte von den zwölf Pellkartoffeln zu erzählen.

Jedoch Fritz, der glühend rot geworden war, kam ihm zuvor. „Aber ich habe bei „potolok i poll" geschworen, es nicht wieder zu tun," versicherte er eifrig.

Da gab sich das Waldmännchen zufrieden, und auch die Schlafkönigin sagte nur nachsichtig: „Ich weiß, ich weiß", und ging nicht näher auf die Sache ein. Sie liebte es nicht, unnötige Worte zu machen.

Nun erhob sie sich von ihrem Lager, reckte ihre wunderschönen weißen Arme ein wenig und schüttelte ihr langwallendes, dunkles Gewand, das beim Liegen ein paar Falten bekommen hatte. Nachdem sie noch ein paar Mal verstohlen gegähnt hatte, was ihr allerliebst stand, sagte sie: „Es ist höchste Zeit an die Arbeit zu gehen, denn ich habe viel zu tun. Man bringe mir meine Flügel."

Ein paar größere Murmeltiere stürzten diensteifrig davon.

„Fritz darf mich heute Nacht begleiten", bestimmte die Schlafkönigin. „Und du?" wandte sie sich an das Waldmännchen.

Aber der lehnte dankend ab: er müsse noch bei seinem Vetter, dem Waldkönig, vorbeigehen; bei dessen kleinstem Kind solle er Pate stehen, und da wollte er sich gern mal erkundigen, was wohl als Patengeschenk erwünscht war.

Jetzt brachten die Murmeltiere ein Paar mächtige kohlschwarze Flügel angeschleppt, die die Schlafkönigin sich an den Schultern befestigte.

„Am Tage, wenn ich schlafe, lege ich sie immer ab," erklärte sie, „denn sie drücken mich beim Liegen. – Meinen Kranz!" befahl sie wieder, und es wurde ihr auf goldener Platte ein Kranz von leuchtend roten Mohnblumen gereicht, den sie sich aufs Haupt setzte, dann drückte sie sich noch einen großen Strauß von Mohnblumen in den Arm, nahm die beiden Körbe mit den guten und bösen Träumen in die Hand, und nun war sie bereit.

Die Murmeltiere hatten sich in Reihen aufgestellt wie eine Ehrenkompagnie, sie präsentierten ganz militärisch mit Mohnblumenkapseln, wie mit kleinen Gewehren, und pfiffen einen Abschiedsmarsch.

„Gehab dich wohl", sagte die Schlafkönigin zu dem Waldmännchen und erhob sich mit lautlosem Flügelschlag in die Lüfte.

Und Fritz befand sich plötzlich, ohne daß er wußte, wie ihm geschah, auf den mächtigen Schwingen einer riesigen Eule, die mit ihm hinter der Schlafkönigin herflog. Hui! das sauste durch die Luft! Es war nun schon ganz dunkel geworden, so daß man nichts mehr sehen konnte; nur die Augen der Eule funkelten durch die Finsternis. Aber Fritz fürchtete sich nicht; er schlang seinen Arm um den Hals der Eule, um sich festzuhalten, und da fiel ihm ein Bild aus seinem Märchenbuch daheim ein: wie Däumelinchen auf dem Rücken einer

Schwalbe durch die Luft fliegt. Daß er, der große Fritz, nun dasselbe erleben mußte, wie das kleine Däumelinchen! Ja, es passieren wunderliche Sachen in der Welt!

Endlich leuchtete unter ihnen ein heller Schein auf, und als sie näher kamen, war es eine große, große Stadt, in der noch viele Laternen auf den Straßen brannten, trotzdem es schon sehr spät war. Und auf das schönste Haus, das in der Mitte der Stadt lag, ein prächtiges Schloß, flogen sie zu.

Die Schlafkönigin setzte sich leicht auf eine Fensterbank und blickte in das erleuchtete Zimmer, und Fritz durfte auch hineingucken.

Drinnen saß ein hoher, stolzer Mann, in Purpur und Hermelin gekleidet, eine schimmernde Krone auf dem Kopfe und Szepter und Reichsapfel neben sich auf dem Tisch. Er blickte ernst und gütig und war noch eifrig mit Regieren beschäftigt.

„Der Kaiser", flüsterte Fritz atemlos, und die Schlafkönigin nickte.

„Zu dem gehe ich immer zuerst," erzählte sie leise, „nicht weil er mein vornehmster Kunde ist, nein, ich habe alle guten Menschen gleich lieb, hoch und niedrig, sondern weil er mich am nötigsten hat, denn das Wohl und Wehe vieler Tausenden ruht auf seinem Herzen. Glaubst du, daß es leicht ist, Kaiser zu sein, wenn man es mit dem Regieren ernst nimmt? Sieh, wie die Krone seine Stirn drückt, wie schwer der Purpur auf seinen Schultern liegt."

Sie klopfte energisch an die Scheiben, und als der Kaiser aufsah, nickte sie ihm zu, wie einem guten Freunde. Da lächelte er freundlich, öffnete das Fenster und sagte: „Gleich, gleich! Ein kleines bißchen muß ich noch regieren, dann bin ich für heute fertig."

Aber davon wollte die Schlafkönigin nichts wissen. „Denk an die große Parade morgen," sagte sie, „da mußt du frisch sein. Geh' zu Bett." Es klang süß überredend, als ob eine liebe Mutter zu ihrem Kind spricht. Dabei legte sie ihm die größte und schönste von ihren Mohnblumen auf den Tisch und daneben den herrlichsten Traum, den sie hatte; der glänzte wie ein Edelstein.

Nun half es nichts mehr. der Kaiser mußte plötzlich herzhaft gähnen und sich vor Müdigkeit so gewaltig recken, daß ihm dabei fast die Krone vom Kopfe fiel. Er konnte nur noch eben seine Regierungsbücher zusammenpacken, Krone, Szepter und Reichsapfel auf den Stuhl vor der Tür legen, damit sie das Mädchen dort am anderen Morgen zum Putzen abholen konnte und rasch ins Bett springen – da schlief er auch schon und lächelte glücklich im Traum.

Befriedigt flog die Schlafkönigin weiter und Fritz hinter ihr her.

Aus dem Fenster eines ärmlichen kleinen Hauses schimmerte noch Licht. Eine Mutter saß dort mit verweinten Augen am Bett ihres kranken Kindes. Sie hatte es so über alle Maßen lieb und wußte doch, daß sie es verlieren sollte.

„Wenn es schlafen kann, ist es gerettet, aber sonst –" hatte der Doktor gesagt beim Weggehen – und das Kind schlief nicht, sondern warf sich vom Fieber geschüttelt in den Kissen hin und her. Die Mutter weinte lauter, und ein kleiner Vogel im Käfig in der Ecke piepste erschreckt auf.

„Rasch, rasch", drängte Fritz die Schlafkönigin, aber schon hatte sie eine ihrer roten Blumen auf das Bettchen des Kindes gelegt. Und plötzlich wurde es ruhiger, leicht und sanft atmete die kleine Brust – es schlief, und die Mutter stürzte mit einem erstickten Freudenschrei in die Knie. Da fuhr ihr die

Schlafkönigin mit ihrer weißen Hand leise übers Gesicht, und ein wohltätiger Schlummer schloß die tränenmüden Augen.

Ja, die Schlafkönigin hatte recht gehabt, wenn sie sagte, daß sie viel zu tun hätte, und Fritz wunderte sich jetzt nicht mehr, daß sie am Tage schlafen mußte, um sich auszuruhen.

So viel gute Kinder gab es zu besuchen und mit schönen Träumen zu beschenken, so viel braven Arbeitern, fleißigen Hausfrauen mußte mit den Mohnblumen der erquickende Schlaf gebracht werden. An manchen Fernstern freilich eilten sie auch vorbei, ohne sich darum zu kümmern. Dahinter lagen die unartigen Kinder, die naschten, logen und ungehorsam waren, denen höchstens im Vorbeifliegen ein häßliches, verhutzeltes Träumchen, das sie ängstigte, aufs Bett geworfen wurde, dahinter wohnten die bösen Menschen, die betrogen und die Tiere quälten, die Geizigen, die Geld zusammenscharrten, ohne den Armen etwas abzugeben, und viele andere schlimme Leute. Die bekamen keine Blumen von der Schlafkönigin, sondern das böse Gewissen setzte sich ihnen statt dessen auf das Herz, grinste sie zähnefletschend an und drückte noch schwerer als zwölf Pellkartoffeln. Ja, das kannte Fritz!

Aber nicht überall kam die gute Schlafkönigin gelegen.

Da wohnte hoch oben in einem Dachkämmerchen ein armer Dichter, dem sie sehr gewogen war und dem sie manchen Abend liebreich geholfen hatte, das Leid und die Enttäuschungen des Tages in sanftem Schlummer zu vergessen.

Heute jedoch streckte er ihr abwehrend und fröhlich lachend die Hände entgegen, als er ihr liebes, schönes Gesicht an seinem kleinen Fenster erblickte.

„Vielen Dank für den Besuch," sagte er, „aber ich habe heute wirklich keine Zeit." Seine Augen leuchteten. „Ich erwarte einen hohen Gast," fuhr er fort, „in meinem Kopfe klingelt es –, ein Märchen hat sich angemeldet, und die uneingeladen kommen, das sind die vornehmsten. Ich muß versuchen es festzuhalten. Vielleicht bringt es mir endlich, endlich Anerkennung und Glück mit. Ach, du weißt ja, wie nötig ich beides habe."

Die Schlafkönigin nickte verständnisvoll, nahm die Mohnblume, die sie schon für ihn in Bereitschaft gehabt hatte, wieder an sich und warf dem Dichter nur auf gut Glück ein paar hübsche, bunte Träume ins Zimmer; vielleicht halfen sie ihm, das Märchen festzuhalten, daß zu ihm kommen wollte. –

„Ich will mir die Hausnummer merken," sagte Fritz, „und wenn sein Märchen gedruckt ist, will ich es mir zu Weihnachten wünschen." „Das ist ein guter Gedanke", lobte die Schlafkönigin.

Die Straße, durch die sie jetzt flogen, erschien Fritz mit einem Male seltsam bekannt.

„Da wohnt mein Freund Hans," rief er erfreut, auf ein hübsches Haus deutend, „weißt du, der mit dem gelbgefleckten Salamander: Wollen wir ihm eine Blume und einen hübschen Traum bringen? Dann erzähle ich ihm morgen früh in der Schule, daß er das mir zu verdanken hat, und dafür muß er mir die beiden Rechenaufgaben machen, die mir noch fehlen."

Die Schlafkönigin schien zu zögern; unschlüssig kramte sie in ihrem Traumkörben.

Da sah Fritz plötzlich in dem Terrarium, das am Fenster stand, den Salamander steif und tot auf dem Rücken daliegen, so daß man seinen schwarzen Bauch sehen konnte, und zornig schrie er: „Das ist gemein! Der ist gewiß gestern schon krank gewesen, deshalb wollte ihn mir Hans auch nicht zeigen. Und dabei wollte er mir doch das Taschenmesser, den Bindfaden und den Feuerstein dafür abluchsen! So'n Schubjack!" Und ehe die Schlafkönigin es hindern konnte, hatte er rasch den allergreulichsten Traum, den sie noch im Korbe hatte, herausgerissen und seinem hinterlistigen Freunde an den Kopf geworfen. Da stöhnte Hans angstvoll auf.

„Du bist naseweis," sagte die Schlafkönigin ärgerlich und gab Fritz einen kleinen Klaps auf die Finger. „Wenn du unartig bist, nehme ich dich nicht weiter mit."

„Meinetwegen", brummte Fritz trotzig. Der schmähliche Betrug von Hans hatte ihm die Laune ganz verdorben, und als sie nun weiterflogen, gefiel er sich darin, die gute Schlafkönigin mit ungezogenen Bemerkungen zu ärgern.

„Der gib nur keine von deinen schönen Blumen, das ist eine dumme Gans," nörgelte er, als sie in einem zierlichen Stübchen ein liebliches, blondes, junges Mädchen in ihrem weißen Himmelbett liegen sahen. „Ich kenne sie wohl, sie ist die Freundin meiner großen Schwester. Früher war sie riesig nett, und wir haben viel Ulk zusammen gemacht. Aber jetzt ist sie albern geworden. Sie bekümmert sich gar nicht mehr um mich, besonders wenn mein Vetter, der lange Referendar da ist. Nein, ich mag sie nicht mehr."

Aber die Schlafkönigin hörte gar nicht auf seine Worte, sonst hätte sie ihm gewiß eins auf den Mund gegeben. Sie schaute liebevoll auf das junge, glückstrahlende Gesichtchen in dem weißen Kissen, dessen Augen weit offen mit seligem Ausdruck in die Ferne blickten. Das Mädchen hielt ein Bild in der Hand, das sie zuweilen an ihre unschuldigen Lippen führte. „Morgen will er zur Mutter kommen, morgen bin ich seine Braut", flüsterte sie. „O, wie habe ich ihn lieb, wie bin ich so glückselig!"

„Schenk ihr keine Blume", zeterte Fritz von neuem.

„Nein," sagte die Schlafkönigin weich, „die soll nicht schlafen. Sie würde mir zürnen, wenn ich ihr heute die Glücksstunden abkürzen wollte. – Aber dich, mein Junge," fuhr die Schlafkönigin fort, „werde ich jetzt zu Hause absetzen. Eigentlich müßte ich dir ja böse sein, denn du bist wirklich in der letzten Zeit nicht sehr artig gewesen. Aber das hübsche Bild, das ich eben sah, hat mich so beglückt, daß ich Gnade vor Recht ergehen lassen und annehmen will," – hier lächelte sie schelmisch und spitzbübisch – „du wärest sehr, sehr müde und wüßtest daher nicht mehr so recht, was du sprichst."

Und da standen sie auch schon vor dem Hause, in dem Fritz und seine Eltern wohnten.

Die Schlafkönigin trug noch eine letzte wundervolle Mohnblume im Arm.

Sie hielt sie in die Höhe. „Wem im Hause soll ich sie schenken?" fragte sie.

„Mir natürlich", antwortete Fritz in gewohnter Bescheidenheit, und wollte nach der Blume greifen. Aber plötzlich hielt er inne. Es war ihm etwas eingefallen.

„Nein," sagte er rasch, „ich will sie nicht; bringe sie lieber der armen, kranken Nähmarie, die ganz oben im Hause wohnt. Die hustet Tag und Nacht, und sagt immer: Wenn ich doch nur einmal eine Nacht ordentlich schlafen könnte."

Da sah die Schlafkönigin den kleinen Fritz mit ihrem allersüßesten Lächeln an. „Nun hab ich dich wieder sehr lieb", sagte sie herzlich, klopfte ihm freundlich auf die Schulter und küßte ihn mitten auf den Mund.

Sie konnte freilich nicht wissen, wie sehr Fritz jeder Art von Zärtlichkeit, besonders wenn sie von weiblicher Seite kam, abgeneigt war, so sehr, daß seine große Schwester mal aus Spaß einen Kuß von ihm auf ihren Weihnachtswunschzettel geschrieben hatte.

Nein, sich küssen lassen, ging gegen Fritzens Mannesehre, und wenn es von der Schlafkönigin in höchster Person war. Er schüttelte sich denn auch und sagte ziemlich ungnädig: „Laß doch sein!“

„Nein,“ antwortete sie, und plötzlich war es Mutters lachende Stimme, „laß nicht sein! Junge, Junge, du schläfst ja wie ein Murmeltier! Wie willst du denn noch zur Schule fertig werden?!“

Er blinzelte mit den Augen, machte sie aber gleich wieder zu. Nein, daß war doch entschieden das allermerkwürdigste von all den seltsamen Abenteuern dieser Nacht, daß er nun plötzlich wieder in seinem Bett lag, ohne zu wissen, wie er hineingekommen war, und daß statt der Schlafkönigin, mit der er eben noch gesprochen hatte, die Mutter vor ihm stand. In seinem Kopfe drehte es sich wie ein Mühlrad.

„Mutter,“ murmelte er halblaut, „du mußt mir das Märchen von dem Dichter zu Weihnachten schenken, und der Hans ist furchtbar gemein; der hat mich mit dem Salamander beschummeln wollen.“

„Ich glaube, du träumst noch“, sagte die Mutter lachend, und fuhr ihm mit einem nassen Schwamm über das Gesicht, da machte Fritz die Augen auf und sprang aus dem Bett. Sein erster Blick galt dem Waldbild an der Wand. Richtig, da saß das graue Männchen wieder ruhig unter seinem Pilz, als ob es nie fortgewesen wäre. Aber es schien Fritz, als ob es ihn ernst und fest ansehe, und da fiel ihm das Versprechen ein, das er dem Waldmännchen gegeben hatte.

„Du, Mutter,“ sagte er, und schnürte mit Feuereifer seine Stiefel zu, um nicht aufgucken zu brauchen, „ich hatte gestern Abend doch schon zehn Pellkartoffeln gegessen, und nicht erst fünf, als du mich fragtest.“

Die gute Mutter nickte. „Ich weiß es“, antwortete sie. „Dörthe hatte sie gezählt und es mir nachher gesagt. Aber ich wollte gern, daß du es mir selber beichten solltest. Wenn es dir wirklich leid tut, dann wollen wir nicht weiter davon reden.“

Da fiel dem Fritz ein Stein vom Herzen, und in überwallender Dankbarkeit sagte er zu seiner Mutter: „Ich will dir was schenken, willst du lieber das Taschenmesser oder den Feuerstein haben?“

Aber Mutter dankte aufrichtig für beides und sagte, sie wäre schon mit dem Versprechen zufrieden, daß Fritz nie wieder lügen wollte. Und das gab er ihr feierlich „potolok i poll!“

Dann kam ihm plötzlich ein anderer Gedanke. „Was macht die Schneidermarie, Mutter?“ fragte er eifrig. „Hat sie heut nacht geschlafen?“ „Wie kommst du denn darauf?“ fragte die Mutter erstaunt. „Ja, es geht ihr besser; nach langer Zeit hat sie heute nacht zum erstenmal wieder ordentlich geschlafen. Sie hat es Dörthe erzählt, als die ihr vorhin die Milch hinaufbrachte.“

Fritz wurde ganz rot vor Freude machte ein geheimnisvolles Gesicht und wollte eben anfangen, der Mutter sein Abenteuer mit der Schlafkönigin zu erzählen, da war es ihm, als ob das Waldmännchen auf dem Bilde leicht seinen Finger auf den Mund legte, als wollte es sagen: „Laß das lieber zwischen uns Männern bleiben, die großen Menschen sind oft so wunderlich in solchen Sachen; sie glauben es womöglich gar nicht einmal.“

Da behielt Fritz sein Geheimnis für sich.

Nur mir hat er es mal anvertraut, und weil es doch eigentlich ein recht merkwürdiges Erlebnis ist, dachte ich, es würde euch Spaß machen, auch davon zu hören, und deshalb habe ich es euch nun erzählt. Ich habe aber vorher Fritz um Erlaubnis gefragt.

Das beste wird freilich sein, ihr behaltet es für euch und sprecht nicht weiter darüber, denn die Schlafkönigin mag es nicht gern, wenn viel von ihr geredet wird; sie wirkt lieber in der Stille.

Aber wenn sie heute abend zu euch kommt und euch ein schönes Träumchen schenkt, dann könnt ihr sie vom kleinen Fritz grüßen. Und von mir auch.

Die weiße Eule

Von

Agnes Freifrau von Verschuer

„Habt ihr gesehen, wie sie vorüberflog?“ sagte die Polarfüchsin zu ihren schwarzbehaarten Kleinen, die sich in dem warmen Höhlengang des Baues schnuppernd um sie drängten. Da drinnen fand man Schutz vor Sturm und Schneetreiben und vor all der grimmigen Kälte draußen; denn es war ja ganz oben im hohen Norden, an der Küste der Insel Spitzbergen, die noch so viel weiter nordwärts gelegen ist als Norwegen und als alle die anderen bekannten Gegenden der bunten Länderkarte von Europa.

„Habt ihr die weiße Eule gesehen? Gebt acht, wenn sie noch einmal da drüben über die Klippen fliegen wird! Seht sie euch ordentlich an; denn sie ist ein Wundervogel, weit über neunhundert Jahre alt, und ihresgleichen gibt es nicht wieder!"

Am kalten Strande draußen lagen die Seehunde und sonnten sich in den bleichen Strahlen der Mitternachtssonne, die immer ganz tief am Horizont stand und doch nicht untergehen wollte. Sie blinzelten mit den sanften Augen und schauten bedächtig auf; denn auch sie hatten die weiße Eule vorüberfliegen sehen.

Diese Eule war der geheimnisvolle Vogel, den alle Tiere des Polarkreises mit Ehrfurcht betrachteten. Sie hatte viel gesehen und große Weisheit gesammelt. Ja, sie hatte sogar den Nordpol gesehen! Ihre großen, weißen Flügel trugen sie stark und sicher dahin über all die unendlichen Eisflächen, die zwischen Spitzbergen und dem Nordpol wohl hunderte von Meilen weit ausgedehnt liegen.

„Aber auch nach Süden zu kann die Eule fliegen, bis dahin, wo es so abscheulich heiß ist", sagte der Eisbär, der unter der Klippe auf einer Scholle saß. Er schüttelte sich vor Unbehagen bei dem Gedanken an so viel Wärme. „Sie kennt sogar die Wohnungen der Menschen und hat uns davon erzählt, wie töricht das Menschenvolk ist, weil es immer wieder welche unter ihnen gibt, die so lange den Weg nach Norden suchen, bis sie vom Eis begraben oder vom Meerwasser verschlungen werden."

„Oder bis die Eisbären sie verspeisen," sagte der alte Seehund mit dem treuherzigen Blick. Sein Haar war spiegelblank zurückgekämmt und weich wie Seide. Er ließ sich jeden Morgen von den Wellen kämmen, ehe er zum behaglichen Sonnen an den Strand kroch.

„Besser, wir verspeisen sie, als daß sie sich unsere Tatzen wohlschmecken lassen", erwiderte der Eisbär, und wälzte seinen dicken Leib auf die andere, kältere Seite der Eisscholle, auf der er ruhte. „Auch unsere schönen weißen Kleider ziehen sie uns aus, um sich damit zu schmücken."

Er schlug mit seiner gewaltigen Pranke auf das Eis, daß es krachte und splitterte, so daß ein paar schwerfällige Fettgänse, die in seiner Nähe am Ufer saßen, erschrocken aufflogen, jedoch nur, um sich gleich wieder dicht daneben im seichten Wasser – plumps! – niederzulassen.

„Hört, macht nicht solchen Lärm mit euren breiten, plumpen Schwimmfüßen!“ rief die Füchsin vom Eingang ihrer Höhle her. „Ich höre einen anderen Ton in der Luft. Ihr wißt, mein Gehör ist fein und trügt niemals. Ich höre den nahenden Flügelschlag der weißen Eule.“

Im Dämmerschein des Polarabends kam sie lautlos herangeflogen mit großen, ausgebreiteten, schneeweißen Flügeln. Sie ließ sich auf die Klippe nieder, von der der Eisbär sogleich ehrfürchtig zurückgerollt war, und blickte über die Küste hin mit großen, wunderbaren, immer grau verschleierten Augen. Sie war ein herrlicher

Vogel in ihrer fleckenlosen Weiße, aber das schönste an ihr waren doch die Augen, welche aussahen, als ob sie alle Dinge dieser Erde und alle Geheimnisse bis auf den letzten Grund gesehen hätten.

In der großen Stille ringsum vernahm man deutlich jedes Wort, als sie mit ihrer leisen, feinen Vogelstimme zu reden begann:

„Ich grüße euch, meine Kinder vom nördlichen Eismeer! Ich wollte euch wiedersehen auf meiner Reise nach Süden und wollte euch erzählen, was ihr alle so gern hört, und von dem ihr doch alle nichts wissen könnt – ich will erzählen von meinem letzten Besuch am Nordpol. Ich bin in diesem Jahr zum tausendsten Male dort gewesen, deshalb war es ganz besonders schön – und feierlich wie ein Jubiläum!“

Die Eule schlug ihre langen, spitzen Krallen fester in das graue Moos der Klippe, auf der sie saß.

„Ja, diesmal war es ganz besonders schön! Ich saß auf der Achse der Erde und sah die funkelnden Sternbilder um mich herum sich im Kreise drehen. Sie alle schienen meinen Ehrentag mit zu feiern, und meinen alten Augen schimmerten sie diesmal fast zu grell. Der Orion hatte sein glänzendes Schwert umgegürtet wie ein Held, und der große und der kleine Bär bewegten sich mit in dem festlichen Reigen. Der Nordstern leuchtete, und das Siebengestirn schien mir zu winken. Der Drache zog seinen glänzenden Schweif über den schwarzen Himmelsbogen hin. Ja, es waren Sterne ohne Zahl, die flimmerten auf mich herab und lehrten mich die alte Weisheit von der Kleinheit der Erde.

Dann kamen die Nordlichter und tanzten vor mir ihre blendenden Feuertänze. Bläulich schimmerte das Eis in ihrem Licht, und bläulich erglänzte auch mein Gefieder. Der Mond erbleichte, und selbst die Mitternachtssonne ward trübe –

denn am Nordpol herrschten die Nordlichter. Die Sonne ist da oben wie gestorben – und auch der Sturm muß schweigen. Am Nordpol ist fortwährend Windstille, nicht einmal das Knacken des Eises würdet ihr hören und keines Vogels Geschrei – denn im Kreise um die Achse der Erde ist ewig Totenstille.

In dieser Stille war ich drei Tage und drei Nächte lang und füllte meinen alten Vogelgeist mit neuer Weisheit.

Jetzt aber will ich südwärts fliegen, bis hin zu den Meeresströmungen, von denen sich das Menschenvolk so gerne nach Norden treiben läßt. Wie sind sie klein und schwach in ihrem ehrgeizigen Streben nach Ruhm und Wissen.

Wie manches Schiff sah ich im Eis vergehen, und wie manches Gebein sah ich bleichen! Ja, einen sah ich in den Lüften fliegen – und doch auch in die Tiefe stürzen. Wie kann ein Menschenkind das Fliegen versuchen, wenn er nicht Flügel hat, die so stark und ausdauernd sind wie meine!"

Die greise Eule spannte bei diesen Worten ihre Schwingen wieder weit aus.

„Lebt wohl – bis zum nächsten Jahr!" rief sie beim Aufwärtsschweben – und aller Augen folgten der weißen Erscheinung, welche ebenso schnell und lautlos, wie sie gekommen, in den Nebeln, die über der Insel landeinwärts lagerten, verschwand.

„Das war eine schöne Geschichte, und das war Weisheit," sagte die Füchsin; „aber nun, ihr guten Kinder, denke ich, wollen wir lustig sein und tanzen; denn der Mond ist aufgegangen, und zuviel Weisheit vorm Schlafengehen ist nicht bekömmlich."

Die kleinen Füchse faßten sich gegenseitig bei den Pfoten und tanzten auf den blankgewaschenen Kieseln des Strandes, daß es eine Lust war. Die Seehunde wälzten sich im mondbeschienenen Wasser, bis der Schaum hoch aufspritzte und der alte Eisbär sich brummend weiter auf den Strand zurückzog. Nur die dicken Fettgänse blieben unbeweglich neben der Klippe sitzen: zum Tanzen waren sie zu bequem und vielleicht auch nicht mehr jugendlich genug.

Die weichen, flatternden Nebel, die über der Insel lagerten, wurden dichter und verhüllten schließlich ganz die Richtung nach dem Süden, in der die weiße Eule verschwunden war.

Aus dieser Richtung von Süden her kam langsam ein Schiff gefahren. Es war ein gutes Schiff, breit und kräftig gebaut, mit wuchtigem Bug, der auch den härtesten Eismassen Widerstand leisten konnte. Seine Masten waren harzige

Tannenstämme, in Schwedens Küstenwäldern gewachsen und deshalb von Jugend auf an die Gewalt der Seestürme gewöhnt. Es war die „Maria", das Schiff des schwedischen Schiffers Olaf Erichson, der trug eine große Sehnsucht in der Seele, ein ehrgeiziges Verlangen, es allen seinen Landsleuten zuvorzutun, zu sehen, was bisher noch keines Menschen Auge gesehen hatte – und endlich den Nordpol zu erreichen. Mit günstigem Wind war die „Maria" bisher gefahren – vorbei an Norwegens felsiger Küste, vorüber am steilen, dunklen Nordkap, daß so scharf gezeichnet ist gegen die dahinter sich dehnende Ferne der unbekannten Gewässer des Nördlichen Eismeeres.

Tage und Nächte lang immer nur Wasserfläche – stahlgrau und öde im kraftlosen Sonnenlicht – und dann kam die kahle Küste von Spitzbergen. Von da aus wollte man hinüber zum rätselhaften Franz-Josephs-Land und weiter hinauf – bis dahin, wo auf den Landkarten die großen, weißen Flecke anfangen – von denen niemand mehr sagen kann, was dort zu finden ist.

Ein jeder Schiffer, der dort hinauf will, muß wissen, ob er Mut genug in der Seele trägt, um auszuhalten in der grausigen Polarnacht, die sechs Monate dauerte, und in einer Kälte, die niemand recht beschreiben kann.

Der Schiffer Olaf Erichson hatte solch mutigen Sinn und eine starke Hoffnung, sein Ziel zu erreichen. Er blickte vom Deck seines Fahrzeugs auf das kalte, graue Wasser, das sich öde und weit vor ihm ausdehnte. Das gleichmäßige Rauschen der See schläferte ihn ein, und er schloß die Augen.

Da sah er im Traum das Bild seiner Heimat. Er sah ein kleines, weißes Haus in Schweden, das in sonnigen Dünen dicht am Strande gebettet lag. Er schaute durch das niedrige Fenster in eine helle Stube hinein und sah ein Weib am Tische sitzen: es war Maria, seine Frau. Die linke Hand hatte sie aufgestützt – und ihr Gesicht war nach der Seeseite zu gewandt. Die rechte Hand hielt den hölzernen Rand einer Wiege, in der ein Knabe schlief: das war sein Sohn. Und im Traum erlebte er noch einmal die Stunde des Abschieds, in der Maria den goldenen Ehering an seiner Hand geküßt hatte.

„Du wirst mich niemals vergessen, solange du den Ring hast, und du wirst wiederkommen, so Gott es will", hatte sie dabei gesagt.

Dann erwachte Olaf Erichson und fühlte nach seinem Ring und drückte ihn fest. Er wußte, daß er sein Weib und Kind nicht vergessen konnte – in alle Ewigkeit nicht! –

Der weiße Schleier der Polarnacht, die im Sommer hell ist, weil die Sonne nicht untergeht – senkte sich herab. Es war Dämmerung. Im Tauwerk der Masten schwankten rechts und links die beiden Laternen, grün und rot. Der Steuermann war vorne in seinem kleinen Haus, und die übrige Mannschaft ruht in der Kajüte aus vom schweren Tagwerk.

Kurs nach Nord! Immer gerade aus in die graue Ferne hinein. Der Schiffer blickte nach oben, ob die Nebel sich noch verdichteten, denn kein Stern war zu sehen, kein Licht außer den beiden Laternen. Da fiel ein sonderbarer Schein auf sein Gesicht. Er kam aus einem bisher noch nie gesehenen Augenpaar, das unverwandt auf Olaf Erichson gerichtet war. Im Mittelmast, auf der Rahe, saß eine große, weiße Eule, und im Nebel, der rings umher lagerte, schien das Gefieder des Vogels selbst aus feinen Nebelstreifen gewoben zu sein.

War's Sinnestäuschung, oder war es ein Gespenst, das des Schiffers noch halb vom Traum befangene Sinne narrte?

Geräuschlos breitete der Vogel seine Flügel aus und ließ sich zu Olafs Füßen auf das Deck nieder.

„Sieh da, ein Polarvogel, eine weiße Uhuart, wie sie in diesen Gegenden manchmal vorkommen sollen", sagte der Schiffer.

Aber gleich darauf schnürte ihm ein beklemmendes Gefühl die Kehle zu, wie der fremde Vogel seine Schleieraugen plötzlich weit aufmachte und ein ganzes Bündel von gelben Strahlen daraus hervorschießen ließ.

Dann vernahm er eine fremde Stimme, die mit Menschenstimmen gar keine Ähnlichkeit hatte und die er trotzdem sehr gut verstand.

„Ich bin die weiße Eule," sagte die Stimme, „bin die Älteste meines Geschlechts und komme, dich vom Nordpol zu grüßen, Olaf Erichson!"

„Vom Nordpol?" Dem Schiffer stieg vor Erregung das Blut ins Gesicht; denn dieses Wort bedeutete ihm alles, was sein Herz begehrte: Ehre, Erfolg und die Befriedigung seiner geheimsten Wünsche.

„Erzähle mir vom Nordpol, und wenn du kannst, so führe mich dorthin, du fremder Vogel!" rief er begeistert aus.

„Gib mir Unterkunft auf deinem Schiffe, in deiner warmen Kajüte, so will ich sehen, was ich für dich tun kann", erwiderte die Eule, und wie Olaf verlangend seinen Arm ausstreckte, da flog sie vom Boden auf und setzte sich darauf. Sie ließ es geschehen, daß er sie behutsam und immer noch wie traumbefangen in seine Kajüte hinunter trug.

„Ich will mich einmal mit diesem Menschenvolk etwas näher einlassen; denn auch das wird Weisheit bringen“, sagte die Eule leise vor sich hin. Diesmal sagte sie es in ihrer besonderen Vogelstimme, und davon verstand der Schiffer keine Silbe. Unten in der Kajüte ließ Olaf die Eule sich niederlassen auf den Rand des kleinen Schrankes von dunklem Eichenholz, in dem seine Gefährten der Einsamkeit, seine Bücher, aufgespeichert waren. Sie saß davor, gerade als ob sie dahin gehörte, und sah in ihrer Ruhe aus wie ein ausgestopftes Tier. Nichts verriet ihr Leben als nur dann und wann ein müdes Blinzeln der verschleierten Augen, aber herrlich und milchweiß glänzte selbst hier das Gefieder im trüben Lichte der kleinen Öllampe, die von der Decke herunterhing. Solche weißen Eulen hatte Olaf Erichson in Schweden niemals gesehen. Da gab es nur graue und braune Vögel dieser Gattung – die versteckten sich am Tage und flatterten des Nachts im Kiefernforst umher. Die machten Jagd auf Mäuse und riefen „Kiwit! Kiwit!“, so daß viele Leute sich vor ihnen fürchteten.

Vor dieser Eule aber hier empfand der Schiffer keine Furcht, obgleich er wußte, daß sie kein gewöhnliches Tier, sondern ein Zaubervogel war. Und weil sie seine eigene Sprache sprechen und auch verstehen konnte, so wurde er immer vertrauter und redete zu ihr wie zu einem alten Freunde.

So blieb sie in der kleinen Kapitänskajüte der „Maria“ viele Tage und viele Nächte.

Die Mannschaft bemerkte den fremden Vogel, ohne sich weiter viel zu verwundern, denn auf Seereisen gewöhnt man sich überhaupt bald das Wundern ab.

Der kleine Schiffsjunge schlich sich eines Morgens unbemerkt in die Kajüte, und nach einigem Zögern und Anstarren streckte er behutsam die Finger aus, um das weiße Gefieder, die beiden starken, über dem Schwanz gekreuzten Fittiche ein wenig zu betasten.

Sie ließ es sich gefallen, aber dann blinzelte sie mit den Augen, da fuhr er erschrocken zusammen und lief wieder an Deck hinauf, so schnell seine Füße ihn tragen konnten. Der Leichtmatrose oben, der gerade eine Pfeife stopfte, räusperte sich und meinte: „Was nur unser Kapitän an dem alten Kauze findet! Wenn's wenigstens noch ein eßbarer Vogel wäre, dann wäre das freilich eine andere Sache.“

*

In den stillen Abendstunden, wenn die Lampe drunten tröstlich brannte und man die Kälte draußen vergessen konnte, bei lustig ringelndem Dampf, der aus Teekesseln und Groggläsern hervorstieg – an solchen Abenden erzählte die Eule dem Schiffer auf ihre Weise von den Geheimnissen des Nordpols. Er wußte freilich hinterher nie ganz genau, ob er gewacht oder geträumt hatte. Aber alle diese märchenhaften Dinge setzten sich in seiner Seele fest – und erfüllten ihm schließlich Sinne und Gedanken ganz.

„Wer den Nordpol erreichen will, der muß alles in der Welt, was ihm sonst lieb ist, verlassen und vergessen können. Er darf auch nicht darauf hoffen, jemals zurückzukehren, denn dort oben ist das Reich der ewigen Vergessenheit!" So sprach die Eule, und dem Schiffer griff es kalt ans Herz.

„Weib und Kind kann und will ich nicht vergessen, denn ich liebe sie mehr als alles in der Welt", sagte er leise und drückte den goldenen Ring Marias an die Lippen.

Von diesem Augenblick an wußte die Eule, daß sie niemals volle Gewalt über diesen Mann gewinnen würde, solange der geweihte Ring an seiner Hand war. Deshalb trachtete sie danach, ihm den Ring zu rauben. In einer Nacht, als er in tiefem Schlafe auf seinem Bette lag, flog sie leise und listig von ihrem Sitz hernieder, flog auf den Bettrand und pickte und faßte mit ihrem gebogenen Schnabel nach dem kleinen Reif. Der Schiffer regte sich und wollte erwachen, da schoß sie ein Strahlenbündel ihrer Augen nach ihm, das betäubte ihn, und er bemerkte nicht, wie der Vogel den Ring von seinem Finger nahm und über die eigene rechte Kralle zog, bis hinauf unter die dichten Federn des Flügels, da war er sicher und, für niemanden mehr sichtbar, verborgen.

Am anderen Morgen, als der Schiffer erwachte, da war der Ring verschwunden und mit ihm des Ringes Segen, und er merkte es nicht einmal; denn er hatte sein Weib und Kind, seine Heimat und alles, was dahinten lag, vergessen. – – – – –

„Land außer Sicht und weiter Kurs auf Nord!" sagte der Steuermann und drehte zwischen seinen Händen das wuchtige Ruder, das vom vielen Anfassen schon ganz blank und schwarz geworden war.

Inzwischen war es Herbst geworden und die lange, dunkle Polarnacht hereingebrochen. Draußen war eine furchtbare Kälte, und die Menge des Eises hemmte bald den Lauf des Schiffes, daß es festgemauert liegen blieb in den ungeheuren Eismassen. Ohne Bewegung, aber auch ohne Zagen; denn man war ja wohlgerüstet auf solche langen, kalten Monate und auf die Öde des Wartens in der Finsternis.

Die Kajüten waren trotz alledem warm und behaglich. Die Öllampen brannten, und die kleinen eisernen Öfen wurden geheizt, bis sie vor Hitze fast zersprangen. Die Mannschaft verkroch sich in diese warmen Löcher im Innern des Schiffes wie die Murmeltiere.

*

„Halte aus bis zur Wiederkehr der Sonne im Frühling, dann führe ich dich zum Nordpol!“ flüsterte die Eule dem Schiffer ins Ohr, und sie vertrieb ihm weiter die Langeweile der Dunkelheit mit ihren Zaubergeschichten.

„Sieh durch die Luke auf das Eis hinaus!“ sagte sie. „Siehst du am Horizont das Nordlicht strahlen? Siehst du seinen herrlichen, blauen Schein, der die Schneefelder erleuchtet, und die glänzenden, weißen und roten Bogen, aus denen bunte Lichtstrahlen hervorschießen? Ganze Feuergarben schleudert es zum Himmel empor! Das ist ein Feuerwerk, wie ihr Menschenkinder es nicht nachmachen könnt!

Hörst du draußen den heiseren Ruf des Polarwolfes, vor dem sich alle Tiere fürchten? Aber du fürchte dich nicht; denn er kann dir nichts anhaben, solange ich bei dir bin und dich beschütze. Alle Tiere kennen und ehren mich und lassen Kämpfe und Streiten ruhen, wenn ich mich unter ihnen zeige!“

*

Olaf Erichson lag in einer windstillen Nacht, in dicke Bärenfelle gewickelt, auf dem Verdeck und starrte hinauf in den blauschwarzen Himmel über sich mit den zahllosen Sternen. Sie flimmerten in seine Augen, und je länger er hinsah, desto größer wurde ihre Zahl. Ein altes Lied kam ihm in den Sinn:

„Weißt du, wieviel Sternlein stehen
An dem blauen Himmelszelt?“

Er hatte es früher singen hören, aber er wußte nicht mehr, wann – und wo – und von wem. Weil er alles vergessen hatte, was hinter ihm lag, so hatte er auch vergessen, daß es das Lied war, welches seine Frau sooft gesungen hatte, wenn sie an der Wiege ihres Kindes saß. Er versuchte die Sterne zu zählen, aber es war ein vergebliches Bemühen und verwirrte ihm die Gedanken. Dennoch konnte er nicht einschlafen, und das war auch nicht ratsam bei dieser Kälte, selbst wenn man bis an die Nase in einem Bärenfell steckte.

Die Eule flatterte aus der Kajüte hervor und setzte sich auf die dicke, grünliche Glasscheibe über der Windrose des Kompasses. In dem warmen Bretterverschlag auf dem Vorderdeck heulten die Schiffshunde, die bestimmt waren, den schweren Reiseschlitten über das Eis zu ziehen.

„Warte, bis der Frühling kommt, bis die hohe Eismauer drüben wieder niedriger wird, dann will ich mich vorne auf deinen Schlitten setzen und ihn steuern!" sagte die Eule. „Dann wird der Sturmwind kommen, der rast schneller als zwanzig Hunde, der treibt dich über das blanke, schwarze Eisfeld, über Spalten und Risse und selbst über den gähnenden Abgrund dahin. Er bläst die großen, weißen Segler, die Eisberge, vor sich her, so leicht wie Vogelfedern. Das ist die Flotte des Nordpols! Die werden dein Schiff umringen und zum Nordpol führen, Olaf Erichson!"

„Und werden uns alle zusammen versinken und ertrinken lassen", dachte der Schiffer, und ein heimliches Grauen erfaßte ihn.

War dieser Vogel sein wirklicher Freund – oder war es ein Dämon, der ihn lockte und reizte? War es der Dämon seiner eigenen, ehrgeizigen Gedanken, der in diesem Tier Gestalt angenommen hatte? Würde diese Eule ihn und sein gutes Schiff und seine treue, auf ihn vertrauende Mannschaft ins Verderben treiben – während sie ihm Dinge vorspiegelte, die gar nicht waren, und Herrlichkeiten verhieß, die sich in Wirklichkeit niemals erfüllen konnten? – – –

Solche Gedanken zogen jetzt oft beunruhigend durch des Schiffers Seele, wenn er in einsamen Nächten wachte und grübelte, während seine Leute fest schliefen.

Aber die große Stille dieser Nächte in der eingefrorenen Welt rings um das Schiff herum ging eines Tages zu Ende. Zuerst hörte man nur ein dumpfes Dröhnen in weiter Ferne, wie das Rollen fernen Donners, der wieder verstummte und nach einer Weile von neuem ertönte.

Die Magnetnadel am Kompaß fing an zu zittern, denn sie spürte von allen zuerst das große Ereignis, das sich ankündigte, den nahen Aufbruch des Eises, das Kommen des Frühlings!

Dazu erhob der Sturm sein Getöse. Heulend fuhr er über das Schiff dahin, daß es in allen Fugen zitterte. Ganze Säcke voll flimmernder Schneeflocken warf er jedem ins Gesicht, der sich auf Deck hinauf wagte, und riß das gute, feste Takelwerk der Masten in hundert kleine Fetzen.

„Hu, wie er uns drückt und zu beugen versucht!“ sagten die Mastbäume, die ja in Wirklichkeit starke Tannenstämme aus Schweden waren. „Wir beugen uns, wir neigen uns, wir neigen uns – aber wir brechen nicht!“

Des Sturmwinds laute Stimme ward noch übertönt durch das Krachen des aufbrechenden Eises. Wie sich die Schollen gegenseitig schoben und preßten, sich zu hohen Mauern auftürmten und dann wieder auseinanderbarsten, bis das hervordringende Seewasser sie überflutet!

Alles an Bord der „Maria“ geriet in Aufregung.

Auch die Eule schlug mit den Flügeln und setzte sich auf die schwankende Rahe, um über das weite Schlachtfeld des Eises Ausschau zu halten.

„Hei, wie der Südwind weht, der Frühlingsbringer, der mich und alle mit sich reißen wird auf seinen starken Schwingen! Ich grüße den Südwind und lade ihn ein, mich zu begleiten auf meiner tausendundersten Reise zum Nordpol!“

Der Schiffer verstand nicht, was die Eule sagte, in dem schrecklichen Lärm; er achtete auch nicht mehr auf sie; denn eine große Sorge um sein Schiff und seine Mannschaft hatte ihn erfaßt. Immer mächtiger flutete die See über das tauende Eis, und auf einmal war die „Maria“ wieder frei im tiefen Wasser, sie drehte sich im Kreise, und es kostete eine große Anstrengung, sie jetzt nicht aus der Gewalt zu verlieren und vor den treibenden Eisschollen zu bewahren. Im Gedränge der Arbeit achtete man nicht darauf, was von Westen, von der großen, freien Wasserseite her heraufkam. Nur die Eule sah es, sie flatterte von ihrem Mast herunter und setzte sich dem Schiffer auf die Schulter.

„Sieh dich um, Olaf Erichson, sie kommen, sie kommen, die weißen Segler, die dich abholen wollen zur lustigen Fahrt nach Norden!“

Der Schiffer blickte zur Seite und sah mit Entsetzen die vielen weißen Punkte, die am Horizont erschienen, die jede Sekunde größer wurden und, von der Strömung getrieben, mit Windeseile herankamen.

Das waren die gefürchteten Eisberge, die jedem Schiffe sicheres Verderben brachten.

„Wir müssen südwärts steuern und ihnen ausweichen, Kapitän!“ rief der Steuermann. „Sonst sind wir verloren. Gib Befehl: Kurs nach Süden. Warum zögerst du?! Willst du uns alle zusammen in den Tod führen?!“ – – –

Olaf Erichson stand wie versteinert; er schaute nach dem schimmernden Berg, der da, haushoch aus dem Wasser ragend, mit schrecklicher Geschwindigkeit geradewegs auf die „Maria“ zu steuerte.

„Sie tun dir nichts, solange ich bei dir bin. Behalte Kurs nach Norden!“ flüsterte die Eule in sein Ohr.

Wie sie sah, daß er unschlüssig war, da flog sie mit rauschendem Flügelschlag zum Steuerruder hin und setzte sich darauf. Sie hob die rechte Kralle, wie drohend und zur Abwehr gegen jeden bereit – da fiel etwas Blinkendes unter ihrem Flügel hervor und rollte auf das glatte Schiffsdeck, dem Kapitän gerade vor die Füße.

Es war sein goldener Ehering, der Ring, dem Maria ihm gegeben. Er bückte sich und nahm ihn und steckte den kleinen Reif wieder an den Finger der linken Hand – und dann richtete er sich hoch auf. „Kurs nach Süden, Steuermann!“ rief er mit lauter Stimme, und blitzschnell drehte dieser das schwere Rad herum, daß die Eule ihren Halt verlor und vor dem rauhen Griff des Steuermanns zurückflatterte.

„Kurs nach Süden!“ – – – Das Schiff bebte und wendete in dem schäumenden Wasser. In diesem Augenblick drängte die haushohe Masse des Eisberges haarscharf an dem Bug des ausweichenden Schiffes vorüber. – – – – –

„Zurück zur Heimat, zurück zu Maria! Euch alle will ich retten und heimwärts führen!“ rief der Schiffer, aber seine Stimme wurde vom Krachen der aufeinanderstoßenden Eisberge übertönt.

Die weiße Eule hatte das südwärts gleitende Schiff verlassen. Sie saß nicht mehr auf dem Mast, sie saß auf dem schimmernden Eisberg und trieb mit ihm in die dunkle Ferne der nördlichen Gewässer.

Olaf Erichson schaute ihr nach, aber seine Gedanken waren nicht mehr bei ihr, seine Gedanken waren bei Weib und Kind, die er einen ganzen Winter lang hatte vergessen können. Nun ging's zurück zu ihnen mit voller Fahrt, und kein dämonischer Vogel würde ihn mehr verhindern, südlichen Kurs zu steuern. In diesem Augenblick erschien ein schmaler, blutroter Streif über dem Eis im Osten – es war das erste Zeichen der endlich wiederkehrenden Frühlingssonne.

*

Die Eule fuhr auf dem Eisberge so lange nach Norden, wie das offene Wasser reichte, dann breitete sie die Flügel aus und flog über die große Eiswüste, die von da sich endlos dehnt, dem ihr wohlbekannten Nordpol zu. Mit Menschenkindern und deren Treiben wollte sie von nun an nichts mehr zu tun haben. Sie kehrte in ihr kaltes Reich zurück, zu den Tieren, die dort wohnten und die sie verehrten und verstanden.

Hinter dem dichten Schleier, der das Reich des Nordpols noch immer undurchdringlich verhüllt, ist sie verschwunden. –

Die Tanz-Anne

Von

Theodor Volbehr

Die letzten Sonnenstrahlen hüpften mit den Vögeln um die Wette in den Wipfeln der Bäume, dann blickten sie noch einmal durch die Laubkronen hindurch, um für heute vom Walde Abschied zu nehmen. Aber da sahen sie etwas, das war so seltsam, daß sie wie verzaubert in den Zweigen hängen blieben. Auf dem Waldweg tanzte ein kleines Mädchen und sah mit lachenden Augen um sich. Sie hatte mit beiden Händen das Röckchen gefaßt und warf die Beinchen so zierlich, als sei sie eine Waldelfe. Die Vögel sprangen von ihren Zweigen herunter und tanzten und flatterten lustig um das kleine Menschenkind herum, und es war, als ginge ein neuer Sonnenschein von den lachenden zwei Augen aus. Die Sonnenstrahlen wären am liebsten von ihrem hohen Sitz hinunter gesprungen und hätten mit dem Kinde getanzt, aber eben sank die Sonne hinter den Horizont hinab und – ruck! – zog sie all die kleinen Strahlen hinter sich her.

Das kleine Mädchen aber tanzte weiter und weiter. Es merkte gar nicht, daß es immer dunkler im Walde wurde und daß ein Vogel nach dem anderen mit dem Tanzen aufhörte und sich ein Plätzchen zum Schlafen suchte. Es tanzte und tanzte und war glückselig. Aber schließlich wurde es so dunkel, daß die Kleine nicht mehr sehen konnte, wohin ihre Füße traten, und daß sie fast gegen einen Baum gestoßen wäre. Da hörte sie mit einem tiefen Seufzer auf zu tanzen. Und als sie sah, daß es viel zu dunkel war, um den Weg nach Hause finden zu können, duckte sie sich unter einen Haselstrauch, blinzelte zu einem Stück Sternenhimmel hinauf, das sich zwischen die Baumkronen schob, und schlief ein.

In der Nacht aber wurde sie durch ein fröhliches Lachen und Plaudern geweckt; das klang so fein und zart, als schlügen silberne Glöckchen leise aneinander. Als sie die Augen aufschlug, sah sie in die glänzende Mondscheibe hinein. Die leuchtete so stark, daß die Augen wie geblendet waren. Aber allmählich gewöhnten sie sich an den Glanz; und als sie vorsichtig umherblickten, sahen sie die ganze Waldlichtung von leichten, schwebenden Gestalten erfüllt. Da merkte die Kleine, daß sie an einen Elfentanzplatz geraten war.

Und sie richtete sich ganz leise auf und sah dem Tanzspiel mit großen Augen und mit brennenden Wangen zu. Denn die Elfen konnten es doch noch viel, viel schöner als sie.

Auf einmal knackte unter ihrer aufgestützten Hand ein Zweiglein, und – husch! – waren die Elfen wie weggeblasen.

„Das war dumm, Anne!" sagte das kleine Mädchen zu sich selbst. Dann lag es lange mit offenen Augen unbeweglich, aber die Elfen kamen nicht wieder. Endlich stand Anne auf, trat in den hellen Mondschein hinaus, raffte ihr Röckchen und tanzte auf ihren leichten Füßen genau so, wie sie es eben gesehen hatte.

Der Mond blieb erstaunt auf seiner Wanderung stehen und strengte seine Augen sehr an, um zu sehen, was für ein seltsames Wesen da unten tanze. Und die Bäume rings umher hörten mit ihrem geheimnisvollen Rauschen auf und sahen regungslos auf die einsame Tänzerin.

Die merkte nichts davon. Sie tanzte und tanzte, und es war ihr, als könne sie nie wieder aufhören. Und es war ihr unsäglich wohl ums Herz.

Da wurde es am Rande der Waldwiese lebendig. Ein Elflein nach dem anderen lugte aus dem Gebüsch hervor. Und als die feinen Dingerchen sahen, daß nur ein kleines Mädchen auf dem Platz umhertanzte und dazu ganz verzückt aussah, da kamen sie eins nach dem anderen hervorgetänzelt, schlossen sich zum Reigen zusammen und umtanzten die fremde Spielkameradin.

Die aber war so von ihrem eigenen Tanz erfüllt, daß sie lange von dem allen nichts merkte. Als sie aber endlich die Blicke über den Boden gleiten ließ und den weiten Kreis der tanzenden Elfen um sich her erblickte, da ließ sie ihr Röckchen los und klatschte fröhlich in die Hände. Und dabei tanzte sie weiter, als könne es gar nicht anders sein.

Seit jener Nacht waren die Elfen und die Anne die besten Freunde. Und da sie die Tochter des Försters war und ihre Mutter nicht mehr lebte, so konnte sie oft genug in den Wald hinaus, wenn's Mondschein war und die Elfen ihre Tanzfeste hielten.

Sie tanzte aber nicht nur im Walde, sondern auch im Haus und im Garten, auf allen Wegen und Stegen; und sie war nicht glücklich, wenn sie nicht tanzen konnte.

Ihr Vater lachte darüber, aber die alten Weiber im Dorf, die schüttelten bedenklich das Haupt und meinten, das könne unmöglich ein gutes Ende nehmen.

Als die Zeit kam, in der die Mädchen und Buben zur Tanzstunde gehen, zeigte es sich, daß Anne besser tanzen konnte als alle anderen Mädchen weit und breit. Die Burschen nannten sie nur die Tanz-Anne und drängten sich, um mit ihr zu tanzen.

Das war eine Lust den ganzen Winter über. Und es war fast so schön wie das Tanzen auf der Elfenwiese. Aber merkwürdig, wenn einer dachte, daß die Tanz-Anne ganz besonders gern mit ihm tanze, und sie fragte, ob sie so zusammen durchs Leben tanzen wollten, dann lachte sie hell auf und flog zu einem anderen Tänzer. Und das ging so Jahr um Jahr, bis niemand mehr ans Heiraten dachte, wenn er mit der Tanz-Anne tanzte.

Und bald kam es soweit, daß die Burschen den ganzen Sommer hindurch über die Tanz-Anne spotteten und sie ein verrücktes Frauenzimmer nannten. Im Winter aber, wenn das Tanzen anhub, dann wollte doch ein jeder mit ihr tanzen. Da fingen die Mädchen an, sich böse Dinge ins Ohr zu tuscheln.

Die Tanz-Anne aber sah und hörte nichts davon. Aus ihren Augen lachte es immer gleich lustig, als erscheine ihr das ganze Leben wie ein einziges schönes Tanzfest. Und wenn es ihr einmal in den Sinn kam, dann konnte sie tagelang die weiten Wälder durchstreifen und auf jedem schönen Platz ein Tänzchen machen. Und dann freute sie sich ebenso sehr über die Tiere des Waldes, die neugierig aus dem Dickicht äugten, wie im Dorf über die bewundernden Blicke der Burschen. Und wenn gar ein Rehlein es wagte, auf den Platz heraus zu kommen und zierlich die Beinchen zu setzen wie im Tanzschritt, oder wenn die Vöglein lustig herumhüpften, dann fühlte sie sich genau so selig wie jemals im Krug, wenn die Tänzer sich drängten und stießen, um sie zum Tanz zu holen.

So ging es viele, viele Jahre. Die Tanz-Anne wurde alt und grau, aber sie tanzte immer noch mit gleicher Lust im Walde oder auf den Dielen des Dorfes; und sie fand auch immer noch ihre Tänzer.

Dann starb ihr Vater und hinterließ ihr ein Häuschen mit einem schönen, großen Garten und gerade so viel Geld, wie sie zu ihrem bescheidenen Leben brauchte.

Von der Zeit an ging die Tanz-Anne nicht mehr zum Tanz ins Dorf. Ihren Garten aber, den richtete sie sich wie einen Tanzsaal her. Und in ihm konnte man sie alle Tage mit den kleinen Mädchen und Jungen aus dem Dorf um die Wette tanzen sehen, daß ihr die grauen Haare um die lustigen Augen flogen. Das war ein Jauchzen und Jubilieren unter den Kindern, daß die Leute an der Gartenhecke stehen blieben und sich auf die Zehenspitzen stellten, um hinübersehen zu können. Und niemals hatte es so viel glückliche Kinder im Dorfe gegeben.

Ein paar Jahre ging das so weiter, dann auf einmal bekam das Gesicht der Tanz-Anne einen traurigen Zug. Bisweilen zog es inmitten eines lustigen Tanzes wie ein Schatten über ihre Augen, und sie mußte sich hinsetzen, um auszuruhen. Und dann wieder war es ihr, als begännen die Beine steif und unsicher zu werden. Mehr als einmal rollten ihr dicke Tränen über die runzligen Wangen, wenn die Schar der Mädchen und Jungen mit heißen Backen aus der Gartenpforte trollte und sie allein zurückblieb. Dann war's ihr, als zöge ihre eigene Jugend auf Nimmerwiedersehen hinaus.

Eines Abends saß sie so in Tränen aufgelöst in ihrem Garten, starrte auf die Pforte und vergaß ganz, sie wieder zu schließen.

Da trat ein stattlicher Herr in den Garten, ging mit lässigen Schritten auf sie zu, lüpfte den Hut ein wenig und setzte sich zu ihr auf die Bank. Die Tanz-Anne wollte empört auffahren, aber sie fühlte sich so schwach, daß sie sitzen bleiben mußte. Der Herr sagte kein Wort, er beugte sich nur ein wenig vor und zeichnete mit einem dünnen, schwarzen Stock seltsame Linien in den Kies. Da nahm er eine kleine, silberne Dose aus der Tasche, griff mit spitzen Fingern hinein und ließ den schwarzen Staub in die Rillen hineinrieseln, die er mit seinem Stock gezogen. Die Tanz-Anne versuchte, ans Ende der Bank zu rücken, aber sie war wie erstarrt. Nur ihre Augen folgten ängstlich allen Bewegungen des schweigsamen Mannes. Plötzlich sah sie, wie aus den schwarzen Linien rote Blumen hervorwuchsen. Die strömten einen berauschenden Duft aus. Und der Tanz-Anne wurde ganz seltsam ums Herz, aber die Angst war verschwunden.

Da hub der Herr neben ihr zu sprechen an. Seine Stimme klang wie aus weiter Ferne, aber doch ganz deutlich. „Sieh, Anne, das soll dir nur zeigen, daß ich Dinge vermag, die du nicht begreifst. Ich kann mehr, als du denkst. Ich kann auch machen, daß du deine Tanzkräfte wieder bekommst und sie behältst bis ans Ende deiner Tage." Die Tanz-Anne hörte ihm so ruhig zu, als sei das alles ihr längst bekannt. Sie wartete lange mit der Antwort. Aber als er kein Wort mehr hinzufügte, sagte sie leise: „Und was willst du dafür?" „Was ich will? Nun, nichts weiter, als daß du nach deinem Tode zu mir kommst. Ich brauche für den Hexentanzplatz eine gute Vortänzerin." Da lachte die Tanz-Anne ganz seltsam auf. Sie beugte sich zu den roten Blumen nieder, brach eine ab und ließ den roten Saft, der aus dem Stengel quoll, auf ihre Finger tropfen. „Damit soll ich's wohl unterschreiben?"

Und sie lachte noch einmal. Der Teufel sah sie erstaunt an und sagte: „Ach was, das war früher so. Jetzt genügt es mir, wenn du mir die Hand darauf gibst." Da gab die Tanz-Anne dem Teufel die Hand und sagte: „Ich komme zu dir, bis du selbst mich von dir stößt." „Abgemacht!" sagte der Teufel und fuhr mit seinem zierlichen Stöckchen über die Blumen. Dann lüpfte er wieder den Hut und ging mit schlürfenden Schritten aus dem Garten.

Die Tanz-Anne lauschte einen Augenblick. Als sie ihn nicht mehr hörte, blickte sie auf den Kies zu ihren Füßen. Die Blumen waren in roten Staub zerfallen. Sie sprang auf, reckte und streckte sich und fühlte voll Wonne die frischen Kräfte. Und dann tanzte sie auf dem Kiesfleck wirbelnd in der Runde, bis man nichts mehr von dem roten Blumenstaub erkennen konnte. Dazu lachte sie über das ganze Gesicht und kicherte einmal über das andere: „Na warte nur! Du sollst mich kennen lernen!"

Nun kamen wunderschöne Jahre. Die Tanz-Anne war frischer und fröhlicher als je und wurde nicht müde, die herrlichsten Tänze mit den kleinen Mädchen und Jungen zu tanzen. Die Kinder aber hingen mit großer Liebe an der Alten und packten ihr in den Tanzpausen alle ihre kleinen Sorgen und Freuden aufs Herz; und sie kamen auch dann noch, wenn sie die Kinderschuhe längst ausgezogen hatten und nicht mehr in dem Tanzgarten herumfliegen durften.

Darin war nämlich die alte Tanz-Anne sehr genau; tanzen durften bei ihr nur die Kinder. Denn die Großen konnten das ja überall, im Krug und auf den Dielen der Bauernhäuser, auf den Tennen und unterm Lindenbaum. Sie aber wollte die Kinder froh und lustig machen. „Denn das bleibt fürs ganze Leben", sagte sie. Und dann sagte sie noch: „Ein fröhliches Herz kann es selbst mit dem Teufel aufnehmen." Dabei dachte sie an ihr Versprechen, lachte vor sich hin und sagte leise: „Warte du nur und laß dir die Zeit nicht lang werden!"

Wer weiß, wie lange sie noch so vergnügt und tanzlustig gelebt hätte, wenn nicht plötzlich eine furchtbare Kinderkrankheit im Dorfe ausgebrochen wäre. Es war, als ginge ein Hagelschlag auf ein blühendes Feld nieder. Alles duckte die Köpfe und wagte nicht aufzusehen, solange die Schloßen herunterprasselten. Als die schwarze Wolke vorübergezogen und man sich langsam aufrichtete und scheu umhersah, da erblickte man rings die furchtbare Verwüstung. In langem Zuge wurden die Kindersärge auf den Friedhof getragen. Und die Kinder, die zurückblieben, die gingen traurig und mit gesenkten Augen durch die Straßen. Das Lachen in ihren Gesichtern war wie weggewischt.

Da gefiel der Tanz-Anne das Leben nicht mehr. Und als sie eines Tages wieder vergeblich nach ihren Mädchen und Jungen ausgesehen, da legte sie sich müde auf ihr Lager, faltete die Hände und starb.

Der Teufel hatte sich gerade schön gemacht, um nach dem Hexentanzplatz zu fliegen. Denn die Walpurgisnacht war eben angebrochen. Er stand in dem offenen Höllentor und sah prüfend nach dem Wetter, da kam die alte Tanz-Anne die breite Höllenstraße hergewandert. Erfreut streckte der Teufel ihr die Hand entgegen. „Ach, prächtig, daß du kommst! Wirklich, wie gerufen! Nun komm nur gleich mit zum Hexentanzplatz. Heut ist Walpurgisnacht." Die Tanz-Anne machte einen spöttischen Knicks, aber der Teufel bemerkte das nicht. Er schlug zweimal in die Hände und tat einen schrillen Pfiff, da fuhr eine gewaltige Fledermaus aus dem Höllentor und legte sich wie eine Decke vor seine Füße. Und ehe die Tanz-Anne so recht wußte, wie ihr geschah, saß sie neben dem Teufel auf dem Rücken der Fledermaus und sauste durch die Luft.

Zuerst war es still ringsum, und die Tanz-Anne hörte nichts als das Schnaufen der Fledermaus und ein leises Pfeifen des Teufels. Aber dann flogen sie an jungen und alten Hexen vorbei, die im Mondlicht seltsam glänzten und die auf langen Besenstielen ritten. Die sangen Lieder, die so schrill und wild klangen, daß sie der Tanz-Anne durch Mark und Bein gingen. Und immer zahlreicher wurden die

Gestalten, die links und rechts aus den Tiefen auftauchten und die alle nach dem selben Ziel strebten, und immer lauter wurde das Singen und Kreischen. Da kam plötzlich eine dunkle Wolke herbeigesaust. Die Tanz-Anne blickte aufmerksam hin, und nun sah sie, daß die schwarze Wolke aus zahllosen schwarzen Leibern bestand. Das waren die Knechte des Teufels. Die hatten ihren eigenen Schwanz mit beiden Händen gefaßt und ritten auf ihm, als sei er ein Besenstiel. Dann mischten sich die Teufelsknechte unter die Hexen, und sie flogen gemeinsam weiter. Und die Luft klang wieder von Geschrei und heiserem Lachen. Endlich waren sie am Ziel. Der Teufel ließ die Fledermaus ein wenig abseits von den übrigen zur Erde sinken und half der Tanz-Anne von ihrem Sitz herunter. Dann schritt er langsam vor ihr her dem Festplatze zu, er sprach kein Wort. Der Tanz-Anne begann es jetzt doch ein wenig unheimlich zu werden. Aber sie drückte die Lippen fest zusammen, faltete die Hände und schritt hinter dem Teufel her, als ginge sie einen guten Weg.

Auf dem Hexentanzplatz war das Fest schon im vollsten Gange. Das tanzende Gewirr von rußigen Teufelsknechten und von weißen Hexen war so dicht, daß es schwer schien, bis zur Mitte durchzukommen. Der Teufel aber teilte nach rechts und links Püffe aus und schuf sich und der Tanz-Anne schnell eine schmale Gasse. Und dann standen sie beide auf einem Felsstein, der mitten auf dem Platze lag, und der Teufel ließ einen gellenden Pfiff ertönen. Da wich alles von der Mitte zurück, und es wurde still wie in einer Kirche.

Der Teufel sprach. Und er sagte, daß die Tanzerei auf dem Hexentanzplatz eine Lotterwirtschaft geworden sei und daß das anders werden müsse. Man schäme sich ja, einer solchen wüsten Trampelei auch nur von Ferne zuzusehen. Und damit das anders werde, seien gute Beispiele notwendig. Deshalb habe er ihnen allen eine Lehrmeisterin bestellt, die das Tanzen aus dem ff verstände. Und nun wolle er ihnen einmal zeigen, was richtiges Tanzen sei.

Damit verbeugte sich der Teufel wie ein französischer Tanzmeister vor der Tanz-Anne, faßte zierlich ihre Hand und sprang mit ihr von dem Felsstein hinunter, und dann drehten sich die zwei langsam im Kreise herum, und die Teufelsknechte und die Hexen reckten die Hälse, um gut zu sehen. Das Paar tanzte zuerst ganz gravitätisch, aber dann ging es schneller und schneller. Und schließlich wurde es ein solches Sausen, daß man die beiden Gestalten gar nicht mehr voneinander unterscheiden konnte.

Dem Teufel wurde angst und bange bei diesem wirbelnden Tanz. Er fühlte, wie sich ein roter Schleier vor seine Augen legte und der Schwindel ihn packte. Er wollte die Tanz-Anne loslassen, aber sie hielt ihn in ihren Armen wie in einem Schraubstock. Da schrie er mit gewaltiger Anstrengung auf und stieß die Alte mit aller Kraft von sich, daß sie taumelnd auf den Rücken fiel. – – – –

Als die Tanz-Anne aus ihrer Betäubung erwachte, war sie allein. Von den Teufeln und von den Hexen war nichts zu sehen. Und rings umher war dunkle Nacht. Nur in weiter, weiter Ferne leuchtete ein kleines Sternlein.

Auf das schritt die Tanz-Anne zu. Das Herz klopfte ihr sehr, aber nicht aus Furcht, weil es um sie so dunkel war, sondern aus Glück darüber, daß der Teufel sie von sich gestoßen hatte und sie nun ihres Versprechens los und ledig war, und dann auch, weil sie das Gefühl hatte, als wäre das Licht da vorn ein ganz besonderes Glückslicht.

Als sie eine Stunde gewandert war, wurde der Stern größer und größer. Auf einmal sah sie, daß der Stern gar kein wirklicher Stern war, sondern ein Strahlenkranz, der auf eines alten Mannes Haupt ruhte. Und als sie noch näher kam, sah sie, daß der alte Mann auf einer Bank saß und das Haupt gegen eine goldene Tür gelehnt hatte und schlief.

Und nun wußte sie, daß sie vor der Himmelspforte stand. Da wurde es ihr auf einmal schwer ums Herz, und sie seufzte tief auf. Der Seufzer aber weckte den heiligen Petrus. Ruhig schlug er die Augen auf und sah die Tanz-Anne an.

„Was willst denn du?“

Die Tanz-Anne faltete die Hände und sagte: „Ich möchte gern in den Himmel!“ „Du?“ der heilige Petrus machte ein ganz erstauntes Gesicht. „Ich denke, du hast dich dem Teufel versprochen.“

„Ja, das hatte ich, aber nur unter einer Bedingung.“ Und nun erzählte die Tanz-Anne dem heiligen Petrus alles von jenem Besuch des Teufels in ihrem Garten bis zu dem wilden Tanz und wie der Teufel sie von sich gestoßen und sie allein gelassen habe.

Der heilige Petrus schüttelte einmal über das andere das weiße Haupt. Als sie mit dem Erzählen fertig war, sagte er mitleidig: „Ja, meine liebe Anne, das wird dir wohl nicht viel helfen. Auf Bedingungen und solche halben Wahrheiten läßt sich der liebe Gott nicht ein. Du hast einmal mit dem Teufel paktiert; und das ist und bleibt eine sehr böse Sache.“

Die Tanz-Anne machte ein trauriges Gesicht, und wagte gar nicht ein Wort zu ihrer Entschuldigung zu sagen. In dem Augenblick wurde die goldene Himmelspforte von innen geöffnet, ein blonder Jungenkopf steckte sich durch den Spalt und rief: „Lieber Herr Petrus! Du sollst schnell einmal zum lieben Herrgott kommen." Dann aber sah er die Tanz-Anne und machte große, erstaunte Augen, und plötzlich lachte er über das ganze Gesicht, flog auf die Alte zu und rief einmal über das andere: „O Mutter Anne, das ist aber schön, daß du kommst!" Und dann zog er sie so schnell über die Schwelle der goldenen Pforte, daß der heilige Petrus gar nicht mehr dazwischen treten konnte. Und drinnen im Himmel rief der kleine Junge mit jubelnder Stimme: „Mutter Anne ist da, die liebe, gute Tanz-Anne ist da!" Und aus allen Ecken quollen Buben und Mädel mit kleinen, bunten Flügeln heraus und liefen auf die Tanz-Anne zu und tanzten mit Lachen und Jauchzen um sie herum. Das waren lauter Kinder aus ihrem Dorf. Als das der heilige Petrus sah, schüttelte er still den Kopf, aber er schloß doch die Tür hinter sich zu. Mochte der liebe Gott selbst entscheiden.

Der liebe Gott aber lachte freundlich, als Petrus ihm den Fall erzählte, und sagte: „Natürlich gehört die Tanz-Anne in den Himmel, mein lieber Petrus, denn sie hat viele Kinderherzen selig gemacht."

Als Petrus wieder vom Thron Gottes herabstieg, war der ganze Platz an der Himmelspforte von einem lustigen Kindergewimmel erfüllt. Und mitten dazwischen stand die Tanz-Anne, und streckte die Hände nach rechts und links aus und ließ ihre strahlenden Augen von einem Engelskopf zum anderen wandern. Der heilige Petrus brauchte lange, bis er sich zu ihr hindurchgedrängt hatte. Dann legte er ihr die Hand auf die Schulter und sagte: „Der liebe Gott will, daß du hier bleibst, Anne! Willkommen denn im Himmel!" Da faßte sie mit beiden Händen die Rechte des heiligen Petrus, und dicke Tränen liefen ihr über die Wangen, aber das waren Freudentränen. Dann aber rief sie über das ganze kleine drängende Volk hin: „Kinder, jetzt wollen wir fröhlich sein und wollens noch besser machen als auf der Erde." Und plötzlich ordneten sich die Reihen, die Tanz-Anne klappte in die Hände und sang dazu; und ein wunderschöner Tanz begann. Der heilige Petrus stand und staunte und konnte sich gar nicht satt sehen an dem zierlichen Schreiten und Schleifen der fröhlichen, kleinen Engel. Als er sich endlich umwandte, um auf seinen Posten vor die Himmelspforte zu gehen, da merkte er erst, daß von allen Seiten die Himmelsbürger herangeströmt kamen, um das seltsame Schauspiel anzusehen. Und er brummelte etwas vor sich hin von „Neugier" und von „neuen Sitten".

Aber er ließ doch einen Spalt der Himmelstür offen, und hin und wieder schaute sein altes, gutes Gesicht durch die Tür, wenn's gar zu lustig da drinnen wurde.

Seit dem Tage wird im Himmel viel getanzt und die Tanz-Anne ist bei den Jungen und bei den Alten wohl gelitten.